SERMÕES SOBRE

Santo Antônio

Dados Internacionais de Catalogação na Publicação (CIP)
(Câmara Brasileira do Livro, SP, Brasil)

Vieira, Antônio, 1608-1697
Sermões sobre Santo Antônio / Padre Antônio Vieira ; transcrição, introdução e notas de Frei Clarêncio Neotti. – Petrópolis, RJ : Vozes, 2025.

ISBN 978-85-326-7123-3

1. Igreja Católica – Sermões I. Neotti, Clarêncio. II. Título.

25-265273 CDD-252.02

Índices para catálogo sistemático:
1. Sermões : Igreja Católica : Cristianismo 252.02

Cibele Maria Dias – Bibliotecária – CRB-8/9427

PADRE ANTÔNIO VIEIRA

SERMÕES SOBRE Santo Antônio

Transcrição, introdução e notas de
Frei Clarêncio Neotti, OFM

EDITORA VOZES
Petrópolis

Rua Frei Luís, 100
25689-900 Petrópolis, RJ, Brasil
www.vozes.com.br

Diagramação: Guilherme Ayres
Revisão gráfica: Nilton Braz da Rocha/Fernando Sergio Olivetti da Rocha
Capa: Isabella Carvalho

ISBN 978-85-326-7123-3

Este livro foi publicado originalmente em 1997 com o título
Santo Antônio luz do mundo – Nove sermões.

Este livro foi composto e impresso pela Editora Vozes Ltda.

Sumário

Introdução geral

A publicação dos nove sermões do Padre Antônio Vieira em honra de Santo Antônio é uma homenagem aos 300 anos de sua morte. Padre Vieira morreu no dia 18 de julho de 1697.

Na sua longa vida de quase 90 bem vividos anos, dos quais a maior parte passados no Brasil-Colônia, Vieira não distinguia Portugal de Brasil, os acontecimentos e interesses de um eram os objetivos e fatos do outro. Em Salvador, Roma ou São Luís, levava no coração Lisboa e trabalhava intensamente pelo sucesso da coroa portuguesa que ele acreditava ter brilho divino e destinada a garantir a fé nos quatro cantos do mundo. Realizado como sacerdote e religioso jesuíta, consciente de sua grandeza como orador sacro, sofreu imensamente com a inveja e a incompreensão de pigmeus, mas sofreu mais com a ansiedade de ver o reino de Portugal entre as grandes potências do mundo. Conhecia a Corte e conhecia os índios. Conhecia os políticos e as espumas de suas promessas. Conhecia a patrística e conhecia a catequese humilde aos analfabetos. Falou em presença do papa, de reis e de domésticas. Dono de imensa cultura, que transparecia em cada frase dos sermões, sabia trocá-la em termos de fé e moral, de festa e culto.

Não comento seus passos políticos nem suas teorias econômicas. Há facetas em Vieira ainda não estudadas. Há outras apenas afloradas pela crítica. A mais de dezena de livros que foram escritos sobre ele está longe de abarcar a figura desse homem que soube ser português no Brasil e brasileiro em Portugal, que soube ser 100% ortodoxo na teologia, surpreendendo sempre por atalhos e caminhos novos, que foi visionário, retornando cada dia ao chão do homem que trabalhava nos canaviais nordestinos e tinha uma alma a salvar.

Nossa publicação não é científica. Talvez didática. As notas que aponho são de esclarecimento simples e curiosidade. Aquelas notas que gostaria de ter encontrado quando, jovem estudante de teologia e homilética, li os vinte e tantos volumes publicados pela Editora das Américas, em meados dos anos de 1950. Para facilitar a leitura dos 9 sermões, vão aqui as principais datas biográficas tanto do Padre Vieira quanto de Santo Antônio.

Dados biográficos do Padre Antônio Vieira

Primeira fase

1608, 6 de fevereiro: nasce em Lisboa Antônio Vieira, filho de Cristóvão Vieira Ravasco e Maria de Azevedo.

1614: parte com a família para o Brasil, com destino a Salvador. O pai fora nomeado funcionário da Relação da Bahia.

1623: recebe o grau de Mestre em Artes e a 5 de maio entra para a Companhia de Jesus. Faz o noviciado na Aldeia do Espírito Santo (hoje Abrantes), a sete léguas de Salvador, onde os jesuítas tinham uma missão indígena. Aprende a língua dos índios e a dos negros angolanos. Estava no fim do segundo ano de noviciado quando foi encarregado, apesar da pouca idade, de redigir em latim o relatório de 1625 e 1626 à Cúria Geral das atividades dos jesuítas do Brasil.

1627-1630: leciona Retórica no Seminário de Olinda. Volta a Salvador para fazer os cursos escolásticos de Filosofia e Teologia.

1633, 6 de março: estreia no púlpito, na Igreja da Conceição, em Salvador, sendo ainda diácono. Deve ter preparado muito bem o sermão, porque o publicou mais tarde: é o XIV da série "Maria, Rosa Mística". E é ele mesmo, dentro do sermão, que diz estar "subindo indignamente ao púlpito" pela primeira vez. Profere outros sermões, já despontando um claro defensor dos negros, contra o tráfico de escravos.

1634, 10 de dezembro: ordena-se padre, celebrando as Primícias no dia 13 do mesmo mês.

1635: elabora um manual de Filosofia, que se lia ainda com proveito em começos do século XIX.

1638, 13 de junho: pronuncia o *Primeiro sermão de Santo Antônio*, que temos, uma ação de graças pela vitória contra os holandeses invasores.

1640, na Igreja de Nossa Senhora da Ajuda, em Salvador, pronuncia um de seus mais famosos sermões: o *Sermão pelo sucesso das armas de Portugal contra as de Holanda*, coroando 15 dias de preces e jejuns de todos os habitantes em todas as igrejas de Salvador.

1640, 2 de julho: Vieira saúda em belo sermão a chegada do vice-rei Dom Jorge de Mascarenhas, o Marquês de Montalvão.

1641, fevereiro: embarca para Portugal, integrando a embaixada que levou a Dom João IV, que separara de novo Portugal de Espanha, a obediência do Brasil.

Segunda fase

1641, fins de abril: chega à Corte.

1642, 1º de janeiro: estreia na Capela Real, em Lisboa, com o *Sermão dos bons anos.*

1642, 14 de setembro: Pronuncia na Igreja das Chagas, em Lisboa, o *Segundo sermão de Santo Antônio,* diante das Cortes.

1644: Pregador Real e Tribuno da Restauração. Advoga a causa dos judeus proscritos.

1646, 21 de janeiro: profissão solene na Ordem dos Jesuítas, na Igreja de São Roque em Lisboa. Embaixador, em missão secreta, junto à França e Holanda.

1647: nova embaixada em França.

1649: por sua iniciativa é criada a Companhia Geral do Comércio do Brasil, com o capital dos "novos cristãos". Isso lhe valeu a primeira pressão do Santo Ofício. Começa a rascunhar a *História do futuro* que, embora nela tenha trabalhado no final da vida, ficou inacabada.

1650: Embaixada em Roma.

Terceira fase

1652, 22 de novembro: embarca para o Brasil, para as missões do Maranhão, Ceará, Pará e Amazonas. Chega a São Luís no dia 16 de janeiro. Transcrevo o que o próprio Vieira, em 1666, respondeu por escrito aos inquisidores: "De idade de 17 anos fiz voto de gastar toda a vida na conversão dos gentios e doutrinar aos novamente convertidos, e para isso me apliquei às duas línguas do Brasil e Angola, que são os gentios e cristãos boçais daquela Província. E porque para este ministério me não era necessária mais ciência que a doutrina cristã, pedi aos Superiores me tirassem dos estudos, porque não queria curso nem Teologia, e cedia dos graus da Religião que a ele e a ela se seguem. E posto que os Superiores mo não quisessem conceder, antes me tiraram a obrigação do voto, e o Padre Geral fez o mesmo, eu contudo o tornei a renovar e insistir nele, até que ultimamente o consegui, indo-me para o Maranhão, tanto contra a vontade de El-Rei e do Príncipe, como é notório, levando e convocando de diversas partes da Companhia para a mesma missão mais de trinta religiosos de grandes talentos".

1653, 15 de junho, prega o *Terceiro sermão de Santo Antônio,* em São Luís do Maranhão.

1653, segunda metade do ano: missiona no Pará, ao longo do Amazonas. Em vários sermões e cartas Vieira descreve o rio, o alagamento e os povos. Fala em 150 diferentes línguas conhecidas até então, faladas pelos índios ribeirinhos. Na segunda parte de dezembro, incluído o Natal, desce em missão o Rio Tocantins. É antológica a descrição dessa viagem, feita em carta ao seu Provincial.

1654, 13 de junho: pronuncia o comentadíssimo sermão aos peixes, ou seja, o *Quarto sermão sobre Santo Antônio.*

Três dias depois embarca secretamente para Portugal à procura de leis mais seguras de proteção aos índios.

1655: Em Lisboa prega o conhecido *Sermão da Sexagésima,* onde defende os índios. Mas o sermão se tornou conhecido, e muito citado, porque nele Vieira expõe, com pormenores, sua concepção de oratória sacra. Começa a esboçar algumas obras de cunho visionário.

1655, 16 de abril: retorna ao Maranhão. Seguem-se seis anos de intenso trabalho, do Maranhão ao Marajó, do Marajó às corredeiras do Tapajós. Em sua defesa ao Santo Ofício, Vieira fala em 16 igrejas que construiu, em formulários e catecismos em sete línguas diferentes com o português ao lado; e fala em ter pacificado e civilizado, entre outros, as nações dos Tapuias, Tabajaras, Nheengaíbas, Cambocas, Mapuás, Mamaianases, Aruans, Anaiás, Gujarás,

Pixipixis, Potiguaras, Catingas, Boseas, Juruunas, Pazaís, Nondanas, Tapajós, Arnaquizes, Tricujus. Dos índios recebeu o nome de Payaçu: Pai-Grande.

1660, 3 de março: acompanhado de outros dois padres e 50 índios, parte para a Serra de Ibiapaba, no Ceará, uma viagem de 21 dias, de cujo feito escreveu páginas dignas das mais seletas antologias.

1661: expulso, juntamente com os outros jesuítas, do Maranhão e Pará, chegando a Lisboa em novembro. Recebido com frieza na Corte.

Quarta fase

1662, junho: Vieira é condenado e desterrado para o Porto. Trabalha no livro *História do futuro.*

1665: é preso pela Inquisição e mantido sob custódia em Coimbra.

1667, dezembro: sentença do Santo Ofício, cassando-lhe *in perpetuum* a palavra e encarcerando-o. Passa por problemas de saúde.

1668, 12 de junho: com a mudança de política na Corte, é-lhe restituída a liberdade.

1669, agosto: parte para Roma para cuidar do processo de beatificação de Inácio de Azevedo e os 30 companheiros mártires jesuítas em caminho às missões do Brasil, em 1570. Na verdade, ele queria um *Breve* do papa que o inocentasse de tudo. Permanece um tempo em Florença, hóspede de Cósimo di Toscana. Em Roma é hóspede do Padre Geral. Em pouco tempo sua fama de pregador encheu a cidade eterna. Pregou diante do papa, da Corte papal, do Padre Geral e sua Cúria, em várias grandes ocasiões. Aprendeu o italiano tão bem que pregava com fluência nessa língua. E foi em italiano que pregou na Capela da Rainha da Suécia, residente em Roma, os cinco sermões sobre as Cinco Pedras da Funda de Davi, um em cada terça-feira de quaresma, tendo como ouvintes não só a rainha, mas muitos cardeais e grandes de Roma.

1670, 13 de junho, prega em Roma, na Igreja de Santo Antônio dos Portugueses, o *Sétimo sermão sobre Santo Antônio*, propondo levar ao papa o pedido de apor ao nome de Santo Antônio o título de Magno ou Máximo, para acabar com o costume dos italianos de chamá-lo de Santo Antonino. Outra vez uma espécie de ação de graças pelo reatamento de embaixadas entre Portugal e Santa Sé.

1671, 13 de junho, prega com alegria e orgulho o sermão de ação de graças pelo reatamento de embaixadas entre Portugal e Santa Sé. E o *Oitavo sermão sobre Santo Antônio*, que pode ser chamado o *Sermão das Luzes*.

1672, 13 de junho, deveria ter pregado o sermão em homenagem a Santo Antônio na Igreja de Santo Antônio dos Portugueses, em Roma, mas por razões de enfermidade, na desculpa dele, o não pregou. Mas ele mesmo o publicou entre os outros sermões. É o nono e último sermão sobre Santo Antônio.

1675, 17 de abril, recebe um *Breve* do Papa Clemente X, que o absolvia de qualquer censura, interdito ou pena eclesiástica e o isentava da jurisdição dos inquisidores de Portugal ou de seus representantes em qualquer parte.

1675, 23 de agosto: volta a Lisboa para tratar da publicação dos sermões, a mando do Padre Geral. Não encontra ambiente propício e resolve retornar ao Brasil.

Quinta fase

1681, 27 de janeiro: parte para Salvador e vai residir na Quinta do Tanque, onde prepara a publicação de suas obras.

1688, 17 de janeiro: é nomeado Visitador Geral dos jesuítas do Brasil, mas já não tem mais condição de sair da Bahia. Manteve o cargo até 1692. Trabalha também no livro *História do futuro,* que deveria compor-se de sete livros e 59 questões. Começa a redigir, em latim, o *Clavis Prophetarum,* que concebeu em Roma, e no qual queria expor suas ideias milenaristas, que ele tinha por bem ortodoxas. Não terminou nenhum desses dois livros.

1696: achacado, recolhe-se ao Colégio, em Salvador, onde estudara em menino, onde entrara na vida religiosa, onde começara a sofrida carreira do triunfo. Manteve correspondência assídua até seus últimos dias. Dele temos mais de 700 cartas, que vão de cartas familiares a longas cartas de defesa de suas ideias, seus índios, sua pátria, sua Igreja e seus ideais.

1697, noite de 18 para 19 de julho: morre no Colégio da Bahia aos 89 anos e meio.

Dados biográficos de Santo Antônio

Primeira fase

1195 ou antes: nasce em Lisboa, em casa situada perto da catedral, casa hoje santuário. Recebe no batismo o nome de Fernando. Seu pai se chamava Martinho (ou Martim) Bulhões, e sua mãe Teresa Taveira.

Frequenta a escola da catedral, regida pelos Cônegos.

1209: é fundada em Assis, Itália, a Ordem dos Frades Menores, por São Francisco.

1210: termina os estudos de Humanidades e entra no mosteiro dos Cônegos Regulares de Santo Agostinho, Mosteiro de São Vicente de Fora.

1212: transfere-se para Coimbra, Mosteiro Santa Cruz, para fazer os estudos de Filosofia e Teologia. Especializa-se em Sagrada Escritura. Ordena-se padre (não se tem a data).

1219: passam por Coimbra cinco Frades Menores missionários a caminho de Marrocos, enviados por São Francisco. Fernando, porteiro do mosteiro, lhes dá hospedagem.

1220, início de janeiro: passam por Coimbra as urnas com os restos mortais dos cinco frades martirizados no Marrocos. Intensifica-se a vocação missionária de Fernando. Entra em contato com os frades recém-instalados no eremitério de Santo Antão dos Olivais.

Fernando pede admissão à Ordem Franciscana. É aceito e muda o nome para Frei Antônio, provavelmente em homenagem a Santo Antônio Magno (chamado em Portugal Antão), padroeiro do eremitério dos Olivais, e muito venerado em toda a Europa.

1220, em outubro ou novembro: embarca, com um companheiro, para o Marrocos, como missionário dos maometanos. No Marrocos adoece gravemente. É devolvido a Portugal em fevereiro ou março de 1221. Uma tempestade atira o navio às costas da Sicília, perto de Messina.

Segunda fase

Doente e fraco, é recolhido pelos frades num pequeno convento. A chegada da primavera, o clima ameno, o carinho dos frades ajudaram Antônio a superar a violenta febre. Pôde celebrar a Páscoa, quando chegou ao convento a notícia de que São Francisco, ausente dois anos da Itália em missão pelos lados da Terra Santa, convocava todos os frades a Assis para a Festa de Pentecostes. Apesar de convalescente, Frei Antônio viajou a pé com eles, em verdadeira missão popular ao longo da estrada, hospedando-se em leprosários ou capelas no campo.

Participa com outros três mil frades do Capítulo de 1221, em Assis, onde conheceu São Francisco. Esse capítulo passou à história com o nome de *Capítulo das Esteiras*, porque, sendo os frades muitos, o povo armou cabanas de palha na planície de Assis, em torno da Porciúncula. Provavelmente não dera tempo de Frei João Parente, que o recebera na Ordem, e os outros frades de Portugal chegarem. Antônio não conhecia ninguém nem era conhecido por ninguém, exceto dos frades que o haviam acolhido em Messina. Nesse Capítulo os frades tomaram conhecimento oficial do martírio de seus colegas em Marrocos (de que Antônio tinha todo o conhecimento), e leram em voz alta a história do trucidamento.

1221, 8 de junho, final do Capítulo, os frades se redistribuíram e sobrou Frei Antônio, que ainda não falava o italiano, visivelmente adoentado, mais necessitado de cuidados do que disponível para algum trabalho. Então, o recém-nomeado Provincial da Romanha, Frei Graciano, o convidou para o eremitério de Montepaolo.

Na medida em que a saúde lhe permitia, Antônio é factótum da casa, da portaria à cozinha, do pequeno refeitório à capela, enquanto os outros frades se dedicavam à pregação ou à contemplação. Os frades não faziam nenhuma distinção entre frades-padres e frades-leigos no trabalho e na pregação.

Terceira Fase

Ou no Advento de 1221 ou na Quaresma de 1222 houve uma Ordenação sacerdotal em Forli, não longe de Montepaolo. Reuniram-se muitos frades e dominicanos. À hora do almoço, o guardião pediu a um deles que dissesse algumas palavras sobre o sacerdócio. Todos se esquivaram, desculpando-se que se não haviam preparado. Como era praxe alguém falar, o guardião voltou-se para Frei Antônio que, em latim fluente e gramatical, foi num crescendo encantando a todos, até chegar ao âmago do carisma sacerdotal. Todos saíram do almoço falando dele como pregador e como profundo conhecedor da Escritura e da Teologia.

Em 1223 o encontramos pregando em Rímini (onde teria acontecido o Sermão aos Peixes), em Faenza, em Ímola, em Milão e Bolonha. A fama de seu conhecimento teológico e de sua grande humildade levou São Francisco a nomeá-lo, em Pentecostes de 1223, o primeiro professor de Teologia dos frades, fixando a escola em Bolonha. Frei Antônio exerceu este cargo por ao menos um ano.

Quarta fase

Em fins de 1224 Frei Antônio prega no sul da França. Uma região muito delicada para a pregação, porque a heresia dos albigenses tinha tido muito êxito.

Enquanto prega, leciona Teologia aos frades em Montpellier. Pregou em Tolosa, Puy, Bourges, Arles, Limoges, Brive. Em Tolosa teria acontecido o episódio da mula que se ajoelhou diante do Sacramento. Desta época são muitos os milagres que se contam de Santo Antônio.

Em setembro de 1226, no Capítulo provincial de Aries (em cujo capítulo, enquanto Frei Antônio pregava sobre a exaltação da Santa Cruz, São Francisco, ainda em vida, teria aparecido aos frades), Frei Antônio é nomeado guardião dos frades da região de Limoges.

1226, 3 de outubro, morre em Assis São Francisco.

1227, pela Festa de Pentecostes, participa como vogal do Capítulo Geral em Assis, o primeiro depois da morte do fundador. É eleito Ministro Geral Frei João Parente, o franciscano que recebera Frei Antônio na Ordem, em Coimbra.

Quinta fase

No Capítulo de 1227 Frei Antônio é nomeado Provincial das províncias do norte da Itália. Era grande sua fama de santo, taumaturgo e missionário. Sua chegada, a esta altura, movimentava a cidade e a região inteira. Encontramo-lo a pregar em Bolonha, Florença, Ferrara, Pugliole, Veneza, Bérgamo, Oreno, Cúneo, Chieri, Varese, Montepaolo, Forli, Módena, Milão, Verona e Trento. Fixa residência em Pádua.

1228, na Quaresma, o encontramos em Roma, pregando para o papa e os cardeais no Latrão. Foi quando, no final da pregação, o Papa Gregório IX o chamou de "Arca do Testamento".

1228, 17 de julho, o Papa Gregório IX canoniza São Francisco de Assis.

1228 e 1229: começa a redigir em latim os *Sermões Dominicais*, que são esquemas didáticos, para serem usados pelos jovens frades.

1230, por altura de Pentecostes e por ocasião da trasladação dos ossos de São Francisco da Igreja de São Jorge para a nova Basílica: Frei Antônio participa, como provincial, do Capítulo Geral.

Faz parte de uma comissão, presidida pelo Ministro Geral, que vai a Roma conversar com o Papa Gregório IX sobre alguns pontos da Regra, sobretudo sobre o alcance e obrigatoriedade legal do *Testamento* de São Francisco.

Volta a Pádua, já sem o cargo de Ministro, que depusera no Capítulo, depois de três anos, como todos os outros ministros. Termina os *Sermões Dominicais* e começa a redigir os *Sermões para as Festas dos Santos.*

1231: prega em Pádua todos os dias da Quaresma e se dedica ao confessionário.

Depois da Festa da Páscoa, Antônio se sente muito cansado. Voltara a febre. E o médico diagnosticou, entre outras coisas, hidropisia. Recolhe-se à casa espaçosa de um amigo dos frades em Camposanpiero, a poucos quilômetros de Pádua, para terminar de escrever ou ditar os Sermões. Teria acontecido nessa casa, visto por esse amigo que o hospedava, a aparição do Menino Jesus.

Como a saúde piorasse, e o Santo mal pudesse respirar, o amigo lhe construiu uma pequena cela entre os largos galhos de uma nogueira, na esperança de que isso ajudasse a respiração.

1231, 13 de junho, sexta-feira: quando se dirigia ao almoço, teve uma crise muito forte, e pediu para ser transportado a Pádua. Deitam-no num carro de boi e partem. Ao chegar perto do Mosteiro das Clarissas de Arcela fazem uma parada. Antônio agoniza. Confessa-se, recebe o Viático e a Unção, e entoa o hino *Ó gloriosa e excelsa Senhora.* Depois, com a frase "Vejo o meu Senhor", morreu.

Sua morte e canonização

Temendo o tumulto do povo e a segurança do corpo do Santo diante do provável assalto para ter relíquias, decidem os frades manter em segredo a morte até chegar ao convento de Pádua. Mas a notícia se espalhou feito relâmpago. A multidão acorreu e todos queriam tocar o Santo. Pela janela estendiam varas com lenços, cintos, anéis, colares, nas pontas para tocar no corpo bendito. Apavorados, os frades lhe dão sepultura provisória. Mas são obrigados a reabri-la e provar que o corpo não fora roubado. Intervém o bispo, o Podestà, a força pública e conseguem levar, depois de quatro dias, o corpo e sepultá-lo na Igreja de Santa Maria de Pádua. Era uma terça-feira. O povo cercou a sepultura ininterruptamente, nascendo daí o costume de visitar Santo Antônio sobretudo às terças-feiras.

Durante as 24 horas do dia chegavam ininterruptamente os peregrinos de toda a parte. Os milagres aconteciam em grande abundância. Escolheu-se uma comissão que foi imediatamente a Roma pedir a canonização ao papa. Gregório IX, que conhecia muito bem o Santo, nomeou uma comissão composta do Bispo de Pádua, do Abade Beneditino de Pádua e do Prior dos Dominicanos. A comissão unanimemente votou a favor da canonização. O mesmo aconteceu com a comissão de cardeais.

1232, dia 30 de maio, Festa de Pentecostes, o Papa Gregório IX, na Catedral de Espoleto, declarou Santo a Frei Antônio de Lisboa, que passou a ser Santo Antônio de Pádua. No mesmo dia o papa marcou sua festa para toda a Igreja no dia 13 de junho de cada ano.

1263, 7 de abril, domingo da Oitava da Páscoa, foi exumado o corpo do Santo para ser transportado para a basílica construída em sua homenagem. Presidiu a exumação o Ministro Geral da Ordem Frei Boaventura de Bagnoregio, futuro cardeal, santo e doutor da Igreja. Nessa ocasião foi encontrada intacta a língua do Santo, e Boaventura pronunciou as palavras que permaneceram na história até hoje em forma de oração: "Ó língua bendita, que sempre glorificaste o Senhor e levaste outros a glorificá-lo, agora vemos como foram grandes os teus méritos diante de Deus!"

1946, 16 de janeiro: o Papa Pio XII declara Santo Antônio doutor da Igreja, depois de uma edição crítica de suas obras, que se reduziram aos *Sermões Dominicais*, *Sermões para as Festas dos Santos* e *Sermões em louvor de Maria, Virgem Santíssima.* Todas as outras obras atribuídas a ele são hoje consideradas escritas por outros autores.

O acesso às obras do Santo

Poderíamos nos perguntar se o Padre Antônio Vieira teve acesso aos escritos de Santo Antônio. Em nenhum dos 9 sermões cita texto do Santo, a não ser no nono, e assim mesmo um texto espúrio. A primeira coleção de textos de Santo Antônio, ainda sem nenhum senso crítico, apareceu em 1520, publicada em Paris por Bádio Ascênsio, e republicada em 1528 e 1574. Vieira deve ter tido em mãos durante sua última estadia em Roma a edição de Frei João de la Haye, de 1641, sempre em latim, com todos os textos atribuídos a Santo Antônio, precedidos dos textos atribuídos a São Francisco. O livro teve uma reedição em 1653, em Lião. Este volume, de 744 páginas *in folio,* traz como sendo de Santo Antônio o livro *Sermões da Quaresma*, onde Vieira foi buscar a única frase que cita do Santo, e esta espúria, no *Nono sermão sobre Santo Antônio.* Outras obras apócrifas contidas nesse volume: *Interpretação Mística da Sagrada Escritura* e *Concordâncias morais dos Livros Sagrados.*

Hoje temos em edição acessível os dois volumes da Lello, Porto, bilíngue, edição de 1987, 972 + 1.072 páginas. A tradução ao português é do franciscano Padre Henrique Pinto Rema, secretário da Academia Portuguesa de História. Numa bela introdução, Frei Rema fala de como se chegou às obras autênticas.

Ouso dizer que Vieira não teve contato com Santo Antônio teólogo e doutor. Mas com o Santo Antônio do povo, o santo taumaturgo, o santo pregador popular, o santo que trocava em miúdos a ciência das coisas e a sabedoria dos textos inspirados. Sobre a pregação fabulosa e os milagres sem conta circulavam várias publicações, como a *Legenda Assidua* (ou *Primeira vida*), escrita em 1232 ou 1233, por alguém que conviveu com o Santo. Ainda antes de 1249 foi escrita a *Legenda Secunda.* Talvez convenha explicar esta palavra "legenda", que nada tem a ver com lenda ou ficção. "Legenda" é o gerundivo plural latino do verbo "legere" (ler). E "legenda" eram as páginas que se podiam ou deviam ler na festa do Santo. Dos grandes santos havia duas, uma menor, para ser lida no coro, no Ofício das Matinas; outra maior, para ser lida no refeitório, no almoço e ceia. Por princípio, eram escritas e lidas para mostrar a vitória do bem sobre o mal, de sorte que o bom sempre era vitorioso, mesmo quando não o era, como no caso de Santo Antônio com Ezelino, que a história coloca com fatos e datas entre os homens mais cruéis do seu século; ele não se converteu com Santo Antônio, como conta a *Legenda*, apenas respeitava e tinha medo do Santo, mas continuou até à morte sanguinário.

Ainda do século XIII conhecemos outras legendas, como a chamada hoje *Raimondina* (de seu autor Frei Pedro Raimundo de Saint Romain), escrita em 1293; a *Legenda Rigaldina* (de Frei Jean Rigauld), escrita em torno de 1298. E o livro *Diálogo sobre a vida dos Santos Frades Menores*, publicado em torno de 1245. As legendas do século XIV repetem as anteriores. E alguém, no início do século XIV, compilou, ou melhor, copiou de todas as legendas existentes, os milagres do Santo. E é esta compilação que se chamou de *Livro dos milagres* e, depois, *Fioretti de Santo Antônio*, por analogia com os *Fioretti de São Francisco.* Em tempos recentes foram publicadas em Portugal as *Florinhas de Santo Antônio de Lisboa*, traduzidas do italiano arcaico (publicado por Luís Guiddaldi) pelo Pe. Aloísio Tomás Gonçalves e revisto por Frei Félix Lopes (Editorial Franciscana, Braga, 1987, 188 p.). Em bela edição gráfica italiana saiu a preparada por Frei Vergilio Gamboso, Edizioni Messagero Padova, 1993, 108 páginas. Ao anotarmos ao pé da página, usamos tanto a edição portuguesa quanto a italiana em tradução nossa, citando sempre simplesmente *Fioretti.*

Vieira cita ao menos 26 milagres, e faz referência a outros. Não raro, porém, acrescenta floreios retóricos ou para melhor adaptar o milagre ao assunto do sermão ou para reforçar a lição exemplar que dele quer tirar. Vieira deve ter lido todos esses milagres no então famosíssimo livro *Vida dos Santos*, em seis volumes, do monge cartuxo Lourenço Súrio, publicado ao longo de 1570 a 1575, em latim, e logo em tradução para o francês, alemão, italiano, espanhol, inglês e polonês. Ele mesmo cita Súrio no *Sétimo sermão.* Esse livro era obrigatório na biblioteca de qualquer mosteiro, convento ou casa paroquial.

Ainda uma observação: em nenhum momento Vieira se refere ao Pão de Santo Antônio, ou Pão dos Pobres, tema hoje ligadíssimo ao Santo. Embora já em vida dele uma mãe prometera doar em trigo aos pobres o peso do filho ressuscitado pelo Servo de Deus, e encontrarmos este ou parecidos costumes ao longo dos séculos, a obra do Pão dos Pobres ligada a Santo Antônio só aparece no final do século XIX, época de muita fome na Europa, sobretudo com as Associações de Messina e de Tolone, que se comprometeram em transformar em pão para os pobres as ofertas dadas ao Santo.

Algumas informações práticas para a leitura

Quanto à Bíblia: Vieira usa normalmente a Vulgata; mas também recorre à versão dos Setenta e ao texto hebraico quando há nuanças que lhe interessam no sermão. Os livros do Antigo Testamento foram originalmente escritos em hebraico. Nenhum original chegou até nós, mas exemplares das sucessivas cópias. Todo o Novo Testamento foi escrito em grego popular, conhecido como *Koiné,* exceto o Evangelho de Mateus, escrito em aramaico, mas logo traduzido ao grego. Já antes de Cristo havia o problema de muitos hebreus, longe da pátria-mãe, não entenderem mais a língua hebraica da Bíblia. Então entre o século III e II a.C. se reuniram em Alexandria do Egito um grupo de 70 sábios e traduziram todos os livros para o grego. Esta versão é a que se chama dos Setenta, ou *Septuaginta* em latim, por escrito citada com a sigla LXX. Foi esta versão grega que os apóstolos e a Igreja primitiva usaram nos quatro primeiros séculos, quando citavam o Antigo Testamento, embora muitas vezes os autores que sabiam o hebraico citassem diretamente do original hebraico.

Do Antigo Testamento, a partir da versão grega dos LXX, aparecem duas traduções para o latim, dirigidas ao povo que não conhecia nem o hebraico nem o grego. Uma surge na África, em torno do ano 150, e dela se serviu São Cipriano para citar os textos sagrados; outra na Europa, provavelmente em Roma, no início do século III.

Para unificar as versões latinas e para rever todo o texto e, se necessário, retraduzi-lo, o papa português São Dâmaso incumbiu a São Jerônimo. Em Roma, Jerônimo reviu os quatro evangelhos por altura de 383; depois, na gruta de Belém, trabalhou até a morte (30.9.419) na difícil empreitada. Como Jerônimo dominasse o hebraico, o grego e o latim e como tivesse em mãos manuscritos quase originais, pôde fazer um trabalho fiel no conteúdo e elegante na forma. Esta versão latina feita por São Jerônimo passou à história com o nome de *Vulgata*, isto é, tradução popular, e acabou se impondo, sendo aceita como texto oficial pelo Concílio de Trento, em decreto de 8 de abril de 1546.

Vieira cita a Bíblia sempre em latim, mas cuida de lhe dar uma tradução imediata para os ouvintes, dizendo expressamente quando o texto não é da Vulgata. Ora, acontece que todas as traduções em línguas modernas nos últimos 20 anos são feitas, já não mais à base da Vulgata, mas dos textos originais hebraicos (ou gregos, no caso do Novo Testamento). E as novas traduções nem sempre trazem as mesmas palavras da tradução de Vieira, e sobre cujas palavras ele tece o raciocínio ou deduz a lição que quer pregar. Por isso, quase sempre, deixei a tradução original, sem levar em conta as traduções novas.

Ainda no tempo de Vieira era doutrina comum que o Pentateuco, isto é, os cinco primeiros livros da Escritura (Gênesis, Êxodo, Levítico, Deuteronômio e Números) eram da autoria de Moisés. Por isso, ele tem frases como: "Segundo Moisés..." Hoje a crítica aceita que neles há ideias e experiências mosaicas, mas o texto tem mais autores e alguns bem posteriores a Moisés.

O mesmo acontece com os Livros Sapienciais (Provérbios, Eclesiastes, Eclesiástico, Sabedoria e Cântico dos Cânticos), atribuídos todos ao Rei Salomão. Por isso Vieira cita Salomão para citar algum desses livros. O mesmo com os Salmos. Para Vieira (e para toda a crítica até o início deste século) todos os Salmos eram de Davi. Daí Vieira dizer: "como dizia Davi..." ou "como dizia o Rei-poeta..." ou "como dizia o Rei-profeta", para citar algum verso de salmo. Aliás, quem quiser conferir as citações dos Salmos em Vieira precisa levar em conta que ele cita pela enumeração da Vulgata, que é a mesma dos LXX. As bíblias em tradução moderna, quase todas, citam pelo texto hebraico, onde o salmo 9 é dividido em dois, alterando a enumeração até o salmo 147. Deixamos a enumeração antiga, isto é, a enumeração de Vieira, segundo a Vulgata de São Jerônimo.

No tempo de Vieira, os livros que hoje se chamam Primeiro e Segundo Livros das Crônicas se chamavam Paralipômenos, nome grego que diz exatamente "crônica". Citamos como Livro das Crônicas. Os que hoje se chamam

Primeiro e Segundo Livros de Samuel chamavam-se Primeiro e Segundo Livros dos Reis, deslocando para Terceiro e Quarto os que hoje se chamam Primeiro e Segundo. Atualizamos as citações, citando sempre 1Sm ou 2Sm e 1Rs e 2Rs.

Vieira tece todos os sermões com citações da Escritura ou alusões a passagens bíblicas. Penso haver localizado todas elas. Muitas vêm citadas imediatamente após o texto, outras ao pé da página.

Autores citados: São muitos (sem contar a repetição, passam de 50), sobretudo Santos Padres. É de admirar a cultura do nosso pregador. Mas lembremos que existiam naquele tempo (como hoje) coleções de pensamentos colocados em ordem alfabética sob os grandes temas das pregações, como as virtudes teologais (fé, esperança e caridade), as virtudes cardeais (prudência, justiça, fortaleza e temperança), os dons do Espírito Santo (sabedoria, inteligência, conselho, fortaleza, ciência, piedade e temor de Deus), os pecados capitais (soberba, avareza, inveja, ira, luxúria, gula, preguiça), os sacramentos (batismo, confirmação, eucaristia, confissão, ordem, matrimônio e unção). Nessas coleções se casavam textos da Escritura com textos dos Santos Padres. Nos *Fioretti* de Santo Antônio se conta de um noviço que teria roubado do Santo um caderno em que ele tinha elencado textos para usar nos sermões, e o diabo lhe teria dito que, sem o tal caderno, Antônio deixaria de ser o grande pregador e ele, noviço, com essas citações à mão, se tornaria orador famoso. Ao próprio Santo Antônio é atribuída uma concordância de citações bíblicas. Era comum haver desses prontuários nas bibliotecas. Isso não significa que Vieira não fosse um ledor inveterado e atento. Numa das cartas escritas do interior da Amazônia diz que estava lendo Santa Teresa de Ávila!

Os autores não bíblicos mais citados por Vieira são os Santos Padres e alguns escolásticos. Os autores eclesiásticos se chamam "Padres Apostólicos", se foram discípulos diretos dos apóstolos ou de gente que conviveu com os apóstolos. Nesta categoria está Santo Inácio de Antioquia, São Policarpo, São Clemente Romano, São Justino. Nos nove sermões Vieira não cita nenhum Padre Apostólico. Os autores que viveram do século III ao X se chamam "Santos Padres", e o estudo de suas vidas e seus escritos se chama Patrística. Entre eles, avultam no Ocidente Santo Atanásio, São Cipriano, Santo Ambrósio, Santo Agostinho, São Jerônimo, São Hilário, São Gregório Magno; no Oriente:

São Basílio Magno, São Gregório Nazianzeno, São Gregório de Nissa, São João Crisóstomo. Alguns dos Santos Padres não estão no catálogo dos santos, como Orígenes, Tertuliano, Clemente de Alexandria. "Padres" aqui não tem o sentido de "sacerdotes" ou "papas", mas de "pais", e recebem esse nome porque fundamentaram teologicamente a sã doutrina cristã. Vieira cita com a mesma facilidade os Santos Padres do Ocidente e do Oriente. Os escolásticos são os grandes pensadores dos séculos XII, XIII e XIV. Assim se chamam, porque costumavam formar "escola", isto é, tinham discípulos e continuadores. Entre eles, para só citar os aludidos por Vieira nesses nove sermões, estão Santo Tomás de Aquino, São Boaventura de Bagnoregio, Alexandre de Hales, Duns Scotus.

Os maiores entre os Santos Padres, escolásticos e outros que vieram depois, são declarados "Doutores da Igreja". Não são muitos os que em dois mil anos receberam o título. Santo Antônio foi declarado Doutor da Igreja em janeiro de 1946 e era o 29º. Depois dele o receberam Santa Teresa de Ávila e Santa Catarina de Sena. Pensei que devia dar esta longa explicação dessas expressões, porque elas ocorrem várias vezes nos sermões.

Nossas notas: Se localizamos todas as citações bíblicas, não o fizemos com os outros autores citados. O ideal teria sido localizá-las dentro de suas obras e, talvez, dentro do contexto. Limitamo-nos a dar pequena notícia sobre cada um deles. Lembro que uma citação, fora do contexto, pode muitas vezes assumir outro sentido, e receio que mais de uma vez tenha acontecido nos sermões de Vieira. Como são nove os sermões e as notas começam com o número 1 em cada sermão, quando deveria apor a mesma nota, cito-a com o número do sermão anterior. O primeiro número significa o sermão de 1 a 9, o segundo número a respectiva nota. Cabe ao leitor relê-la ou dá-la por conhecida. Nossa referência nas notas aos Sermões de Santo Antônio é sempre à edição bilíngue do Padre Henrique Pinto Rema.

Cada um dos sermões vem antecedido de uma pequena introdução, não científica, mas de familiarização com o conteúdo do texto.

Vieira cita a Sagrada Escritura e os Santos Padres sempre em latim. A princípio pensei em deixar o latim. Depois me dei conta do quanto as frases em latim, num tempo em que são raras as pessoas que o leem, tornava pesado o texto. Nos tempos de Vieira era quase regra da Oratória sacra as citações em latim. Hoje se aproxima do pedantismo citar frase em língua estranha aos ouvintes. Tomei a decisão de suprimir o latim, deixando apenas as expressões absolutamente necessárias, e cuidando de ser fiel na tradução, tanto ao original quanto ao sentido que Vieira dera à citação, e, quando era o caso, deixando a própria tradução de Vieira, mesmo nas vezes em que ele traduziu com certa liberdade.

O leitor perceberá, e talvez com espanto, que para Vieira não havia assunto estritamente religioso. Fé, história, política, passado, presente e ideais se misturam. Seu primeiro sermão sobre Santo Antônio é hoje uma das melhores fontes históricas que temos sobre a invasão holandesa na Bahia. Seu quarto sermão, o dos peixes, é digno de figurar em qualquer antologia de textos de psicologia. E sem dúvida o nono é das mais intensas páginas de sociologia que se têm escrito em língua portuguesa. Admirável é também a facilidade com que Vieira, partindo quase sempre dos mesmos versos bíblicos e citando os mesmos milagres de Santo Antônio, deles tira diferentes lições de inteira atualidade então, sem se repetir, sem dar a impressão do já escutado. Mais: numa linguagem, hoje considerada barroca, mas clássica no sentido de sua leitura poder ser aplicada ao nosso tempo como aos tempos de Vieira e aos tempos de amanhã.

Ainda quatro pequenas observações: 1. Vieira emprega sempre "aonde", quando hoje necessariamente empregamos "onde". Deixei o termo, sem cada vez dar uma explicação. 2. É bastante comum em Vieira indicativo pelo subjuntivo, sobretudo regido pelo "se" ou o mais-que-perfeito em lugar do condicional. Também chamei a atenção uma só vez. 3. Muitas vezes Vieira fala em "religião", não no sentido de rito, mas no sentido de Ordem religiosa, sentido que era comum naquele tempo. Lembrei isso em nota apenas uma vez.

4. Por fim, a questão dos títulos e subtítulos. São quase todos meus, e com eles procurei facilitar a leitura.

Apenas para se ter uma visão global do tempo, dou alguns nomes ilustres de seus contemporâneos, em várias áreas do saber: na arte: Bernini (1598-1680) e Velázquez (1599-1660); na poesia: Calderón de la Barca (1600-1681). Na mística: Ângelo Silésio (1624-1677); no teatro: Corneille (1606-1684) e Molière (1622-1673); na oratória: Bossuet (1627-1704); no pensamento: René Descartes (1596-1650) e Blaise Pascal (1623-1662).

Como Vieira e Santo Antônio embeberam seus escritos na Escritura, para fundamentar sua pregação e catequese, termino essa despretensiosa introdução, dedicando aos dois uma paráfrase do *Livro do Eclesiástico* 44,1-15:

Façamos o elogio dos homens ilustres,
nossos antepassados.

O Senhor lhes deu imensa glória e grandeza infinda,
que perdurarão eternamente.

Conselheiros inteligentes,
foram profetas nos discursos.

Guiaram o povo com suas decisões,
compreendendo os costumes de sua gente,
e tendo palavras sábias para sua instrução.

Compuseram cantos melodiosos
e escreveram páginas cheias de poesia.

Deixaram um nome carregado de elogios,
porque são homens de bem.

Suas obras não serão esquecidas
e sua glória jamais se apagará.

Seus corpos foram sepultados em paz,
mas seu nome viverá através das gerações.

Os povos proclamarão sua sabedoria
e a assembleia dos povos celebrará seu louvor.

Roma, Páscoa de 1997

Abreviações dos livros da Bíblia, por ordem alfabética, citados nesses sermões

Ap Apocalipse
At Atos dos Apóstolos
Cl Carta aos Colossenses
1Cor Primeira Carta aos Coríntios
2Cor Segunda Carta aos Coríntios
1Cr Primeiro Livro das Crônicas
2Cr Segundo Livro das Crônicas
Ct Livro do Cântico dos Cânticos
Dn Profeta Daniel
Ecl Livro do Eclesiastes
Eclo Livro do Eclesiástico
Est Livro de Ester
Ex Livro do Êxodo
Ez Profeta Ezequiel
Gn Livro do Gênesis
Hab Profeta Habacuc
Hb Carta aos Hebreus
Is Profeta Isaías
Jn Profeta Jonas
Jo Evangelho de João
Jó Livro de Jó
Jz Livro dos Juízes
Lc Evangelho de Lucas
Lm Livro das Lamentações
Lv Livro do Levítico
Mc Evangelho de Marcos
Ml Profeta Malaquias
Mt Evangelho de Mateus
Ne Livro de Neemias
Nm Livro dos Números
Pr Livro dos Provérbios
1Rs Primeiro Livro dos Reis
2Rs Segundo Livro dos Reis
Sb Livro da Sabedoria
Sl Livro dos Salmos
1Sm Primeiro Livro de Samuel
2Sm Segundo Livro de Samuel
Tb Livro de Tobias
Zc Livro de Zacarias

Primeiro sermão

Em Salvador, 13 de junho de 1638

Introdução

Vieira tinha menos de 4 anos de padre quando pronunciou este sermão, no dia 13 de junho de 1638, na Igreja de Santo Antônio, na colina que fora palco da batalha decisiva que, pela segunda vez, expulsou os holandeses de Salvador. Em junho de 1621 fora criada pelos capitalistas de Amsterdã e Rotterdã, à maneira da Companhia das Índias Orientais, a Companhia das Índias Ocidentais, reconhecida pelo governo flamengo, com o direito de explorar por 24 anos as riquezas da África e da América. Na verdade, era uma empresa de expansão e rapina.

Em 1624 invadiram pela primeira vez a Bahia, à procura sobretudo de açúcar, tabaco e pau-brasil. Eram 26 naus grandes, sendo 13 de guerra, com uma tripulação de 1.600 pessoas e mais uma tropa de 1.700 homens. Tomaram Salvador no dia 10 de maio e a saquearam, sem resistência. Mas os habitantes se reorganizaram nas matas e engenhos próximos, enquanto Lisboa/Madri mandava 52 navios de guerra e 12.563 soldados. Os flamengos tiveram que entrar num acordo e se retirar. Mas os espanhóis completaram o saque. No dizer de um cronista holandês, "os habitantes foram obrigados a recomprar as próprias peças antigas aos espanhóis, os quais espoliaram muito a cidade, e carregaram os navios com pau-brasil, tabaco, açúcar, especiarias e tudo o mais que podiam carregar de mesas, cadeiras, tapeçarias e utensílios de casa". Uma das famílias inteiramente depenadas foi a do Padre Antônio Vieira.

Pela segunda vez os flamengos invadiram o Brasil, em começos de 1630, desta vez Pernambuco. Portugal estava sob o domínio da família real espanhola que, naquele momento, passava por dificuldades internas. Os holandeses se estabeleceram em toda a costa nordestina desde o Pará à Paraíba. Tiveram a ajuda eficiente de um traidor, Calabar. O Príncipe Maurício de Nassau assumiu o governo da nova colônia. Quando Nassau resolveu tomar também a Bahia, em 1638, se deu mal. Os habitantes tinham a experiência de 1625. Resistiram inteligentemente por 40 dias. A batalha decisiva aconteceu no dia 18 de maio, aos olhos de Maurício de Nassau. Os holandeses foram vencidos, sofrendo mais de 500 mortes e 700 feridos (Vieira fala em 28 centos). É esta vitória, sem a ajuda europeia, que o Padre Vieira celebra no dia 13 de junho, e a atribui a Santo Antônio.

A mais de ser um sermão festivo e celebrativo, é fonte histórica sobre o cerco da cidade e a expulsão dos invasores. Fala a uma igreja cheia de gente protagonista dos fatos acontecidos duas semanas antes e ainda comovida pelo sucedido. Na parte final do sermão, Vieira pede a Santo Antônio que devolva Pernambuco também, deixando-nos a notícia de que já então Santo Antônio era "venerado e servido" em todo o Nordeste, em todas as cidades e vilas, em qualquer povoação por pequena que fosse, "e nos campos e montes, onde não havia casas, só ele a tinha".

Completo a nota sobre a invasão holandesa para situar outro sermão de Vieira, sempre citado entre os maiores sermões de todos os tempos. Espanha e Portugal mandaram a expedição do Conde da Torre, o primeiro português que, na ocupação espanhola de Portugal, ocupou o comando de ambas as esquadras. A expedição composta de 87 navios foi dispersada pelos holandeses, que chegaram a incendiar o Recôncavo. Foi nessa altura, em meio a um misto de angústia e desespero, que o Padre Vieira pregou, na Igreja de Nossa Senhora da Ajuda, no dia 10 ou 11 de maio de 1640, o famoso *Sermão pelo bom sucesso das Armas de Portugal contra as de Holanda*. Os holandeses só se retiraram definitivamente do Brasil em junho de 1645, quando Vieira se encontrava na nova Corte portuguesa, em Lisboa, e não por derrotados, mas por enfraquecimento interno. Vieira, ao comentar o fato no Sermão em homenagem a São Roque, colocou uma nota final quando imprimiu o sermão: "Aqui se viu o milagre da Providência".

O esquema do Sermão é fácil. Parte de um texto da Escritura que fala do cerco de Jerusalém, no tempo do Rei Davi. Salvador se torna, para o pregador, a Jerusalém e todas as palavras do texto sagrado são transplantadas ao cerco da cidade e vitória de Salvador. A vitória é atribuída a Deus, porque a cidade é do Salvador, mas Deus a reparte com Santo Antônio. No texto sagrado, Deus protegera Jerusalém por causa de Davi. Agora protege Salvador por causa de Santo Antônio, em cuja pessoa convergem todas as qualidades e grandezas dos santos protetores da cidade, e o amor patriótico de todos os portugueses. A certa altura, Vieira, que, ao longo de todo o sermão, vem comparando Santo Antônio a Davi, o aproxima de Moisés, intercessor do povo pecador junto de Deus. Uma forma elegante de recordar aos ouvintes que a invasão era também um castigo de Deus pelos pecados, sustada pela intercessão de Santo Antônio.

O Sermão tem dois finais. O próprio pregador chama a atenção para isso. No primeiro lembra que a vitória deve ser depositada aos pés do trono de Deus: "O seu trono é Santo Antônio, que tão de assento o tem nos braços". No segundo, pede a Santo Antônio a vitória também em Pernambuco. A Bahia é a filha mais velha, Lia; Pernambuco é a Raquel, a filha mais nova e mais bela, como o diz o nome da capital: Olinda.

Santo Antônio, em nome de todos os santos, protegeu a Bahia

Protegerei esta cidade e a salvarei por amor de mim e por amor de Davi, meu servo

Devidas graças a tão honrada vitória

Este é o lugar, onde por espaço de quarenta dias e noites, como o dilúvio[1], sustentou a Bahia, posta em armas, aquela furiosa tormenta de trovões, relâmpagos e raios marciais, com que a presumida hostilidade do inimigo, assim como tem dominado em grande parte os membros deste vastíssimo Estado, assim se atreveu a vir combater, e quis também conquistar a cabeça. E neste mesmo lugar – bendita seja a bondade e providência divina –, trocados os receios em alegria, as armas em galas, e a guerra em triunfo, vemos junta outra vez a mesma Bahia, para render a Deus as devidas graças pela honrada e tão importante vitória com que, desenganado o mesmo inimigo, ocultou de noite a fugida, e de dia o vimos sair tão humilhado e desairoso, por onde tinha entrado tão orgulhoso e soberbo. Semelhantes sítios e vitórias, e outras muito menores que as semelhantes, se costumam logo estampar na Europa, para se fazerem públicas a todo o mundo. E, posto que nós na América carecemos destas trombetas mudas da fama, com que a mandar estampada aos olhos de Sua Majestade, que Deus guarde, e alegrar com ela a Portugal, a Espanha[2], e a toda a monarquia, nas palavras que

1. Cf. Gn 7.

2. Observe-se como Vieira separa claramente Portugal e Espanha, apesar de Portugal estar dominado pela Espanha desde 1580, quando Felipe II de Espanha o subjugou. A dominação durou até 1640, quando Dom João IV descendente do Rei João I e filho de Teodorico II, duque

propus – que são do Livro Quarto dos Reis[3], capítulo dezenove – me parece temos uma estampa tão própria desta nossa história, que, em todas suas principais circunstâncias representadas ao vivo, nem faltarão aos auxílios do céu as devidas graças, nem à cooperação e valor da terra os merecidos louvores. O que direi, ou repetirei, será somente ponderando o que todos vimos. E para que nos não falte a assistência da soberana Palas da Cristandade[4], a quem o primeiro templo que levantou Portugal à Bahia foi com nome da Vitória, dando os vivas à mesma Senhora, digamos: *Ave Maria.*

Tomarei debaixo de minha proteção esta cidade – diz Deus – *para a salvar, e esta mercê lhe farei por amor de mim, e por amor de Davi meu servo* (2Rs 19,34). Fala o texto à letra do sítio que com poderoso exército veio pôr sobre Jerusalém Senaquerib, rei dos assírios[5]. E, posto que as mesmas palavras e a promessa delas se verificam propriamente em um e outro caso, não há dúvida

---

de Bragança, aproveitando-se de um momento de fraqueza da Corte de Castela e ajudado pelo cardeal político francês Richelieu, se insurgiu, declarou independência e fundou a dinastia de Bragança, que reinou em Portugal até 1910, quando foi proclamada a República.

3. A Vulgata Latina, no século V d.C., adotou a divisão feita pelos Setenta (séc. III a.C.), chamando I e II Livro dos Reis os livros hoje chamados I e II de Samuel. Com isso, os que se chamavam III e IV dos Reis, passaram a ser chamados hoje de I e II dos Reis. A citação de Vieira, portanto, é do 2Rs 19,34.

4. Palas é o sobrenome da deusa Atena (os romanos a chamavam Minerva), vencedora de gigantes, deusa da razão e da sabedoria, conselheira de deuses e grandes mortais. Santo Antônio cita a deusa no sermão do III Domingo da Páscoa. Vieira aplica o nome a Nossa Senhora, chamando-a de "Palas da Cristandade". Em Vieira são comuns as figuras de retórica (metáforas, alegorias, metonímia, ironia). Muitos autores do século XVII abusaram destas figuras. Entre eles se destaca Luís de Góngora (1561-1627), de quem se tirou o nome "gongorismo" para dizer uma forma afetada e cheia de tropos, sinédoques e antonomásias. Mas é injusto dizer que Vieira é gongórico. Ele evita conscientemente o gongorismo. Ao publicar o primeiro volume dos sermões, observou: "Se gostas de afetação e pompa de palavras e do estilo que chamam culto, não me leias. Quando este estilo mais florescia, nasceram as primeiras verduras do meu, que perdoarás, quando as encontrares". Pois esta foi uma.

5. Senaquerib (705-681 a.C.), monarca da Assíria, subjugou muitos povos. Ezequias, cercado em Jerusalém, se entregou e pagou 30 talentos de ouro, 800 de prata, e outras joias, inclusive suas próprias filhas. Nessa ocasião retirou o ouro do templo e as folhas de prata das portas do templo. A narração bíblica concorda plenamente com as fontes assírias. Numa segunda invasão, Senaquerib foi infeliz. O rei do Egito Taraca veio em socorro de Jerusalém, e a peste surgiu no acampamento assírio. Senaquerib morreu assassinado em Babilônia, na entrada de um templo. Santo Antônio cita Senaquerib no sermão do XV Domingo de Pentecostes, e o apresenta como símbolo da sensualidade e da concupiscência da carne.

que tem muito maior propriedade e energia no nosso. *Protegerei esta cidade e a salvarei*: reparemos bem nesta última palavra, em que consiste a promessa e efeito da proteção divina. Tomarei, diz Deus, debaixo de minha proteção esta cidade para a salvar. Pudera dizer: para a conservar, para sustentar, para a defender, para lhe dar vitória de seus inimigos; e por que não diz senão para a salvar nomeadamente: *E a salvarei*? Porque a Bahia é cidade do Salvador, e, ainda que o conservá-la, defendê-la, e dar-lhe vitória era efeito da mesma proteção, não era conforme o nome da cidade e do seu protetor. O efeito, a obra e a ação própria de salvador, é salvar; pois por isso diz Deus que há de salvar a cidade: *E a salvarei*. A Deus, além dos nomes comuns de Deus e Senhor, umas vezes o invocamos como misericordioso, outras como justo, outras como todo-poderoso, ou com algum dos outros atributos e títulos de sua majestade e grandeza, de que estão cheias todas as Escrituras; mas quando o havemos de invocar para que nos salve, o modo que prescreve e ensina a mesma Escritura é que digamos nomeadamente a Deus: Salvai-nos, Salvador nosso. Assim o manda e dispõe no primeiro Livro do Paralipômeno[6]: *Dizei: Salvai-nos, Ó Deus, nosso Salvador*! (1Cr 16,35). E por quê? Porque o salvar é efeito próprio de salvador, e com o nome de Salvador não só inclinamos e empenhamos, mas obrigamos a Deus a que nos salve, porque não seria Salvador se não salvasse. Essa foi a impropriedade com que os discípulos, ainda rudes[7], invocaram a Cristo no perigo da tempestade, dizendo: *Mestre, salvai-nos, porque perecemos* (Mt 8,25; Mc 4,38; Lc 8,24). Não haviam de dizer, Mestre, senão, Salvador, porque a obrigação de Mestre é ensinar, e não salvar. E se Cristo então os salvou, não foi como Mestre, senão como Salvador: *Salvai-nos, Salvador nosso*. Este mesmo, pois, foi o título com que Cristo, na ocasião presente, salvou a Bahia. Ela é a Cidade do Salvador, e Ele salvou a sua cidade. Donde se segue que mais a salvou como sua do que como nossa e mais a salvou para si do que para nós.

---

6. Paralipômeno ou Paralipômenos é o nome que a versão dos LXX dá aos dois livros de Crônicas, nome acolhido pela Vulgata. A palavra indica o conteúdo: "Coisas omitidas". O autor teria recolhido o que os livros dos Reis omitiram. Hoje se diz I e II Livro das Crônicas, título hebraico, que quer dizer "palavras ou fatos do dia", ou seja, crônica.

7. Rudes: que ainda não tinham sido instruídos.

É admirável a este propósito o texto de Davi no salmo 97[8]: *Cantai ao Senhor um cântico novo, porque ele fez maravilhas. Salvou para si com sua mão direita, com seu braço santo.* Assim como nas grandes vitórias se costuma celebrar o valor dos capitães e soldados com letras ou cantigas novas, assim exorta Davi que se componham e entoem novos cânticos ao Senhor, pela admirável vitória com que o seu poderoso braço *salvou para si.* Isto de salvar Cristo para si é o primeiro reparo de Hugo Cardeal[9], e o segundo, também seu, não é menos bem-fundado. O primeiro funda-se no que diz o profeta, o segundo no que não diz, porque não diz que salvou, ou a quem. Pois, se diz que salvou, e que *salvou para si,* por que não diz o que salvou, ou a quem salvou? Não diz a quem salvou, responde Hugo, porque falava o profeta de vitória futura, e do sucesso da mesma vitória se havia de entender de quem falava. Suposto, pois, que do sucesso e da vitória havemos nós de entender o que Cristo salvou por meio dela, eu entendo e digo que o que salvou foi a Bahia. E do mesmo texto que excitou a primeira questão, provo a resposta desta segunda. O texto diz que salvou Cristo para si – *Salvou para si* – logo, se salvou para si, sinal é que o que salvou era coisa sua. E como a Bahia é Cidade do Salvador, bem se segue que, salvando-a, salvou para si, porque salvou a sua cidade. O mesmo Hugo, tão claramente como se eu lhe ditara as palavras: *Muito bem e muito propriamente disse que salvou para si, porque a Ele e não a outrem pertencia salvar o que era seu.* A cidade era do Salvador, e ao Salvador pertencia salvar a sua cidade. É verdade que também nós fomos salvos nela, pelo que devemos infinitas graças ao mesmo Salvador, mas

8. Para Vieira, Davi é o autor de todos os Salmos. Os estudos modernos demonstraram que muitos, se não a maioria, dos Salmos não são de Davi. Deixo a numeração dos Salmos segundo a Vulgata. Hoje este salmo vem sob o n. 98.

9. Hugo Cardeal, também chamado Hugo de Saint-Cher, francês, nascido no final do século XII e falecido em Orvieto, Itália, em 1363. Estudou filosofia e teologia em Paris; depois estudou direito civil e canônico. Abriu uma escola de advocacia, que foi muito frequentada. Em fevereiro de 1225 entrou na Ordem Dominicana. Por sua experiência administrativa e teológica, já em 1227 foi eleito provincial da França. Reeleito provincial, tornou-se vice-geral. Em 1243 o Papa Inocêncio IV lhe deu algumas tarefas diplomáticas difíceis. Em 1244 foi nomeado cardeal, o primeiro cardeal dominicano. Apesar de toda a atividade junto a Inocêncio IV depois junto a Alexandre IV e junto a Urbano IV escreveu muito, sobretudo explicações bíblicas. É autor da primeira "concordância" da Bíblia. É conhecido pelos critérios que deu para uma correta leitura das Escrituras. Famoso e respeitado por seu saber, recebeu sobre o túmulo a inscrição: "Com sua morte, eclipsou-se a Sabedoria".

ele, como dizia, não nos salvou a nós tanto por amor de nós, quanto por amor de si. Não é consideração minha, senão cláusula expressa do mesmo Senhor no nosso tema: *Tomarei debaixo de minha proteção esta cidade* – notai agora – para a *salvar por amor de mim.* De maneira que, não só diz que há de salvar a cidade, mas expressa e nomeadamente que a há de salvar por amor de si. Nós, salvos por amor da cidade, porque somos membros da cidade, mas a cidade salva pelo Salvador, porque é sua, e *por amor de si.*

Vitória repartida entre o Salvador e Santo Antônio

Ainda nos resta por declarar a última cláusula do tema, tão breve como a passada, mas não menos admirável, nem menos própria do nosso caso: *Salvarei esta cidade* – diz o Salvador – *por amor de mim, e por amor de Davi, meu servo.* Que bom Senhor é Deus! Buscai lá outro que, sendo toda a vitória sua, queira partir a glória dela entre si e um seu servo! Mas por que razão, tendo Deus tantos outros servos, e tão grandes, assim passados como presentes, esta parte de glória a atribui só a Davi: *E por amor de Davi, meu servo*? No caso do sítio de Jerusalém a razão é manifesta, porque na mesma cidade de Jerusalém havia um monte, o mais forte e inexpugnável de todos, que era o Monte Sião[10], o qual se chamava *Cidade de Davi*; e assim como Deus salvou a Jerusalém por amor de si, pelo que tinha de cidade sua, assim a salvou também por amor de

10. Sião ou Sion: colina de Jerusalém, situada ao sul do templo e ao norte da Piscina de Siloé. Davi, ainda jovem, conquistou aos jebuseus a cidade de Urusalimu (Jerusalém) e estabeleceu-se na colina de Sião e a fortificou; a partir de então, a colina se chamou "Cidade de Davi" (cf. 2Sm 5,6-10 e 1Cr 11,4-5), e passou a ser o coração dos hebreus. Por extensão Sião passou a ser sinônimo de Jerusalém, e para os cristãos, muitas vezes, sinônimo da "Jerusalém celeste". Ao menos quatro vezes Santo Antônio se refere à colina de Sião. Ele trabalha muito com símbolos. Nas quatro vezes diz que Sião quer dizer "ponto alto de observatório". No sermão do 19º domingo de Pentecostes ele diz que devemos subir o Monte Sião, lugar de observatório, para observar o oriente de nosso nascimento, o ocidente de nossa morte, o aquilão da adversidade, o meio-dia da prosperidade mundana. No sermão do II domingo do Advento lembra que os moradores de Sião são os pobres de espírito que, elevados das coisas terrenas e constituídos no observatório mais eminente da pobreza, contemplam o Filho de Deus, peregrino no caminho, glorioso na pátria. Já no III domingo do Advento, dizendo que Sião, sendo lugar de atalaia, significa a penitência. E no sermão de Pentecostes a compara à alma do justo, ferida no corpo, como um rochedo no mar, pelas ondas das diversas tentações, mas não amolece nem se move, mas vai-se observando dentro de si e acima de si.

Davi, pelo que tinha de cidade de Davi: *Por amor de Davi meu servo.* Passemos agora de Jerusalém à Bahia.

O Monte Sião da Bahia não há dúvida que é este monte em que estamos, posto que ao princípio tão malfortificado, depois tão forte e inexpugnável, como as batarias[11] e assaltos do inimigo tanto à sua custa experimentaram. E que o Davi desta Sião seja Santo Antônio, que nele assentou o solar da sua casa, facilmente se pode demonstrar até aos mesmos olhos, porque se do saial[12] lhe fizemos a samarra, da corda a funda, da voz formidável ao demônio a harpa, de ser menor da família de seu pai[13] a família dos menores, de ter sempre a Deus junto ao peito, ser aquele de quem disse o mesmo Senhor que tinha achado um homem conforme ao seu coração[14], com pouca diferença de cores veremos naquele altar, ou de Santo Antônio formado um Davi, ou Davi transformado em Santo Antônio. Deste segundo Davi, pois, disse Deus no nosso caso: *Protegerei esta cidade e a salvarei por amor de mim e por amor de Davi meu servo.* E se me perguntardes de que modo se repartiu a vitória da Bahia entre o Senhor e o servo, entre o Salvador e Santo Antônio, digo que na mesma Bahia temos razão da semelhança, e tão semelhante, que não pode ser mais natural nem mais própria. A cidade da Bahia é Cidade do Salvador, e Bahia de Todos os Santos, e assim como, enquanto cidade do Salvador, pertence a defensa[15] da cidade ao Salvador, assim, enquanto Bahia de Todos os Santos,

---

11. No Brasil se diz "bateria", e nesse significado militar, segundo Aurélio, indica um conjunto de canhões de características idênticas ou de idêntica finalidade, instalados a bordo de um navio de guerra.

12. Saial: veste simples, hábito franciscano.
Samarra: palavra de origem espanhola para dizer uma veste feita de pele de ovelha com sua lã original; veste de pastor (Davi era pastor de ovelhas antes de ser sagrado rei).

13. Davi era o filho menor de Jessé, que morava em Belém. Cf. 1Sm 16,11. Para o episódio da funda, ver 1Sm 17,41-51, quando Davi vence o gigante Golias. Santo Antônio gosta de lembrar nos sermões a figura de Davi. Já no Prólogo geral, nos ensina: "Davi interpreta-se misericordioso, forte de mão e desejável de aspecto. Figura Jesus Cristo, Filho de Deus, que foi misericordioso na Encarnação, forte no sofrimento e ser-nos-á de aspecto dulcíssimo na felicidade eterna".

14. Quando Samuel pensou que Deus havia escolhido Eliab, por ser esbelto de estatura, o Senhor lhe disse: "Deus não olha para o que olha o homem: o homem olha para as aparências mas o Senhor olha para o coração" (1Sm 16,7).

15. O mesmo que "defesa".

pertencia a defensa a Santo Antônio. E por quê? Mais admirável é ainda o porquê, que a mesma resposta. Porque, sendo a Bahia, Bahia de Todos os Santos, a todos santos pertencia a defensa dela. Logo, se a todos os santos pertencia a defensa da Bahia, por isso a defendeu Santo Antônio, porque Santo Antônio, sendo um só, ó todos os santos. Ora vede.

Todos os santos do céu se dividem em seis hierarquias[16]: patriarcas, profetas, apóstolos, mártires, confessores, virgens, e em todas estas hierarquias tem eminente lugar Santo Antônio. Primeiramente é patriarca, sendo filho de São Francisco[17], porque muitos dos filhos do mesmo santo o tomaram a ele por pai, e se chamam religiosos de Santo Antônio, quais são os de toda esta província[18]. Assim se chamaram filhos de Israel os descendentes de Abraão, tomando o nome e reconhecendo por seu imediato patriarca a Jacó, não só filho, mas neto do primeiro e universal pai de todos. Foi Santo Antônio profeta, como consta de tantas coisas futuras que anteviu e predisse, não só pertencentes a esta vida, senão também à eterna, revelando-lhe Deus até os segredos

---

16. Divisão arbitrária, usada por alguns Santos Padres mais por razões didáticas. O próprio Vieira, ao longo do período, explica o significado de cada hierarquia.

17. São Francisco de Assis (1182-1226), filho de pai comerciante, que sonhava comprar para o filho o título de cavaleiro. Participou da guerra entre Assis e Perusa. Em 1205 começa o lento e dolorido abandono das coisas mundanas. Inicia uma vida eremítica, reparando igrejas abandonadas. No dia 16 de abril de 1205 recebe os primeiros dois companheiros. Em 1209 escreve uma Regra de vida, inteiramente diversa das Regras monacais existentes, fundamentada na vida em fraternidade e na pobreza de bens materiais. Com a aprovação do Papa Inocêncio III, nasce a Ordem Franciscana, que chegou a ter, ainda em vida de Francisco, mais de 15 mil membros. Santo Antônio se encontrou com São Francisco por ocasião da Festa de Pentecostes de 1221. Francisco morreu no dia 3 de outubro de 1226 e foi canonizado no dia 16 de julho de 1228. Sendo fundador de Ordem, Vieira o chama de "Patriarca". Em nenhum sermão Santo Antônio cita frases ou o exemplo de Francisco; mas há passagens que se aproximam muito de passos da vida do Fundador.

18. Vieira se refere à Província Franciscana de Santo Antônio. Oito franciscanos, tendo como guardião Frei Henrique de Coimbra, acompanhavam Cabral na descoberta do Brasil. Jaboatão, em seu livro *Novo Orbe Seráfico Brasílico* (1,2, p. 10), lembra que durante os primeiros 50 anos de colonização os franciscanos foram os únicos missionários no Brasil. Juridicamente se organizaram em 1584, com a criação da Custódia de Santo Antônio do Brasil, com sede em Olinda. À altura do sermão de Vieira, os franciscanos haviam fundado no Brasil 12 conventos e cuidavam de 18 aldeias indígenas. Dos 12 conventos, sete eram dedicados a Santo Antônio (Igaraçu, Paraíba, Rio de Janeiro, Recife, Ipojuca, Santos e São Francisco do Conde). Com o retorno da independência de Portugal, a Custódia foi declarada Província em 1647.

ocultíssimos da predestinação das almas[19]. Nem se confirma pouco a verdade deste espírito profético, com a necessária suposição de Deus haver arrancado da terra onde nascera, porque *Ninguém é profeta em sua pátria* (Lc 4,24). Foi apóstolo, e apóstolo de duas províncias tão dilatadas, como Itália e França, não só pregando nelas, depois de cristãs, a fé do Evangelho, e confirmando-a com infinitos e portentosos milagres, mas confutando e convencendo os erros, alumiando a cegueira, e quebrantando o orgulho, a dureza e contumácia dos hereges, por onde foi chamado *Martelo das heresias.* Foi mártir, porque foi buscar o martírio na África, e, posto que não derramou o sangue, tão mártir foi como se o derramara, porque, se Deus disse a Abraão que não perdoara a vida a seu filho, pela vontade e deliberação que tivera de o sacrificar: *Não poupaste a teu filho único por amor de mim* (Gn 22,12), não menos suspendeu Deus o braço e espada de Abraão, para que não executasse o golpe, do que teve mão nos alfanges e cimitarras dos turcos[20], para que na garganta e peito

---

19. Referência a uma profecia contada nos *Fioretti:* "Uma vez em Le Puy Santo Antônio visitou uma senhora grávida. Ela recomendou às orações do Santo a si e ao fruto do ventre. Ele se recolheu em oração e, voltando-se para a senhora, lhe disse assim: *Espere feliz, porque o Senhor lhe dará um filho, que será grande na Igreja de Deus. Será franciscano e mártir, e levará com sua pregação muitos outros à palma do martírio.*
Ela deu à luz um filho, que se chamou Felipe. Ele entrou na Ordem dos Menores e foi homem de grande virtude. Por inspiração divina quis atravessar o mar em missão. Quando a fortaleza de Azoto, por traição, caiu em poder dos sarracenos, todos os cristãos, quase dois mil, foram condenados em massa à morte. Entre eles estava também Frei Felipe, que conseguiu ser decapitado por último para animar os outros e levá-los a Deus. Confortados com sua palavra, quando foram interrogados se queriam escapar da morte, renegando a fé, responderam que queriam o que queria Frei Felipe. Então ele os reuniu a todos e lhes fez um tocante sermão, terminando com estas palavras: *Caríssimos irmãos, fiquem firmes na fé, porque nesta noite o Senhor me revelou que entrarei no céu acompanhado de mil almas pela estrada do martírio.*
Enquanto aqueles santos eram decapitados por amor à fé, Frei Felipe os exortava incessantemente. O sultão ficou furioso com o frade e mandou que lhe cortassem os dedos. Mas ele continuou a animar os condenados. Então foi-lhe tirada a pele até o umbigo. E ele continuava a falar aos irmãos. Então lhe cortaram a língua. E ele com gestos, com inextinguível ardor, os incitava à coragem. Foi o último a ser decapitado. Por quatro dias os corpos ficaram insepultos. Pelo fato, se vê como era verdadeira a profecia do bem-aventurado Antônio".

20. Em 1220 foram martirizados em Marrocos os primeiros cinco frades da Ordem: Beraldo, Pedro, Acúrsio, Adjuto e Ótão. Os cinco, na ida, haviam sido hóspedes em Coimbra dos Cônegos Regulares. O Cônego Fernando de Bulhões era o hospedeiro. O martírio impressionou tanto a Fernando que também ele quis morrer mártir na África. E para isso passou-se à Ordem Franciscana, com o nome de Frei Antônio, e partiu para Marrocos. Observe-se como Vieira emprega "turcos" por "maometanos". Os Mártires de Marrocos tiveram a cabeça decapitada com

aberto de Antônio não empregassem a sua fúria. Que fosse confessor, não há mister prova. Mas a de ser perpetuamente virgem é tão milagrosa e sem igual que, sendo necessárias a São Bento as espinhas[21] e a São Francisco os lagos enregelados para se livrarem das tentações próprias, a túnica que vestia Antônio, só por tocar ou ser tocada na carne virginal daquele corpo mais que angélico, bastava para que dela fugissem todas as tentações contrárias à pureza, e aos pecadores mais forte e obstinadamente tentados, não só apagasse o fogo infernal, mas gerasse perpétua castidade[22]. E como Santo Antônio, em todas as hierarquias dos santos, com os patriarcas é patriarca, com os profetas profeta, com os apóstolos, com os mártires mártir, com os confessores confessor, e com as virgens virgem, pertencendo a todos os santos a defensa da Bahia de Todos os Santos, e tendo Deus prometido que a glória desta vitoriosa proteção não a havia de repartir com todos os seus servos, nem com muitos, senão com um só: *Por amor de mim e de Davi meu servo* – este um não podia ser outro senão Santo Antônio, aquele Santo universal que, sendo um só na pessoa, nos graus e hierarquias da santidade era todos os santos.

Quando Barac, capitão do povo de Deus, alcançou aquela famosa vitória contra Sísara, general dos exércitos de el-rei Jabin, diz o texto sagrado que as

---

cimitarra; conta-se que o carrasco os agrediu com tanta fúria que espedaçou várias cimitarras para matá-los. É a este episódio que Vieira vai buscar retoricamente os instrumentos do martírio.

21. São Bento (480-547), nascido em Núrsia e morto em Montecassino, é considerado o patriarca dos monges do Ocidente. Fundou a Ordem que leva seu nome: beneditina. Conta São Gregório Magno, seu biógrafo, que, para vencer a concupiscência da carne, Bento se lançou nu num espinheiro. Espinha ou espinho: Vieira toma a parte pelo todo. Neste mesmo sermão a palavra volta mais vezes. Santo Antônio cita São Bento no sermão do II domingo da Quaresma.

22. Vieira se refere a um episódio contado pelos *Fioretti* de Santo Antônio: "Passou o bem-aventurado Santo Antônio pela abadia de Solesmes, no bispado de Limoges. Vivia ali certo monge que sofria, há muito, grave tentação carnal. A vencer o mau impulso, quebrava o corpo com jejuns e vigílias e orações; mas sem resultado algum, porque Deus guardava para Santo Antônio a sua cura e remédio.
Reparando o dito monge na santidade do varão de Deus, foi ter com ele e em confissão lhe descobriu todos os pecados e a molesta tentação, e fielmente e humildemente lhe pediu ajuda e auxílio. E o varão santo e piedoso tirou o monge à parte, despiu a túnica e deu-lha para que ele a vestisse. E a túnica levava em si tanta limpeza de alma e tanta pureza de coração que se lhe pegara do corpo castíssimo de Santo Antônio, que mal o monge a vestiu logo os impulsos da carne amainaram. E desde então, assim muitas vezes o confessou, nunca mais os movimentos impuros o acometeram ou apoquentaram".

estrelas do céu[23], conservando-se todas na sua ordem, pelejaram contra Sísara (Jz 5,20). E do mesmo modo concedo eu, e confesso, que todos os santos do céu, sem se moverem do lugar, nem da ordem, cada um da sua jerarquia, podiam defender a nossa cidade, e acudir à proteção em que ela os tinha empenhado com o nome de Bahia de Todos os Santos. Assim suponho com o real profeta[24], o qual parece que não só tinha profetizado, senão pintado a nossa vitória. Fala Davi de todos os santos do céu dentro no mesmo céu, e diz que na boca tinham os louvores de Deus, e nas mãos as espadas desembainhadas, para com elas se vingarem de seus inimigos, e rendidos e manietados os meterem debaixo dos pés (Sl 149,6-7). Que os santos do céu se empreguem todos em louvores de Deus, essa a ditosa ocupação daquela pátria bem-aventurada; mas que juntamente estejam com as espadas desembainhadas nas mãos, para pelejarem e vencerem seus inimigos, que espadas são ou podem ser estas? São, no caso presente, as mesmas com que os nossos soldados pelejaram e venceram. A espada com que Gedeão pelejou e venceu chamava-se *Espada de Deus e de Gedeão* (Jz 7,20). E por quê? Porque no mesmo tempo era meneada por duas mãos: visivelmente pela mão de Gedeão, e invisivelmente pela mão de Deus. Do mesmo modo no nosso caso. As armas com que vencemos o inimigo, visivelmente eram meneadas pelas mãos dos nossos soldados na terra, e invisivelmente pelas mãos de todos os santos no céu: *E nas mãos espadas desembainhadas.* E porque estas mãos invisíveis de todos os santos eram as que principalmente nos deram a vitória, por isso conclui excelentemente o profeta que a glória da mesma vitória é de todos os santos: *Esta glória é de todos os santos* (Sl 149,9).

Bem suponho eu logo, e devemos supor todos, que todos os santos do céu por si mesmos podiam defender a nossa ou a sua Bahia de Todos os Santos. Mas, como Deus tinha demitido de si[25], e dedicado a parte desta proteção e desta glória a um só santo – *por amor de Davi, meu servo* – nenhum outro

23. Este episódio vem contado no Cântico de Débora, um dos mais antigos textos literários da Bíblia (em torno de 1125 a.C.). Segundo a mitologia cananeia eram as estrelas que faziam chover. Como o acampamento estava à beira do Rio Quison, provavelmente uma tempestade inundou a planície, surpreendeu e inutilizou os carros de ataque de Sísara.

24. Real Profeta: o Rei Davi.

25. Demitido de si: renunciado, abdicado.

podia ser, como foi, senão Santo Antônio, pela eminência com que este Santo contém em si as hierarquias e dignidades de todos. E se na universalidade do texto de Davi seria grande glória de todos os santos, se todos concorressem por si mesmos para a defensa e vitória da Bahia de Todos os Santos, maior glória foi na singularidade do nosso, que a mesma Bahia de Todos os Santos a defendesse um só santo, mas um santo que, sendo um só, é todos os santos: *Esta glória é de todos os santos.*

A defesa que tocou ao Salvador

Temos visto em comum a defensa e vitória da nossa cidade da Bahia, repartida entre o Salvador e Santo Antônio: entre o Salvador, como Cidade do Salvador, e entre Santo Antônio, como Bahia de Todos os Santos. Desçamos agora ao particular, e alegremos os ouvidos, com que ouçam com certeza e segurança o que os olhos testemunharam não sem dúvida e receio. O texto do nosso tema, tresladado ao capítulo 19 do Quarto Livro dos Reis, foi tirado do capítulo 37 de Isaías, o qual, como historiador, escreveu o sucesso do sítio de Jerusalém, e, como profeta, pintou nele o da Bahia. E para que não faltasse também ao ofício de comentador e intérprete, no capítulo 26, cantando a vitória da cidade que tem por nome Salvador, diz que para sua segurança e fortaleza se porá nela o muro e o antemural[26] (Is 26,1). Em frase da milícia antiga, o muro significa a fortificação mais estreita, e do recinto da cidade, e o antemural as que hoje se chamam fortificações ou obras exteriores, que a defendem no largo. Assim que propriamente no nosso caso, o muro da cidade da Bahia foi o Salvador, e o antemural, Santo Antônio. Ouçamos agora, com esta mesma divisão, quão seguramente nos defendeu dos inimigos o muro, e quão fortemente os resistiu e rebateu o antemural.

Em três coisas consistiu a segurança que Deus prometeu a Jerusalém na invasão do exército inimigo. Primeira, que ele não entraria na cidade: *Não penetrará esta cidade*; segunda, que não lançaria dentro dela as suas setas: *Nem lhe atirará seta alguma*; terceira, que a não poria de cerco: *Nem a cercará de*

26. Duas vezes Santo Antônio explica esta mesma passagem de Isaías e a atribui à pessoa de Jesus: a divindade é o muro, a humanidade o antemuro.

trincheiras (2Rs 19,32) – e tudo se cumpriu com maravilhosas circunstâncias no nosso caso. Primeiramente, não entrou o inimigo na nossa cidade, antes esteve tão longe de entrar, e nós tão seguros de que ele entrasse, que em todos os quarenta dias do combate, assim de dia como de noite, sempre estivemos com as portas abertas. Nisto mostrou bem a cidade do Salvador que o seu Salvador e defensor era Deus, porque só Deus pode impedir e cerrar as entradas com portas abertas. Uma das coisas notáveis que lemos no Livro de Jó é que Deus cerrou as portas ao mar, para que não entrasse pela terra (Jó 38,8). E acrescenta o mesmo Deus que essas portas do mar as tem muito bem ferrolhadas e muito bem trancadas (Jó 38,10). Agora pergunto: O mar não está aberto por todas as partes? Entre o mar e a terra há alguma coisa que lhe impida[27] o entrar e passar adiante? Todos vemos que não. Que portas são logo estas, e que ferrolhos com que estão tão cerradas e tão seguras? O mesmo Deus o diz: *Eu disse ao mar: até aqui chegarás, e não passarás daqui* (Jó 38,11) – esta minha palavra são as portas sem portas com que, estando aberto o mar em todas as praias do mundo, o tenho fechado e ferrolhado a ele, a terra tão segura que, por mais bravo que a ameace, não pode dar um passo adiante. Sabeis, senhores, quem deu tanta segurança à nossa cidade, que, combatida do inimigo, sempre estivesse com as portas abertas de dia e de noite? Foi unicamente aquela poderosa palavra do Salvador, posto que a nós oculta: *Não penetrará a cidade* – e com este seguro da divina proteção estavam as nossas portas abertas, tão forte e tão inexpugnavelmente cerradas, que não houve antigamente aríetes, nem há modernamente petardos, ou outros instrumentos e máquinas bélicas, que pudessem abrir na sua mesma abertura a menor brecha.

A segunda promessa de Deus foi: O *inimigo não lhe atirará sela alguma.* Este gênero de guerra tem muito mais dificultoso reparo, porque, voando as setas por cima dos muros, caem pela parte do céu sobre os que estão dentro. No mesmo Livro de Jó, pouco antes alegado, faz menção a Escritura Sagrada de guerra chovida: *Fará chover um fogo de guerra* (Jó 20,23). E que guerra chovida é esta? É aquela, cujos tiros vêm pela parte do céu. Destes tiros disse Davi: *Sobre os maus farei chover desgraças* (Sl 11,6) – e tais foram os tiros e as

---

27. Impida por impeça.

balas que choveram sobre a nossa cidade, depois que o inimigo assentou as suas batarias. As balas, que se atiravam às nossas trincheiras por linha tendente, e a ponto fixo, ordinariamente ficavam enterradas nas mesmas trincheiras; mas as que se lançavam contra a cidade, como iam por elevação, voavam por cima dos muros e caíam como chuva do céu, sem nenhum reparo humano, mas com milagrosos efeitos da proteção divina: *Aquele* – diz Davi – *a quem defende o Altíssimo, coabitará debaixo da proteção do Deus do céu* (Sl 91,1). Notai a palavra *coabitará,* que significa morar juntos, e fala particularmente dos moradores da cidade. Mas por que chama nesta ocasião o profeta a Deus o Altíssimo e o Deus do céu? Porque, ainda que as balas podiam passar por cima dos muros altos, não podiam avançar até o Altíssimo que os defendia e, ainda que caíam ou choviam pela parte do céu, não podiam ofender aos que estavam debaixo da proteção do Deus do céu. Assim foi. Os tiros da artilharia inimiga, que se contaram, foram mais de mil e seiscentos, e, chovendo a maior parte deles sobre a cidade, que faziam? Uns caíam saltando, e rodavam furiosamente pelas ruas e praças; outros rompiam as paredes, outros destroncavam os telhados, despedindo outras tantas balas quantas eram as pedras e as telhas, e foi coisa verdadeiramente milagrosa que nenhuma pessoa matassem nem ferissem nem ainda tocassem dentro da cidade, sendo que chegaram a levar ou despir a algumas ainda as roupas mais interiores, mas sem nódoa nem sinal nos corpos. E para maior excesso da maravilha, quando as balas que choviam por elevação na cidade, nenhum dano fizeram nos moradores, é certo que as nossas culebrinas[28], que também jogavam por elevação desde as portas da Sé, caindo no vale, onde o inimigo tinha assentado o seu arraial, mataram muitos dos hereges[29]. Não deixarei de continuar aqui o texto que referi de Davi, em que já fala nos tiros que chovem do céu, e, declarando-os como se descrevem os da pólvora, diz que é uma *tempestade de fogo e enxofre dada a beber em um copo* (Sl 11,7). Note-se muito o *em um copo.* Estes eram os brindes que o

28. Palavra oriunda do espanhol, não registrada pelo Aurélio nem sob esta forma nem sob a forma "colibrina" (existente também em italiano): é uma arma de cano curto.

29. Como o calvinismo predominava na Holanda do tempo, Vieira faz da palavra "herege" sinônimo de holandês.

flamengo[30] fazia à cidade, mas ela lhe respondia muito à portuguesa, porque, recebendo tão pouco dano da chuva das suas balas, como se fosse de água, a nossa o executava neles tão verdadeiro como de fogo e ferro. Eles brindavam à nossa saúde, e nós à sua morte.

A terceira cláusula da promessa divina foi que *o inimigo não poria de cerco a cidade* – e assim o vimos cumprido. Se o inimigo queria render a cidade por assédio, por que a não cingiu e cerrou por fora com as linhas de circunvalação, por que ao menos não intentou fortificar-se nas três eminências que a dominam, mas se reduziu todo a um quartel? Aqui se vê a providência e previdência do nosso divino defensor, e como começou a defender e segurar a Bahia dentro em Pernambuco. O primeiro lugar em que o inimigo se perdeu foi a cidade que ele chamou de seu nome Maurícia, e a primeira ação foi o seu próprio conselho. Pode haver maior erro militar que impossibilitar primeiro a vitória, o depois empreender a guerra? Pois isto é o que fez o general holandês, mais como obediente às disposições do nosso soberano defensor, que como capitão nem soldado. Determina conquistar a Bahia, e resolvo do arrancar primeiro de Ceregipe[31] de el-rei as relíquias do exército pernambucano, que ali estavam alojadas, e constavam de mil e duzentos soldados, endurecidos em tantos trabalhos e campanhas, que eram os ossos da guerra, e, por seu valor e experiência, merecedores de ser venerados como relíquias. Se Deus não cerrara os olhos a este conselho, veriam os menos cegos no seu mesmo leão bélgico[32], com as sete setas juntas todas em uma mão, quão poderosas são as forças unidas para resistir. E se as mesmas províncias, para resistir ao mais poderoso monarca, tomaram o nome de Províncias Unidas, também as nossas milícias unidas resistiriam mais facilmente à sua, se deixasse em paz a umas e pelejasse com as outras separadas e divididas. Mas não é coisa nova em Deus, quando quer desbaratar os efeitos, corromper os conselhos. Arrancado, pois, de Cere-

30. De novo Vieira toma aqui a parte pelo todo. Flamengos eram e são os habitantes de Flandres, região hoje pertencente à Bélgica.

31. Ceregipe: Sergipe.

32. Referência às armas das 7 Províncias unidas pelo Tratado de Utrecht, em 1579 (Holanda, Zelândia, Utrecht, Guéldria, Frísia, Overijsel e Groningue). Essa união deu origem ao reino dos Países Baixos. De novo, Vieira emprega a parte pelo todo, ao falar em "leão bélgico". A Bélgica se tornou independente em 1830.

gipe aquele famoso troço de soldados e cabos[33], a quem a fortuna adversa na sua roda tinha lavrado como fortíssimos diamantes, e incorporados com os do nosso período, menos exercitados, mas não menos valorosos, alentada com esta segunda e nova alma a Bahia, logo ficou mais certa da vitória que receosa da guerra. Tal foi o estado em que o inimigo achou a nossa cidade, e por isso, conforme a promessa divina, se não atreveu a lhe pôr cerco: O *inimigo não porá cerco à cidade* – mas, ensinado no seu próprio erro, reconhecendo o risco a que se expunha se dividisse as forças, tratou de as conservar unidas.

Mas como poderá a nossa cidade dar as devidas graças a seu Salvador, pela abundância com que a sustentou e conservou neste meio cerco, o que não pudera ser, se fosse cerrado? Davi, como tão cortado dos trabalhos e apertos da guerra, o que pedia a Deus, e exortava a todos lhe pedissem, é que desse paz à cidade de Jerusalém, para que nela e suas fortalezas houvesse abundância do necessário: *Pedi graças de paz para Jerusalém e abundância para os que a amam. Haja paz dentro de teus baluartes e abundância em tuas fortalezas* (Sl 122,3). E a razão destas instâncias tão repetidas de paz e mais paz, era pela experiência do que padeceram na guerra, sitiadas dos inimigos, a mesma Jerusalém e outras cidades de Israel, em que chegaram os homens a se sustentar dos couros das arcas, e das solas dos sapatos, e de outras coisas que não têm nome, ainda mais indecentes, obrigando a fúria da fome até às mesmas mães a que comessem seus próprios filhos[34]. E nós estivemos tão fora de pedir a Deus paz, para que nos não faltasse a abundância do sustento, que em todo o tempo da guerra não só se sustentaram os que nos sustentavam de carne sempre fresca, nem só abundava a cidade de todos os bastimentos[35] naturais da terra, mas ainda os mais hortenses e verdes, mas, sem figura alguma de encarecimento, posto que sobre todas as da admiração, um só termo me ocorre de se poder declarar a verdade da abundância que logramos. E qual é? É dizendo que

33. Entre eles estavam Henrique Dias, Vidal Negreiros, Francisco Rabello, o índio Poty, Sebastião de Souto, Luiz Barbalho.

34. Parece que Vieira faz aqui um salto histórico, compreensível retoricamente e perdoável a quem cita os fatos não se atendo ao tempo, mas ao significado. Estes episódios aconteceram bem depois de Davi, quando era rei de Israel Joram (852-841 a.C.) e rei de Judá Ezequias. Tempo do Profeta Eliseu. Cf. 2Rs 6,25-30; 18,27.

35. Bastimento: abastecimento.

quanto se acha em Lisboa, desde São Paulo até à Confeitaria e Ribeira, assim do reino, como de fora dele, tudo se via aberto e exposto em cada uma das vendas da Bahia, sendo tantas, e sem a guerra lhe alterar os preços. Não só tão abundante e superabundantemente proveu o Salvador a sua cidade, mas com tantas prevenções de mimo e regalo que, quando Holanda lhe fazia a guerra, toda Europa a servisse à mesa.

A defesa que tocou a Santo Antônio

Até aqui temos visto a parte da vitória e defensa da cidade que tocou ao Senhor - *Por amor de mim* - que foi o muro. Agora veremos a que tocou ao servo - *e por amor de Davi, meu servo* - que foi o antemural. Nesta passagem, porém, do muro ao antemural, a mesma que dos muros adentro parecia paz, deles afora mudou tanto de semblante e trajo, que a catadura, como verdadeiramente de guerra, era cheia de fereza e de horror, e as roupas, não inteiras, mas rasgadas, tintas todas em sangue. O nosso texto só refere ou promete em suma o sucesso, e diz que o inimigo, desenganado da empresa, tornará por onde veio: *Ele voltará pelo mesmo caminho que o trouxe* (2Rs 19,33). Isto é o que nós agora mais sossegadamente havemos de ver. E não só veremos o visto, senão também o invisível, porque se verá manifestamente a fortíssima resistência do nosso antemural, e quão a ponto pelejou sempre por nós e conosco o nosso segundo defensor, Santo Antônio.

Eram as horas do meio-dia, quando o inimigo com todo o seu poder pareceu em marcha no monte fronteiro a este, não havendo nele outra prevenção de defensa mais do que os vestígios de uma trincheira rota; o quando se presumia que, passando adiante, naquele mesmo dia se sentenciasse o pleito em uma bem confusa batalha - porque ainda não estava posta em ordem a confusão -, subitamente vimos que as bandeiras, que vinham tendidas, nem se avançavam nem faziam alto, mas, voltando o passo no mesmo lugar, desciam e se escondiam para o vale, onde assentaram o seu arraial. Agora pergunto: Por que não continuou a marcha o inimigo? Se depois que teve as forças mais cansadas e diminuídas nos acometeu com tanta resolução, agora que as traz frescas e inteiras, por que nos não acomete? Se depois que estivemos fortificados investiu denodadamente as nossas trincheiras, e as pretendeu levar à escala e render-nos dentro delas, agora que nos acha descobertos e sem defensa, por que em vez de avançar se retira? Antes de responder a esta pergunta quero fazer outra, não minha, senão de Davi. Quando os filhos de Israel chegaram às ribeiras do Jordão, o rio que levava sua costumada corrente, não só parou, mas voltou atrás. Admiraram-se todos de tão desusado prodígio, e Davi, que quis examinar a causa, perguntou-a ao mesmo rio: *Que tens, ó mar, para fugires, e tu, Jordão, por que retrocedes?* (Sl 114,5). Que a parte inferior do rio corra ao mar, isto é natureza; mas que a superior, que se vem precipitando com todo o peso das águas, pare e torne atrás? Se para, quem a teve mão? E, se torna atrás, quem lhe tirou pelas rédeas? O mesmo profeta responde: *Comoveu-se a terra na presença do Deus de Jacó* (Sl 114,7): Na vanguarda do exército dos israelitas marchava a Arca do Testamento[36], e tanto que o rio deu de rosto com a arca do Deus de Jacó, esta súbita vista lhe infundiu tal respeito e tal temor, que não só parou a corrente, mas voltou atrás: *O Jordão retrocedeu.* Tem respondido Davi à sua pergunta, e também à minha. Santo Antônio, por autoridade e canonização do supremo oráculo da Igreja, é a Arca do Testamento[37]. Assim lhe chamou o Sumo Pontífice, reconhecendo pela

---

36. Arca do Testamento ou Arca da Aliança ou Arca de Deus ou Arca do Testemunho: era um cofre de madeira recamado de ouro (Ex 25,10-22), sinal visível da presença de Deus invisível no meio do povo. Nela estavam guardadas as Tábuas da Lei. A Arca foi colocada no recinto do Santo dos Santos do Templo de Jerusalém (1Rs 8,1-9). Perdeu-se com a destruição de Jerusalém em 586 a.C. Como para o povo as coisas sagradas não se podem perder, criou-se a lenda de que o Profeta Jeremias, advertido pelo céu, teria levado a Arca ao Monte Sinai e lá a teria escondido numa gruta e fechado a entrada. O lugar só seria encontrado quando Deus tivesse reunido de novo o seu povo e perdoado suas traições. Cf. 2Mc 2,4-8.

37. Há várias fontes que contam este fato. Reproduzimos a dos *Fioretti* de São Francisco, cap. 39: "Ó maravilhoso vaso do Espírito Santo, monsior Santo Antônio de Pádua, um dos discípulos escolhidos e companheiros de São Francisco, ao qual São Francisco chamava seu vigário, pregando uma vez em consistório diante do papa e dos cardeais (no qual consistório havia homens de diversas nações, isto é, gregos, latinos, franceses, alemães, eslavos e ingleses e de outras diversas línguas do mundo); inflamado do Espírito Santo tão eficazmente, tão devotamente, tão sutilmente, tão docemente e tão claramente e intuitivamente expôs e falou a Palavra de Deus, que todos os que estavam em consistório, conquanto usassem línguas diversas, claramente lhe entendiam as palavras distintamente como se ele tivesse falado na língua de cada um, e todos estavam estupefatos e lhes parecia que se havia renovado o antigo milagre dos apóstolos no tempo de Pentecostes, os quais falavam por virtude do Espírito Santo em todas as línguas. E diziam juntos um para o outro com admiração: "Não é de Espanha este que prega?
E como ouvimos nós em seu falar o nosso idioma? O papa, semelhantemente considerando e maravilhando-se da profundeza das palavras dele, disse: "Este é verdadeiramente a Arca do Testamento e armário da Escritura divina".

voz de sua mais que humana eloquência, os profundíssimos mistérios da divindade que naquela grande alma estavam encerrados. Pois, assim como o ímpeto do Jordão, tanto que avistou a Arca do Testamento, parou e tornou atrás com a sua corrente, assim o orgulho do exército inimigo, tanto que do monte oposto descobriu o de Santo Antônio, não só foi obrigado desta vista a fazer alto, mas a voltar a marcha que trazia. É verdade que ele não conheceu nem podia conhecer a força oculta que o detinha, mas também o Jordão a não conheceu nem podia conhecer, e, contudo, é certo que ele o deteve.

Mais fez na tarde deste meio-dia Santo Antônio. Fatais foram as horas que ela durou, e chegariam até a última fatalidade se não houvera mão oculta que invisivelmente a impedisse. Defendiam a marinha, nas raízes do monte oposto, o forte do Rosário e o reduto da Água dos Meninos; mas dominados do sítio superior, que pela parte da terra tinha ocupado o inimigo, como incapazes de toda a defensa, rebentada a artilharia que foi possível, lhe ficaram logo sujeitos. Cortados do mesmo modo os dois fortes de Monserrate e São Bartolomeu, com igual pressa se renderam, sem preceder ao menos a cerimônia militar da resistência, que ainda nas praças condenadas pede a cortesia da guerra. E quem não cuidaria, à vista deste desamparo, que o açoite do Brasil[38], que tínhamos à vista, era meneado pelo braço da divina Justiça, a qual nestes primeiros golpes, descarregados sobre as costas da Bahia, sem movimento seu, mais que os da dor, lhe ameaçavam a total e breve ruína? Mas não era menos digno de admiração, que no mesmo tempo em que as praças fortes artilhadas e presidiadas espontaneamente se entregavam, só a trincheirinha de Santo Antônio, arruinada, aberta, e quase rasa com a terra, mostrasse espíritos de resistência! Pusemos em uma das suas aberturas uma única peça, assentada sobre a terra nua e desigual, sem esplanada ou outro pavimento fixo em que pudesse

O Papa era Gregório IX, que pontificou de 1227 a 1241, o mesmo que canonizará São Francisco e Santo Antônio. Antônio pregou em Roma, na Basílica do Latrão, provavelmente na Semana Santa de 1228.

38. Açoite do Brasil: seriam os holandeses invasores. Vieira deixa transparecer que os holandeses eram um castigo de Deus ao Brasil. Em outros sermões ele dá as razões de merecer castigo divino: o pecado da cobiça e da ganância, a escravização do índio, a falsidade, o não cumprimento de promessas, o apego aos bens materiais a qualquer custo. Dizendo que o Brasil merecia castigo, Vieira realça o poder intercessório de Santo Antônio, que "venceu" o próprio Deus, afastando o castigo.

correr, e, posto que ao disparar se enterravam as rodas, com este só tiro, que podia parecer reclamo aos contrários para que a mandassem render, não só se mostrou o nosso defensor forte contra eles, senão também contra Deus.

São termos de que usou o mesmo Deus, dizendo a Jacó: *Se foste forte contra Deus, quanto mais facilmente prevalecerás contra os homens?* (Gn 32,28). Na facilidade com que outras fortalezas se entregaram ao inimigo mostrou Deus quão facilmente lhe podia também entregar as demais, e castigar toda a Bahia; na resolução com que a trincheirinha arruinada de Santo Antônio se opôs tão fortemente à resistência, nos assegurou que só o mesmo Santo era poderoso para ter mão no braço de sua justiça, para nos não castigar. Em uma e outra coisa falo pela boca da Escritura. Marchava Saul com um exército de dez mil homens em demanda de Davi, retirou-se acaso a uma cova, e quis sua fortuna que nela estava escondido o mesmo Davi, que tão capaz era. Eia, Davi, lhe dizem os companheiros: *Este é o dia em que o Senhor vos prometeu entregar o inimigo nas vossas mãos* (1Sm 24,5) para que vos vingueis dos agravos que vos tem feito. Levanta-se Davi, e que vos parece que faria? *Cortou a ponta do manto de Saul* (1Sm 24,5). Contentou-se somente com cortar uma nesga da capa de Saul. E para quê? Para naquele retalho cortado tanto a seu salvo lhe mostrar quão facilmente lhe pudera tirar a vida e acabar com ele de uma vez. Por que se entregaram, senhores, essas outras fortalezas? Porque se viram cortadas do inimigo. E contentou-se Deus de cortar à Bahia essa nesga de terra – que em forma triangular propriamente é nesga – para que entendêssemos que, assim como entregou uma parte ao holandês, sem lhe custar duas onças[39] de pólvora, com a mesma facilidade lhe pudera entregar tudo.

Mas se o não executou assim Deus foi porque Santo Antônio, que nas ruínas da sua trincheira resistia visivelmente, de si para com o mesmo Deus lhe fez tão forte e poderosa resistência que lhe teve mão no braço, para que nos não castigasse, como ameaçava e podia; antes, em lugar do castigo, nos desse a vitória. Vai a outra Escritura. Quis Deus, não castigar, mas destruir cabalmente o povo que se chamava seu; e como por parte do mesmo povo se opusesse Moisés a esta resolução, refere o caso o real profeta, e são estas as suas palavras:

39. Onça: peso antigo, equivalente a pouco mais de 28 gramas e meia.

Pensava em extermina-los, não fora Moisés, seu eleito, colocado nas ruínas do muro (Sl 106,23). Decretou Deus, e disse que os havia de destruir e acabar a todos, e assim havia de ser, sem dúvida, se Moisés, seu grande valido, lhe não resistisse. E onde? *Nas ruínas do muro* desbaratado e roto. Pode haver propriedade mais própria? Pois, ainda foi mais própria no nosso caso que no de Moisés. Porque no de Moisés é metáfora, e no nosso foi pura e mera realidade. Bem vimos os vestígios da pobre trincheira velha, aberta, desfeita, arruinada, rota. Mas como era de Santo Antônio, dali resistiu o nosso defensor, não digo ao inimigo, senão a Deus que, se não fora meneado por Deus, não era nada o poder do inimigo. De Moisés diz o texto que lhe dizia Deus: *Moisés, deixa-me, deixa-me castigar* (Ex 32,10). E se Moisés, que estava prostrado aos pés de Deus, tanto o apertava com as suas resistências, que faria o nosso Santo, que o tem nos braços? O certo é que lhe diria como Jacó: *Não te largo, se não me abençoares* (Gn 32,27), e a bênção que alcançou, sendo tão forte contra Deus, foi que muito melhor prevaleceria contra os homens, como mostrou o efeito.

Enquanto o inimigo trabalhava nas suas batarias, crescia tanto a nossa trincheira quanto nele o ciúme de a ver crescer. Determinado de ganhar o posto, a investiu de repente com mais de mil clavinas[40] acompanhadas da escuridade da noite, sempre traidora ao valor que se funda na honra menos constante, onde não é vista. Assim se experimentou na confusão das primeiras cargas; mas, acudindo os de maiores obrigações ao reparo, retirados logo os combatentes, amanheceram com a luz estendidos na campanha os que não puderam retirar consigo. Não podia sofrer a nossa bizarra infantaria, nem os cabos menores e maiores dela, que fôssemos réus onde desejavam ser autores. Todos clamavam que investíssemos o inimigo nos seus quartéis, onde foi necessária ao governo das nossas armas toda a paciência e prudência de Fábio Máximo[41] – *Cujo talento consistiu em vencer sem combater,* como dele diz

---

40. Clavina: carabina.

41. Fábio (275-203) foi cinco vezes cônsul. Enfrentou Aníbal pelo cansaço, por isso ganhou o apelido de *Cuntactor,* isto é, Contemporizador. Conhecido por sua prudência e diplomacia. Valério Máximo viveu no primeiro século depois de Cristo. Dedicou ao Imperador Tibério seu: *Nove livros sobre fatos e ditos memoráveis*; um livro de exemplos retórico-morais, em que se encontram sentenças sobre a gratidão, a moderação, a castidade, a crueldade. Teve grande repercussão didática por vários séculos.

Valério, também Máximo. Obedecendo, contudo, ao desejo e voz comum, se decretou de público o assalto para a madrugada da Ascensão, mas de secreto se tocou uma arma falsa, com que, fazendo-se entender que os nossos intentos eram descobertos ao inimigo, se desistiu felizmente deles. Havia de ser o mesmo inimigo o agressor, para que no sucesso da sua perda total reconhecêssemos o perigo da nossa. Chegou enfim a noite decretória e fatal de 18 de maio, em que acometeram a requestada trincheira três mil holandeses ajuramentados de ou a ganhar ou morrer, dos quais muitos cumpriram a segunda parte do juramento, mas nenhum a primeira. E, posto que depois foram socorridos com todo o grosso do exército, sendo já na campanha batalha o que na trincheira era assalto, e durando a porfia do combate três horas inteiras, foi o sucesso tão desigual que eles, sem escrúpulo de perjuros, em boa consciência se retiraram vencidos, e nós, concedendo-lhes que levassem os seus mortos a sepultar em muitas carroçadas, celebramos com salvas e repiques a memorável vitória. Os mesmos holandeses confessaram, segundo o seu modo de contar, que entre mortos e feridos perderam naquela noite vinte e oito centos. Vede se foi memorável.

Mas eu também vejo que estais esperando ouvir a parte que nela teve Santo Antônio em um e outro assalto. Sou contente, e não vos há de faltar a Escritura Sagrada, com toda a propriedade do caso. Levada a Arca do Testamento à cidade de Azoto, puseram-na os filisteus no templo junto ao seu ídolo Dagon, para que parecesse troféu e despojo do mesmo ídolo. Feito isto de dia, o que a Arca fez de noite foi que amanheceu o ídolo prostrado por terra diante dela: *Encontraram Dagon caído com o rosto por terra diante da arca do Senhor* (1Sm 5,3). Admirados e sentidos, mas não desenganados da vaidade do seu erro, os filisteus tornaram a restituir o ídolo ao seu lugar; porém, sobrevindo a noite, se na passada lhes tinha sucedido mal, muito pior lhes sucedeu na seguinte porque, com a luz da manhã, não só apareceu Dagon prostrado por terra, mas com a cabeça e as mãos cortadas e lançadas à porta do templo: *Encontraram outra vez Dagon caído com o rosto em terra diante da Arca do Senhor: a cabeça e as duas palmas das mãos jaziam cortadas sobre o limiar* (1Sm 5,4). De maneira que a Arca e o Dagon tiveram dois combates em duas noites diferentes, e em ambas ficou a Arca vencedora, e na segunda com muito maior e total vitória.

Vamos agora à significação destes dois combates[42]. A Arca do Testamento já sabemos que é Santo Antônio; o Dagon, quem será? Entre todas as nações do mundo nenhuma se achará mais representada nele do que a holandesa. A figura do ídolo Dagon, como diz São Jerônimo[43] e os outros intérpretes, era de meio-homem e meio-peixe: e tal é a terra de Holanda por sítio, e por exercício e modo de viver tais são os seus habitadores. Toda a terra é retalhada do mar[44], com que juntamente vem a ser mar e terra, e os homens, a quem podemos chamar marinhos e terrestres, tanto vivem em um elemento como no outro. As suas ruas por uma parte se andam, e por outra se navegam, e tanto aparecem sobre os telhados os mastros e as bandeiras, como entre os mastros e as ban-

42. Santo Antônio, no sermão do I domingo de Pentecostes, aplica a figura de Dagon ao rico da Parábola de Lázaro: "A arca do Senhor é o mendigo Lázaro... Esta arca repousou no seio de Abraão. Perante ela Dagon jazeu prostrado. Dagon interpreta-se peixe da tristeza. Simboliza o rico vestido de púrpura, que foi peixe a percorrer os caminhos do mar neste mundo e da tristeza no inferno; a sua cabeça e as duas palmas das mãos foram cortadas sobre o limiar da porta. A cabeça designa a excelência temporal; as duas palmas das mãos, o poder e a abundância; o limiar, a saída vida e a entrada na morte. Quando, pois, caiu Dagon, isto é, morreu o rico, cabeça de sua honra e excelência, as duas palmas da potência, dele cortadas, ficaram no limiar, isto é, na saída da vida, e deste modo, ele, como tronco sozinho, nu e vazio, foi sepultado no seu lugar, ou seja, no inferno".

43. São Jerônimo (331-420). Especialista em latim e grego, estudou advocacia e literatura. Deixa tudo, batiza-se e passa um tempo visitando os grandes mestres da espiritualidade. Estuda o hebraico e se fixa em Belém. Retorna a Roma em 381, vindo a ser o secretário do papa São Dâmaso, sobretudo incumbido de responder as muitas cartas-consulta que chegavam dos bispos sobre questões bíblicas. Por altura de 283 havia traduzido todo o Novo Testamento. Depois da morte de Dâmaso (384) retornou a Belém, passando pelos mosteiros do Egito. Passou a escrever contra os hereges (Elvídio, Joviniano, Vigilâncio, Pelágio e outros). Em torno de 390 começou a traduzir do hebraico todo o Antigo Testamento, terminando em 407. Aos poucos sua tradução foi sendo aceita por toda a parte, no Oriente e no Ocidente: é a chamada *Vulgata*, como explicamos na Introdução geral. Em 417 os pelagianos incendiaram todos os mosteiros fundados por Jerônimo, masculinos e femininos, e com os mosteiros foram queimados dezenas de manuscritos próximos aos originais das Escrituras. Jerônimo teve de se refugiar numa fortaleza. Retorna depois a Belém, onde morre no dia 30 de setembro de 420, sendo enterrado nas ruínas de um dos mosteiros. Mais tarde seu corpo foi trazido a Roma e sepultado na Basílica de Santa Maria Maior, onde se encontra até hoje. Além da tradução da Bíblia, temos muitos comentários dos livros sagrados, um livro que explica o significado etimológico dos nomes hebraicos que ocorrem no Antigo e no Novo testamentos. É nesse livro que está a explicação do nome Dagon, a que faz referência Vieira. Santo Antônio, no sermão do XXII domingo de Pentecostes, elogia São Jerônimo, chamando-o de Santo Confessor e Doutor da Igreja, ao lado de Agostinho e Hilário, que venceu os fabricantes da mentira.

44. Hoje, dos 41.500km^2 dos Países Baixos, 9% é espaço aquático.

deiras as torres. Sendo tão estéril a terra, que somente produz feno, as árvores dos seus navios, secas e sem raízes, a fazem abundante de todos os frutos do mundo. Em muitas partes toma o navio porto à porta de seu dono, amarrando--se a ela, e deste modo vem a casa a ser a âncora do navio, e o navio a metade da casa, de que igualmente usam. Aos animais que vivem no mar e na terra chamaram os gregos anfíbios; e quem poderá negar que tão anfíbio era o Dagon como os holandeses, e tão compostos de peixe e homem os holandeses como Dagon? Estes dagões, pois, e estes anfíbios, são os que como homens nos queriam tomar a cidade, e como peixes a Bahia, cuidando que, levando a trincheira, ganhavam ambas. Mas não advertiram os cegos que a trincheira era de Santo Antônio, e que assim como eles são os dagões, Santo Antônio é a Arca do Testamento. Na primeira noite e no primeiro combate ficaram prostrados por terra, e na segunda não só prostrados, mas degolados, e com ambas as mãos cortadas e tão desfeitas que, dizem e tresladam os Setenta intérpretes[45], que *cada mão ficou espedaçada em cem partes*. Vede se tiveram razão de contar os seus feridos e mortos aos centos.

Oh! como estou vendo o nosso Santo lembrar-se da porfiada e estrondosa bateria daquela noite, e, como Deus nesta ocasião lhe deu o nome de Davi: *E por amor de Davi, meu servo* – gloriar-se da vitória, e triunfar, dizendo com ele: *Cercaram-me como abelhas, arderam como fogo em espinhas, mas eu, em nome do Senhor, vinguei-me deles* (Sl 118,11). Bem mostram as comparações serem de uma eloquência tão alegórica de Santo Antônio. Mas por que chama aos inimigos na investida e combate da sua trincheira abelhas, e diz que arderam como fogo nas espinhas? Não se pudera mais vivamente declarar o que vimos e ouvimos. Pudera chamar abelhas aos holandeses, pela arte e bom governo que se lhes não pode negar da sua república, e abelhas nesta facção, pelo apetite que cá os trouxe do nosso mel; mas chama-lhes abelhas, que lhes basta ser pequenas para serem coléricas[46], pelo ímpeto raivoso e fúria com que acometeram, e mais

45. Setenta ou *Septuaginta*: nome dado à tradução dos livros do Antigo Testamento, escritos em hebraico no original, para o grego. Foi feita em Alexandria do Egito, entre 250 e 100 a.C. O nome "Setenta" provém da lenda de que os tradutores seriam 72. Até o século V os cristãos se serviram desta tradução, substituída depois pela Vulgata, segundo a tradução de São Jerônimo.

46. Santo Antônio não comentou o verso desse salmo, mas em dois sermões se refere à abelha, sempre com a mesma comparação. Assim no sermão do III domingo da Quaresma: "Os santos

particularmente, porque é próprio da abelha, em picando, cair morta. Assim lhes sucedeu aos que investiram à cortina e traveses que a nossa trincheira já possuía, porque quantos a picaram com os instrumentos que para isso traziam, todos caíram, e ficaram sepultados no mesmo fosso.

Também vieram armados de infinita munição de granadas, e outros artifícios de fogo que, disparados incessantemente entre a tempestade das cargas, alumiavam a noite, atroavam o ar, e choviam raios sobre os que dentro e no alto da fortificação a defendiam, presumindo os escaladores que com estes aparatos de horror sacudiriam dela os nossos, e franqueariam os dificultosos passos por onde insistiam em subir, e a pretendiam ganhar. Mas a toda esta representação de relâmpagos e trovões chama o nosso defensor, com maior energia, *fogo que arde nas espinhas*, porque do fogo que se ateia em semelhante matéria, como bem comenta Lorino[47], é maior o estrondo e o ruído do que os efeitos. Tão fora estiveram aqueles medos artificiais de enfraquecer ou quebrantar a constância e resistência dos nossos, que as granadas que caíam acesas e inteiras, rechaçadas intrepidamente, tornavam outra vez para donde vieram, e as que rebentavam entre eles, rara ou nenhuma feria mortalmente. Enfim, conclui o oculto protetor do seu terreno, que em nome do Senhor se vingou deles: *Eu em nome do Senhor vinguei-me deles.* Não diz que venceu, senão que se vingou, porque a vitória responde à guerra, e a vingança à injúria. E porque os hereges lha faziam grande, atrevendo-se aos que pelejavam à sombra da sua casa, como a descomedidos profanadores daquele sagrado, não os trata como vencedor, mas como vingativo, e não com o decoro de vencidos, mas com a afronta de sacrílegos e castigados.

Não debalde depois da noite do segundo combate da Arca, amanheceram as mãos do Dagon, não só cortadas, mas postas à porta do templo, para significar,

---

devem proceder como as abelhas. Estas, segundo consta, põem-se a olhar por sobre os orifícios dos alvéolos, e se porventura entrar algo estranho por aqueles orifícios, não consentem tê-lo no seu meio, mas perseguem-no até o porem fora dos alvéolos. Chamam-se abelhas, por se ligarem com as patas ou por nascerem sem patas. O vocábulo latino *apes* deriva de *a,* prefixo de exclusão, e *pes,* pata. As abelhas significam os justos, que se ligam com os pés, isto é, com os afetos da caridade, que não com os da natureza".

47. Jean de Lorin, ou simplesmente Lorino (1559-1634), nasceu em Avignon, na França, e morreu em Roma. Ensinou Filosofia em Roma, e Teologia e Sagrada Escritura em Paris e Milão. Escreveu vários comentários aos livros da Bíblia.

como diz Hugo Vitorino[48], que aquela vitória, não só fora a segunda, senão a última, e que ele, desenganado, não havia de tratar já de pelejar, senão de sair e se ir embora. Tanto como isto, depois daquela fatal e felicíssima noite, se mudaram em ambos os arraiais as ideias da guerra, a qual no general inimigo e nos nossos se fazia já só com o pensamento: o do inimigo posto na retirada, o dos nossos em que se não pudesse retirar. Como contra as suas duas baterias tínhamos em frente outras duas, e a terceira pelo lado esquerdo, que lhe desquartinava todos os quartéis, só restava a quarta pela retaguarda. E me constou então – donde só podia constar com certeza – que, levantada esta ocultamente entre o bosque da eminência oposta, na manhã em que, cortadas as árvores, aparecesse, tendo-se lançado na campanha de noite dois mil infantes, batendo-se ao mesmo tempo de todas as quatro partes o arraial inimigo, se lhe mandaria recado, por um trombeta, que se entregasse, pois já não tinha defensa nem retirada. Este era o galhardo pensamento dos nossos generais, em que o inimigo de sitiador ficaria sitiado, e nós, com roda de fortuna poucas vezes vista, de sitiados sitiadores. Antecipou-se, porém, o medo ao valor, a cautela ao perigo, e a fuga secreta do inimigo à pública declaração do nosso desígnio, de que quase estou queixoso de todos os santos, os quais nesta defensiva representou a pessoa de Santo Antônio, se afirma com termos bizarros que eles, quando pelejam, não só atam as mãos aos inimigos com algemas, senão também os pés com grilhões (Sl 149,8). Pois, se o nosso vitorioso defensor lançou as algemas ao inimigo, por que o não pôs também em grilhões? Se lhe atou as mãos, para que não pudesse mais pelejar, por que lhe não atou também os pés, para que não pudesse fugir?

A razão verdadeira, e que não admite outra, é a que já referimos do mesmo texto, o qual, resumindo todo o sucesso desta proteção do céu, diz que o inimigo tornaria pelo mesmo caminho por onde veio: *Voltará pelo mesmo caminho que o trouxe* (2Rs 19,33). Assim se cumpriu na fugida de Senaqueribe[49], rei e general do exército com que viera sitiar a cidade de Jerusalém. E se curiosamente quiser-

---

48. Hugo de São Vítor ou Hugo Vitorino. Poucos são os dados de sua vida. Sabe-se que morreu em 1141, em fama de santidade, no Mosteiro de São Vítor, onde era professor. Escreveu várias obras de comentários à Escritura, várias de Moral e Teologia Dogmática, algumas de formação espiritual e mística, outras de Filosofia. Dante coloca Hugo no Paraíso ao lado de São Boaventura, outro teólogo místico.

49. Cf. 2Rs 18,9.

mos inquirir a razão desta mesma razão, acharemos que a que Deus teve não foi outra, senão querer, em castigo daquele atrevimento, que Senaquerибe não só ficasse vencido, mas tornasse a aparecer diante dos seus afrontados. A prova é evidente. Porque em uma noite matou um anjo cento e oitenta e cinco mil soldados do exército de Senaqueribe. Pois, se matou a tantos, por que o não matou também a ele? Porque o morrer na guerra pode ser e comumente é honra, mas o fugir sempre é afronta. Pois, para que o soberbo infiel leve da cidade de Deus o merecido castigo de seu atrevimento, escape com a vida, mas fugindo. Por isso não quis Deus que acometêssemos o inimigo nos seus quartéis, como tanto desejavam os soldados, nem que acabássemos de o sitiar neles, como tinham determinado os generais, mas que, vencido o temor, e convencido da própria desesperação, sem nova violência fugisse, e com uma fugida tão precipitada e torpe, deixando artilharia, munições, armas, bastimentos[50], e até o pão cozendo-se nos fornos, e nos ranchos a comida dos soldados ao fogo, para que os negros da Bahia tivessem com que banquetear a vitória. Mais ainda: que nas fortalezas rendidas, estando à beira-mar, e dominadas dos seus navios, nem das armas levassem um arcabuz nem da artilharia um botafogo, e ficassem tão inteiras em tudo como as acharam! Mas também este milagre em corsários corria pelas obrigações de Santo Antônio, como tão pontual recuperador do perdido.

Enfim, o inimigo nos deixou tudo o nosso e parte do seu. Mas não deixarei de advertir na história do nosso texto uma grande diferença daquela fugida a esta. Antes de Senaqueribe aplicar o seu exército ao sítio de Jerusalém, ordenou Deus lhe chegassem novas, que Taraca, rei da Etiópia[51], vinha sobre ele com todo o poder, em socorro da mesma cidade. E, posto que a mortandade executada pelo anjo tinha sido de tantos mil, a esta nova atribui o mesmo Deus a sua fugida: *Eis que vou insuflar nele um espírito, e quando ouvir certa notícia voltará para o seu país* (Is 37,7). Também cá o nosso sitiador nos quis conquistar com novas. Como nunca faltam humores melancólicos e amigos de as darem más, em um navio de Lisboa, que no tempo do sítio tomaram os holandeses, se acharam algumas cartas – poucas – em que se dizia que lá se

50. À primeira vista parece um trecho muito retórico, mas deve ter fundamento, porque os ouvintes eram testemunhas e a autoridade do padre não podia sofrer contestação.

51. Taraca: era faraó da 25ª dinastia, de origem etiópica. Reinou pelos anos de 690-663 a.C.

falava em armada, mas que cá não esperássemos por ela, porque os muitos empenhos em que de presente se achava Espanha não permitiam que se diminuísse das forças marítimas. Estas cartas, cotadas à margem[52], remeteu por um trombeta o general holandês aos nossos com outra sua, em que dizia lhas enviava, para que tivessem entendido que não podiam ser socorridos. Julgava que esta bala era a que maior brecha podia abrir nos corações dos cercados, e por isso se teve em segredo. Mas a resposta foi tão desassustada como discreta, porque, depois de satisfazerem, também por escrito, a outros pretextos da embaixada, acabava assim: E quanto às cartas de Lisboa, que Vossa Senhoria nos enviou, respondemos às que cá vieram, com as que lá ficaram. Assim era, porque todas as outras certificavam que vinha armada, como efetivamente veio[53]. Mas, ou a nova fosse falsa, ou verdadeira, nem o inimigo aguardou a que viesse o socorro, nem nós o houvemos mister, para que também por esta circunstância a sua fugida fosse menos desculpável, e a nossa vitória mais luzida. Embarcado, finalmente, levou as âncoras na segunda noite, que também lhe não foi favorável, porque lhe faltou o vento, para que a olhos de todos, conforme o nosso texto, se visse voltar por onde veio. Pelas nove e dez horas do dia saiu pela Bahia fora a armada, triste, desembandeirada e muda, e se com a sua e nossa artilharia a despediu a cidade do Salvador em três salvas, nelas publicamos ao céu, ao mar e à terra quão gloriosamente desempenhou o mesmo Salvador com a mesma cidade a sua palavra: *Protegerei esta cidade e a salvarei.*

As coroas da vitória aos pés de Santo Antônio

Esta é, cidade, milícia e povo da Bahia, a vitória de que Deus nos fez mercê, tão gloriosa como sua, e de que todos lhe vimos render as graças, tão obrigados como nossa. Dois amores concorreram da parte de Deus para ela: *por amor de mim* e *por amor de meu servo.* E se a este dobrado amor devemos dobrada correspondência, seja a primeira em lhe confessar o todo da glória, que é sua, e a segunda, em lhe atribuir também a parte que pode parecer nossa. Se a Bahia fora Roma, todos os nossos valorosíssimos capitães e soldados haviam de aparecer

52. Cotadas à margem: anotadas, com um risco ou observação na parte sobre a qual se quer chamar a atenção.

53. Trata-se da catastrófica Armada do Conde da Torre.

hoje neste monte, como no do Capitólio[54], coroados com três coroas: cívicas, murais e castrenses. Cívicas, porque não só defenderam um cidadão, mas uma tão numerosa e populosa cidade; murais, porque, sendo tão fracas as faxinas[55] da nossa trincheira para a sustentar e fortalecer, fizeram dos próprios peitos muros; e castrenses, porque não só desejaram tantas vezes investir o inimigo nos seus próprios arraiais, mas o obrigaram a que ele espontaneamente no-los rendesse. Mas a coroa com que todas estas se coroam é a da fé – que a ele faltava[56] – oferecendo-as todos como verdadeiros católicos, e lançando-as aos mesmos triunfantes pés do Salvador e do Santo que o tem em seus braços. Viu São João no Apocalipse a Deus sobre um trono de grande majestade, e que vinte e quatro anciões[57], os quais em roda lhe faziam corte, todos coroados, prostrando-se de joelhos, adoravam profundissimamente ao supremo Senhor, e, tirando as coroas da cabeça, as lançavam aos pés do seu trono: *Adoravam aquele que vive pelos séculos dos séculos e depunham suas coroas diante do trono* (Ap 4,10). Santo Ambrósio[58],

---

54. Capitólio, nome de uma das sete colinas de Roma. Conta a lenda que foi naquela colina que a loba alimentou Rômulo e Remo. Tornou-se o centro religioso e político da Roma antiga. Nela estava o templo de Júpiter. Nela se coroavam os heróis.

55. Faxina: vocábulo de origem italiana. Segundo Aurélio, feixe de ramos ou de paus curtos, com que se entopem fossos ou se cobrem parapeitos de bateria, e usado para outros fins nas campanhas militares.

56. Sendo os holandeses calvinistas.

57. Ancião: esta palavra admite os seguintes plurais: anciãos, anciães e anciões.

58. Santo Ambrósio (340-397) nasceu em Tréveris, onde o pai era pretor. Cedo foi a Roma, onde estudou línguas, retórica, eloquência e leis. Advogou em Milão por algum tempo. Foi nomeado governador da Ligúria e da Emília. Como era catecúmeno, isto é, candidato ao batismo, passando por Milão, foi à catedral, onde se discutia acaloradamente a eleição do novo bispo. Ambrósio achou por bem fazer um discurso sobre a moderação e a conciliação. Resultado: foi eleito bispo, apesar de ainda não ser batizado. Tentou se esconder. O encontraram, o batizaram e o ordenaram padre e bispo. Ambrósio tinha 34 anos quando assumiu o novo posto e começou a aplicar ao sagrado toda a sua ciência profana. Desfez-se dos bens e estudou a fundo a Escritura e as tradições cristãs. A catedral foi-se enchendo todos os domingos sempre mais para ouvi-lo. Aos poucos ganhou tanta autoridade moral que podia enfrentar os governadores e políticos desonestos com a mesma força com que enfrentava alguns hereges, sobretudo arianos. Entre seus ouvintes esteve Agostinho, convertido e batizado por ele, futuro bispo de Hipona. Dono de um estilo fácil e elegante, escreveu livros de formação religiosa, tratados teológicos e comentários à Escritura. Sempre citado como modelo, quando se estuda a eloquência sacra, particularmente no que se refere a discursos fúnebres. Morreu em abril de 397, aos 57 anos de idade. Doutor da Igreja.

São Bernardo[59], Ruperto[60], e os outros expositores, perguntam que coroas eram estas, e por que as tiravam da cabeça e as lançavam aos pés do trono de Deus? E todos respondem uniformemente que as coroas eram as das vitórias que neste mundo tinham alcançado, e que todos as tiravam das próprias cabeças, e as lançavam diante do trono de Deus, para as atribuir a seu verdadeiro autor, reconhecendo que mais eram de Deus do que suas. Cristo, nosso Salvador, é o verdadeiro Deus dos exércitos e das vitórias; o seu trono é Santo Antônio, que tão de assento o tem nos braços; e diante deste Deus e deste trono vem lançar as coroas que mereceram na presente vitória os famosos Martes[61] da nossa milícia, mais gloriosas quando as põem aos pés de Deus que quando Deus lhas pôs na cabeça. E chama-se Deus nesta ocasião *aquele que vive pelos séculos dos séculos,* porque as vitórias temporais, tão sujeitas à variedade da fortuna, só postas aos seus pés podem ser eternas.

Que Santo Antônio recupere Pernambuco

Bem acabava aqui o sermão, se me não faltara a última cláusula, que o nosso agradecimento não deve passar em silêncio. Os que lançaram as coroas aos pés do trono de Deus eram os anciãos, em que mais particularmente são significados os veteranos, cabos e soldados da milícia pernambucana[62], cujas

---

59. São Bernardo (1091-1153). Tanto o pai quanto a mãe são venerados como bem-aventurados. Aos 23 anos, com todos os estudos feitos, resolveu tornar-se monge cisterciense. Quatro de seus irmãos (e mais tarde também o irmão menor e o velho pai) e bom grupo de amigos decidiram acompanhá-lo: ao todo 30. Tiveram sorte de ter como mestre e abade um santo: Santo Estêvão. Em 1115 foi mandado com outros 11 companheiros a fundar novo mosteiro. Nasceu a Abadia de Claraval. Sob a guia de Bernardo (homem afável, amigo e místico) as vocações se multiplicaram. Forçado a abrir outros mosteiros, chegou a ter mais de 700 monges sob sua orientação. Famoso orador e grande pacificador, deixou numerosos sermões escritos e ao menos 440 cartas. Escreveu vários livros sobre a ortodoxia da fé. Morreu no dia 20 de agosto de 1153. Sempre é enumerado entre os maiores homens de seu século. Doutor da Igreja. Santo Antônio o cita inúmeras vezes nos sermões.

60. Ruperto de Deutz, falecido provavelmente em 1130, monge e abade beneditino. Escreveu comentários sobre a Escritura, particularmente sobre os livros do Antigo Testamento, tratados teológicos, entre os quais se destaca o sobre a Santíssima Trindade. Santo Antônio o cita algumas vezes.

61. Marte era o Deus da guerra. Aqui está em forma figurada, significando guerreiros, soldados.

62. Referência ao grupo do Conde de Bagnolo e alguns valentes cabos e soldados que tiveram de bater em retirada de Pernambuco, atravessar o São Francisco e acampar em Sergipe. Entre

valorosas ações nesta guerra, assim como as admiraram os olhos dos presentes, assim serão perpétuas nas línguas da fama, e nas letras e estampas dos anais as lerá imortalmente a memória dos vindouros. No meio, porém, desta mesma alegria universal não posso deixar de considerar neles algum remorso de dor. A vista dos bens alheios cresce o sentimento dos males próprios. E tais podem ser as memórias dos desterrados de Pernambuco – como as lembranças de Sião sobre os rios de Babilônia[63] – vendo a Bahia defendida, e a sua pátria, pela qual trabalharam muito mais, em poder do mesmo inimigo. Assim o permitiu e ordenou Deus; mas como podemos esperar de sua providência e bondade, para maior glória e consolação de todos ainda nos dará restaurado Pernambuco. Serviu Jacó por Raquel sete anos, e ao cabo deles, em vez de lhe darem Raquel, achou-se com Lia. Queixou-se desta diferença, tão sentido como o pedia a razão e o amor, e respondeu-lhe Labão: Filho, o que fiz não é porque te não queira dar a Raquel, mas porque te quis dar a Lia, e esta primeiro, porque é a irmã mais velha[64]. O mesmo digo eu agora. Serviram os filhos de Pernambuco pela sua formosa Raquel, pela sua Olinda, outros sete anos, ao cabo dos quais, não só a não recuperaram, mas a perderam de todo. Argumento grande de seu valor que houvessem mister os holandeses sete anos para conquistar Pernambuco, quando bastaram outros sete aos mouros para conquistar Espanha. Mas, se ao cabo de tantos trabalhos e serviços não concedeu Deus aos pernambucanos a sua Raquel, não foi por lha negar, senão por lhe querer dar também a Lia. Quis-lhes dar primeiro a Bahia, como irmã mais velha e cabeça do Estado, e depois de levarem esta glória, de que ela sempre lhe deve ser agradecida, então lhes cumprirá seus tão justos desejos, e com dobrado e universal triunfo os meterá de posse da sua tão amada pátria[65], como digna de ser amada. Assim o confiamos da bondade de Deus, e o esperamos da poderosa intercessão do nosso Davi, não menos interessado naquela perda,

eles havia alguns com grande experiência de guerrilha e que haviam atormentado a vida dos holandeses em Pernambuco, como Henrique Dias, que lá perdera um braço, e Vidal Negreiros.

63. Referência ao salmo 137(136), que começa assim: "Junto aos rios de Babilônia sentamo-nos a chorar, lembrados de Sião".

64. Este episódio bíblico vem contado em Gn 29,15-30.

65. Isso aconteceu 7 anos depois, em junho de 1645.

nem menos milagrosa a sua virtude para recuperar a Bahia que Pernambuco. Lembrai-vos, glorioso Santo, dos muitos templos e altares em que éreis venerado e servido naquelas cidades, naquelas vilas, e em qualquer povoação, por pequena fosse, e que nos campos e montes onde não havia casa só vós a tínheis. Lembrai-vos dos empenhos e grandiosas festas com que era celebrado o vosso dia, e, sobretudo, da devoção e confiança com que a vós recorriam em suas perdas particulares, e do prontíssimo favor e remédio com que acudíeis a todos. O mesmo sois, e não menos poderoso para o muito que para o pouco. Apertai com esse Senhor que tendes nos braços, e apertai-o de maneira que, assim como nos concedeu esta vitória, nos conceda a última e total de nossos inimigos. E nós, como tão faltos de merecimento, a reconheceremos sempre como sua e como vossa: como sua, dada por amor de si, e como vossa, alcançada por amor de vós: *Por amor de mim e por amor de Davi, meu servo.*

Segundo sermão

Em Lisboa, 14 de setembro de 1642

Introdução

Este sermão foi pronunciado na Igreja das Chagas, em Lisboa, no dia 14 de setembro de 1642. No dia seguinte se reuniriam as Cortes, isto é, os procuradores das vilas e cidades, nobres e eclesiásticos para deliberar sobre os recursos de sustentamento financeiro de Portugal, de suas obras e de sua política expansionista. Padre Vieira imagina trazer Santo Antônio, o mais famoso e universal dos portugueses, como Procurador do céu às Cortes e o faz pregar sobre a cobrança e o pagamento dos impostos. Estavam presentes todos os deputados às Cortes.

Como Vieira se encontra em Portugal? Dom João IV, filho do duque de Bragança, fora proclamado rei no dia 1º de dezembro de 1640, pondo fim a uma dominação espanhola que vinha desde 1580. O governador geral do Brasil, Jorge Mascarenhas, apesar de agraciado com o título de Vice-rei por Felipe IV de Espanha, reconheceu e apoiou a nova dinastia portuguesa de Bragança e enviou a Lisboa o filho e dois jesuítas, Padre Antônio Vieira e Padre Simão de Vasconcelos, para apresentar os votos de fidelidade a Dom João IV. Vieira ganhou de imediato a simpatia e a confiança do rei. Além de se tornar pregador da Capela Real (verdadeiro tribuno da Restauração), conselheiro pessoal do rei e preceptor do príncipe herdeiro Dom Teodósio, Vieira arquitetou um plano político de fortalecimento de Portugal e enfraquecimento de Espanha. Serviu de embaixador extraordinário em Holanda, França e Roma. Portugal precisava – e era uma questão de vida e morte – fortalecer suas finanças. Os impostos decretados, além de provocarem descontentamento, não haviam rendido, porque muitos se escusavam pagá-lo. Era preciso convencer tanto o clero quanto os nobres, ambas categorias isentas, a pagarem tributo. Missão difícil. Esse o tema do sermão, provavelmente encomendado pelo rei, e que mais se parece a um discurso programático de abertura das sessões das Cortes, que um panegírico pronunciado em púlpito de igreja. Mais um discurso de amor incontido pela pátria, que a apresentação de um santo como modelo de vida cristã. Vieira já afrontara o mesmo tema dias antes, no Sermão de São Roque. Inteligentemente põe na boca do Santo, ou dela tira, os argumentos, chegando a afirmar que o sermão era de Santo Antônio e não dele, Vieira pregador.

Parte Vieira de uma frase do Evangelho, lido na Missa de Santo Antônio: "Vós sois o sal da terra", e a aplica não apenas ao Santo, mas às três camadas sociais que compõem o reino: os nobres, o clero e o povo, e incita as três a sacrificarem, se não por justiça ao menos por liberalidade, seus haveres em benefício do reino. E Santo Antônio não seja só o Santo das coisas perdidas (que nesse caso deveria ajudar Espanha, que perdera Portugal), mas o Santo do sal, que conserva os bens conquistados.

Baseado ainda em sábios antigos como Aristóteles, Plínio e Cromácio, Vieira vê o sal como produto de fogo, água e ar. Nestes três elementos enxerga as três classes sociais, que devem confluir na formação e conservação do Estado Português.

Santo Antônio e a conservação do reino

Vós sois o sal da terra

Uma festa de Santo Antônio em setembro?

À Arca do Testamento – que assim lhe chamou Gregório IX[66] – ao Martelo das heresias – que este nome lhe deu o mundo – ao defensor da fé, ao lume da Igreja, à maravilha da Itália, à honra de Espanha, à glória de Portugal, ao melhor filho de Lisboa, ao querubim mais eminente da religião seráfica[67], celebramos festa hoje. Necessário foi que o advertíssemos, pois, o dia o não supõe, antes parece que diz outra coisa. Celebramos festa hoje, como dizia, ao nosso português Santo Antônio; e, se havemos de reparar em circunstâncias de tempo, não é a menor dificuldade da festa celebrar-se hoje. Hoje? Em 14 de setembro, Santo Antônio? Se já celebramos universalmente suas sagradas memórias em treze de junho, como torna agora em 14 de setembro? Entendo que não vem Santo Antônio hoje por hoje, senão por amanhã. Estavam publicadas as cortes do reino para 15 de setembro; vem Santo Antônio aos 14, porque vem às cortes. Como há dias que o céu está pela coroa de Portugal, manda também seu procurador o céu às cortes do reino. Algumas sombras disto havemos de achar entre as luzes do Evangelho. Com três semelhanças é comparado Santo Antônio, ou com três nomes é chamado neste Evangelho. É chamado sal da terra: *Vós sois o sal da terra*; é chamado luz do mundo: *Vós sois a luz do mundo*;

66. Cf. notas 36 e 37.

67. Serafins são os anjos mais perto do trono de Deus e continuamente lhe cantam a santidade e a glória. Como São Francisco foi um varão que viveu muito perto de Deus, é chamado de o Serafim de Assis; daí sua Ordem ser também chamada de Ordem Seráfica. Em tempos antigos Religião era sinônimo de Ordem, Convento, Mosteiro: dizia-se "entrou em religião", para dizer que alguém se fizera religioso.

é chamado cidade sobre o monte: *Não se pode esconder uma cidade construída sobre o monte* (Mt 5,13-14). Esta última semelhança me faz dificuldade.

Que Santo Antônio se chame sal da terra, sua grande sabedoria o merece; que se chame luz do mundo, os raios de sua doutrina, os resplandores de seus milagres o aprovam; mas chamar-se cidade Santo Antônio: *Não se pode esconder uma cidade!* – Um santo chamar-se uma cidade? Sim. Em outro dia fora mais dificultosa a resposta; mas hoje, e no nosso pensamento, é muito fácil. Chamar-se cidade Santo Antônio, porque os procuradores de cortes são cidades por representação; e assim dizemos que vêm às cortes as cidades do reino, e não vêm elas, senão seus procuradores. E como os procuradores das cortes são cidades por esta maneira, muito a propósito vem Santo Antônio hoje representado em uma cidade, porque é cidade por representação. Mas que cidade? *Cidade posta em cima, ou acima dos montes.* Clara está a descrição, se a interpretamos misticamente. Cidade acima dos montes, não há outra senão a Jerusalém do céu, a cidade da glória: *Cidade, da qual se diz: coisas gloriosas se dizem de ti cidade de Deus* – comenta Hugo Cardeal[68]. E por parte desta cidade do céu temos hoje na terra a Santo Antônio.

Santo Antônio: procurador do céu nas cortes

Na Igreja de Santo Antônio se costumam cá fazer eleições dos procuradores de cortes, e também no céu se faz a eleição na pessoa de Santo Antônio. E foi a eleição do céu, com toda a propriedade, porque, ainda humanamente falando, e pondo Santo Antônio de parte o hábito e o cordão, parece que concorrem nele com eminência as partes e qualidades necessárias para este ofício público. As qualidades que constituem um perfeito procurador de cortes são duas: ser fiel e ser estadista. E quem se podia presumir mais fiel, e ainda mais estadista do que Santo Antônio? Fiel, como português, Santo Antônio de Lisboa; estadista, como italiano[69], Santo Antônio de Pádua. Deu-lhe a fidelidade a terra própria, a razão de Estado as estranhas. Isto de razão de Estado, com ser tão necessária aos reinos, nunca se deu muito no nosso – culpa de seu demasiado valor – e os por-

---

68. Cf. nota 9.

69. A Itália era famosa em toda a Idade Média, e mesmo antes e depois dela, por suas escolas de jurisprudência.

tugueses, que a usam e praticam com perfeição, mais a devem à experiência das terras alheias que às influências da própria. E como Santo Antônio andou tantas e tão políticas em sua vida, Espanha, França, Itália[70], ainda nesta parte ficava mui acertada a eleição de sua pessoa, quanto mais crescendo sobre estes talentos os outros maiores de seu zelo, de sua sabedoria, de sua santidade.

Só fará escrúpulo nesta matéria o gênio, tão conhecido de Santo Antônio, segundo o qual parece que era mais conveniente sua assistência em cortes que se fizessem em Castela[71], que nestas que celebramos em Portugal. Os intentos de Castela são recuperar o perdido[72]; os intentos de Portugal são conservar o recuperado. E como deparar coisas perdidas é o gênio e a graça particular de Santo Antônio, a Castela parece que convinha a assistência de seu patrocínio, que a nós por agora não. Quem nos ajude a conservar o ganhado, é o que havemos mister. Ora, senhores, ainda não conhecemos bem a Santo Antônio? Santo Antônio, para os estranhos, é recuperador do perdido; para com os seus é conservador do que se pode perder. Caminhava o pai de Santo Antônio a degolar – assim o dizem muitas histórias, ainda que alguma nos fale menos nobremente – e chegando já às portas da sé, e às suas, eis que apareceu o Santo milagrosamente, fez parar os ministros da justiça, ressuscita o morto, declara-se a inocência do condenado e fica livre[73]. Pergunto: Por que não esperou

70. Apesar de uma lenda que coloca um de seus milagres na Espanha, Santo Antônio nunca lá esteve, a não ser que tenha nela aportado em sua viagem de ida ao Marrocos em 1220. Esteve na França entre 1224 e maio de 1227. O restante do tempo, isto é, de 1221, excluído o tempo francês, até sua morte no dia 13 de junho de 1231, Santo Antônio passou na Itália, sobretudo na região norte. Mas ao menos três vezes nos sermões Santo Antônio cita a Espanha. No Sermão de São Felipe e Santiago saiu-se com esta: "Quantos são hoje os que viveriam de bom grado em pobreza estreita por muito tempo, se soubessem com toda a certeza que depois haviam de receber o reino da Espanha ou da França! Hoje não há ninguém que queira viver na verdadeira pobreza de Cristo para poder possuir o Reino dos Céus!"

71. A Espanha começou sua unidade nacional por Castela. O reino autônomo de Castela data de 1035. Por conquistas ou por casamentos a casa real de Castela dominou por séculos a Espanha. Castelhano se tornou sinônimo de espanhol. E é nesse sentido que Vieira emprega a palavra.

72. Vai aqui uma fina ironia do pregador, que deve ter despertado sorrisos nos deputados.

73. Vieira alude a esse *Fioretti* de Santo Antônio em vários sermões. Como o próprio Vieira refere, várias fontes contam o milagre. Umas falam em condenação à degola, outras falam em condenação à forca. Reproduzimos aqui uma delas, a mais contada: "De outra vez, o demônio, para afligir o servo de Deus Santo Antônio, empenhou toda a sua astúcia e mentira. Fez que, em Portugal, na cidade de Lisboa, certo homem cruel, noite velha, depois de ter matado a um

Santo Antônio que morresse seu pai, e depois de morto lhe restituiu a vida? Não é menos fundada a dúvida que no exemplo de Cristo, Senhor nosso, de quem diz o texto de São João que, avisado da enfermidade de Lázaro, de pro-

---

seu inimigo, levasse o cadáver e o atirasse no quintal dos pais do Santo, que ali moravam na cidade, e depois fugisse.

No dia seguinte, ao amanhecer, os vizinhos, vendo o sangue espalhado pela rua, procuraram a um e outro lado a ver o que teria acontecido e foram dar com o cadáver junto da casa dos pais de Santo Antônio. Chegou o caso aos ouvidos do Regedor das Justiças, e veio ele com seus policiais com grande fúria prender o pai e a mãe do servo de Deus. Como inocentes e bons cristãos que eram, bem se escusavam eles de todos os modos que podiam; mas em vão. E, levados à cadeia, foram julgados dali a dias e condenados a morrer na forca.

Àquele tempo pregava o servo de Deus em Itália, e por divina revelação soube do sucedido. Movido de piedade para com os seus aflitos pais, foi ter com o guardião e humildemente lhe pediu a bênção para se ir imediatamente a Portugal onde o chamava negócio urgente. E, entrando na cidade, encontrou o Santo a seus pais já condenados à morte na forca. Correu logo a falar com o Regedor das Justiças. Começou por repreendê-lo da sentença iníqua que tinha dado, condenando à morte inocentes que eram sem culpa. E o Regedor que por oitiva e experiência sabia da santidade de Antônio, respondeu: "Ó Frei Antônio, se fores capaz de apresentar provas legítimas ou testemunho suficiente da inocência de teus pais, fica certo de que os soltarei com sumo gosto, e nenhum mal virá sobre eles. Agora, se tanto não puderes, então preciso é que se cumpra a justiça, pois em casa deles foi encontrado o morto. Santo Antônio, com firmíssima esperança na clemência divina, tornou-lhe: A prova mais certa e verdadeira será perguntar ao defunto se foram meus pais que lhe deram a morte. Se responder que sim, pois faça-se justiça; mas se responder que estão sem culpa, dar-lhes-ás a liberdade!

Quer o Regedor quer o povo consentiram com a proposta tão maravilhosa e razoável, e partiram-se todos dali donde estavam para a sepultura do morto, já desde há dias enterrado. E o servo de Deus Santo Antônio, pondo-se primeiro em oração, suplicou à misericórdia divina viesse em seu auxílio naquela grande aflição. E acabada que foi a reza, levantou-se cheio de fé e bradou em voz alta:

– Ó homem, por virtude de Deus onipotente e da parte do misericordioso Jesus, te ordeno que digas se foram meus pais que te mataram!

Maravilha estupenda e admirável! Tão depressa o servo de Deus impôs aquela ordem, logo o homem enterrado desde há dias, não podendo resistir à palavra do fiel servo de Deus, do fundo da sepultura respondeu em alta e clara voz, a dizer: Esses que são condenados por causa de minha morte estão inocentes e sem culpa!

Ao ouvir tal resposta, o Regedor com os mais circunstantes ficaram abismados com tão grande milagre. E o Santo disse então para o morto:

– Agora dorme em paz, e louvado seja Deus que livrou os inocentes!

E quis o Regedor que Santo Antônio mandasse ao morto dissesse quem fora então o assassino autor de sua morte. Mas o Santo recusou-se: Vim a livrar inocentes e não a acusar homicidas. A mim me basta o que é feito e dito.

E foi muita a alegria dos pais. E Santo Antônio, depois de os ter confortado, pedindo-lhes a bênção, partiu. E no dia seguinte estava de volta em Itália, levado nas mãos dos anjos".

pósito se deteve e o deixou morrer, para depois o ressuscitar. – *Dilatou-lhe*[74] *a saúde, porque lhe quis ressuscitar a vida* – ponderou o Crisólogo[75]. Pois, se é mais gloriosa ação, e mais de Cristo, ressuscitar uma vida do que impedir uma morte, por que não fez assim Santo Antônio?

Não fora maior milagre, não fora mais bizarra maravilha acabar o verdugo de passar o cutelo pela garganta do pai, e no mesmo ponto aparecer sobre o teatro o filho, ajuntar a cabeça ao tronco, levantar-se o morto vivo, pasmarem todos, e não crerem que o viam, ficando só da ferida um fio, sutilmente vermelho, para fiador do milagre? Pois, por que não o fez Santo Antônio assim? Se tinha virtude milagrosa para ressuscitar, se ressuscitou ali um morto, se ressuscitou outros muitos em diversas ocasiões, por que não esperou um pouco para ressuscitar também o seu pai? Por quê? Porque era seu pai. Aos estranhos ressuscitou-os depois de perderem a vida, a seu pai defendeu-lhe a vida, para que não chegasse a perdê-la; aos estranhos remedeia, mas ao seu sangue preserva. Cristo, Senhor nosso, foi redentor universal do gênero humano, mas com diferença grande. A todos os homens geralmente livrou-os da morte do pecado, depois de incorrerem nele, mas a sua Mãe preservou-a, para que não incorresse: aos outros deu-lhe a mão, depois de caírem; a sua Mãe teve-a mão[76], para que não caísse; dos outros foi redentor por resgate, de sua Mãe por preservação. Assim também Santo Antônio. Aos estranhos ressuscitou-os depois de mortos, a seu pai conservou-lhe a vida, para que não morresse, que essa diferença faz o divino português dos seus aos estranhos. Para com os estranhos é recuperador das coisas perdidas, para com os seus é também preservador de que se não percam. Por isso, com bem ocasionada propriedade, se compara hoje no Evangelho ao sal: *Vós sois o sal da terra*. O sal é remédio da corrupção, mas remédio preservativo; não remedeia o que se perdeu, mas conserva o que se pudera perder, que é o de que temos necessidade.

---

74. Dilatar: retardar, adiar.

75. São Pedro Crisólogo (406-450) foi escolhido bispo de Ravena, quando ainda era diácono. Excelente catequista, deixou algumas centenas de catequeses escritas. Ganhou o apelido de "Crisólogo", isto é, "Palavra de ouro", pela elegância e qualidade de suas pregações. E doutor da Igreja.

76. Ter mão: suspender o que estava fazendo ou deixar de fazer o que ia fazer.

Suposto isto, nenhuma parte lhe falta a Santo Antônio, antes todas estão nele em sua perfeição, para o ofício que lhe consideramos de procurador do céu nas nossas cortes. Como tal dirá o Santo hoje seu parecer a respeito da conservação do reino, e esta será a matéria do sermão. Santo Antônio, que nenhum outro, porque nos outros tratamos nós dele, neste trata ele de nós. Mas, como eu sou o que hei de falar, para que o discurso pareça de Santo Antônio, cujo é, e não meu, muita graça me é necessária. *Ave Maria.*

Vós sois o sal da terra

Já Santo Antônio tem dito seu parecer. Nestas quatro palavras breves, nestas seis sílabas compendiosas: *Vos-es-tis-sal-ter-rae* – se resume todo o arrazoado de Santo Antônio, em ordem ao bem e conservação do reino. E ninguém me diga que disse estas palavras Cristo a Santo Antônio, e não a Santo Antônio e a nós, porque, como a retórica dos do outro mundo são os exemplos, e o que obraram em vida é o que nos dizem depois da morte, dizer Cristo a Santo Antônio o que foi, é dizer-nos Santo Antônio o que devemos ser. *Vós sois o sal da terra* – disse Cristo a Santo Antônio por palavra. *Vós sois o sal da terra* – diz Santo Antônio aos portugueses por exemplo. Entendamos bem estas quatro palavras, que estas, bem-entendidas, nos bastam.

Vós sois o sal da terra. O primeiro fundamento que toma para seu discurso Santo Antônio é supor que devemos e havemos de tratar de nossa conservação. Isso quer dizer – conforme a exposição de todos os doutores – *Vós sois o sal da terra.* Quem diz sal diz conservação, e a que Cristo encomendava no original destas palavras tem grandes circunstâncias da nossa. Muito tenho reparado em que primeiro chamou Cristo aos apóstolos pescadores, e ao depois chamou-lhes sal: *Eu vos farei pescadores de homens* (Mc 1,17); *Vós sois o sal da terra* (Mt 5,13). Se pescadores, por que sal juntamente? Porque importa pouco o ter tomado, se se não conservar o que se tomou. Chamar-lhes pescadores foi encomendar-lhes a pescaria; chamar-lhes sal, foi encarregar-lhes a conservação. Sois pescadores, sois apóstolos meus, porque quero que vades pescar por esse mar do mundo; mas advirto-vos que sois também sal, porque quero que pesqueis, não para comer, senão para conservar. Senhores meus, já fomos pescadores; ser agora sal é o que resta. Fomos pescadores astutos, fomos pescadores venturosos, aproveitamo-nos da água envolta, lançamos as redes a tempo, e ainda que tomamos somente um peixe rei, foi o mais formoso lanço que se fez nunca, não digo nas ribeiras do Tejo, mas em quantas rodeiam as praias do Oceano. Pescou Portugal o seu reino, pescou Portugal a sua coroa; advirta agora Portugal que não pescou para a comer, senão para conservar. Foi pescador, seja sal. Mas isto não se discorre, supõe-se.

Porém, *Se o sal perder sua força, com que se salgará?* (Mt 5,13). Se o sal não for efetivo, se os meios que se tomarem para a conservação saírem vãos e ineficazes, que remédio? Esta é a razão de se repetirem, e esta é a maior dificuldade destas segundas cortes. As primeiras cortes foram de boas vontades; estas segundas podem ser de bons entendimentos. Nas primeiras tratou-se de remediar o reino, nestas trata-se de remediar os remédios. Dificultosa empresa, mas importantíssima. Quando os remédios não têm bastante eficácia para curar a enfermidade é necessário curar os remédios, para que os remédios curem ao enfermo. Assim o fez o mesmo Cristo Deus e Senhor nosso, sem dispêndio de sua sabedoria, nem erro de sua providência. Não se pode acertar tudo da primeira vez. Trabalhava Cristo por sarar e converter o seu povo com os remédios ordinários da doutrina e pregação evangélica, e, vendo que se não seguia a desejada saúde, que fez? Tratou de remediar os remédios, para que os remédios remediassem os enfermos. Em próprios termos o disse Santo Astério[77], falando da ressurreição da filha de Jairo: *Quando viu que os judeus fechavam os ouvidos a suas palavras, apresentou-lhes fatos como remédio ao remédio.* Vendo Cristo que estava a enfermidade rebelde, e os ouvintes surdos a seus sermões, ajuntou às palavras obras, ajuntou à doutrina milagres, e tomou por arbítrio melhorar os remédios, para que os remédios melhorassem os enfermos. Aplicou umas medicinas a outras medicinas, para que os que eram remédios fracos fossem valentes remédios. Este é o fim de se repetirem cortes em Portugal. Arbitraram-se nas passadas vários modos de tributos, para remédio da conservação do reino, mas, como estes tributos não foram efetivos, como estes remédios saíram ineficazes, importa agora remediar os remédios.

---

77. Santo Astério morreu no começo do século V em idade bem avançada. Na juventude estudara Eloquência e Direito. Deixou a carreira de advogado quando estava no auge da fama, e abraçou a vida eclesiástica. Eleito bispo de Amaseu, dedicou-se à pregação com grande zelo e competência. Sobram dele alguns sermões e panegíricos, entre os quais são consideradas obras-primas a homilia sobre São Pedro e São Paulo, e aquela sobre o Profeta Daniel.

Que remédio temos para remediar o remédio

Mas perguntar-me-á alguém, ou perguntara eu a Santo Antônio: Que remédio teremos nós para remediar os remédios? Muito fácil, diz Santo Antônio: *Vós sois o sal da terra.* Para se curar uma enfermidade, vê-se em que peca a enfermidade; para se curarem os remédios, veja-se em que pecaram os remédios. Os remédios, como diz à queixa pública, pecaram na violência: muitos arbítrios, mas violentos muito. Pois modere-se a violência com a suavidade: ficarão os remédios remediados. Foram ineficazes os tributos por violentos; sejam suaves, e serão efetivos: *Vós sois o sal da terra.* Duas propriedades tem o sal – diz aqui Santo Hilário[78]: conserva, e mais tempera; é o antídoto da corrupção, e lisonja do gosto; é o preservativo dos preservativos, e o sabor dos sabores: *O sal conserva as coisas e lhes dá excelente sabor.* Tais como isto devem ser os remédios com que se hão de conservar as repúblicas. Conservativos sim, mas desabridos[79] não. Obrar a conservação, e saborear, ou, ao menos, não ofender o gosto, é o primor dos remédios. Não tem bons efeitos o sal quando aquilo que se salga fica sentido. De tal maneira se há de conseguir a conservação, que se escuse quanto for possível o sentimento. Tirou Deus uma costa a Adão para a fábrica de Eva; mas como lha tirou? Diz o texto sagrado: *Fez Deus adormecer Adão* (Gn 2,21), e assim dormindo lhe tirou a costa.

Pois, por que razão dormindo e não acordado? Disse-o advertidamente o nosso português Oleastro[80], e é o pensamento tão tirado da costa de Adão, como das entranhas dos portugueses: *Mostrou o quanto é difícil tirar do homem uma*

---

78. Santo Hilário (315-367): criado em família pagã, dedicou-se à Eloquência. Já casado, converteu-se ao cristianismo, lendo a Sagrada Escritura. Foi feito bispo de Poitiers em 353, deixando a família, ao ser sagrado. Autor de inúmeras obras teológicas, como os 12 livros sobre a Santíssima Trindade, comentários bíblicos, e livros em defesa da ortodoxia da fé. Combateu fortemente o arianismo, o que lhe valeu alguns anos de exílio. São Jerônimo o comparou ao Rio Ródano, que arrasta consigo tudo o que encontra pela frente. Já Santo Agostinho o chamou de Doutor da Igreja. Santo Antônio, no sermão da Oitava do Natal, cita de Santo Hilário o hino, rezado até hoje na Festa de Pentecostes: "Julgam estar embriagados com mosto aqueles que o Espírito enchera".

79. Desabrido: a palavra nasceu da síncope de *dessaborido,* isto é, sem sal. Desenvolveu-se depois o sentido de áspero, grosseiro, inconveniente.

80. Oleastro é apelido do dominicano Frei Jerônimo de Azambuja, falecido em 1563. Estudou em Coimbra. Conhecia perfeitamente o grego e o hebraico. Escreveu em latim comentários ao Pentateuco e ao Profeta Isaías.

coisa, mesmo quando a utilidade o exige; por isso, quando não quer dar, é preciso tirar-lha. A costa de que se havia de formar Eva, tirou-a Deus a Adão dormindo, e não acordado, para mostrar quão dificultosamente se tira aos homens, e com quanta suavidade se deve tirar, ainda o que é para seu proveito. Da criação e fábrica de Eva dependia não menos que a conservação e propagação do gênero humano; mas repugnam tanto os homens a deixar arrancar de si aquilo que se lhes tem convertido em carne e sangue, ainda que seja para o bem de sua casa, de seus filhos, que para isso traçou Deus tirar a costa a Adão, não acordado, senão dormindo: adormeceu-lhe os sentidos para lhe escusar o sentimento. Com tanta suavidade e como isto, se há de tirar aos homens o que é necessário para sua conservação. Se é necessário para a conservação da pátria, tire-se a carne, tire-se o sangue, tirem-se os ossos, que assim é razão que seja; mas tire-se com tal modo, com tal indústria, com tal suavidade, que os homens não o sintam, nem quase o vejam. Deus tirou a costa a Adão, mas ele não o viu nem o sentiu, e, se o soube, foi por revelação. Assim aconteceu aos bem governados vassalos do Imperador Teodorico[81], dos quais, por grande glória sua, dizia ele: *Eu sei que há tributos, porque vejo as minhas rendas acrescentadas; vós não sabeis se os há, porque não sentis as vossas diminuídas.* Razão é que por todas as vias se acuda à conservação; mas, como somos compostos de carne e sangue, obre de tal maneira o racional, que tenha sempre respeito ao sensitivo. Tão ásperos podem ser os remédios, que seja menos feia a morte do que a saúde. Que me importa a mim sarar do remédio, se hei de morrer do tormento?

Divina doutrina nos deixou Cristo desta moderação na sujeita matéria dos tributos. Mandou Cristo a São Pedro que pagasse o tributo a César[82], e disse-lhe que fosse pescar, e que na boca do primeiro peixe acharia uma moeda de prata, com que pagasse. Duas ponderações demos a este lugar o dia passado; hoje lhe

---

81. Teodorico o Grande (c. 455-526), rei dos ostrogodos e depois dos romanos. Cercou-se de sábios como Boécio e Cassiodoro. Impôs o direito romano. Cultivou as artes romanas. Tinha sede em Ravena. Por não ter filho que o sucedesse, teve uma velhice infeliz e iracunda.

82. Há aqui um cochilo malicioso de Vieira. O episódio do tributo a César é outro e vem contado em Mt 22,15-22; Mc 12,13-17 e Lc 20,20-26. Aqui se trata do tributo do templo, contado somente em Mt 17,24-27. Todo hebreu com mais de 20 anos devia pagar anualmente ao templo duas dracmas, conforme a prescrição de Ex 30,14. Era chamado "Tributo do Senhor". Por isso se entende a observação que faz a São Pedro: sendo o tributo do Senhor e sendo Ele o Senhor, não tinha sentido pagar tributo a si mesmo.

daremos sete a diferentes intentos. Se Deus não faz milagres sem necessidade por que o fez Cristo nesta ocasião, sendo ao parecer supérfluo? Pudera o Senhor dizer a Pedro que fosse pescar, e que do preço do que pescasse, pagaria tributo. Pois, por que dispõe que se pague o tributo não do preço, senão da moeda que se achar na boca do peixe? Quis o Senhor que pagasse São Pedro o tributo, e mais que lhe ficasse em casa o fruto de seu trabalho, que este é o suave modo de pagar tributos. Pague Pedro o tributo sim, mas seja com tal suavidade e com tão pouco estipêndio seu que, satisfazendo às obrigações de tributário, não perca os interesses de pescador. Coma o seu peixe, como dantes comia, e mais pague o tributo que dantes não pagava. Por isso tira a moeda, não do preço, senão da boca do peixe. *Abrindo-lhe a boca, encontrarás uma moeda* (Mt 17,27). *Abrindo a boca*: notai. Da boca do peixe se tirou o dinheiro do tributo, porque é bem que para o tributo se tire da boca. Mas esta diferença há entre os tributos suaves e os violentos: que os suaves tiram-se da boca do peixe, os violentos da boca do pescador. Hão-se de tirar os tributos com tal traça[83], com tal indústria, com tal invenção – *Encontrarás uma moeda* – que pareça o dinheiro achado, e não perdido; dado por mercê da ventura, e não tirado à força da violência. Assim o fez Deus com Adão, assim o fez Cristo com São Pedro, e, para que não diga alguém que são milagres a nós impossíveis, assim o fez Teodorico com seus vassalos. A boa indústria é suplemento da onipotência, e o que faz Deus todo-poderoso, fazem os homens por muito industriosos.

Para que não se sintam os tributos

Sim. Mas que indústria poderá haver para que os tributos se não sintam, para que sejam suaves e fáceis de levar? Que indústria? *Vós sois o sal da terra.* Não se mete Santo Antônio a discursar arbítrios particulares, que seria coisa larga, e menos própria deste lugar, posto que não dificultosa; um só meio aponta o Santo nestas palavras, que transcende universalmente por todos os que se arbitrarem, com que qualquer tributo, se for justo, será mais justo, e, se fácil, muito mais fácil e mais suave: *Vós sois o sal da terra.* Nota aqui São

83. Traça aqui está em sentido figurado: manha, ardil, jeito.

João Crisóstomo[84] a generalidade com que falou Cristo aos discípulos. Não lhes chamou sal de uma casa, ou de uma família ou de uma cidade, ou de uma nação, senão sal de todo o mundo, sem excetuar a ninguém. *Vós sois o sal da terra não para um grupo, mas para todo o mundo* – comenta o santo padre[85]. Queremos, senhores, que o sal, qualquer que for, não seja desabrido? Queremos que os meios da conservação pareçam suaves? *Não para um grupo, mas para todo o mundo*: Não sejam os remédios particulares, sejam universais; não carreguem os tributos somente sobre uns, carreguem sobre todos. Não se trate de salgar só um gênero de gente – *Não para um grupo* – reparta-se, e alcance o sal a terra: *Vós sois o sal da terra.* Convida Cristo aos homens para a aceitação e observância de sua lei, e diz assim: *Vinde a mim todos, que tão cansados e molestados vos traz o mundo, e eu vos aliviarei. Tomai o meu jugo sobre vós, e achareis descanso para a vida. Porque o jugo de minha lei é suave, e o peso de meus preceitos é leve* (Mt 11,28-30).

Ora, se tomarmos bem o peso à lei de Cristo, havemos de achar que tem alguns preceitos pesados, e, segundo a natureza, assaz violentos. Haver de amar aos inimigos, confessar um homem suas fraquezas a outro homem, bastar um pensamento para ofender gravemente a Deus e ir ao inferno, estes e outros semelhantes preceitos não há dúvida que são pesados e dificultosos, e

---

84. São João Crisóstomo (344-407) estudou Eloquência com Libânio, o mais famoso orador do tempo. Estudou Filosofia e se aprofundou nos estudos dos evangelhos. Unia com maestria a modéstia e os largos conhecimentos que tinha. Foi advogado brilhante. Insatisfeito, porém, em seu interior, vestiu túnica de eremita e entrou em ritmo de jejum, oração e meditação continuada. Vários de seus amigos se juntaram a ele. Apontado para bispo, fugiu e se escondeu até que a sede foi ocupada por outro. Ordenou-se padre aos 43 anos. Tornou-se pregador muito ouvido, grande defensor dos pobres e infelizes. Pregava quase todos os dias e suas pregações mudaram a face de Antioquia. Por um estratagema do imperador, foi "sequestrado" de Antioquia e feito arcebispo de Constantinopla em 398, a capital do Oriente romano. Dedicou-se, então, à reforma do clero, à proteção dos estrangeiros e dos pobres. Seu grande renome e a veneração que o povo lhe devotava provocaram invejas terríveis. Sofreu dois exílios, morrendo no segundo, no dia 14 de setembro de 407, aos 63 anos. Crisóstomo é apelido, e significa "Boca de Ouro". É, talvez, o mais perfeito orador dos Santos Padres. São Nilo o chamou de "Coluna da Igreja" e "a mais brilhante luz do mundo". Seus sermões discorrem sobre quase todos os livros da Escritura.
Santo Antônio se refere a ele no sermão do Natal: "Cristo, na frase do Boca de Ouro, com a sua doçura atraía a si os homens, assim como o diamante atrai o ferro".

85. São João Crisóstomo, citado antes. Na Introdução geral explicamos quem eram os Santos Padres.

por tais os estimou o mesmo Senhor, quando lhes chamou cruz nossa: *Tome a sua cruz e siga-me* (Mt 16,24). Pois, se os preceitos da lei de Cristo, ao menos alguns, são cruz pesada, como lhes chama o Senhor jugo suave e carga leve: *Porque o jugo de minha lei é suave e o peso de meus preceitos é leve?* Antes de o Senhor lhes chamar assim, já havia dito a causa: *Vinde a mim todos* (Mt 11,28). A lei de Cristo é uma lei que se estende a todos com igualdade, e que obriga a todos sem privilégio: ao grande e ao pequeno, ao alto e ao baixo, ao rico e ao pobre, a todos mede pela mesma medida. E como a lei é comum sem exceção de pessoas, e igual sem diferença de preceito, modera-se tanto o pesado no comum, e o violento no igual, que, ainda que a lei seja rigorosa, é jugo suave; ainda que tenha preceitos dificultosos, é carga leve: *porque o jugo de minha lei é suave e o peso de meus preceitos é leve.* É verdade que é jugo, é verdade que é peso, nem Cristo o nega; mas como é jugo que a todos iguala, o exemplo o faz suave; como é peso que sobre todos carrega, a companhia o faz leve. Clemente Alexandrino[86]: *Não se deve esquecer a igualdade na distribuição, respeitando a justiça, como disse o Senhor: Tomai sobre vós o meu jugo, porque é suave e leve.*

O maior jugo de um reino, a mais pesada carga de uma república, são os imoderados tributos. Se queremos que sejam leves, se queremos que sejam suaves, repartam-se por todos. Não há tributo mais pesado que o da morte, e, contudo, todos o pagam, e ninguém se queixa, porque é tributo de todos. Se uns homens morreram, e outros não, quem levara[87] em paciência esta rigorosa pensão da mortalidade? Mas a mesma razão, que a estende, a facilita, e, porque não há privilegiados, não há queixosos. Imitem as resoluções políticas o governo natural do Criador: *Que faz nascer o seu sol sobre bons e maus, e vir chuva sobre justos e injustos* (Mt 5,45). Se amanhece o sol, a todos aquen-

86. Clemente de Alexandria ou Clemente Alexandrino (150-215) era grego de nascimento. Estudou Filosofia. Percorreu a Ásia Menor, o Egito e a Palestina para ouvir os grandes sábios do tempo. Tinha como meta: encontrar a verdade. Converteu-se ao cristianismo. Abriu escola em Alexandria, onde teve alunos que se tornaram famosos. Morreu na consideração de o maior sábio de seu século. Escreveu muito, tanto sobre os caminhos da fé quanto sobre os textos sagrados. Seus dois mais famosos livros são *Stromata* e *O pedagogo.*

87. Levara: hoje diríamos levaria. É bastante comum Vieira empregar o mais-que-perfeito com sentido de condicional.

ta, e se chove o céu, a todos molha. Se toda a luz caíra[88] a uma parte, e toda a tempestade a outra, quem o sofrerá? Mas não sei que injusta condição é a deste elemento grosseiro, em que vivemos, que as mesmas igualdades do céu, em chegando à terra, logo se desigualam. Chove o céu com aquela igualdade distributiva que vemos: mas, em água chegando à terra, os montes ficam enxutos, e os vales afogando-se; os montes escoam o peso da água de si, e toda a força da corrente desce a alargar os vales, e queira Deus que não seja teatro de recreação, para os que estão olhando do alto, ver nadar as cabanas dos pastores sobre os dilúvios de suas ruínas. Ora, guardemo-nos de algum dilúvio universal, que, quando Deus iguala desigualdades, até os mais altos montes ficam debaixo da água. O que importa é que os montes se igualem com os vales, pois, os montes são a quem principalmente ameaçam os raios, e reparta-se por todos o peso, para que fique leve a todos. Os mesmos animais de carga, se lha deitam toda a uma parte, caem com ela; e a muitos navios meteu nas mãos dos piratas a carga, não por muita, mas por descompassada. Se se repartir o peso com igualdade de justiça, todos o levarão com igualdade de ânimo, *porque ninguém toma pesadamente o peso que se lhe distribuiu com igualdade,* disse o político Cassiodoro[89].

Os três estados do reino e os três elementos do sal

Boa doutrina estava esta, se não fora dificultosa e, ao que parece, impraticável. Bom era que nos igualáramos todos; mas como se podem igualar extremos que têm a essência na mesma desigualdade? Quem compõe os três estados do reino é a desigualdade das pessoas. Pois, como se hão de igualar os três estados, se são estados porque são desiguais? Como? Já se sabe que há de ser: *Vós sois o sal da terra.* O que aqui pondero é que não diz Cristo aos após-

88. Caíra: hoje diríamos caísse, dado que a conjunção se passou a exigir, em português, o subjuntivo.

89. Cassiodoro (477-570) nasceu na Calábria, de família de longa tradição política. Orador, estilista erudito, chamou a atenção do Rei Teodorico, que o tomou como secretário. Cristão. Atribui-se a ele tudo o que de bom aconteceu no reinado de Teodorico. Em torno de 540, no auge da glória, aos 60 anos, se retira a um mosteiro na Calábria. Autor de muitas obras em diversos campos do saber, particularmente são conhecidas *Crônica* e *De Anima.* Deixou muitas cartas. Faleceu aos 93 anos. Santo Antônio o cita no sermão da Ceia do Senhor.

tolos: Vós sois semelhantes ao sal, senão: *Vós sois sal*. Não é necessária filosofia para saber que um indivíduo não pode ter duas essências. Pois, se os apóstolos eram homens, se eram indivíduos da natureza humana, como lhes diz Cristo que são sal: *Vós sois o sal?* Alta doutrina de estado. Quis-nos ensinar Cristo, Senhor nosso, que pelas conveniências do bem comum se hão de transformar os homens, e que hão de deixar de ser o que são por natureza, para serem o que devem ser por obrigação. Por isso, tendo Cristo constituído aos apóstolos ministros da redenção e conservadores do mundo, não os considera sal por semelhança, senão sal por realidade – *Vós sois o sal* – porque o ofício há de se transformar em natureza, a obrigação há de se converter em essência, e devem os homens deixar de ser o que são, para chegarem a ser o que devem. Assim o fazia o Batista, que, perguntado quem era, respondeu: *Eu sou uma voz* (Jo 1,23). Calou o nome da pessoa, e disse o nome do ofício, porque cada um é o que deve ser, e, se não, não é o que deve. Se os três estados do reino, atendendo a suas preeminências, são desiguais, atendam a nossas conveniências, e não o sejam. Deixem de ser o que são, para serem o que é necessário, e iguale a necessidade os que desigualou a fortuna.

A mesma formação do sal nos porá em prática esta doutrina. Aristóteles[90] e Plínio[91] reconhecem na composição do sal o elemento da água e do fogo: *O sal*

---

90. Aristóteles (384-322 a.C.). Filósofo grego. Frequentou a escola de Platão. Ao morrer Platão, Aristóteles iniciou uma série de viagens. Foi educador de Alexandre Magno da Macedônia. Em 335 voltou a Atenas e fundou uma escola. Todas as suas obras literárias se perderam. As que temos hoje são obras escolares, compiladas por seus alunos. Autor de um dos mais famosos e perenes sistemas filosófico-científicos, o chamado Aristotelismo.
Com a Escolástica, entrou no pensamento cristão, sobretudo com Santo Alberto Magno e Santo Tomás de Aquino, enquanto que São Boaventura, Alexandre de Hales e Duns Scotus "batizaram" Platão, preferido por Santo Agostinho. Até hoje se diz que os dominicanos são aristotélicos e os franciscanos platonistas. Santo Antônio ao menos duas vezes se refere a ele, chamando-o de "o Filósofo", e trazendo sua definição de sono: "O sono é o repouso das forças animais com intensificação das naturais".

91. Plínio o Velho (23 a.C.-79 d.C.): de carreira administrativo-militar. Teve grande relevo junto aos imperadores Vespasiano e Tito. Morreu sufocado pelas lavas do Vesúvio, enquanto retirava os habitantes. Escritor e historiador. Sua grande obra, em 27 livros, é a *História natural*, verdadeiro compêndio de toda a ciência antiga; cita mais de cem autores gregos e latinos; explicita 20 mil casos ou fenômenos da natureza. Era tio materno de Plínio o Moço, de quem se perdeu quase toda a obra, exceto seu amplo epistolário em 10 livros. Santo Antônio conhecia em profundidade a *História natural* de Plínio. Refere-se muitas vezes a ela, citando-a pelo título, ou nela buscando o sentido de alguma palavra ou de algum fato natural. Não é de estranhar

é de natureza ígnea e aquosa, contendo dois elementos: fogo e água, diz Plínio. A glosa ordinária e São Cromácio[92] acrescentam o terceiro elemento do ar – prova seja a grande umidade deste misto – e diz assim São Cromácio: *A matéria, ou natureza do sal, são três elementos transformados, os quais, tendo sido fogo, ar e água, se uniram em uma diferente espécie, e se converteram em sal.* Grande exemplo da nossa doutrina! Assim como o sal é uma junta de três elementos, fogo, ar e água, assim a república é uma união de três estados, eclesiástico, nobreza e povo. O elemento do fogo representa o estado eclesiástico, elemento mais levantado que todos, mais chegado ao céu e apartado da terra; elemento a quem todos os outros sustentam, isento ele de sustentar a ninguém. O elemento do ar representa o estado da nobreza, não por ser a esfera da vaidade, mas por ser o elemento da respiração, porque os fidalgos de Portugal foram o instrumento felicíssimo por que respiramos, devendo este reino eternamente à resolução de sua nobreza os alentos com que vive, os espíritos com que se sustenta.

Finalmente, o elemento da água representa o estado do povo: *As águas são os povos,* diz um texto do Apocalipse (Ap 17,15) e não como dizem os críticos, por ser elemento inquieto e indômito, que à variedade de qualquer vento se muda, mas por servir o mar de muitos e mui proveitosos usos à terra, conservando os comércios, enriquecendo as cidades, sendo o melhor vizinho que a natureza deu às que amou mais. Estes são os elementos de que se compõe a república[93]. Da maneira, pois, que aqueles três elementos naturais deixam de

---

que cite a obra e não o autor, porque era regra da oratória sacra não citar os autores profanos. Dou apenas um exemplo, do sermão do III domingo da Quaresma: "O diabo teceu a teia como a aranha, da qual se diz assim no *Livro da História Natural*: A aranha estende primeiramente os fios da sua urdidura de um extremo a outro, em seguida tece no meio, entre estas extremidades, entrelaçando ali a textura suficiente. Por último prepara nela lugar conveniente para a caçada. E ela vem para o meio, à espera de algum animalejo; e se alguma mosca ou qualquer coisa parecida ali cair, de repente mover-se-á a aranha, sairá do esconderijo e começará a ligá-la e envolvê-la com o tecido, até inabilitar a presa. Depois leva-a para o lugar em que guarda tudo quanto prende; e quando está com fome... Também quando o diabo quer prender o homem, primeiro estende fios de pensamentos sutis..."

92. São Cromácio, falecido em 406, era grande amigo de São Jerônimo, que lhe dedicou várias obras. Também amigo de Santo Agostinho e de São João Crisóstomo. Deixou 18 homílias sobre o Evangelho de Mateus. Como tinha um estilo preciso, várias frases suas viraram máximas.

93. Observe-se como Vieira, antes de "dar a facada" nas três categorias, as elogia. Isso em eloquência se chama "*captatio benevolentiae*": dá-se um elogio para que o ouvinte se predisponha positivamente a ouvir a proposta.

ser o que eram, para se converterem em uma espécie conservadora das coisas, assim estes três elementos políticos hão de deixar de ser o que são, para se reduzirem unidos a um estado que mais convenha à conservação do reino. O estado eclesiástico deixe de ser o que é por imunidade, e anime-se a assistir com o que não deve. O estado da nobreza deixe de ser o que é por privilégio, e alente-se a concorrer com o que não usa. O estado do povo deixe de ser o que é por possibilidade, e esforce-se a contribuir com o que pode; e desta maneira, deixando cada um de ser o que foi, alcançarão todos juntos a ser o que devem, sendo esta concorde união dos três elementos, eficaz conservadora do quarto: *Vós sois o sal da terra.*

Amplifiquemos este ponto, como tão essencial, e falemos particularmente com cada um dos três estados. Primeiramente, o estado eclesiástico deixe de ser o que é por imunidade, e seja o que convém à necessidade comum. Serem isentas de pagar tributo as pessoas e bens eclesiásticos, o direito humano o dispõe assim, e alguns querem que também o divino. No nosso passo o temos. Indo propor São Pedro a Cristo que os ministros reais[94] lhe pediam o tributo, respondeu o Senhor que fosse pescar, como dissemos, e que na boca do primeiro peixe acharia o didracma, ou moeda. Dificulto. Suposto que o tributo se havia de pagar do dinheiro milagroso, e não do preço do peixe, para que vai pescar São Pedro? Não era mais barato dizer-lhe Cristo que metesse a mão na algibeira, e que aí acharia com que pagar? Para Cristo tão fácil era uma coisa como a outra; para São Pedro mais fácil a segunda. Pois, por que lhe manda que vá ao mar, que pesque, e que do dinheiro que achar por esta indústria pague o tributo? A razão foi porque quis Cristo contemporizar com o tributo de César, e mais conservar em seu ponto a imunidade eclesiástica. Pague Pedro – como se dissera Cristo –, mas pague como pescador, não pague como apóstolo; pague como oficial do povo, e não como ministro da Igreja[95]. Deixe Pedro, por representação, de ser o que é, e torne por representação a ser o que foi; deixe de ser eclesiástico, e torne a ser pescador; e então pague, por obrigação do ofício, o que não deve pagar por privilégio da dignidade. *Assim quis*

94. Já explicamos na nota que não se trata nesse passo do Evangelho de cobradores reais, mas dos cobradores do templo.

95. Cf. nota 82.

Cristo pagar o tributo para não ofender os publicanos nem perder seu privilégio, diz o doutíssimo Maldonado[96], de sentença de São Crisóstomo e de Eutímio[97]. A sua razão é: *pagou do dinheiro achado, e não do seu.*

Mas a mim mais fácil me parece distinguir na mesma pessoa diferentes representações, do que admitir, receber e dar sem consideração de domínio. O pensamento é o mesmo; escolha cada uma das duas razões a que mais lhe contentar. E como a matéria era de tanta importância, ainda por outra cláusula a confirmou e ratificou o Senhor, para que este exemplo lhe não prejudicasse: *Dá por mim e por ti* (Mt 17,26): *Dá:* aqui reparo. Quando lhe vieram perguntar a Cristo se era lícito pagar o tributo a César, respondeu o Senhor: *Pagai o de César a César, e o de Deus a Deus* (Mt 22,21). Pergunta Teofilato[98]: *Por que diz Cristo pagai* e *não diz dai?* A mesma questão faço eu aqui: *Dá por mim e por ti. Por que diz dai* e *não diz pagai*? Se lá diz Cristo: pagai, e não dai, por que cá diz o mesmo Senhor: dai, e não pagai? A razão é porque lá falava Cristo com os seculares, cá falava com os eclesiásticos[99], e, quando uns e outros concorrem para os tributos, os seculares pagam, e os eclesiásticos dão. Os seculares pagam, porque dão o que devem; os eclesiásticos dão, porque pagam o que não devem. Por isso Cristo usou da cláusula *dá* com grande providência, para que este ato, tão contrário à imunidade eclesiástica, não cedesse em prejuízo dela, declarando que o tributo que um e outro estado paga, promiscuamente, nos seculares é justiça, nos eclesiásticos é liberalidade; nos seculares é dívida, nos eclesiásticos é dádiva: *Dá – Pagai.*

96. Juan Maldonado (1533-1583): Jesuíta espanhol. Estudou em Salamanca e lecionou primeiro em Roma e depois em Paris. Comentou os profetas e quase todos os livros do Antigo Testamento. Foi chamado a Roma para trabalhar na equipe que reviu a tradução da Vulgata. Morreu inesperadamente, enquanto esperava a edição dos seus *Comentários aos quatro evangelhos.*

97. Eutímio Zigabene ou Zigadene foi monge, teólogo e exegeta bizantino do fim do século XI e começo do século XII. Muito versado em Gramática e Retórica. Colecionou todas as heresias do tempo e a elas contrapôs textos dos Santos Padres. Escreveu comentários aos Salmos e aos quatro evangelhos.

98. Teofilato (c. 1030-1108) era bispo na atual Bulgária. Sabe-se pouco de sua vida. Escreveu muito, sobretudo no campo da Exegese. Comentou quase todos os livros da Escritura, seguindo de perto os comentários de Teodoreto de Ciro, São João Crisóstomo, São Basílio, São Gregório de Nissa e São Gregório de Nazianzo. Dele se conservam ainda 130 cartas.

99. Na nota 82 falávamos em cochilo malicioso de Vieira. Pela explanação agora, vê-se que ele distingue muito bem os dois episódios e que lá "torceu" o texto por razões retóricas.

Tanta é a imunidade das pessoas e bens eclesiásticos; mas estamos em tempo em que é necessário cederem de sua imunidade, para socorrerem a nossa necessidade. Não digo que paguem os eclesiásticos mas digo que deem; não digo *pagai,* mas digo *dá.* Liberalidade peço, e não justiça, ainda que a ocasião presente é tão forçosa que justiça vem a ser a liberalidade. Com nenhum doutor alegarei nesta matéria, que não seja ou sumo pontífice ou cardeal ou bispo para que, com o desinteresse em causa própria, se qualifique ainda mais a autoridade maior. Quando el-rei de Israel, Saul, tratava de tirar a vida de Davi, rei também de Israel – que havia naquele tempo dois que se intitulavam reis do mesmo reino: um rei injusto, outro santo; um, rei escolhido por Deus, outro, reprovado por Ele – neste tempo – que parece neste tempo – foi ter Davi com o sacerdote Aquimelec, ou Abiatar, e, com licença sua, tomou do altar os pães da proposição[100], e repartiu-os a seus soldados. Ação foi esta, que tem contra si um texto expresso no capítulo vinte e quatro do Levítico, desta maneira: *Servirão os pães da proposição para Aarão e seus filhos, que os comerão em lugar santo, pois é a porção santíssima que lhes cabe das ofertas do Senhor. É uma lei perpétua.* Quer dizer que os pães da proposição seriam perpetuamente de Aarão, e seus descendentes, e que os comeriam os sacerdotes, e não outrem, por ser pão santo e consagrado a Deus. Esta é a verdadeira inteligência do texto, conforme uma glosa de fé, no capítulo sexto de São Lucas. Pois, se os pães da proposição eram próprios dos sacerdotes, e nenhum homem secular podia comer deles licitamente, como os deu a Davi um sacerdote tão zeloso como Aquimelec, e como os tomou para seus soldados um rei tão santo como Davi?

Não temos menor intérprete ao lugar que o Sumo Pontífice Cristo, autor e expositor de sua mesma lei. Aprova Cristo esta ação de Davi no capítulo segundo de São Marcos, e diz assim: *Nunca lestes o que fez Davi, quando teve necessidade, como entrou no templo de Deus, como tomou os pães, que não era licito comer, senão aos sacerdotes, e os deu a seus soldados?* (Mc 2,25). De ma-

100. Este episódio vem contado em 1Sm 21,2-7. Segundo o Livro de Samuel, o sacerdote se chamava Aquimelec. No Evangelho de Marcos (2,25-26), Jesus, ao comentar aquela passagem, fala do sacerdote Abiatar, que era filho de Aquimelec. Os pães da proposição eram 12, chamados "pães consagrados"; eram renovados todas as semanas e postos na mesa dourada do "Santo" do templo. Só os sacerdotes os podiam comer, passada a semana (cf. Ex 25,23-30 e Lv 24,5-9).

neira que a total razão por que aprova Cristo entrar Davi no templo, e tomar o pão dos sacerdotes, é porque o fez o rei *quando teve necessidade* porque, quando estão em necessidade os reis, é bem que os bens eclesiásticos os socorram, e que tirem os sacerdotes o pão da boca para o sustentarem a ele e a seus soldados. Assim declara Cristo que precede o direito natural ao positivo, e que pode ser lícito, pelas circunstâncias do tempo, o que pelas leis e cânones é proibido.

É verdadeiramente que, quando a nenhum rei deveram os eclesiásticos esta correspondência, os reis de Portugal a mereciam, porque, se atentamente se lerem as nossas crônicas, apenas se achará templo, ou mosteiro em todo Portugal, que os reis portugueses, com seu piedoso zelo, ou não fundassem totalmente, ou não dotassem de grossas rendas, ou não enriquecessem com preciosíssimas dádivas. Impossível coisa fora deter-me em matéria tão larga e inútil, e tão sabida. Concorram, pois, as igrejas a socorrer a seus fundadores, a sustentar a quem as enriqueceu, e a oferecer parte de suas rendas às mãos de cuja realeza receberam todas. Mais é isto justiça que liberalidade, mais é obrigação que benevolência, mais é restituição que dádiva.

Tirou el-rei Ezequias do templo, para se socorrer em uma guerra, os tesouros sagrados, e as mesmas lâminas de ouro com que estavam chapeadas as portas[101], e justificam muito esta resolução assim o texto como os doutores, por três razões: de necessidade, em respeito do reino; de conveniência, em respeito do templo; de obrigação, em respeito do rei. Por razão de necessidade em respeito do reino – diz o Cardeal Caetano[102] – porque quando o reino

101. Cf. 2Rs 18,14-16.

102. Cardeal Caetano: Tomás de Vio (1468-1534) nasceu em Gaeta. Aos 16 anos se fez dominicano. Dedicou-se inteiramente aos estudos. Professor de Metafísica na Universidade de Pádua e de Teologia em Pavia. Em 1507 foi eleito vice-mestre geral. Em 1508 se tornou o Geral da Ordem, aos 40 anos. Coube a ele enviar os primeiros missionários dominicanos à América Latina. Em 1517 foi criado cardeal. Foi à Alemanha tentar a retratação de Lutero (1517); apesar dos diversos encontros pessoais, sua missão se frustrou. Não apreciava muito a Corte papal de Leão X, rodeada de humanistas e profanos. Foi o grande eleitor do Papa Adriano VI, então bispo de Utrecht. Foi legado do Papa Adriano VI na Polônia, Hungria, Áustria e toda a região da Dalmácia e Croácia, fortificando os cristãos contra a invasão turca. Quando em 1534 o Papa Clemente VII adoeceu, todos davam por certa a eleição do Cardeal Caetano, e o pensavam como papa das grandes reformas, mas ele morreu serenamente em outubro de 1534. Apesar de todas suas ocupações e preocupações, Caetano escreveu muito. Como costumava datar

tinha chegado a termos, que se não podiam conservar nem defender de outra maneira, justo era que em falta dos tesouros profanos substituíssem os sagrados, e que se empenhassem e vendessem as joias da Igreja para remir a liberdade pública: *Sempre serve o exemplo de Exéquias: para remir do cativeiro pagão, para remir a liberdade pública dos cristãos, se estiverem esgotados os tesouros públicos, pode-se empenhar os da Igreja.* Por razão de conveniência, em respeito do templo – diz o bispo São Teodoreto[103] – porque mais convinha ao templo conservar-se pobre, que não se conservar, e é certo que na perda ou defesa da cidade consistia juntamente a sua, porque, fazendo-se senhor da cidade Senaqueribe, também arderia com a cidade o templo: *Quando não eram suficientes os tesouros do rei, era costume em tais necessidades empenhar os tesouros sagrados; a necessidade levou até a fundir as portas de bronze, para não acontecer que, em vencendo a guerra, Senaqueribe incendiasse a cidade e com ela o templo.* Finalmente, por razão de obrigação em respeito do mesmo rei, porque – como nota o texto – *despedaçou Ezequias as duas meias-portas do templo, e as chapas de ouro, de que ele mesmo as tinha forrado* (2Rs 18,16).

As lâminas de ouro, que Ezequias arrancou das portas do templo, ele mesmo as tinha dado; e era justa correspondência, que em tal ocasião as portas se despissem de suas joias, e restituíssem generosamente o seu ouro a um rei, que com tanta liberalidade as enriquecera. Os templos são armazéns das necessidades, e os reis, que oferecem votos, depositam socorros. Quando Davi se viu no deserto desarmado e perseguido, nenhum socorro achou senão a

seus escritos, pode-se ver que alguns foram terminados em momentos sumamente difíceis de sua vida. Escreveu obras filosóficas, teológicas e exegéticas. Comentou quase todos os livros da Escritura.

103. Teodoreto de Ciro (393-466) nasceu em Antioquia. Educou-se entre os monges. Aos 30 anos foi feito bispo de Ciro, na Síria. Amigo de Nestório, envolveu-se com o arianismo, que depois combateu. Combateu também as posições teológicas de São Cirilo de Alexandria. Por isso não está no calendário dos santos, embora seja venerado na Ásia Menor. Vieira o chama de santo para dar mais credibilidade às palavras de Teodoreto, que cita, em defesa de sua tese. Escreveu inúmeras obras dogmáticas, algumas polêmicas. Comentou livros da Escritura, sobretudo os profetas. Escreveu História. Além de sermões, temos ainda mais de 500 cartas de Teodoreto.

espada do gigante, que consagrara a Deus no templo[104] – que as dádivas que dedicaram aos templos os reis vitoriosos, bem é que as restituam os templos aos reis necessitados. Isto é o que deve fazer o estado eclesiástico de Portugal, e em primeiro lugar os primeiros dele, que por isso pagou o tributo não outro dos apóstolos, senão São Pedro.

O estado da nobreza também é isento por seus privilégios de pagar tributos: *Os que não pertencem à nobreza estão sujeitos a tributos* – disse lá Tertuliano[105]; donde Jeremias, falando de Jerusalém: *A princesa das províncias ficou sujeita ao tributo* (Lm 1,1) – contrapôs o tributo à nobreza, e exagerou a Jerusalém senhora, para a lamentar tributária. No passo que nos fez o gasto temos também isto. Quando os ministros de César pediram o tributo a São Pedro, perguntou-lhe Cristo: *Que vos parece, Pedro, neste caso? Os reis da terra, de quem recebem tributo? Dos filhos, ou dos estranhos? Dos estranhos* – respondeu Pedro. *Logo, isentos somos nós de pagar tributos,* diz Cristo (Mt 17,24-27). Eu, porque sou Filho do Rei dos reis, e vós, porque sois domésticos criados de minha casa, que os que têm foro ou filiação na casa real, isentos e privilegiados são de pagar tributos. – *Este exemplo prova* – diz o doutíssimo Tanero[106] – *que também os familiares de Cristo estavam livres do tributo, já que é costume público que não só o filho do rei*, mas *também sua família esteja livre dos impostos.* Isto resolveu Cristo *de iure.* Mas *de facto,* que resolveu? *Para não escandalizá-los, vai e dá por mim e por ti* (Mt 17,26). Resolveu que, sem embargo de serem privilegiados, pagassem o tributo, porque seria matéria de escândalo que, quando pagavam todos, não pagassem eles. Pois, se nos casos comuns lhe parece bem a Cristo que paguem tributos os nobres, a quem isentam as leis, quanto mais em um caso tão extraordinário e maior, que pode acontecer em um reino, em que se arrisca a conservação do mesmo reino, do mesmo rei e a mesma nobreza?

104. Cf. 1Sm 21,10. Não existia ainda o templo.

105. Tertuliano nasceu em Cartago em torno de 155 e teve prolongada velhice. Formado em Letras, Línguas, Medicina e Direito. Depois de convertido tornou-se exímio teólogo e apologeta. Seu tempo áureo como escritor foi entre 197 e 213.

106. Adam Vanner ou Tanero (1575-1632): jesuíta austríaco. O maior teólogo de língua alemã do século XVII.

Por duas razões principalmente me parece que corre grande obrigação à nobreza de Portugal de concorrerem com muita liberalidade para os subsídios e contribuições do reino. A primeira razão é porque as comendas e rendas da coroa, os fidalgos deste reino são os que as lograram e lograrão sempre, e é justo que os que se sustentam dos bens da coroa não faltem à mesma coroa com seus próprios bens: *Damos-te o que recebemos de tuas mãos*[107]. Não há tributo mais bem pago no mundo que o que pagam os rios ao mar. Continuamente estão pagando este tributo, ou em desatados cristais, ou em prata sucessiva como dizem os cultos, e vemos que, para não faltarem a esta dívida, se desentranham as fontes e se despenham as águas. Pois, quem deu tanta pontualidade a um elemento bruto? Por que se despendem com tanto primor umas águas irracionais? Por quê? Porque é justo que tornem ao mar águas que do mar saíram. Não é o pensamento de quem cuidais, senão de Salomão. *Os rios voltam para o lugar de onde saíram* (Ecl 1,7). Tornam os rios perpetuamente ao mar, e em tempos tempestuosos com mais pressa e muito tributo, porque, mais ou menos grossas, do mar recebem todas suas correntes. Que injustiça fora da natureza, e que escândalo do universo, se, crescendo caudalosos os rios, e fazendo-se alguns navegáveis com a liberalidade do mar, represaram[108] avarentos suas águas, e lhe negaram o devido tributo? Tal seria, se a nobreza faltasse à coroa com o ouro que dela recebe. E é muito de advertir aqui uma lição que a terra nos dá, se já não for repreensão, com seu exemplo. A água que recebe a terra é salgada, a que torna ao mar é doce. O que recebe em ondas amargosas, restitui-o em doces tributos. Assim havia de ser, senhores, mas não sei se acontece pelo contrário. A todos é coisa muito doce o receber; mas, tanto que se fala em dar, grandes amarguras! Pois, consideremos a razão, e parecer-nos-á imitável o exemplo. A razão por que as águas amargosas do mar se convertem em tributos doces é porque a terra, por onde passam, recebe o sal em si. *Vós sois o sal da terra.* Portugueses, entranhe-se na terra o sal, entenda-se que o que se dá é o sal e conservação da terra, e logo serão os tributos doces, ainda que pareçam amargosas as águas.

107. De onde tirou Vieira esta citação? Talvez de Eclo 35,12.

108. É comum Vieira empregar o mais-que-perfeito do indicativo em vez do imperfeito do subjuntivo: represaram por represassem; negaram por negassem.

A segunda razão por que a nobreza de Portugal deve servir com sua fazenda a el-rei, nosso senhor, que Deus guarde, mais que nenhuma outra nobreza a outro rei, é porque ela o fez. Já que a fidalguia de Portugal saiu com a glória de levantar o rei, não deve querer que a leve outrem de o conservar e sustentar no reino. Fazer, e não conservar, é insuficiência de causas segundas inferiores: os efeitos das causas primeiras dependem delas *infieri, et conservari*. É verdade que muitas vezes tem maiores dificuldades o conservar que o fazer; mas quem se gloria da feitura não deve recusar o peso da conservação. Pecou Adão, decretou o Eterno Padre que não havia de aceitar menor satisfação que o sangue de seu Unigênito Filho. Notificou-se este decreto ao Verbo – digamo-lo assim – e que vos parece que responderia? *Eu o fiz, eu o sustentarei* – diz Isaías (46,4). A razão com que o Filho de Deus se animou à conservação tão dificultosa e tão penosa de Adão, foi com se lembrar que Ele o fizera. Para se persuadir a ser redentor, lembrou-se que fora criador, e para conservar a Adão com todo o sangue, lembrou-se que o fizera com uma palavra. Nobreza de Portugal, já fizestes ao rei: conservá-lo agora é o que resta, ainda que custe: *Eu o fiz, eu o sustentarei*. Muito foi fazer um rei com uma palavra, mas conservá-lo com todo o sangue das veias será a coroa de tão grande façanha. Sangue e vida é o que peço, que a tão ilustres e generosos ânimos, petição fora injuriosa falar em fazenda.

Os tributos e o terceiro estado

Resta que obrigação absoluta de pagar tributos só o terceiro estado a tenha. E assim o diz o nosso passo, que, como até agora nos acompanhou, ainda aqui nos não falta. Da boca do peixe tirou São Pedro a moeda para o tributo: mas perguntará algum curioso que peixe era este, ou como se chamava? Poucos dias há que eu me não atrevera a satisfazer à dúvida; mas fui-a achar decidida em um autor estrangeiro de nossa Companhia[109], chamado Adamus Conthzem[110], pode ser que seja mais conhecido dos políticos que dos escriturários, mas em uma e

109. Da Companhia de Jesus, jesuíta.

110. Adamo Conthzem (ou Contzen) (1575-1635), jesuíta alemão, professor de Filosofia em Würzburg e de Exegese em Mogúncia. Combateu o calvinismo. Escreveu sobre política, opondo-se aos princípios de Maquiavel. Comentou as Cartas de São Paulo e outros livros da Escritura. Morreu em Munique.

outra coisa é muito douto. Diz este autor, falando do nosso peixe: *Este é um peixe, a que hoje os cristãos chamam de peixe de São Pedro, e Plínio, na sua* História natural, *lhe chama "faber"*. Notável coisa! *Faber* quer dizer o oficial. De sorte que, ainda no mar, quando se há de pagar um tributo, não o pagam os outros peixes, senão o peixe oficial. Não pagou o tributo um peixe fidalgo, senão um peixe mecânico. Não o pagou um peixe que se chamasse rei, ou delfim, ou outro nome menor de nobreza, senão um peixe que se chamava oficial: *faber*. Sobre os oficiais, sobre os que menos podem, caem de ordinário os tributos, não sei se por lei, se por infelicidade, e melhor é não saber por quê.

Seguia-se agora, segundo a ordem que levamos, exortar o povo aos tributos, mas não cometerei eu tão grande crime. Pedir perdão aos que chamei povo, isso sim. Em Lisboa não há povo. Em Lisboa não há mais que dois estados: eclesiástico e nobreza. Vassalos, que com tanta liberalidade despendem o que têm, e ainda o que não têm, por seu rei, não são povo. Vai louvando o Esposo divino as perfeições da Igreja, em figura de esposa, e, admirando o ar, garbo e bizarria com que punha os pés no chão, chama-lhe filha de príncipe: *Como são belos os teus passos, ó filha do príncipe, no calçado que trazes!* (Ct 7,2)[111]. Não há dúvida que no corpo político de qualquer monarquia os pés, como parte inferior, significam o povo. Pois, se o Esposo louva o povo da monarquia da Igreja, com que pensamento, ou com que energia lhe chama neste louvor filha de príncipe? A versão hebreia o declarou ajustadamente: *Filha do príncipe, isto é, filha do povo que oferece espontaneamente*. Onde a Vulgata diz filha de príncipe, tem a raiz hebreia: filha do povo, que oferece voluntária e liberalmente. E povo que oferece com vontade e liberalidade não é povo, é príncipe: *Filha do povo que oferece espontaneamente é filha de príncipe*. Bem dizia eu, logo, que em Lisboa não há três estados, senão dois: eclesiástico e nobreza. E se quisermos dizer

---

111. No sermão do IX domingo de Pentecostes, Santo Antônio toma exatamente esta citação do *Cântico dos Cânticos* e a aproxima de Maria: "*Como são belos os teus passos, ó filha de príncipe, no calçado que trazes*! A Mãe e a filha do príncipe (Jesus Cristo) foi Maria Santíssima, cujas pegadas, os afetos da mente, foram belos, a saber, no calçado de jacinto, que figura os desejos da glória celeste. Donde a palavra de Ezequiel: *Eu te calcei de jacinto,* isto é, do desejo de bens superiores. E Judite, como se diz no seu livro, *calçou as suas sandálias*. Judite interpreta-se a que confessa e significa Maria Santíssima que confessou ao Senhor com as palavras: *A minha alma engrandece ao Senhor*. Esta calçou nos pés dos afetos as sandálias dos desejos celestes".

que há três não são eclesiástico, nobreza e povo, senão eclesiástico, nobreza e príncipes. E a príncipes, quem os há de exortar em matéria de liberalidade?

Só digo, por conclusão, e em nome da pátria o encareço muito a todos, que ninguém repare em dar com generoso ânimo tudo o que se pedir - que não será mais do necessário - ainda que para isso se desfaça a fazenda, a casa, o estado, e as mesmas pessoas, porque, se pelo outro caminho deixarem de ser o que são, por este tornarão a ser o que eram: *Vós sois o sal da terra.* A água, deixando de ser água, faz-se sal, e o sal, desfazendo-se do que é, torna a ser água. Neste círculo perfeito consiste a nossa conservação e restauração. Deixem todos de ser o que eram, para se fazerem o que devem; desfaçam-se todos como devem, tornarão a ser o que eram. Este é, em suma, o espírito das nossas quatro palavras: *vos, estis, sal, terrae.*

As propriedades do sal e as virtudes de Santo Antônio

Temos acabado o sermão. E Santo Antônio? Parece que nos esquecemos dele, mas nunca falamos de outra coisa. Tudo o que dissemos neste discurso foram louvores de Santo Antônio, posto que desconhecidos, por irem com o nome mudado. Chamamos-lhe propriedade do sal, e eram virtudes do Santo. E se não, arribemos brevemente sobre elas, e vamo-las discorrendo. Se a primeira propriedade do sal é preservar da corrupção, que espírito apostólico houve que mais trabalhasse por conservar incorrupta a fé católica com a verdade de sua doutrina, com a pureza de seus escritos, com a eficácia de seus exemplos, e com a maravilha perpétua de seus prodigiosos milagres?

Se a segunda propriedade do sal é, sobre preservativo[112], não ser desabrido, que santo mais afável, que santo mais benigno, que santo mais familiar, que santo, enfim, que tenha uns braços tão amorosos, que, por se ver neles Deus, desceu do céu à terra, não para lutar, como Jacó[113], mas para se regalar docemente?

112. Elipse do verbo ser.

113. Cf. Gn 32,25-33.

Se a terceira propriedade do sal apostólico era não ser de uma, senão de toda a terra, quem no mundo mais sal da terra que Santo Antônio? De Lisboa, deixando a pátria, para Coimbra; de Portugal, com desejo de martírio, para Marrocos; da arribada de Marrocos para Espanha[114], de Espanha para Itália, de Itália para França, de França para Veneza, de Veneza outra vez à França, outra à Itália, com repetidas jornadas; com os pés andou a Europa, e com os desejos a África, e, se não levou os raios de sua doutrina a mais partes do mundo, foi porque ainda as não tinham descoberto os portugueses.

Se a quarta propriedade do sal foi ser sujeito das transformações dos elementos, em que santo se viram tantas metamorfoses como em Santo Antônio, transformando-se do que era, para ser o que mais convinha? De Fernando se mudou em Antônio, de secular em eclesiástico, de clérigo em religioso, e ainda de um hábito em outro hábito, para maior glória de Deus, tudo, sendo o primeiro em quem foi crédito a mudança, e a inconstância virtude. Finalmente, se a última propriedade do sal é conseguir o seu fim desfazendo-se, quem mais bizarra e animosamente que Santo Antônio se tiranizou a si mesmo, desfazendo-se com penitências, com jejuns, com asperezas, com estudos, com caminhos, com trabalhos padecidos constante e fervorosamente por Deus, até que aos 36 anos de idade – sendo robusto por natureza – deixou de ser temporalmente ao corpo, para ser por toda a eternidade à alma, aonde vive, e viverá sem fim?

114. Cf. nota 70.

Terceiro sermão

Em São Luís, 15 de junho de 1653

Introdução

Já em 1650 Vieira quis retornar ao Brasil para dedicar-se às missões, como fora seu desejo e vocação desde os 17 anos. Só consegue em 1652, embarcando para o Maranhão no dia 25 de novembro, e chegando a São Luís no dia 16 de janeiro. Em São Luís prega os sermões de todos os domingos da Quaresma, sempre com os mesmos temas e sempre vistos do ponto da Moral e do Bem-estar social: a libertação dos índios, a cobiça dos portugueses, a falsidade social, a inveja, os novíssimos (morte, julgamento, inferno e paraíso).

Deste período – que na Introdução geral chamei de terceira fase da vida do Padre Vieira – temos dois sermões dedicados a Santo Antônio, um em junho de 1653 e outro em junho de 1654. Entre os dois há uma longa viagem missionária de Vieira ao Pará, às populações indígenas ribeirinhas do Amazonas. E subiu o Tocantins, nos dias de Natal de 1653. Desta viagem deu conta ao seu Provincial, numa carta digna de qualquer antologia de clássicos.

O sermão de 1653 foi pronunciado no domingo, dia 15 de junho, havendo a Festa de Santo Antônio sido transferida da sexta para o domingo. Ora, aquele domingo estava dentro da oitava da Festa de *Corpus Christi,* com textos litúrgicos prescritos, de fundo eucarístico. E era ainda costume celebrar-se a missa diante do Santíssimo Sacramento exposto. Daí estar Vieira na dúvida, ao pregar sobre Santo Antônio diante do Santíssimo Exposto, se tomava o Evangelho previsto para o domingo da oitava, ou se tomava como base o Evangelho da festa do Santo. Acabou casando com muita classe e felicidade os dois: o do domingo que falava da grande ceia (Lc 14,16-24) e o do Santo que falava do sal da terra e da luz do mundo (Mt 5,13-16) e conseguiu, de forma genial, unir o Sacramento da Eucaristia e o Santo: "Na hóstia está o Sacramento com as cortinas cerradas, em Santo Antônio está o Sacramento com as cortinas corridas;

na hóstia estão as maravilhas do Sacramento secretas, em Santo Antônio estão públicas".

O esquema do sermão parte sempre do Santíssimo Sacramento:

1. É uma presença de Deus não percebida pelos sentidos.
2. É uma presença real.
3. É a mesma presença "todo em todo, e todo em qualquer parte".
4. É garantia de ressurreição e de vida eterna.
5. É alimento de vida para os bons e de morte para os maus.
6. É alimento-remédio, é alimento espiritualizante.

A este esquema catequético Vieira aplica as qualidades e a santidade de Santo Antônio:

1. Com Santo Antônio também os sentidos, sobretudo o gosto (sal) e a vista (luz) testemunham a presença eucarística.
2. Com Santo Antônio até os irracionais se ajoelham diante da presença divina no Sacramento.
3. Com a bilocação de Santo Antônio, se torna mais compreensível o "todo em qualquer parte" da Eucaristia.
4. Se "basta um aceno de um dedo de Santo Antônio para ressuscitar mortos", por que o não poderia o próprio Cristo?
5. "Tocai esse Pão naquele Sal (Santo Antônio), e vede-o àquela Luz, e logo reconhecereis que Cristo no Sacramento sempre é pão de vida, e nunca de morte".
6. O sopro, a capa, o cordão de Santo Antônio curavam, preservavam e garantiam a vitória contra as tentações e doenças.

Antes de terminar, Vieira retoma com maior força o ponto n. 1: na Eucaristia se ocultam divindade e humanidade; em Santo Antônio ficaram ocultas, até que Deus quis, suas grandezas divinas e suas grandezas humanas. E conclui com um apelo aos ouvintes: Deus fez Santo Antônio tão maravilhoso: façamos também nossas as suas maravilhas. E, novamente num grande senso catequético, Vieira lembra que muitos só procuram Santo Antônio para as coisas temporais, esquecendo as espirituais: "Muitos cuidam que se aproveitam das maravilhas de Santo Antônio, empregando a valia deste Santo para o remédio das coisas temporais, e isto é desperdiçá-las. Se vos adoece o filho, Santo Antônio; se vos foge o escravo, Santo Antônio; se mandais a encomenda, Santo Antônio; se esperais o retorno, Santo Antônio; se requereis o despacho, Santo Antônio; se aguardais a sentença, Santo Antônio; se perdeis a menor miudeza da vossa casa, Santo Antônio; e, talvez, se quereis os bens da alheia, Santo Antônio". Hoje, Vieira teria acrescentado: "Se esperais marido, Santo Antônio; se procurais emprego, Santo Antônio; se vos aperta a fome, Santo Antônio..."

Santo Antônio: um santo sacramentado

Um homem fez uma grande ceia
Vós sois a luz do mundo

Admirável é Deus em si mesmo, e admirável em seus santos, e, por estas duas razões de admiração, duas vezes admirável neste grande dia. Davi diz que fez Deus uma só memória de suas maravilhas, e eu hoje sou obrigado a dizer que fez duas. A primeira memória das maravilhas de Deus é o Santíssimo Sacramento do Altar: *Deixou a memória das suas maravilhas, deu sustento aos que o temem* (Sl 110,4). A segunda memória de suas maravilhas é aquela grande maravilha de todas as memórias do mundo, o nosso prodigioso português Santo Antônio. Ambas estas memórias se vieram a enlaçar neste dia. Todas estas maravilhas se vieram a encontrar e acumular nesta festa. E bem era necessária toda a graça da primeira, e toda a eloquência da segunda, para satisfazer a tamanhas obrigações.

Em Santo Antônio está o Sacramento sem cortinas

Ora, eu, prevendo que tinha duas festas para pregar, e querendo reduzi-las, como costumo, a um só discurso, achei-as tão unidas ambas entre si, e os sujeitos delas tão semelhantes e parecidos, que mais trabalho me deu o podê-las distinguir que havê-las de ajuntar. Se olhava para aquela custódia[115], e considerava as maravilhas do Santíssimo Sacramento, parecia-me que via as de Santo Antônio; se voltava os olhos, e os punha neste altar, e considerava as maravilhas e prodígios de Santo Antônio, parecia-me que estava vendo as

115. Custódia: ostensório, objeto sacro em que se expõe a hóstia consagrada.

do Santíssimo Sacramento. E, se não fora pelos acidentes, com ser um sujeito divino outro humano, quase me pudera persuadir que eram o mesmo. Elias era mestre, e Eliseu discípulo. Elias era senhor, e Eliseu servo; mas eram tão parecidos ambos nas maravilhas que só na capa se distinguiam[116]. Deu Elias a capa a Eliseu, e ficou Eliseu outro Elias. Assim o notou São João Crisóstomo[117]: *Elias lá em cima, Elias cá embaixo.* Não nego que Antônio é servo, e Cristo senhor; não nego que Antônio é discípulo, e Cristo mestre: *Mestre e Senhor* (Jo 13,13) – mas quando olho para aquele Elias divino, e para este Eliseu, posto que humano, vejo-os nas maravilhas tão parecidos, vejo-os nos milagres tão equivocados[118], que só parece que se distinguem na capa. Se Cristo daquele sacrário tirara a capa dos acidentes, e a lançara sobre Santo Antônio, quase pudéramos adorar nele outro Sacramento.

Outro Sacramento disse, e melhor dissera o mesmo Sacramento, porque, comparadas as maravilhas que se creem daquela hóstia consagrada, com as maravilhas que se leem e se veem em Santo Antônio, só há de diferença entre umas e outras, que na hóstia está o Sacramento com as cortinas cerradas, em Santo Antônio está o Sacramento com as cortinas corridas. Na hóstia estão as maravilhas do Sacramento secretas, em Santo Antônio estão públicas. Na hóstia estão escondidas, em Santo Antônio manifestas. Na hóstia estão encobertas, em Santo Antônio patentes. Na hóstia creem-se, e não se veem, em Santo Antônio creem-se, e veem-se. Finalmente, na hóstia está o Sacramento com cortinas, em Santo Antônio sem cortina. O maná, figura maior do Sacramento, fora da Arca do Testamento, estava coberto com a cortina do *Sancta Sanctorum* que cobria todo o Propiciatório[119]; mas dentro da Arca do Testamento não

116. Elias é considerado o mais santo de todos os profetas do Antigo Testamento e o mais intransigente defensor de um Deus único. Seu nome significa "O Senhor é o meu Deus". Viveu no século IX antes de Cristo. Sua vida e suas atividades são contadas em 1Rs 17–19 e 2Rs 1–2. Sobre a vocação de Eliseu, veja-se 1Rs 19,19-21. Sobre a capa de Elias, que passa a Eliseu, vejam-se 1Rs 19,19; 2Rs 2,8.14.

117. Cf. nota 84.

118. Equivocado: que se pode tomar um pelo outro.

119. A Arca era um cofre recamado de ouro, mandado fazer por Moisés no deserto, sinal visível da presença de Deus no meio do povo. Dentro estavam exclusivamente as Tábuas da Lei (cf. 1Rs 8,9). Salomão a entronizou no templo, no recinto chamado "Santo dos Santos" (1Rs 8,1–9). Perdeu-se já em 586 a.C., com a destruição de Jerusalém (2Rs 25,1-21). Vieira se

tinha cortina alguma. E quem é a Arca do Testamento? Já o Papa Gregório IX disse que era Santo Antônio[120]. Só em Santo Antônio está o Sacramento sem cortina, só em Santo Antônio estão patentes e descobertas as maravilhas daquele sacrossanto mistério. Em qual daqueles altares cuidais que está o Sacramento propriamente exposto? Não está exposto naquele altar maior, senão neste. Exposto quer dizer manifesto e declarado. E o Santíssimo Sacramento naquela custódia está desencerrado sim, mas exposto não, porque não está manifesto nem declarado. Só onde está Santo Antônio está o Santíssimo Sacramento propriamente exposto, porque ele é a exposição e declaração das maravilhas do Santíssimo Sacramento. Valha-me Deus, quanta coisa tenho dito, antes de começar a dizer! Ora, por aqui há de ir o sermão, seguindo o caminho que nos abrir o Evangelho, posto que parece bem fechado. E, pois, havemos de falar do mistério onde Deus é mais admirável, e do Santo onde Deus se mostrou mais admirável, recorramos pela graça à Mãe também admirável. *Ave Maria.*

Santo Antônio: sal e luz da mesa eucarística

Vós sois o sal da terra, vós sois a luz do mundo. Em dia em que Deus assentava consigo[121] à mesa dos homens, em dia em que os homens renovam a memória suavíssima da Ceia de Cristo – *Um homem fez uma grande ceia* (Lc 14,16) – muito a tempo vem o sal, e muito a tempo a luz: o sal para a mesa, a luz para a ceia. Mas estes a tempos só em tempo de Santo Antônio os logrou a Igreja. Enquanto Santo Antônio não veio ao mundo, o mistério do Sacramento do Altar era como mesa sem sal e como ceia sem luz – logo direi o porquê – mas, depois que Santo Antônio saiu ao mundo, e o assombrou e esclareceu com os prodígios de seus milagres, ele foi o sal daquela mesa: *Vós sois o sal* – ele foi a luz daquela ceia: *Vós sois a luz.* Mas antes que eu diga como isto é, vejo que me dizeis todos que não pode ser. Dizeis que na mesa do San-

---

refere ao maná posto diante da Arca. Assim nos diz o Êxodo: "Moisés disse para Aarão: Toma um vaso, enche com quatro litros e meio de maná, e deposita diante do Senhor, para que seja guardado para as gerações futuras. Como o Senhor tinha mandado a Moisés, Aarão depositou o maná para que fosse guardado diante do Documento da Aliança" (Ex 16,33-34).

120. Cf. notas 36 e 37.

121. Assentava consigo: assentava-se. Vieira se refere à Última Ceia.

tíssimo Sacramento não pode haver sal nem pode haver luz, porque o sal é para o gosto, e a luz para a vista: e no mistério do Sacramento, nem tem lugar o sentido de gostar nem tem lugar o sentido de ver. Não tem lugar o sentido de gostar, porque comemos o corpo de Cristo, mas não o gostamos. Não tem lugar o sentido de ver, porque comemos o corpo de Cristo, e não o vemos.

Na parábola do Evangelho de hoje, em que um príncipe chamou convidados para uma grande ceia que fizera – *Um homem fez uma grande ceia* – um dos convidados disse que não podia vir, e dois escusaram-se. A escusa de um foi que comprara cinco juntas de bois, e que as ia provar (Lc 14,19). A escusa do outro foi que comprara uma quinta, e que a ia ver (Lc 14,18). Toda esta história, como dizem comumente os Santos Padres, é uma alegoria do que passa no mistério da Eucaristia. E, se tomarmos as palavras destes dois textos assim como soam na nossa língua, vede que admiravelmente dizem conosco. Um disse que ia *provar,* outro disse que ia *ver* e ambos se escusaram do banquete com muita razão, porque na Ceia do Santíssimo Sacramento quem tem apetite de provar[122], ou quem tem curiosidade de ver, bem pode escusar-se de ir lá, porque naquela mesa secretíssima e sacratíssima, onde tudo é oculto e encoberto, não tem lugar o sentido do gosto, que é o que prova, nem tem lugar o sentido da vista, que é o que vê. E como não tem lugar naquela mesa nem o sentido do gosto nem o sentido da vista, pelo sentido do gosto fica excluído o sal, e pelo sentido da vista fica excluída a luz.

Tudo isto era assim antes de Santo Antônio vir ao mundo; mas depois que Santo Antônio melhorou e ilustrou o mundo com suas maravilhas, já na mesa do Sacramento tem lugar o sal, porque também tem lugar o sentido do gosto; já na ceia do Sacramento tem lugar a luz, porque também tem lugar o sentido da vista. Antes de Santo Antônio aparecer no mundo, era o Sacramento só mistério da fé; mas depois que veio ao mundo Santo Antônio, já o Sacramento é também mistério dos sentidos.

---

122. Vieira passa sem nenhum escrúpulo de um sentido do verbo "provar" (submeter à prova, examinar alguma coisa) a outro que se prende ao sentido do gosto e significa verificar o sabor, a qualidade.

Com Santo Antônio, até os irracionais reconhecem o Sacramento

Disputando Santo Antônio com um herege obstinado sobre a verdade do Sacramento, depois que não valeram razões, Escrituras, nem argumentos contra a sua obstinação, veio a um partido, que todos sabeis: que ele fecharia a sua mula três dias sem lhe dar de comer, que ao cabo deles a traria à presença de Santo Antônio, quando estivesse com a hóstia nas mãos, e que, se aquele animal assim faminto deixasse de se arremessar ao comer que ele lhe oferecesse, por adorar e reverenciar a hóstia, ele então creria que estava nela o corpo de Cristo[123]. Assim o propôs obstinadamente o herege, e assim o aceitou Santo Antônio, não só sobre todas as leis da razão, senão ainda parece que contra elas. O mistério da Eucaristia distingue-se de todos os outros mistérios que confessamos em ser ele por antonomásia[124] o mistério da fé. Os brutos distin-

---

123. Este episódio é dos mais contados e pintados da vida do Santo. Assim contam os *Fioretti:* "Nas regiões de Tolosa disputava Santo Antônio com um herege sobre o Santo Sacramento do Corpo de Deus. Apesar de vencido, o herege não se convertia à fé. Depois de muito discutir, propôs: Se tu fores capaz de mostrar com milagres, na presença de toda a gente, que no Sacramento está deveras o Corpo de Jesus Cristo, eu prometo deixar a heresia e submeter-me à fé católica. E Santo Antônio, cheio de confiança, respondeu que assim faria. Tornou o herege: Pois então vou fechar em casa meu jumento. Atormento-o com a fome durante três dias, e ao fim trago-o perante todos os que quiserem assistir e ponho-lhe de comer. Nesse momento vens tu com o Sacramento que dizes ser o Corpo de Jesus Cristo. Se o animal assim esfomeado parar de comer e prestar homenagem, já que, como afirmas, todas as criaturas têm obrigação de adorar o seu Senhor, podes estar certo de que imediatamente abraçarei a fé da Igreja.
O Santo em tudo consentiu. No dia aprazado o povo encheu a praça e veio o dito herege com outros hereges, puxando a mula, que não comia há três dias, e traziam também uma apetitosa ração. Santo Antônio celebrou missa na capela do lugar e, no fim, à vista do povo, trouxe o Santíssimo Corpo de Jesus Cristo. E, pedindo silêncio a todos, disse à mula: 'Ó animal, em virtude e em nome do teu Criador que eu, embora indigno, tenho aqui presente em minhas mãos, ordeno e mando que venhas já e sem demora até ele e humildemente lhe prestes reverência, para que desse modo veja a maldade dos hereges que toda a criatura é sujeita ao Criador a quem o sacerdote cada dia segura nas mãos no altar!'
Entretanto, o herege punha de comer à mula esfomeada. Oh! maravilha de contar! O animal, apesar de esfomeado, quando ouviu as palavras do Santo, logo parou de comer, abaixou a cabeça e dobrou as pernas dianteiras como para se ajoelhar. Pelo que muito se alegraram os fiéis católicos, e merecidamente saíram confundidos os hereges. O dito herege, conforme havia prometido, se converteu imediatamente e prometeu obedecer aos mandamentos da Igreja".

124. Antonomásia é uma figura de retórica em que se substitui um nome próprio por um comum, ou por uma perífrase; ou se emprega um nome próprio para indicar uma qualidade comum. Nesse caso, Vieira quis dizer que Mistério da Eucaristia e mistério da fé são idênticos, tanto que, na Liturgia renovada pelo Concílio Vaticano II, imediatamente após a Consagração do

guem-se dos homens em que os homens governam-se pelo entendimento, e os brutos pelos sentidos. Pois, se o Santíssimo Sacramento é o mistério da fé, como deixa Santo Antônio prova dele no testemunho de um animal que se governa só pelos sentidos? Porque era Santo Antônio. Antes de Santo Antônio vir ao mundo, era o Santíssimo Sacramento mistério só da fé, e só podia testemunhar nele entendimento; mas depois de Santo Antônio vir ao mundo, ficou o Sacramento mistério também dos sentidos, e por isso podiam já os sentidos dar testemunho nele: bem se viu nos mesmos dois sentidos de gostar e ver.

Amanheceu o dia aprazado, veio a mula faminta, e após dela toda a cidade de Tolosa, assim católicos como hereges, para ver o sucesso. Posto o bruto à porta da igreja, aparece Santo Antônio com a hóstia consagrada nas mãos, e o herege, com os manjares do campo, naturais daquele animal, que tinha prevenidos. Mas, oh! poder da divindade e onipotência! Por mais que o herege aplicava o comer aos olhos e à boca do bruto, ele, como se fora racional, dobrou os pés, dobrou as mãos, e, metendo entre elas a cabeça, com as orelhas baixas, esteve prostrado e ajoelhado por terra, adorando e reverenciando a seu Criador. Vede se dizia eu bem que Santo Antônio é o sal e a luz da mesa do Santíssimo Sacramento, e sal para o sentido do gosto, e luz para o sentido da vista. O herege tentava aquele animal pelo sentido da vista e pelo sentido do gosto: pelo sentido da vista, pondo-lhe o comer diante dos olhos; e pelo sentido do gosto, quase metendo-lhe o comer na boca. Mas aqueles dois sentidos, posto que irracionais, estavam tão suspensos e tão satisfeitos no manjar divino, que tinham presente: o sentido do gosto com tal sabor, e o sentido da vista com tal luz, que nem quis ver com os olhos, nem tocar com a boca, o comer que o herege lhe oferecia. Confessando, porém, a mesma boca e os mesmos olhos, confessando o mesmo sentido de gostar e o mesmo sentido de ver, a verdade e presença real de Cristo no Sacramento. Julgai agora se é já o Sacramento mistério dos sentidos. Até agora dizia a Igreja[125]: *Supra a fé o que falta aos sentidos,*

---

pão e do vinho, o Padre proclama: "Mistério da fé!" expressão que, na velha Liturgia, vinha inserida na própria fórmula da consagração.

125. Vieira cita um verso do hino *Pange Lingua,* de Santo Tomás de Aquino, da estrofe cantada antes de bênção do Santíssimo Sacramento, que começa assim: *Tantum ergo Sacramentum* (Tão Sublime Sacramento).

mas à vista de Santo Antônio, mude o hino, e diga: *Supram, os sentidos o que falta à fé,* porque a fé, que faltou ao herege, a supriram os sentidos do animal. O gosto, saboreado naquele sal: *Vós sois o sal*; a vista, alumiada por aquela luz: *Vós sois a luz.*

Oh! que grande passo este para parar aqui o sermão à vista deste bruto e deste herege! À vista deste herege, que dirá quem tem nome de católico? À vista deste bruto, que dirá quem tem o nome de homem? A reverência do bruto e a irreverência do herege, tudo é confusão nossa. O bruto venera sem conhecer, o herege não venera porque não conhece. Se o bruto venera o Santíssimo Sacramento sem conhecer, eu, que sou homem racional, que conheço, por que tenho tão pouca reverência? Se o herege não venera porque não conhece, e porque não crê, eu, que creio, e que conheço, por que tenho tão pouca reverência? Ah! Portugal! Ah! Espanha! que por este pecado te castiga Deus. Quem viu os templos dos hereges, e o silêncio e respeito que neles se guarda, pode chorar mais esta miséria. Nos templos dos hereges, ainda que exterior, há reverência, e falta o Sacramento; nos templos de muitos católicos há o Sacramento, e falta a reverência. Vede qual é maior infelicidade! Os dois sentidos que no bruto mostraram maior reverência são os que em nós mostram maior devassidão. Os olhos, onde está o sentido do ver[126], a língua, onde está o sentido do gostar[127], que é o que fazem na presença do Santíssimo Sacramento?

---

126. Como Vieira fala muito dos olhos e do ver, transcrevo um trecho de Santo Antônio, do sermão do IV domingo de Pentecostes: "Nota que os olhos se chamam assim porque os ocultam as sobrancelhas, para que não se magoem com qualquer acidente; ou porque têm luz oculta, isto é, possuem segredo ou interposto. Os olhos, entre todos os sentidos, são os mais próximos da alma. Nos olhos, de fato, está todo o juízo do entendimento... E é de saber que o olho pode ser grande, pequeno ou medíocre. O medíocre significa a bondade da disposição na discrição, no intelecto e na boa doutrina. E os olhos poderão ainda ser proeminentes, profundos, ou medíocres. Os profundos significam acuidade; os proeminentes, a perturbação do discernimento e malícia da disposição; os medíocres são louváveis, pois significam bondade. Poderão ainda ser muito fechados, de muita abertura, pouco movimento ou intermédios. Os muito abertos e pouco fechados significam a estultícia e a impudência; os muito fechados são sinal de muita volubilidade, leviandade no discernimento, instabilidade em realização; o medíocre, entre os dois extremos, significa a bondade da disposição, do discernimento em todas as obras".

127. Em vários sermões Santo Antônio fala da língua, mas sempre ligada ou ao louvor ou à detração. Transcrevo um parágrafo do sermão do XVI domingo de Pentecostes: "Quando falares do homem ausente, não fales senão bem. Por favor, meu irmão, quando falares, esquece-te de todo homem ausente, ao qual não ames verdadeira e puramente... Em ciências naturais conta-

Que é o que falam aquelas línguas sacrílegas, quando deveram venerar aquele Sacramento com a oração e com o silêncio? Que é o que olham, e para onde, aqueles olhos inquietos e loucos, quando deveram estar enlevados naquela hóstia de amor, ou pregados na terra, de modéstia e de confusão. Que fazeis, ó divino sal, e divina luz do Sacramento? Saboreai como sal estas línguas, alumiai como luz estes depravados olhos. Sarai estas línguas como sal, posto que línguas tão sacrílegas mais mereciam sal-mouradas; alumiai estes olhos como luz, posto que olhos tão descompostos mais mereciam ser cegos.

A ubiquidade de Santo Antônio e a Eucaristia

Mas vamos vendo as maravilhas do Sacramento ao sabor deste sal e ao resplendor desta luz, e veremos quão merecidamente demos a Santo Antônio o título de sal e luz desta mesa: *Vós sois o sal da terra, vós sois a luz do mundo.* A primeira maravilha do mistério do Sacramento é que, estando Cristo verdadeira e realmente no céu, esteja, por milagre natural deste mistério, também verdadeira e realmente, e não só em um lugar da terra, senão em muitos lugares, sendo um só e o mesmo. Isto era o de que se assombrava antigamente o entendimento, e que era necessário à fé animar-se e esforçar-se muito para o crer. Mas depois que Santo Antônio veio ao mundo já o confessam e o sabem até os sentidos. Duas vezes estava Santo Antônio pregando, quando lhe ocorreu que tinha àquela hora obrigação de ofício no coro da sua religião[128], e, inclinando-se sobre o púlpito, como quem dormia, no mesmo tempo foi visto e ouvido no coro cantar o que lhe tocava[129]. Também estava outras duas vezes

---

-se que a serpente, por astúcia, estende a língua, na qual tem dois aditamentos. Primeiro morde e depois, na ferida feita, mete os dois aditamentos, deixando correr para ferida uma porção de líquido venenoso; e desta maneira envenena o homem. Chama-se serpente, porque serpeia. Significa o detrator, que murmura baixinho, às escondidas. Na sua língua há dois aditamentos: ou diz mal daquele de quem não gosta, ou então louva-o ironicamente, se o teme, mas não lhe dá crédito. Bom seria se carecesse de tal vício".

No sermão do IV domingo da Páscoa podemos ler: "Não te envergonhes de dizer que a língua do detrator é mais cruel que a ponta da lança com que foi traspassado o lado do Senhor, porque esta traspassou o corpo de Cristo, mas já depois de morto".

128. Religião aqui significa ordem religiosa.

129. Os *Fioretti* contam assim as duas vezes: "Quando Santo Antônio era custódio (= superior) de Limoges, na Semana Santa, em noite da Ceia do Senhor, saiu a pregar a palavra de vida eter-

pregando na Itália – como quem o tinha por exercício de cada dia – quando seu pai em Lisboa se viu em dois grandes trabalhos, um de fazenda, outro de vida[130]. Torna-se a inclinar sobre o púlpito o milagroso pregador e piedoso filho, e no mesmo tempo aparece ao lado do pai, defendendo sua inocência, e livrando-o daquelas duas injustiças, que tão antigas são, não só naquele reino. Pois é certo que por injustiças tira Deus os reinos a umas nações e os passa a outras (Eclo 10,8). Mas deixemos de chorar as calamidades dos portugueses, e tornemos às glórias daquele grande português, cujas maravilhas chegam a fazer menos admiráveis as do mistério mais admirável, e a tirar o merecimento à fé pela evidência dos sentidos. Se os olhos veem que Antônio está em Itália e em Espanha, em Pádua e em Lisboa, no púlpito e no coro, dentro da sua religião e fora dela, que muito é que creia a fé que está o mesmo Cristo em diferentes províncias, em diferentes cidades, em diferentes igrejas, e, ainda na mesma igreja, em diferentes altares? Se estas maravilhas obrou a onipotência de Deus no servo, que muito que as obrasse no Filho?

Mas satisfaçamos a uma dúvida curiosa, que com razão pode vir a todos, neste modo de milagres de Santo Antônio. Todas as vezes que Santo Antônio

---

na na Igreja de São Pedro dos Quatro-Caminhos. E à hora da meia-noite, estava ele no sermão, os Frades Menores cantavam no seu convento os salmos do Ofício. E Santo Antônio ficara de ler uma das lições das Matinas. Ora, prosseguindo os frades na salmodia, chegaram à lição que Santo Antônio havia de cantar, e ei-lo que subitamente aparece no meio do coro e começa a entoar solenemente a leitura. E todos os frades ali presentes se espantaram e com razão, pois sabiam que naquele momento estava o Santo a pregar na igreja da cidade. A virtude de Deus fizera com que ele a um tempo pudesse estar com os seus frades no coro a ler a lição e na Igreja de São Pedro a anunciar ao povo as palavras de vida eterna. E enquanto demorou no coro dos frades, esteve no púlpito, calado, em silêncio, à vista de toda a gente".

Em outra legenda do Santo se conta haver-lhe acontecido coisa semelhante em Montpellier. E foi desta maneira: "No tempo em que Santo Antônio ensinava teologia em Montpellier, sucedeu pregar ele certa vez numa festa solene, onde se juntara muito clero e muito povo. E mal começara o sermão, lembrou-se ele haverem-lhe dado no convento ofício para o qual, por esquecimento, não procurara substituto. Era costume entre os frades, nas festas maiores, cantarem dois deles o Aleluia na missa conventual. E daquela feita caía a vez ao Servo de Deus. Pelo que, muito pesaroso, puxou o capuz para a cabeça e recostou-se no púlpito a modos de quem vai dormir. E àquela mesma hora foi visto cantar o Aleluia na igreja dos frades por largo espaço de tempo; entretanto, esteve também presente em corpo, no púlpito, à vista da multidão dos ouvintes. E cantado o Aleluia no coro dos frades, logo o Santo tornou a si no púlpito e prosseguiu na pregação que interrompera".

130. Cf. nota 73.

esteve no mesmo tempo em diferentes lugares, por que razão se inclinava, como dormindo, sobre o púlpito? É certo entre os filósofos que, suposto o primeiro milagre de estar um homem presente em dois lugares, pode em ambos eles obrar diferentes ações. E é filosofia esta provada, com a experiência, em São Francisco Xavier[131], o qual, navegando nos mares da Índia, e desaparecendo o batel da nau com sete homens por espaço de três dias, estava o santo na nau e mais no batel, e em ambas as partes falava e obrava tudo o que era necessário para o remédio dos perdidos. Pois, se Santo Antônio podia estar pregando no púlpito, e mais cantando no coro, se Santo Antônio podia estar pregando na Itália, e mais advogando por seu pai em Portugal, por que razão, quando estava falando e acordado em uma parte, estava sempre calado, e como dormindo, na outra? Porque Santo Antônio nestes milagres obrava à moda de Cristo no Sacramento e Cristo no Sacramento está dormindo: *Comei, amigos, bebei, caríssimos, que eu durmo* (Ct 5,1s.). Este texto entendeu São Bernardo e São Gregório Niceno[132] do Santíssimo Sacramento, e bem o provam as palavras antecedentes: *Comei e bebei.* Diz, pois, Cristo que comam e que bebam, e é de advertir que aos que manda comer chama amigos – *Comei, amigos* – e aos que manda beber chama caríssimos – *Bebei, caríssimos* – porque neste Sacramento nem todos os que têm licença para comer e comungar a hóstia têm também autoridade para beber o cálix[133]. Os que têm licença para comer são os leigos, e a estes chama-lhes amigos, porque todos os que hão de comungar têm obrigação de ser amigos, e por isso antes do sacramento da Comunhão precede o da penitência, em que nos reconciliamos com Deus, e

131. São Francisco Xavier (1506-1552) nasceu perto de Pamplona, na Espanha. Doutorou-se em Paris. Foi companheiro de Santo Inácio de Loyola. Partiu como missionário em 1541 para Goa. Em 1548 o encontramos no Japão. Morreu enquanto tentava viajar para a China. Foi canonizado junto com Inácio de Loyola em 1622. Sua festa se celebra no dia 3 de dezembro.

132. Sobre São Bernardo, veja-se a nota 59. São Gregório Niceno ou de Nissa (c. 335-c. 394), irmão de São Basílio, que o sagrou bispo de Nissa, e íntimo amigo de São Gregório de Nazianzo. Dono de vasto saber profano e religioso, teve destacado papel no Concílio Ecumênico de Constantinopla em 381. Deixou livros de Teologia e Catequese, Filosofia e Ascese, além de sermões e cartas. Considerado um dos maiores doutores da Igreja.

133. Na Igreja primitiva era comum o leigo beber do cálice. O costume retornou com a reforma litúrgica promovida pelo Concílio Vaticano II na década de 1960. Mas não era assim no tempo de Vieira e mesmo em nosso tempo até o Concílio Vaticano II: o leigo só podia comungar do Pão Consagrado.

nos fazemos seus amigos[134]. E os que têm autoridade para também beber são os sacerdotes, e a estes chama-lhes caríssimos, porque, para os sacerdotes tomarem o cálix, não só é necessário que tenham com Deus qualquer amizade, senão uma amizade muito particular, muito familiar e muito afetuosa. Mas não está aqui a dúvida. O que faz a dificuldade são as palavras que se seguem: *Eu durmo, e o meu coração vigia.* Bebei amigos, e comei caríssimos: *eu durmo, e o meu coração vigia.* Que consequência é dizer que comam sua carne e bebam seu sangue, e acrescentar logo que dorme? Muito grande consequência, porque Cristo no Sacramento está dormindo. Ora, vede.

Um homem dormindo e acordado distingue-se em que o homem acordado tem uso de seus sentidos, e o que está dormindo tem sentidos, mas não tem uso deles. Assim está Cristo no céu e no Sacramento. No céu tem o uso dos sentidos, fala, vê, ouve, com os sentidos corporais. No Sacramento tem os sentidos tão perfeitos como no céu, mas não tem o uso deles. E a razão é, como dizem os teólogos, porque, como Cristo está na hóstia pelo modo sacramental, a que chamam *ubi definitivo,* todo em todo, e todo em qualquer parte, não tem a organização dos sentidos, e extensão que hão mister para obrar. E como Cristo no Sacramento não tem uso dos sentidos, com toda a propriedade se diz que está dormindo debaixo da cortina dos acidentes: *Eu durmo.* E acrescenta: *E meu coração vigia:* que, ainda que dorme com os olhos, vigia com o coração[135], porque, ainda que Cristo no Sacramento não nos vê com os olhos exteriores do corpo, está nos vendo e vigiando sempre com os olhos interiores da alma e da divindade. Ah! cristãos, que se daquela hóstia não só nos está Cristo vendo, mas vigiando, vede lá como estais nas igrejas! E como Santo Antônio era um santo eucarístico, um santo em que Deus depositou as maravilhas do Sacramento, por isso, quando milagrosamente se punha em

134. O Sacramento da Penitência, ou confissão dos pecados, ou reconciliação é dos temas mais frequentes nos sermões de Santo Antônio. Assim no sermão do I domingo da Quaresma: "Na confissão se devem expor as circunstâncias dos pecados, a saber: quem, o quê, onde, por quem, quantas vezes, porque, de que modo, quando", e explica longamente uma a uma estas circunstâncias, que não perderam seu valor hoje.

135. Ao falar desta passagem dos Cânticos, diz Santo Antônio no II sermão da Quaresma: "*Eu,* diz a Esposa, *durmo,* isto é, repouso do amor dos bens temporais, *e* o *coração vigia* na contemplação dos bens celestes".

dois lugares, em um tinha o uso dos sentidos, como Cristo no céu, em outro estava dormindo, como Cristo no Sacramento. Estes foram os primeiros sabores que gostaram os sentidos daquele sal, estes os primeiros resplendores que receberam daquela luz – *Vós sois o sal, vós sois a luz* – mas não foram só estes.

Santo Antônio e o poder de ressuscitar mortos

Outra grande maravilha do Santíssimo Sacramento é que no dia do Juízo todos havemos de ressuscitar em virtude sua. No dia do Juízo hão de ressuscitar todos os nossos corpos, tão perfeitos e inteiros como hoje vivem. E quem há de dar esta virtude de ressuscitar a tantos corpos, depois de feitos ou desfeitos em cinzas? O corpo de Cristo sacramentado que comungamos. Assim o disse e prometeu o mesmo Senhor: *Quem come minha carne e bebe meu sangue tem a vida eterna. E eu o ressuscitarei no último dia* (Jo 6,55). Entenderam-no tanto assim os cristãos da primitiva Igreja, que costumavam enterrar os defuntos, uns com o Santíssimo Sacramento no peito, outros na boca, em fé ou esperança de que, por virtude daquele divino Sacramento, havia de ressuscitar todos. Donde judiciosamente Tertuliano[136] chamou ao divino Sacramento *semente da ressurreição,* porque o mesmo é comungar, que semear cada um de nós dentro em si mesmo aquela virtude divina e onipotente, que no dia do Juízo nos há de tirar outra vez da terra vivos, renascidos e ressuscitados.

Isto se viu claramente no sepulcro de Cristo. Diz o evangelista que se abriram então as sepulturas, e que ressuscitaram e foram vistos em Jerusalém muitos corpos de santos: *Abriram-se as sepulturas e muitos corpos de santos, que eram mortos, ressurgiram e vieram à cidade santa a apareceram a muitos* (Mt 27,52-53). Pois, se ressuscitaram, por que não ressuscitaram no dia da Ressurreição de Cristo, senão no da sua sepultura? Porque no da sua sepultura foi seu corpo santíssimo lançado à terra, e como semeado, e sendo, como diz Tertuliano, *semente de ressurreição,* então naturalmente, como efeito ou fruto natural, saíram logo muitos ressuscitados, sem esperarem pelo dia da Ressurreição, não ressuscitando porque Cristo ressuscitou, senão porque seu corpo santíssimo – passemos de uma metáfora a outra – foi então comido e

136. Cf. nota 105.

comungado. Eu, diz o mesmo Senhor, estarei três dias no coração da terra, assim como esteve outros tantos Jonas no ventre da baleia: *Assim como Jonas esteve no ventre da baleia três dias e três noites, assim estará o Filho do homem no coração da terra* (Mt 12,40). De maneira que no mesmo tempo esteve Cristo sepultado e comido: sepultado no coração da terra três dias, em respeito de sua ressurreição, que foi ao terceiro dia depois de ressuscitado, e comido como Jonas no ventre da baleia, em respeito da nossa ressurreição futura, que há de ser no dia do Juízo, depois de comido por nós e comungado: *Quem come minha carne tem a vida eterna e eu o ressuscitarei no último dia.* Assim o notaram, sobre o mesmo texto, com breve e admirável propriedade, São Jerônimo, dizendo: *As sepulturas se abriram em sinal da futura ressurreição* e, com maior largueza de todo o sentido universal, Santo Ambrósio: *A abertura das sepulturas não significa outra coisa senão, quebrados os grilhões da morte, a ressurreição dos mortos.* O mesmo confirmam Santo Hilário, Beda, Teodósio e Ruperto[137].

Com isto ser assim, e o prometer Cristo tão claramente, houve muitos que negaram esta verdade ao Santíssimo Sacramento, não só daqueles hereges que negam o Sacramento, nem só daqueles que negam a ressurreição, mas de outros, que, confessando a ressurreição e o Sacramento, não querem entender que a ressurreição haja de ser por virtude sua. Porém, depois que Santo Antônio saiu ao mundo, e o alumiou com os raios de sua luz, não são necessários argumentos para provar e facilitar esta verdade: bastam os sentidos, que o experimentaram, para o persuadir. Assim como no dia do Juízo hão de ressuscitar os mortos de todas as quatro partes do mundo, e de todos os elementos, e

---

137. Sobre São Jerônimo, veja-se a nota 43.
Sobre Santo Ambrósio, veja-se a nota 58.
Sobre Santo Hilário, veja-se a nota 78.
Sobre Ruperto, veja-se a nota 60.
São Beda, apelidado o Venerável, nasceu na Inglaterra em torno de 672 e morreu em 735. Monge. Considerado um dos maiores eruditos de seu século. Dante o coloca no céu entre os grandes sábios. Escreveu comentários à Sagrada Escritura, numerosas vidas de santos, tratados de aritmética e gramática. Doutor da Igreja. Sua festa se celebra no dia 25 de maio. Santo Antônio o cita várias vezes e outras vezes usa de explicações dele, sem citá-lo explicitamente.
Teodósio foi teólogo e exegeta, patriarca de Alexandria. Faleceu em 567. Famoso é seu sermão sobre a Assunção, pronunciado um ano antes de morrer. Seus escritos contêm passagens heréticas.

de todos os gêneros de mortes, assim Santo Antônio, como se a sua voz tivesse a virtude da trombeta do anjo, que se há de ouvir no dia do Juízo, não há parte do mundo, nem elemento, nem gênero de morte de que não tenha ressuscitado muitos: uns afogados no mar, outros abrasados no fogo, outros despedaçados no ar, outros sepultados na terra; uns de mortes naturais, outros de mortes violentas; uns de mortes dilatadas, outros de mortes repentinas. Enfim, não houve gênero nem invenção de morte de que Santo Antônio não tenha ressuscitado muitas vidas. Pois, se a voz de Santo Antônio, se o toque de suas mãos, se a aplicação de suas relíquias ressuscita tantos mortos, que muito faz a fé em crer que o corpo de Cristo, ou Cristo com todo o corpo fará o mesmo? Basta o aceno de um dedo de Antônio para ressuscitar mortos, e a virtude de todo o corpo de Cristo não ressuscitará, tendo-o prometido?

Só dirá algum incrédulo que isto de ressurreições têm muitos – dirá algum incrédulo que não se faz bom argumento das ressurreições do tempo de Santo Antônio para as ressurreições do dia do Juízo, porque muito maior maravilha é ressuscitar um homem depois de muitos centos de anos morto do que ressuscitá-lo quando acaba de morrer. Não arguis bem. Tanto obra é da onipotência ressuscitar um morto de um dia, como um morto de cem anos. E, se de uma ressurreição a outra há alguma vantagem, maior maravilha é ressuscitar um morto de um dia que um morto de muitos anos. Cristo ressuscitou três mortos: Lázaro, o filho da viúva de Naim e a filha do Príncipe Jairo. A filha do Príncipe Jairo era morta de poucas horas, porque ainda estava na cama; o filho da viúva era morto de mais tempo, porque já ia na tumba a enterrar; Lázaro era morto de muito mais tempo ainda, porque já estava sepultado e penetrado da corrupção[138]. E qual ressurreição destas foi mais famosa e admirada? A do sepultado de muitos dias, a do que ia na tumba a enterrar, ou a da que estava ainda na cama, onde tinha expirado? O mesmo evangelista o notou, escrevendo só desta última ressurreição: *Correu esta fama por toda aquela terra* (Mt 9,26). De sorte que, quando a morte era de menos tempo, tanto mais celebrada foi a ressurreição. Tomais a razão por um exemplo. Se um rei tomou uma cidade a outro rei, qual é maior maravilha: tornar-lha a tomar daí a dez

138. A ressurreição da filha de Jairo é contada em Mt 9,18-26; Mc 5,21-43; Lc 8,40-56. A ressurreição do jovem de Naim temos em Lc 7,11-17. A ressurreição de Lázaro é contada em Jo 11,1-44.

ou vinte anos, ou tomar-lha outra vez no mesmo dia? Não há dúvida que esta. Assim o entendeu Davi, como grande capitão, da vitória e despojos de Siceleg, os quais tornou a recuperar no mesmo dia em que lhos tinham tomado os amalecitas, dizendo e aclamando todos: *Esta sim que é vitória digna de Davi* (1Sm 30,20). Tal foi também a de Abraão, vencendo na mesma noite os quatro reis gentios vencedores, descativando a Lot, e tornando-lhes a tomar todos os despojos da vitória que tinham alcançado naquele dia (Gn 14). Enfim, que em serem os mortos ressuscitados depois de mais ou menos tempo, se há diferença ou vantagem, a têm só aquelas ressurreições em que os mortos são tirados, e como arrancados das mãos da mesma morte, quando ainda as tem ensanguentadas, e mal acaba de os despojar da vida. Assim que por esta parte não tem que se negar às ressurreições de Santo Antônio as consequências que delas tiram os sentidos para as do Santíssimo Sacramento no dia do Juízo.

A dificuldade que tem este ponto é a que eu agora direi. No dia do Juízo é certo que hão de ressuscitar todos; mas é também certo que não comungaram todos, porque não comungaram os meninos nem os hereges nem os gentios nem os que foram antes da vinda de Cristo. Logo, não havemos de ressuscitar todos no dia do Juízo em virtude do Santíssimo Sacramento que comungamos. Nego a consequência, porque basta que o merecimento do benefício esteja em alguns, para que Cristo sacramentado o comunique a muitos; assim disse aos apóstolos, que eram somente alguns, que o mesmo cálix que se dava a eles se comunicaria a muitos: *Que será derramado por vós e por muitos* (Mt 26,28; Lc 22,20). Antes, é tal a liberalidade de Cristo no Sacramento, que basta que seja devido o benefício a um, para que o estenda a todos. Por isso os teólogos, com São João Crisóstomo[139], chamam ao mesmo Sacramento extensão da Encarnação, porque a divindade comunicada na Encarnação a uma só humanidade[140], no Sacramento a estende Cristo, e comunica a todos os homens: *Permanece em mim e eu nele* (Jo 6,57) – e assim

139. Cf. nota 84.

140. Também Santo Antônio aproximou os dois mistérios no sermão do XX domingo de Pentecostes: "Quem quiser entrar nas núpcias da Encarnação do Senhor precisa possuir a veste de linho fino, isto é, a pureza da castidade... Como pretende entrar na igreja, unir-se à assembleia dos fiéis, participar na refeição do corpo do Senhor quem reconhece a falta do linho fino resplandecente e branco, quer dizer, quem não possui a castidade interior e exterior?"

o fez Santo Antônio no mesmo gênero de ressurreição. Andavam folgando em um rio de Itália dez meninos, arrebatou-os a corrente, e morreram todos. Um pai, porque tinha recebido o seu por orações de Santo Antônio, veio pedir ao santo que lhe tornasse a dar o seu filho. Estava nesta oração quando entram dançando pela igreja, não só aquele menino, senão os outros nove ressuscitados. Pois, se um só era o por quem se orou, como ressuscita Santo Antônio a todos?[141] Porque basta que haja merecimento em algum para que Santo Antônio, ao modo do Santíssimo Sacramento, estenda o benefício a todos. Assim estendeu a ressurreição a todos os dez meninos mortos, sendo que a oração do pai para um só a pedia. E se isto viram os olhos em Santo Antônio, por que o não crerá a fé no Santíssimo Sacramento? Creia-o a fé, e ajude-se, se lhe é necessário, dos sentidos, que, saboreados e alumiados com estas maravilhas, publicam que é Santo Antônio o sal e luz daquela mesa: *Vós sois o sal, vós sois a luz.*

Santo Antônio e o pão da vida

Outra maravilha se crê vulgarmente do Santíssimo Sacramento, em que é mais necessário o sal e a luz porque verdadeiramente é tal, que não só causa algum dissabor ao gosto, e grande horror à vista, senão ainda à imaginação. Não debalde era cerimônia da ceia do cordeiro, figura deste Sacramento – que

141. Assim contam os *Fioretti:* "Um homem nobre, que não podia ter filhos, ouvindo falar dos milagres do Bem-aventurado Antônio, peregrinou à sua sepultura e prometeu ao Santo que, se tivesse um filho, todos os anos retornaria com a prole. Voltando para casa, sua mulher concebeu e deu à luz um filho. Quando este tinha 7 anos, o pai, deixando o menino doente em casa, foi a Pádua pagar a promessa. Enquanto lá estava o pai, o filho melhorou. E foi brincar com outros 9 colegas num canal de onde as águas haviam sido desviadas para irrigação dos campos. Em dado momento, fechado o desvio, a água veio impetuosa e afogou os 10 meninos. Somente dois foram encontrados e sepultados. Não se acharam o corpo do menino de que falamos e os corpos de outros sete. O pai chega de Pádua. Seu irmão e outros amigos lhe foram ao encontro. O pai pergunta logo pelo filho e eles, não querendo contristá-lo, disseram que o menino estava brincando com os companheiros. Chegado em casa, o pai voltou a perguntar pelo filho. Ninguém tinha coragem de lhe dizer o acontecido. O pai tomou a decisão: Hoje não como nem bebo, se não vejo meu filho! Então lhe disseram toda a verdade. Tomado de angústia, o pai jurou que não comeria nem beberia até que Santo Antônio lhe devolvesse o filho. Não tinha ainda terminado de falar, quando o filho entrou acompanhado dos 9 companheiros, eles que estavam afogados e agora, por intercessão do Bem-aventurado Antônio, haviam tornado à vida. Diante do prodígio, todos foram tomados de grande alegria e em altas vozes agradeceram ao Santo.

se comessem com ele algumas amarguras: *Com ervas amargas* (Ex 12,8). E que amargura, que dissabor, que horror é este do Santíssimo Sacramento? E a amargura misturada com doçura, mas amargura enfim, e grande amargura com este manjar *ser vida para uns e morte para outros.* Aquela hóstia que recebemos é um papel fechado em que vem escrita a nossa sentença, ou de vida, ou de morte. Vede se pode haver mesa mais temerosa do que esta. Na mesa da Proposição[142] havia uns pães que estavam diante do Propiciatório, os quais no texto hebreu se chamam *pães de faces.* Tal é o pão do Sacramento do Altar, pão de duas faces: uma benigna, outra temerosa; uma amável, outra terrível; uma de misericórdia, outra de justiça; uma de vida, outra de morte. É pão que de uma face me convida com a vida, de outra me ameaça com a morte; pão que, sendo triaga[143], pode ser veneno, e não sei se me há de dar saúde, ou me há de matar, vede se pode parecer desabrido[144].

Mas sabeis por que atribuís àquela mesa estes dissabores? É porque comeis aquele pão sem o seu sal, e porque vos chegais àquela ceia sem a sua luz, que é Santo Antônio. Tocai esse pão naquele sal, e vede-o àquela luz, e logo conhecereis que Cristo no Sacramento sempre é pão de vida, e nunca de morte. Ia o pai de Santo Antônio a justiçar com sentença definitiva de morte, por se lhe imputar que havia tirado a outro homem a vida; e quando ia passando junto à Sé de Lisboa, aparece no adro dela Santo Antônio, pede à justiça que pare, manda abrir a sepultura, onde estava sepultado o morto; diz-lhe o Santo que se levante, e que testemunhe diante de todos se era aquele homem o que o matara. Levantou-se o morto com assombro de todos, e disse que não era aquele homem o seu matador. Então replicaram as justiças a Santo Antônio que lhe perguntasse quem era o matador, mas o Santo respondeu que ele viera dar vida ao inocente, e não dar morte a culpados[145]. Pois, se Santo Antônio, quando vem dar vida, tem por ação indigna de sua pessoa dar também a morte, ainda que a vida seja a bons, e a morte a maus, por que havemos nós de cuidar que Cristo no Sacramento seja morte dos maus, quando é vida dos bons? Não há tal coisa. Cristo sempre

142. A Mesa da Proposição vem descrita em Ex 25,23-30 e Nm 4,7-8.

143. Triaga ou teriaga: palavra de origem grega que significa medicamento.

144. Desabrido: forma apocopada de "dessaborido", isto é, sem sabor, insípido.

145. Cf. nota 73.

é vida, e nunca morte. É verdade que, quando chegamos a comungar – e isto é só o que quer dizer Santo Tomás[146], que por isso eu dizia que Santo Antônio é exposição do Sacramento – é verdade que, quando chegamos a comungar, os bons recebem a vida, e os maus incorrem morte, mas dessa morte não é causa o Sacramento. Os bons recebem a vida, porque o Sacramento lha dá; os maus recebem a morte, porque eles mesmos se matam a si. De sorte que da vida que recebem os bons não são causa os bons, senão o Sacramento, e da morte que incorrem os maus não é causa o Sacramento, senão os maus.

Amanhece a branca flor, cheia do orvalho doce que destilou nela a aurora, chega a beber a abelha e leva mel; chega a beber a aranha e leva veneno. Mas donde nasce este veneno e este mel? O mel não nasceu da abelha, senão da flor; o veneno não nasceu da flor, senão da aranha. Nem mais nem menos. Está aquele Sacramento feito um favo de vida e de doçura. Chega o justo e chega o pecador àquele manjar divino: o justo leva vida: *Vida para os bons*; o pecador leva morte: *Morte para os maus.* Mas donde nasceu esta morte e esta vida? A vida não nasceu do justo, senão do Sacramento; e a morte não nasceu do Sacramento, senão do pecador. De sorte que o Santíssimo Sacramento sempre para todos é vida, e nunca morte.

E se não, diga-o o mesmo Cristo. Lede o capítulo sexto de São João, que é onde Cristo fala do Sacramento, e achareis que nove vezes se chama pão de vida: O *pão de Deus é o pão que desce do céu e dá vida ao mundo. Eu sou o pão da vida. Eu sou o pão vivo que desce do céu. O pão que eu darei é minha carne para a vida do mundo. Quem comer deste pão viverá para sempre. Se não comerdes a carne do Filho do homem não tereis a vida. Quem come a minha carne*

146. Vieira se refere ao verso do poema "Lauda, Sion" de Santo Tomás de Aquino, por ele citado livremente um parágrafo antes. O poema de Santo Tomás era rezado como "Sequentia" na Missa de *Corpus Christi* e cantado em latim diante do Santíssimo Sacramento Exposto. O verso em nossa tradução: Comem os bons, comem os maus, mas diversa é a sorte: para os bons, vida! aos maus a morte!
Santo Tomás de Aquino (1224-1274). De família nobre, fez-se dominicano. Aluno de Santo Alberto Magno em Colônia, foi terminar os estudos em Paris. Dedicou a vida inteira ao estudo, à cátedra e ao púlpito. Comentou a Sagrada Escritura, Aristóteles e outros grandes filósofos. Sua obra máxima é a *Summa Theologica,* dividida em três partes como três naves de uma basílica. Esteve no centro do pensamento teológico e antropológico da Igreja a partir do Concílio de Trento, que terminou em 1563.

e bebe o meu sangue tem a vida eterna. Assim como vive o Pai que me enviou, e eu vivo pelo Pai assim também quem comer de minha carne viverá por mim. Quem come deste pão viverá eternamente (Jo 6). Pois, se Cristo diz nove vezes que é pão de vida, por que não diz uma vez que é pão de morte? Porque Cristo é suma Verdade, e não podia dizer o que não era. Disse tantas vezes que era pão de vida, porque dá vida; não disse que era pão de morte, porque não dá morte. O que somente disse acerca da morte foi que era pão de não morte: *Este é o pão que desce do céu. Quem dele comer não morre. Não é como o pão que vossos pais comeram e ainda assim morreram* (Jo 6,50.59). Tão longe está aquele divino mistério de dar vida e morte, que antes o fim para que foi instituído é para dar vida, e para impedir a morte: *Para que quem dele comer tenha a vida.* Bem assim como neste caso fez Santo Antônio, o qual, ao morto, que ressuscitou, deu vida, e ao pai, que ia para morrer, impediu a morte. Podendo dizer com galharda aplicação: *Eu vivo pelo Pai e Ele vive por mim* (Jo 6,57). Vede agora se fica bem clara aquela mal-entendida verdade à vista daquela luz: *Vós sois a luz.* Vede se fica bem saboreado aquele mal-entendido dissabor à vista daquele sal: *Vós sois o sal.*

Santo Antônio, Santo sacramentado

Finalmente, por que não nos detenhamos mais, grande maravilha é do Santíssimo Sacramento que, sendo carne, seja meio para Deus comunicar espírito: *Eu sou o pão vivo.* As *palavras que vos falei são espírito e vida* (Jo 6,51.64). Grande maravilha do Santíssimo Sacramento que, sendo carne, seja remédio contra as tentações da carne, e faça os homens castos e puros: *Pão dos escolhidos e vinho que gera virgens* (Zc 9,17). Grande maravilha é do Santíssimo Sacramento que, sendo carne, que tanto cega e precipita o entendimento, seja pão que dá juízo, que dá siso e entendimento: *Sustentou-o com o pão da vida e da inteligência* (Eclo 15,3). Mas que muito é que a fé creia todas essas maravilhas de Cristo sacramentado, se os sentidos as veem em Santo Antônio? Que muito que o Santíssimo Sacramento faça estes milagres com a substância, se Santo Antônio os faz com os acidentes? Todas estas maravilhas que faz o Sacramento, não as faz com os acidentes de pão, senão com a substância do corpo de Cristo. Mas estas mesmas maravilhas fá-las Santo Antônio não só com a substância senão com os acidentes de seu corpo. Se a carne de Cristo no Sacramento dá espírito, Santo Antônio, só com um assopro, por ser alento da sua carne, deu espírito. Estava um noviço tentado a deixar a religião, assoprou-lhe Santo Antônio no rosto, dizendo: *Recebe o Espírito Santo* e ficou confirmado na vocação[147]. Se a carne de Cristo no Sacramento é remédio contra as tentações e apetites da carne, a túnica de Santo Antônio, por ser tocada na sua, tirou as tentações da carne. Era um religioso mui molestado de tentações desonestas, deu-lhe Santo Antônio a sua túnica, para que a vestisse, e no ponto que a vestiu não sentiu mais tentação[148]. Se a carne de Cristo no Sacramento dá juízo e entendimento, o cordão de Santo Antônio, por cingir com ele a sua carne, deu juízo e entendimento. Estando o Santo pregando, havia na igreja um doido que inquietava o auditório; lançou-lhe o Santo o seu cordão ao pescoço, e no mesmo ponto recuperou o entendimento, e ficou sisudo[149]. Quem não dirá, à vista desta semelhança de maravilhas, que é Santo Antônio um santo sacramentado? Pois ainda falta a mais admirável de todas.

---

147. Assim contam os *Fioretti:* "No tempo em que o Santo era custódio de Limoges, certo noviço chamado Pedro andava em grande tentação de abandonar a Ordem. Por divina revelação soube do caso o Servo de Deus; e porque tinha solícito cuidado da grei que lhe fora confiada, teve grande compaixão daquela ovelhinha errada. E, encendido pelo Espírito do Senhor, abriu a boca do noviço com suas próprias mãos e soprou-lhe dentro dizendo: *Recebe o Espírito Santo!* Coisa maravilhosa! Tão depressa o moço sentiu em si o sopro do Servo de Deus, caiu em terra como se fora morto. Mas erguendo-o Santo Antônio na presença dos frades que tinham acudido, logo recobrou os sentidos e se pôs a contar que fora arrebatado ao coro dos anjos e vira maravilhosos segredos do céu. Receando Santo Antônio que à sua pessoa atribuíssem o milagre e não ao poder de Deus, mandou ao noviço calar sobre o fato. Desde aquela hora o moço ficou livre da tentação. E, segundo ele mesmo confessou, enquanto viveu nunca mais sentiu o aguilhão do mal. Vestido com a virtude do alto, perseverou em vida tão santa na Ordem, que foi exemplo para os outros frades".

148. Cf. nota 22.

149. Os *Fioretti:* "Pregando uma vez Santo Antônio, levantou-se no meio do povo um louco e desatou aos gritos, perturbando o sermão. Com brandura o admoestava o Santo, pedindo que se calasse. Mas o louco dizia que só calaria se o Santo lhe desse o cordão. Fez-lhe o Servo de Deus a vontade: tirou o cordão que levava à cinta e lho deu. O louco o pegou e se pôs a abraçá-lo e beijá-lo. De repente recuperou o uso da razão. E na presença de todos caiu de joelhos diante do Santo, agradecendo o favor da cura. E todo o povo glorificou a Deus pelo milagre".

A grandeza escondida do Sacramento e a humildade de Santo Antônio

A mais admirável de todas as maravilhas do Santíssimo Sacramento é que dentro de uma quantidade tão pequena esteja toda a humanidade e divindade de Cristo, e que estejam estas grandezas tão grandes escondidas, e tão encobertas, que de nenhum modo apareçam, nem se possam ver nem sentir: *Na cruz estava escondida só a divindade, aqui se esconde também a humanidade* - diz Santo Tomás. Mais disfarçado e mais encoberto está Deus no Sacramento do que esteve na cruz, porque na cruz esteve escondida a divindade, mas a humanidade esteve patente. No Sacramento a humanidade e divindade, tudo está escondido. Em Santo Antônio - não o quero dizer com nome tão grande - naquele fradinho menor, que ali vedes, havia grandes grandezas humanas e grandes grandezas divinas. As grandezas divinas eram as suas virtudes, as grandezas humanas eram as suas letras e a sua ciência admirável. E todas estas grandezas não só estavam reduzidas e resumidas a um sujeito tão pequeno, mas estavam tão encobertas, tão escondidas e tão sumidas dentro nele, que - enquanto Deus as não descobriu - nenhum sentido humano as podia conhecer nem descobrir nem ainda conjecturar. Veio Santo Antônio ao Capítulo Geral[150], que celebrava em Assis o padre São Francisco, e, acabado o Capítulo, repartiram-se os prelados[151] por todas as províncias da cristandade, pedindo cada um os religiosos que lhes parecia os podiam ajudar. No cabo ficou só o Santo, enjeitado e desestimado de todos, porque ninguém o quis levar consigo. Vede quem é o mundo, ainda onde não há nem devia haver mundo, que é a religião[152]. Mas isto não é maravilha nos homens; em Santo Antônio o foi, e a maior de todas. Se em Santo Antônio se conheceram as suas virtudes, é certo que todos o haviam de querer levar por santo; se em Santo Antônio se conheceram as suas letras, é certo que todos o haviam

150. Capítulo é uma reunião dos frades em que se tomam todas as decisões da Ordem Franciscana. O Capítulo é a autoridade máxima da Ordem. Existem os capítulos gerais, em que participam frades de todo o mundo; e os Capítulos provinciais para frades de determinada região. O Capítulo Geral a que Vieira se refere foi o de maio de 1221. Ninguém conhecia Frei Antônio de Lisboa, recém-chegado náufrago à Sicília.

151. Prelado: nome dado a um superior. Hoje é aplicado só a bispos e monsenhores.

152. Ver a nota 128.

de querer levar por letrado. Mas estavam estas maravilhas todas tão sumidas e escondidas em Santo Antônio, que, sendo tão letrado, parecia idiota[153]; sendo tão grande santo, não parecia virtuoso.

O que mais me admira neste caso é que nem São Francisco conhecesse o que nele havia. Que os outros religiosos o não conhecessem, ainda que muitos eram santos, passe[154]; mas São Francisco, aquele serafim, que não penetrasse o que estava escondido em Santo Antônio? Daqui infiro eu que soube encobrir Santo Antônio as suas maravilhas muito mais do que Cristo no Sacramento encobriu as suas. Provo: porque as maravilhas que estão encerradas no Sacramento via-as muito bem São Francisco. E quando São Francisco, com os seus olhos de serafim[155], pôde ver e penetrar as maravilhas que estão escondidas no Sacramento, não pôde ver nem penetrar as maravilhas que estavam escondidas em Santo Antônio. E por quê? Porque as de Santo Antônio estão mais escondidas. Julgai agora se é Santo Antônio sal e luz da mesa do Santíssimo Sacramento. Sal, pois, provado em si, a nenhuma coisa sabe, senão a Sacramento: *Vós sois o sal*; luz, porque, visto o Sacramento nele, tudo o que há no Sacramento fica alumiado e descoberto: *Vós sois a luz.*

Façamos nossas as maravilhas de Santo Antônio

Mais tinha que ir por diante, mas acabo com pedir a todos, com todo o afeto que devemos a este nosso Santo, e que nós devemos a nós mesmos, que, pois Deus o fez tão maravilhoso, que façamos também nossas as suas maravilhas. Aproveitemo-nos delas, e não as desperdicemos. Muitos cuidam que se aproveitam das maravilhas de Santo Antônio, empregando a valia deste Santo para o remédio das coisas temporais, e isto é desperdiçá-las. Se vos adoece

---

153. Idiota: hoje esta palavra é muito negativa. Na verdade significa apenas "iletrado" ou "sem profissão".

154. Nesse Capítulo participavam mais de 3 mil frades.

155. Serafins: na classificação de Dionísio Areopagita, acolhida por Dante na *Divina comédia*, formam a mais alta hierarquia dos anjos, os mais próximos de Deus e capazes, depois de Deus, do maior amor e caridade. São Francisco sempre foi chamado de serafim, tanto que a Ordem Franciscana muitas vezes é chamada de Ordem Seráfica, e os seminaristas franciscanos, por antonomásia, apelidados "os seráficos".

o filho, Santo Antônio; se vos foge o escravo, Santo Antônio; se mandais a encomenda, Santo Antônio; se esperais o retorno, Santo Antônio; se requereis o despacho, Santo Antônio; se aguardais a sentença, Santo Antônio; se perdeis a menor miudeza da vossa casa, Santo Antônio; e, talvez, se quereis os bens da alheia, Santo Antônio. Homem houve no Maranhão, menos há de cinco anos, que, tendo induzidas duas testemunhas para lhe jurarem falso em matéria de liberdade ou cativeiro, no dia em que houveram de jurar, mandou dizer uma missa a Santo Antônio, para que jurassem contra a verdade; e, porque juraram como iam instruídos, veio o pleiteante a esta mesma igreja dar as graças ao Santíssimo Sacramento e a Santo Antônio. Há tal barbaria como esta? Há tal maldade? Basta, monstro do inferno, indigno do caráter de cristão e do nome de homem, que, não contente de roubar a liberdade a estas duas criaturas[156], mais livres que tu, pois não nasceram, como tu, vassalos do teu rei, a primeira lição que lhes deste da doutrina cristã foi ensinar-lhes a dizer em juízo um falso testemunho contra si mesmos, sujeitando-se a si e a toda a sua descendência a perpétuo cativeiro; e para fazeres a Deus cúmplice nesta tua maldade, lhe ofereceste o sacrifício do corpo e sangue de seu Filho, e tomaste por medianeiro desta perdição de tua alma o Santo, a quem o mesmo Deus deu o ofício de reparar todas as perdidas! Mas para que saiba o mundo e tome exemplo neste tão escandaloso caso do rigor com que o castigou a divina justiça, andando o mesmo homem à caça de cativeiro de índios no rio das Almazonas[157], eles lhe tiraram a vida às flechadas, morrendo sem sacerdote nem sacramentos, com tão pouca esperança de sua salvação, antes, com manifesta e clara evidência da condenação eterna, aquele que, não só com tal cobiça, injustiça e crueldade, mas com um sacrilégio tão estólido[158], inaudito e bárbaro, tinha abusado impiamente do Santo e do Santíssimo.

156. Tratava-se de dois índios.

157. Almazonas: o mesmo que Amazonas.

158. Estólido: vocábulo latino conservado em português, espanhol e italiano, e significa estúpido, cretino.

Quarto sermão

Em São Luís, 13 de junho de 1654

Introdução

Este sermão foi pronunciado na Festa de Santo Antônio de 1654. Percebe-se um Vieira cansado de pregar aos brancos, particularmente por manterem eles escravos aos índios e tratá-los como subumanos; por caluniarem os religiosos que saíam em defesa dos índios; por impedirem, até com violência, a catequese aos índios; pela cobiça desbragada das autoridades que só pensavam enricar para depois, regressando a Portugal, ostentarem luxo; pela falsidade generalizada. No *Sermão do Quinto Domingo da Quaresma*, pregado no dia 22 de março de 1654, Vieira chega a dizer que "no Maranhão não há verdade" e que é peculiar ao Maranhão "mentir com as palavras, mentir com as obras, mentir com os pensamentos, que de todos e por todos os modos aqui se mente". A isso acresciam desentendimentos com as outras famílias religiosas.

Em nota escrita por Vieira em 1682, quando preparava a edição dos Sermões, ele afirma ter pregado esse sermão três dias antes de embarcar às escondidas a Lisboa "a procurar o remédio da salvação dos índios". Vieira já lutara na Bahia pela abolição da escravatura negra. Colhera frustração. No Maranhão (e em suas viagens missionárias ao Ceará e à Amazônia) grita, feito profeta enlouquecido, contra a escravidão dos índios. Com ele gritavam os outros jesuítas. Por isso eram odiados. E era tensa a situação na colônia. Vieira escreve duas longas cartas ao rei Dom João IV em abril de 1654, numa expondo o que estava acontecendo, e noutra propondo remédios, que só poderiam vir do rei. E foi à busca desses remédios que viajou a Lisboa, numa viagem acidentadíssima, com piratas e tempestades. E, às vésperas de partir, proferiu o Sermão de Santo Antônio, mais conhecido na Literatura como "Sermão aos peixes", sermão sempre arrolado entre os melhores da literatura e, provavelmente, das páginas mais irônicas, satíricas e sutilmente sarcásticas da eloquência de todos os tempos. Vieira faz um retrato definitivo e irretocável não apenas da sociedade maranhense de então, mas do homem de todos os tempos.

A pregação aos peixes

Vós sois o sal da terra

O sal já não salga

Vós – diz Cristo Senhor nosso, falando com os pregadores – sois o sal da terra; e chama-lhes sal da terra, porque quer que façam na terra o que faz o sal. O efeito do sal é impedir a corrupção, mas quando a terra se vê tão corrupta como está a nossa, havendo tantos nela que têm ofício de sal, qual será, ou qual pode ser a causa desta corrupção? Ou porque o sal não salga, ou porque a terra se não deixa salgar. Ou é porque o sal não salga, e os pregadores não pregam a verdadeira doutrina, ou porque a terra se não deixa salgar, e os ouvintes, sendo verdadeira a doutrina que lhes dão, a não querem receber; ou é porque o sal não salga, e os pregadores dizem uma coisa e fazem outra, ou porque a terra se não deixa salgar, e os ouvintes querem antes imitar o que eles fazem, que fazer o que dizem; ou é porque o sal não salga, e os pregadores se pregam a si, e não a Cristo, ou porque a terra se não deixa salgar, e os ouvintes, em vez de servir a Cristo, servem a seus apetites. Não é tudo isto verdade?[159] Ainda mal.

---

159. Vieira fina mas duramente faz referência a religiosos e leigos. De fato, havia religiosos que achavam justo o cativeiro forçado dos índios. Sabe-se de um deles que, apesar de ser religioso, era caçador e traficante de índios. Esse modo de pensar e agir aparecia nos sermões e catequeses. Quanto aos leigos comerciantes e agricultores, bastaria lembrar o que Vieira escreveu numa "Informação" em 1652: "Os índios têm cobrado grande medo aos portugueses, pelas grandes crueldades que neste Estado têm executado; das quais baste por prova que, em menos de 40 anos, consumiram mais de dois milhões de índios, e mais de quatrocentas povoações, tão populosas como grandes cidades, de que hoje se não vê nem o rasto onde estiveram".

Sal da terra e sal do mar

Suposto, pois, que, ou o sal não salgue, ou a terra se não deixe salgar, que se há de fazer a este sal, e que se há de fazer a esta terra? O que se há de fazer ao sal que não salga, Cristo o disse logo: *Se o sal se estragar, com que se salgará? Já não servirá para nada a não ser para ser jogado fora e pisado pelos homens* (Mt 5,13). Se o sal perder a substância e a virtude, e o pregador faltar à doutrina e ao exemplo, o que se lhe há de fazer é lançá-lo fora como inútil, para que seja pisado de todos. Quem se atrevera a dizer tal coisa, se o mesmo Cristo a não pronunciara?[160] Assim como não há quem seja mais digno de reverência e de ser posto sobre a cabeça que o pregador que ensina e faz o que deve, assim é merecedor de todo o desprezo e de ser metido debaixo dos pés o que com a palavra ou com a vida prega o contrário.

Isto é o que se deve fazer ao sal que não salga. E à terra que se não deixa salgar, que se lhe há de fazer?[161] Este ponto não resolveu Cristo Senhor nosso no Evangelho, mas temos sobre ele a resolução do nosso grande português, Santo Antônio, que hoje celebramos, e a mais galharda e gloriosa resolução

160. Como Santo Antônio escreveu os sermões para os jovens frades que se iniciavam na pregação, inúmeras vezes fala dos bons e dos maus pregadores, das qualidades da pregação e da inutilidade dela, quando falta o exemplo do pregador. No sermão do II domingo da Epifania, Santo Antônio compara a boa pregação a um concerto: "A humildade e a caridade ornam a sabedoria do pregador. Se delas o pregador estiver ornado, a pregação será como um concerto de músicos. Quando a sabedoria exterior corresponde ao sabor da consciência e a eloquência corresponde à vida há um concerto de música". Transcrevo ainda uma passagem do sermão do VI domingo de Pentecostes, onde o Santo vê nas bases do templo, onde estavam esculpidos querubins, leões, bois e grinaldas, um símbolo do pregador: "As bases simbolizam os prelados e pregadores do nosso tempo, em que devem estar esculpidos estes quatro objetos: querubins, leões, bois e grinaldas. Os querubins designam a plenitude da ciência e da doutrina; os bois, a mansidão da misericórdia; as grinaldas, os vínculos da disciplina. A ciência da doutrina, para que ensinem; o terror da fortaleza, para que corrijam; a mansidão da misericórdia, para que sustentem; os vínculos da disciplina, para que apertem". Em poucas palavras, o Santo pede dos pregadores: plenitude de ciência e plenitude de doutrina, compreensão e misericórdia, firmeza na correção e disciplina pessoal.

161. Não há dúvida que Santo Antônio tinha grande experiência desse tema. No sermão do XXIII domingo de Pentecostes observa: "Sinal é de grande endurecimento quando o povo ouve a trombeta da pregação a cominar a morte eterna e não se assusta. Assemelha-se à serpente surda. Aplicam um ouvido aos bens terrenos e obturam o outro com a cauda da concupiscência carnal, para não ouvirem o som da trombeta... A estes nem com a trombeta da pregação devemos anunciar nem devemos chorá-los, porque nem a trombeta pode dobrar a dureza do coração nem as lágrimas conseguem extinguir o fogo da avareza".

que nenhum santo tomou. Pregava Santo Antônio em Itália, cidade de Arimino[162], contra os hereges, que nela eram muitos, e como os erros de entendimento são dificultosos de arrancar, não só não fazia fruto o Santo, mas chegou o povo a

162. Arimino, atual Rímini, famosa no tempo de Santo Antônio pelos numerosos hereges lá aninhados. O episódio teria acontecido na foz do Rio Marecchia. Uma capela até hoje existente indica o lugar. Esta página dos *Fioretti de Santo Antônio* é certamente das mais conhecidas da literatura ocidental religioso-simbólica, dos oradores sacros, dos artistas clássicos e artesãos. Ela recorda a ingenuidade primitiva de todas as criaturas, expressa também no episódio do lobo de Gúbio, na vida de São Francisco, ou da utopia da paz messiânica do capítulo 11 do Profeta Isaías.
Antes de transcrever o texto como no-lo trazem os *Fioretti*, lembro que o Sermão de Santo Antônio aos peixes é todo feito de citações bíblicas. Vejam-se, por exemplo: Gn 1,20-22; Jn 2,1-11; Mt 17,24-27; Mt 15,34-37; Lc 24,42; Jo 21,9-13.
"Santo Antônio pregava em Rímini, onde viviam muitos hereges. Como andasse com muita vontade de trazê-los à verdade, disputava com eles. Mas os hereges, obstinados e endurecidos como pedras, não lhe davam crédito nem iam ouvi-lo. Então Santo Antônio, inspirado por Deus, achegou-se à foz do rio, onde ele entra no mar, e começou, à maneira de sermão e em nome de Deus, a chamar' os peixes: "Ó peixes, meus irmãos, vinde vós ouvir a palavra do Senhor, já que os infiéis a menosprezam!" E logo se ajuntaram diante do Santo tantos peixes, grandes e pequenos, como nunca por ali fora vista tamanha multidão. E todos mantinham a cabeça um pouco fora da água. Era maravilhoso ver peixes grandes andarem com pequenos, e peixes pequenos, sem medo nem perigo, passarem por sob as barbatanas dos maiores e até pararem pacíficos entre elas. Peixes de toda a espécie e qualidade corriam de um lado para o outro à procura dos semelhantes para com eles se juntarem e formarem como que um belíssimo jardim de variegadas cores e figuras. Era lindo ver os peixes grandes, dispostos como um exército para a batalha, ocuparem os lugares mais propícios para assistir à pregação. Lindo de ver eram os peixes de porte médio ocuparem os lugares menos profundos e lá permanecerem sem barulho. Os pequeninos achegaram-se, como peregrinos que vão lucrar indulgência, ao Santo, como se ele fora seu protetor. Desta forma se dispôs o auditório para assistir ao inspirado sermão: todos os peixes estavam à vista, diante de Santo Antônio; na frente, na água rasa, estavam os peixes pequenos; atrás, na água semiprofunda, os de tamanho médio; por último, na água profunda, os grandes. E quando todos estavam a postos, o Santo começou a pregar assim: "Peixes, meus irmãos, muita obrigação tendes de, à vossa maneira, cantar os louvores e render graças a Deus, nosso Criador. Deu-vos Ele, para morada, tão nobre elemento, a água doce ou a salgada, conforme vossa necessidade. Além do mais, vos preparou abrigos para fugirdes das tempestades. E a água que vos deu é clara e límpida, a fim de poderdes ver os caminhos e onde há o que comer. E é o próprio Criador que vos dá o alimento necessário para a vida. Na criação do mundo recebestes, como bênção, a ordem de vos multiplicar. No dilúvio, enquanto pereciam todos os animais, exceto os que estavam na arca, vós fostes preservados do extermínio. Munidos das barbatanas e do vigor que Deus vos deu, podeis vos movimentar de uma parte a outra, como quereis. A um de vós confiou Deus o Profeta Jonas para guardá-lo e lançá-lo em terra, são e salvo, depois de três dias. Fostes vós que fornecestes a Nosso Senhor Jesus Cristo a moeda do tributo, quando Ele, pobre como era, teve de o pagar. Antes e depois da Ressurreição servistes de comida ao Rei eterno. Por todas estas graças deveis louvar e bendizer muito o Senhor, pois dele ganhastes tantos e tão especiais benefícios que nenhuma outra criatura recebeu."
A estas e semelhantes admoestações alguns dos peixes soltavam gritos, outros abriam a boca, outros inclinavam a cabeça, louvando o Senhor da maneira como podiam e sabiam. Ao ver a reverência dos peixes, muito se alegrou Santo Antônio que, levantando ainda mais a voz, exclamou:

se levantar contra ele, e faltou pouco para que lhe não tirassem a vida. Que faria neste caso o ânimo generoso do grande Antônio? Sacudiria o pó dos sapatos, como Cristo aconselha em outro lugar?[163] Mas Antônio, com os pés descalços[164], não podia fazer esta protestação, e uns pés, a que se não pegou nada da terra, não tinham que sacudir. Que faria logo? Retirar-se-ia? Calar-se-ia? Dissimularia? Daria tempo ao tempo? Isso ensinaria porventura a prudência ou a covardia humana; mas o zelo da glória divina que ardia naquele peito não se rendeu a semelhantes partidos. Pois que fez? Mudou somente o púlpito e o auditório, mas não desistiu da doutrina. Deixa as praças, vai-se às praias, deixa a terra, vai-se ao mar, e começa a dizer a altas vozes: Já que me não querem ouvir os homens, ouçam-me os peixes. Oh! maravilhas do Altíssimo! Oh! poderes do que criou o mar e a terra! Começam a ferver as ondas, começam a concorrer os peixes, os grandes, os maiores, os pequenos, e postos todos por sua ordem, com as cabeças fora da água, Antônio pregava, e eles ouviam.

Se a Igreja quer que preguemos de Santo Antônio sobre o Evangelho, dê--nos outro. *Vós sois o sal da terra* é muito bom texto para os outros santos doutores, mas para Santo Antônio vem-lhe muito curto. Os outros santos doutores da Igreja foram sal da terra; Santo Antônio foi sal da terra e foi sal do mar. Este é o assunto que eu tinha para tomar hoje. Mas há muitos dias que tenho metido no pensamento que nas festas dos santos é melhor pregar como eles,

---

"Bendito seja Deus para sempre, pois mais honra lhe dão os peixes da água que os homens hereges! Melhor ouvem sua palavra os animais sem entendimento que os infiéis dotados de razão!" E quanto mais pregava Santo Antônio, mais crescia a multidão dos peixes, e nenhum deles se afastava. A notícia do prodígio ajuntou-se o povo da cidade, inclusive os hereges. Vendo milagre tão grande, se assentaram compungidos aos pés do Santo, rogando-lhe que também a eles fizesse sermão. E Santo Antônio, tomando a palavra, pregou de tal maneira sobre a fé católica, que os hereges presentes se converteram e os fiéis se confirmaram na fé. Com grande alegria despediu a todos e os abençoou. E os peixes, com a permissão do Santo, mostrando alegria com trejeitos e agradecendo com a cabeça ao Servo de Deus, tomaram o rumo do mar. Santo Antônio ainda pregou, com grande proveito, durante vários outros dias na cidade, convertendo os hereges".

163. Cf. Mt 10,14; Mc 6,11 e Lc 9,5.

164. Alguns frades mendicantes, como também antes deles alguns eremitas, interpretaram ao pé da letra a frase de Jesus no envio dos apóstolos, segundo Mateus (10,10), de não levarem calçados. De fato, muitos andavam descalços; outros de sandálias. As sandálias até se tornaram distintivo dos franciscanos. A liberdade retórica de Vieira imagina Santo Antônio absolutamente observante e, por isso, o imagina descalço. Como também, o imagina tão puro e angelical, que seus. pés não tinham necessidade de tocar o chão, daí não ter mesmo pó para sacudir.

que pregar deles. Quanto mais que o são[165] da minha doutrina, qualquer que ele seja, tem tido nesta terra uma fortuna tão parecida à de Santo Antônio em Arimino, que é força segui-la em tudo. Muitas vezes vos tenho pregado nesta igreja e noutras, de manhã e de tarde, de dia e de noite, sempre com doutrina muito clara, muito sólida, muito verdadeira, e a que mais necessária e importante é a esta terra, para emenda e reforma dos vícios que a corrompem. O fruto que tenho colhido desta doutrina, e se a terra tem tomado o sal, ou se tem tomado dele, vós o sabeis, e eu por vós o sinto.

Isto suposto, quero hoje, à imitação de Santo Antônio, voltar-me da terra ao mar, e, já que os homens se não aproveitam, pregar aos peixes. O mar está tão perto, que bem me ouvirão. Os demais podem deixar o sermão, pois não é para eles. Maria quer dizer *Senhora do mar*, e, posto que o assunto seja tão desusado, espero que me não falte com a costumada graça. *Ave Maria.*

Virtudes naturais dos peixes

Enfim, que havemos de pregar hoje aos peixes? Nunca pior auditório. Ao menos têm os peixes duas boas qualidades de ouvintes: ouvem, e não falam. Uma só coisa pudera desconsolar ao pregador, que é serem gente os peixes que se não há de converter[166]. Mas esta dor é tão ordinária, que já pelo costume quase se não sente. Por esta causa, não falarei hoje em céu, nem inferno, e assim será menos triste este sermão do que os meus parecem aos homens, pelos[167] encaminhar sempre à lembrança destes dois fins.

---

165. São: sadio, saudável, bom. Alguns livros trazem "som".

166. É interessante notar que Santo Antônio vê nos peixes o símbolo da fé. Assim, escreve no sermão das Ladainhas: "O peixe é a fé nas coisas invisíveis. Assim como o peixe nasce, vive e se alimenta sob a cobertura das águas, também a fé em Deus invisivelmente se gera no coração, se consagra pela graça invisível do Espírito através da água do batismo, se alimenta com o auxílio invisível da divina proteção, para não desfalecer, obra o bem de que é capaz com a mira nos prêmios invisíveis. Ou também a fé se compara ao peixe, porque assim como ele é batido pelas frequentes ondas do mar, sem que morra com isso, também a fé não se quebra com as adversidades".

167. Pelos: contração da preposição *por* com o pronome os. Uso comum nos clássicos. Em português moderno se contrai apenas quando o segundo elemento for artigo.

Vós sois o sal da terra. Haveis de saber, irmãos peixes, que o sal, filho do mar como vós, tem duas propriedades, as quais em vós mesmos se experimentam: conservar o são, e preservá-lo para que não se corrompa. Estas mesmas propriedades tinham as pregações do vosso pregador, Santo Antônio, como também as devem ter as de todos os pregadores. Uma é louvar o bem, outra é repreender o mal: louvar o bem para o conservar, e repreender o mal para preservar dele[168]. Nem cuideis que isto pertence só aos homens, porque também nos peixes tem seu lugar. Assim o diz o grande doutor da Igreja, São Basílio[169]: *Não temos só coisas a lamentar e a repreender nos peixes, mas também coisas a imitar e a louvar.* Quando Cristo comparou a sua Igreja à rede de pescar – *Rede atirada ao mar* – diz que os pescadores recolheram os peixes bons, e lançaram fora os maus: *Juntaram os peixes bons nas cestas, e jogaram fora os maus* (Mt 13,48). E onde há bons e maus, há que louvar e que repreender. Suposto isto, para que procedamos com clareza, dividirei, peixes, o vosso sermão em dois pontos: no primeiro, louvar-vos-ei vossas virtudes; no segundo, repreender-vos-ei os vossos vícios. E desta maneira satisfaremos às obrigações do sal, que melhor vos está ouvi-las vivos, que experimentá-las depois de mortos.

Começando, pois, pelos vossos louvores, irmãos peixes, bem vos pudera eu dizer que, entre todas as criaturas viventes e sensitivas, vós fostes as primeiras que Deus criou. A vós criou primeiro que às aves do ar, a vós primeiro que aos animais da terra, e a vós primeiro que ao mesmo homem. Ao homem deu Deus a monarquia e domínio de todos os animais dos três elementos, e nas provisões em que o honrou com estes poderes, os primeiros nomeados foram

168. No sermão do II domingo da Páscoa diz Santo Antônio: "A pregação deve ser sólida, apresentar palavras verdadeiras e não falsas, ridículas, frívolas, deve propor assuntos que levem às lágrimas. Assim como aguilhão, quando fere, faz correr sangue, e o espinho, que se espeta na mão, provoca grande dor, também as palavras dos sábios devem aguilhoar o coração do pecador e fazer brotar o sangue das lágrimas e provocar a dor dos pecados passados e das penas do inferno. A pregação deve corrigir, para que os ouvintes corrijam sua vida".

169. São Basílio (329-379) nasceu na Capadócia, educou-se em Cesareia, Constantinopla e Atenas. Cedo se fez monge. Em 370 foi sagrado bispo de Cesareia. Grande amigo de São Gregório de Nazianzo. Os dois com São Gregório de Nissa formam o famoso tripé teológico do século no Oriente. Muito dedicado aos pobres. Grande orador. Comentou vários livros da Sagrada Escritura, em particular os seis dias da criação. É um dos pais no monaquismo. Doutor da Igreja, sua festa se celebra no dia 2 de janeiro, juntamente com São Gregório de Nazianzo.

os peixes: *Para que domine sobre os peixes do mar, as aves do céu, os animais domésticos e todos os animais selvagens e répteis sobre a terra* (Gn 1,27). Entre todos os animais do mundo, os peixes são os mais, e os peixes são os maiores. Que comparação tem em número as espécies das aves e as dos animais terrestres com as dos peixes? Que comparação na grandeza o elefante com a baleia?[170] Por isso Moisés[171], cronista da criação, calando os nomes de todos os animais, só a ela nomeou pelo seu: *Criou Deus os cetáceos* (Gn 1,21). E os três músicos da fornalha de Babilônia o cantaram também, como singular entre todos[172]: *Baleias e tudo o que se move nas águas, bendizei o Senhor* (Dn 3,79). Estes e outros louvores, estas e outras excelências de vossa geração e grandeza, vos pudera dizer, ó peixes, mas isto é lá para os homens, que se deixam levar destas vaidades, e é também para os lugares em que tem lugar a adulação, e não para o púlpito.

Vindo, pois, irmãos, às vossas virtudes, que são as que só podem dar o verdadeiro louvor, a primeira que se me oferece aos olhos, hoje, é aquela obediência com que, chamados, acudistes todos pela honra de vosso Criador e Senhor, e aquela ordem e quietação, e atenção, com que ouvistes a Palavra de Deus na boca de seu servo Antônio. Oh! Grande louvor verdadeiramente para os peixes, e grande afronta e confusão para os homens! Os homens, perseguindo a Antônio, querendo-o lançar da terra, e ainda do mundo, se pudessem, porque lhes repreendia seus vícios, porque lhes não queria falar à vontade, e condescender com seus erros, e no mesmo tempo os peixes, em inumerável concurso, acudindo à sua voz, atentos e suspensos às suas palavras, escutando com silêncio e com sinais de admiração e assenso, como se tiveram entendimento, o que não entendiam. Quem olhasse neste passo para o mar e para a terra, e visse na terra os homens tão furiosos e obstinados, e no mar os peixes tão quietos e tão de-

170. Para Vieira neste sermão, baleia é peixe, como, aliás, pensavam todos os antigos. De fato, a baleia é o maior animal hoje existente, pois chega a 18 e 20m.

171. No tempo de Vieira e em tempos anteriores e até em nosso tempo, se atribuía a Moisés a autoria dos primeiros cinco livros da Escritura, o Pentateuco, muitas vezes até chamados "os livros de Moisés". A tradição judeu-cristã sempre atribuiu a Moisés a autoria dos livros. De fato, o Pentateuco contém a legislação mosaica e textos certamente de Moisés. Mas o uso diferente do nome de Deus, repetições, diferenças de estilo, descontinuidade narrativa e outros fatores fazem a crítica moderna, inclusive católica, aceitar a multiplicidade de autores e tradições

172. Trata-se dos três jovens hebreus postos por Nabucodonosor numa fornalha ardente. Chamavam-se Sidrac, Misac e Abdênago. O episódio e o canto estão no Livro de Daniel, capítulo 3.

votos, que havia de dizer? Poderia cuidar que os peixes irracionais se tinham convertido em homens, e os homens, não em peixes, mas em feras. Aos homens deu Deus o uso de razão, e não aos peixes; mas neste caso os homens tinham a razão sem o uso, e os peixes o uso sem a razão. Muito louvor mereceis, peixes, por este respeito e devoção que tivestes aos pregadores da Palavra de Deus, e tanto mais quanto não foi só esta vez em que assim o fizestes. Ia Jonas, pregador do mesmo Deus, embarcado em um navio, quando se levantou aquela grande tempestade[173]. E como o trataram os homens, como o trataram os peixes? Os homens lançaram-no ao mar a ser comido dos peixes; e o peixe que o comeu levou-o às praias de Nínive, para que lá pregasse e salvasse aqueles homens. É possível que os peixes ajudam à salvação dos homens, e os homens lançam ao mar os ministros da salvação? Vede, peixes, e não vos venha vanglória, quanto melhores sois que os homens. Os homens tiveram entranhas para deitar Jonas ao mar, e o peixe recolheu nas entranhas a Jonas, para o levar vivo à terra.

Mas porque nestas duas ações teve maior parte a onipotência que a natureza – como também em todas as milagrosas que obram os homens – passo às virtudes naturais e próprias vossas. Falando dos peixes, Aristóteles[174] diz que só eles, entre todos os animais, se não domam nem domesticam. Dos animais terrestres, o cão é tão doméstico, o cavalo tão sujeito, o boi tão serviçal, o bugio tão amigo ou tão lisonjeiro, e até os leões e os tigres com arte e benefícios se amansam. Dos animais do ar, afora aquelas aves que se criam e vivem conosco, o papagaio nos fala, o rouxinol nos canta, o açor nos ajuda e nos recreia, e até as grandes aves de rapina, encolhendo unhas, reconhecem a mão de quem recebem sustento. Os peixes, pelo contrário, lá se vivem nos seus mares e rios, lá se mergulham nos seus pegos[175], lá se escondem nas suas grutas, e não há nenhum tão grande, que se fie do homem, nem tão pequeno, que não fuja dele. Os autores comumente condenam esta condição dos peixes, e deitam à

173. A história do Profeta Jonas ocupa pouco mais de duas páginas na Escritura. O episódio da tempestade e da baleia (peixe grande) que engoliu o profeta vem contado em Jn 1 e 2. Jonas viveu no século IV a.C. Jesus comparou os três dias que passaria sepultado aos três dias e três noites que Jonas permaneceu no ventre do grande peixe: Mt 12,40; Mt 16,4; Lc 11,29-30.

174. Cf. nota 90.

175. Pego: forma abreviada de "pélago", mar profundo, mar alto, profundezas do mar.

pouca docilidade ou demasiada bruteza; mas eu sou de mui diferente opinião. Não condeno, antes louvo muito aos peixes este seu retiro, e me parece que, se não fora natureza, era grande prudência. Peixes, quanto mais longe dos homens tanto melhor: trato e familiaridade com eles, Deus vos livre! Se os animais da terra e do ar querem ser seus familiares, façam-no muito embora, que com suas pensões[176] o fazem. Cante-lhe aos homens o rouxinol, mas na sua gaiola; diga-lhe ditos o papagaio, mas na sua cadeia; vá com eles à caça o açor, mas nas suas pioses[177]; faça-lhe bufonerias o bugio, mas no seu cepo; contente-se o cão de lhe roer um osso, mas levado onde não quer pela trela; preze-se o boi de lhe chamarem formoso ou fidalgo, mas com o jugo sobre a cerviz, puxando pelo arado e pelo carro; glorie-se o cavalo de mastigar freios dourados, mas debaixo da vara e da espora; e se os tigres e os leões lhes comem a ração da carne que não caçaram no bosque, sejam presos e encerrados com grades de ferro. E, entretanto, vós peixes, longe dos homens e fora dessas cortesanias, vivereis só convosco sim, mas como peixes na água. De casa, e das portas a dentro, tendes o exemplo de toda esta verdade, o qual vos quero lembrar, porque há filósofos que dizem que não tendes memória.

No tempo de Noé sucedeu o dilúvio, que cobriu e alagou o mundo; e de todos os animais, quais livraram[178] melhor? Dos leões escaparam dois, leão e leoa, e assim dos outros animais da terra; das águias escaparam duas, fêmea e macho, e assim das outras aves. E dos peixes? Todos escaparam: antes, não só escaparam todos, mas ficaram muito mais largos que antes, porque a terra e o mar, tudo era mar. Pois se morreram daquele universal castigo todos os animais da terra e todas as aves, por que não morreram também os peixes? Sabeis por quê? – diz Santo Antônio – porque os outros animais, como mais domésticos, ou mais vizinhos, tinham mais comunicação com os homens; os peixes viviam longe e retirados deles[179]. Facilmente pudera Deus fazer que as águas

176. Pensão: aqui significa pagamento, ônus.

177. Pioses: a corrente com que se amarram pelo pé os pássaros caseiros como o papagaio e a arara.

178. Livraram: hoje certamente empregaríamos a forma reflexiva.

179. Não encontrei em lugar nenhum esta explicação de Santo Antônio, nem nos livros atribuídos a ele. Provavelmente isso vem dito na edição dos *Fioretti* a que Vieira teve acesso.

fossem venenosas e matassem todos os peixes, assim como afogaram todos os outros animais. Bem o experimentais na força daquelas ervas, com que, infeccionados os poços e lagos, a mesma água vos mata; mas como o dilúvio era um castigo universal que Deus dava aos homens por seus pecados, e ao mundo pelos pecados dos homens, foi altíssima providência da divina justiça que nele houvesse esta diversidade ou distinção, para que o mesmo mundo visse que da companhia dos homens lhe viera todo o mal, e por isso os animais que viviam mais perto deles foram também castigados, e os que andavam longe ficaram livres. Vede, peixes, quão grande bem é estar longe dos homens. Perguntado um grande filósofo qual era a melhor terra do mundo, respondeu que a mais deserta, porque tinha os homens mais longe. Se isto vos pregou também Santo Antônio, e foi este um dos benefícios de que vos exortou a dar graças ao Criador, bem vos pudera alegar consigo, que quanto mais buscava Deus tanto mais fugia dos homens. Para fugir dos homens deixou a casa de seus pais, e se recolheu ou acolheu a uma religião onde professasse perpétua clausura. E porque nem aqui o deixavam os que ele tinha deixado, primeiro deixou Lisboa, depois Coimbra, e finalmente Portugal. Para fugir e se esconder dos homens, mudou o hábito, mudou o nome, e até a si mesmo se mudou, ocultando sua grande sabedoria debaixo da opinião de idiota, com que não fosse conhecido, nem buscado, antes, deixado de todos, como lhe sucedeu com seus próprios irmãos no Capítulo Geral de Assis[180]. Dali se retirou a fazer vida solitária em um ermo[181], do qual nunca saíra, se Deus, como por força, o não manifestara, e por fim acabou a vida em outro deserto[182], tanto mais unido com Deus quanto mais apartado dos homens.

180. Cf. nota 150 e 154.

181. Ermo: aqui significa eremitério, de que, aliás, é a forma apocopada. São Francisco escreveu uma regra especial para quem quisesse passar algum tempo num eremitério; via de regra, um pequeno convento, escondido na encosta de alguma montanha ou no silêncio de algum vale. Santo Antônio foi levado para o eremitério de Montepaolo, a meia-encosta dos contrafortes dos Apeninos, provavelmente para ser a "mãe da casa", isto é, o frade que se ocupa dos trabalhos domésticos, inclusive da cozinha e portaria, enquanto os outros se dedicam à oração e à contemplação.

182. Vieira alude ao fato de estar Santo Antônio, quando morreu, em Camposampiero, fora de Pádua, em lugar retirado e recolhido para terminar suas obras.

As virtudes de alguns peixes

Este é, peixes, em comum, o natural que em todos vós louvo, e a felicidade de que vos dou os parabéns, não sem inveja. Descendo ao particular, infinita matéria fora se houvera de discorrer pelas virtudes de que o Autor da natureza a dotou e fez admirável em cada um de vós. De alguns somente farei menção. E o que tem o primeiro lugar entre todos, como tão celebrado na Escritura, é aquele Santo Peixe de Tobias, a quem o texto sagrado não dá outro nome que de grande, como verdadeiramente o foi nas virtudes interiores, em que só consiste a verdadeira grandeza[183]. Ia Tobias caminhando com o anjo São Rafael, que o acompanhava, e descendo a lavar os pés do pó do caminho nas margens de um rio, eis que o investe um grande peixe com a boca aberta, em ação de que o queria tragar. Gritou Tobias assombrado, mas o anjo lhe disse que pegasse no peixe pela barbatana, e o arrastasse para terra, que o abrisse e lhe tirasse as entranhas, e as guardasse, porque lhe haviam de servir muito. Fê-lo assim Tobias, e perguntando que virtude tinham as entranhas daquele peixe que lhe mandara guardar, respondeu o anjo que o fel era bom para sarar da cegueira, e o coração para lançar fora os demônios: *O coração e o fígado do peixe, queimados sobre brasas, afastam qualquer tipo de demônio; e o fel, se com ele ungires os olhos de uma pessoa atingida por leucomas, lhe trará a cura* (Tb 6,8-9). Assim o disse o anjo, e assim o mostrou logo a experiência, porque sendo o pai de Tobias cego, aplicando-lhe o filho aos olhos um pequeno[184] do fel, cobrou inteiramente a vista, e tendo um demônio, chamado Asmodeu[185], morto sete maridos a Sara, casou com ela o mesmo Tobias, e queimando na casa parte do coração, fugiu dali o demônio, e nunca mais tornou. De sorte que o fel daquele peixe tirou a cegueira a Tobias, o velho, e lançou os demônios de casa a Tobias, o moço. Um peixe de tão bom coração e de tão proveitoso fel, quem o não louvara muito? Certo que se a este peixe o vestiram de burel e o ataram com uma corda, pareceria um retrato marítimo de Santo Antônio[186]. Abria Santo Antônio a boca contra os hereges,

183. Esta história de Tobias vem narrada no Livro de Tobias, capítulo 6.

184. Pequeno: um pedacinho.

185. Asmodeu (Tb 3,8): um nome persa para o demônio da ira e da violência. Em hebraico o nome lembra "aquele que faz perecer".

186. Ao menos três vezes nos sermões Santo Antônio recorre a esta passagem de Tobias. Assim no XX domingo de Pentecostes: "Vejamos o que significam o peixe, o seu coração, o fel e o

e enviava-se a eles, levado do fervor e zelo da fé e glória divina. E eles, que faziam? Gritavam como Tobias, e assombravam-se com aquele homem, e cuidava que os queria comer. Ah! homens, se houvesse um anjo que vos revelasse qual é o coração desse homem, e esse fel, que tanto vos amarga, quão proveitoso e quão necessário vos é! Se vós lhe abrísseis esse peito, e lhe vísseis as entranhas, como é certo que havíeis de achar e conhecer claramente nelas que só duas coisas pretende de vós e convosco: uma é alumiar e curar vossas cegueiras, e outra lançar-vos os demônios fora de casa. Pois, a quem vos quer tirar as cegueiras, a quem vos quer livrar dos demônios, perseguis vós? Só uma diferença havia entre Santo Antônio e aquele peixe: que o peixe abriu a boca contra quem se lavava, e Santo Antônio abria a sua boca contra os que se não queriam lavar. Ah! moradores do Maranhão, quanto eu vos pudera agora dizer neste caso! Abri, abri essas entranhas; vede, vede[187] esse coração. Mas ah! sim, que me não lembrava! Eu não vos prego a vós, prego aos peixes.

Passando dos da Escritura aos da História Natural, quem haverá que não louve e admire muito a virtude tão celebrada da rêmora?[188] No dia de um santo menor[189], os peixes menores devem preferir aos outros. Quem haverá, digo, que não admire a virtude daquele peixezinho tão pequeno no corpo, e tão grande na força e no poder, que não sendo maior de um palmo, se se pega ao leme de uma nau da índia, apesar das velas, e dos ventos e de seu próprio

---

fígado. O peixe é Cristo. Foi Ele o primeiro a subir, isto é, a oferecer-se à morte pela nossa redenção. O que fora encontrado na boca do peixe foi entregue para solver a dívida de Pedro e do Senhor. E não sem motivo se fala de preço igual conquanto dividido, porque foi dado por Pedro, como por um pecador, e pelo Senhor que não fizera pecado. Chamam àquela moeda estáter, moeda de duas didracmas, com o fim de mostrar a semelhança da carne, enquanto pelo mesmo preço são libertados o senhor e o servo. Ou então, o estáter é a misericórdia e a justiça na boca de Cristo. O coração designa a sabedoria; o fel, a amargura; o fígado o amor de Cristo. Com o gosto da sabedoria condimenta a tua insipidez; mistura a amargura do seu sofrimento à tua doçura; põe o seu amor acima de todo o amor. Amor sem o amor de Cristo não se deve dizer amor, mas dor".

187. Abri, abri – vede, vede: exemplo de anáfora.

188. Rêmora: esse peixe se caracteriza por ter um disco adesivo sobre a cabeça, com o qual se prende ao ventre dos grandes peixes ou no fundo de uma embarcação, deixando-se assim transportar. Conta a lenda que, apesar de pequenos, conseguem retardar os navios. No Brasil é conhecido também por "peixe-piolho" ou "pegador".

189. Da Ordem dos Frades Menores.

peso e grandeza, aprende e amarra mais que as mesmas âncoras, sem se poder mover nem ir por diante. Oh! se houvera uma rêmora na terra que tivesse tanta força como a do mar, que menos perigos haveria na vida, e que menos naufrágios no mundo! Se alguma rêmora houve na terra, foi a língua de Santo Antônio, na qual, como na rêmora, se verifica o verso de São Gregório Nazianzeno[190]: *Apesar de pequena, a língua, com sua força, vence tudo.* O apóstolo São Tiago, naquela sua eloquentíssima Epístola, compara a língua ao leme da nau e ao freio do cavalo[191]. Uma e outra comparação juntas declaram maravilhosamente a virtude da rêmora, a qual, pegada ao leme da nau, é freio da nau e leme do leme. E tal foi a virtude e força da língua de Santo Antônio. O leme da natureza humana é o alvedrio[192], o piloto é a razão[193]: mas quão poucas vezes obedecem à razão os ímpetos precipitados do alvedrio? Neste leme, porém, tão desobediente e rebelde, mostrou a língua de Antônio, quanta força tinha, como rêmora, para domar e parar a fúria das paixões humanas. Quantos, correndo fortuna na Nau-Soberba, com as velas inchadas do vento e da mesma soberba – que também é vento – se iam desfazer nos baixos, que já rebentavam por proa, se a língua de Antônio, como rêmora, não tivesse mão no leme até que as velas se amainassem, como mandava a razão, e cessasse a tempestade de fora e a de dentro? Quantos, embarcados na Nau-Vingança, com a artilharia abocada e os botafogos acesos, corriam enfunados a dar-lhe batalha, onde se queimariam ou deitariam a pique, se a rêmora da língua de Antônio lhes não

---

190. Gregório Nazianzeno ou de Nazianzo (329-390): Com São Basílio e São Gregório de Nissa forma o trio teológico-pastoral da Capadócia. Tanto seu pai e sua mãe quanto seu irmão e sua irmã estão no calendário dos santos. Formado nas melhores escolas do tempo, deixou 45 sermões e 245 cartas e alguns poemas. Foi bispo de Constantinopla e lutou contra o arianismo. Tem o apelido de "O Teólogo". Sua festa se celebra junto com a de São Basílio Magno, no dia 2 de janeiro.

191. Cf. Tg 3,3-5.

192. Alvedrio: arbítrio, vontade própria.

193. Diz Santo Antônio no XV sermão de Pentecostes: "Quando a razão reina, ela pacifica o espírito angustiado, clarifica a consciência, dulcifica o coração, molifica as coisas ásperas, torna leves as coisas pesadas. Se o homem a serve, encontra a graça, torna-se livre. Ó livre servidão, ó serva liberdade!" E no sermão do XVI domingo de Pentecostes: "Deus constituiu como guarda do homem a três princípios: a razão, a inteligência e a memória. O primeiro, a razão, deve segurar o cavalo, não vá o corpo vaguear por aqui e por ali. Deve levá-lo pelas praças da cidade, que figuram a concórdia fraternal, para que não se extravie".

detivesse a fúria, até que, composta a ira e ódio, com bandeiras de paz se salvassem amigavelmente? Quantos, navegando na Nau-Cobiça, sobrecarregada até as gáveas[194], aberta com o peso por todas as costuras, incapaz de fugir nem se defender, dariam nas mãos dos corsários, com perda do que levavam e do que iam buscar, se a língua de Antônio os não fizesse parar como rêmora, até que, aliviados da carga injusta, escapassem do perigo e tomassem porto? Quantos na Nau-Sensualidade, que sempre navega com cerração, sem sol de dia nem estrela de noite, enganados do canto das sereias, e deixando-se levar da corrente, se iriam perder cegamente ou em Sila, ou em Caribdes[195], onde não aparecesse navio nem navegante, se a rêmora da língua de Antônio os não contivesse até que esclarecesse a luz e se pusessem em via? Esta é a língua, peixes, do vosso grande pregador, que também foi rêmora vossa, enquanto o ouvistes, e porque agora está muda – posto que ainda se conserva inteira[196] – se veem, e choram na terra tantos naufrágios.

---

194. Gávea: Espécie de guarita colocada a certa altura dos mastros e atravessada por eles.

195. Sila e Caribdes (em italiano Scilla e Cariddi). Sila é um rochedo no mar, nas costas da Calábria, no estreito de Messina. Caribdes é um redemoinho marítimo, situado perto de Sila. Segundo a mitologia esse vórtice é o que sobrou de uma ninfa, filha de Netuno e da Terra, castigada por Júpiter. O rochedo e o redemoinho foram celebrizados por Homero no cântico XXI da *Odisseia*. Citam-se na literatura para indicar dois perigos grandes, perto um do outro, e entre os quais se deve passar, evitando um e outro. Santo Antônio cita, neste mesmo sentido, Caribdes no XIX sermão de Pentecostes: "Dorme no meio do mar quem entorpece nas ondas dos pensamentos e na amargura dos pecados. Assemelha-se ao piloto sonolento que, perdido o leme, isto é, o governo da razão da sua vida, leva o barco para Caribdes da morte eterna".

196. Até hoje se venera num relicário especial, na Basílica de Santo Antônio, em Pádua, sua língua. Os *Fioretti* contam: "No ano da Encarnação do Senhor de 1263, depois que, pelos méritos e intercessão de Santo Antônio, a Deus aprouve que a cidade de Pádua fosse livre do poder e jugo do tirano Ezelino que por muitos anos a devastara, os paduanos, em prova de sua muita devoção a Santo Antônio e em sinal de gratidão, levantaram em sua honra igreja grande e magnífica. E porque resolveram trasladar seu bem-aventurado corpo para sepulcro novo, fizeram as precisas escavações no sítio onde ele por mais de vinte e sete anos estivera enterrado. E quando, no oitavo dia de Pentecostes, se procedia à trasladação, foi encontrada sua língua fresca, avermelhada e formosa como se naquela mesma hora o bem-aventurado padre tivesse morrido.
E o honrado varão Frei Boaventura, que ao tempo era Ministro Geral da Ordem e depois foi cardeal e bispo de Albano, assistindo à dita trasladação, com muita reverência pegou nas mãos a língua do Santo e, banhado em lágrimas de alegria, voltou-se para o povo e exclamou: *Ó língua bendita, que sempre a Deus louvaste e bendisseste, e aos outros ensinaste a louvá-lo e bendizê-lo, agora nos mostras quantos foram teus méritos junto de Deus!*
E, enquanto assim falava, a beijava docemente. Depois, mandou colocá-la honrosamente em lugar separado".

Mas para que da admiração de uma tão grande virtude vossa passemos ao louvor ou inveja de outra não menor, admirável é igualmente a qualidade daquele outro peixezinho, a que os latinos chamaram torpedo. Ambos estes peixes conhecemos cá mais de fama que de vista, mas isto têm as virtudes grandes, que quanto são maiores, mais se escondem. Está o pescador com a cana na mão, o anzol no fundo e a boia sobre a água, e em lhe picando na isca o torpedo, começa a lhe tremer o braço. Pode haver maior, mais breve e mais admirável efeito? De maneira que num momento passa a virtude do peixezinho da boca ao anzol, do anzol à linha, da linha à cana, e da cana ao braço do pescador. Com muita razão disse que este vosso louvor o havia de referir com inveja. Quem dera aos pescadores do nosso elemento, ou quem lhes pusera esta qualidade tremente em tudo o que pescam na terra! Muito pescam, mas não me espanto do muito; o que me espanta é que pesquem tanto e que tremam tão pouco. Tanto pescar e tão pouco tremer? Pudera-se fazer problema onde há mais pescadores e mais modos e traças[197] de pescar, se no mar ou na terra? E é certo que na terra. Não quero discorrer por eles, ainda que fora grande consolação para os peixes; baste fazer a comparação com a cana, pois é o instrumento do nosso caso. No mar pescam as canas, na terra pescam as varas – e tanta sorte de varas – pescam as ginetas, pescam as bengalas, pescam os bastões, e até os cetros[198] pescam, e pescam mais que todos, porque pescam cidades e reinos inteiros. Pois, é possível que, pescando os homens coisas de tanto peso, lhes não trema a mão e o braço? Se eu pregara aos homens e tivera a língua de Santo Antônio, eu os fizera tremer. Vinte e dois pescadores destes

---

Em 1981, no 750º aniversário de sua morte, os ossos de Santo Antônio passaram por um reconhecimento. Milhares de pessoas os puderam ver. A relíquia de sua língua percorreu o mundo em 1995, no oitavo centenário de seu nascimento. O Frei Boaventura, de que falam os *Fioretti,* que presenciou como Ministro Geral o achado da língua incorrupta, é santo e doutor da Igreja. Sua festa se celebra no dia 15 de julho. Viveu de 1217 a 1274 e teve destacado papel na Ordem e na Igreja. Morreu durante o Concílio Ecumênico de Lyon. Era teólogo, poeta, asceta e místico. Como ministro Geral mandou queimar todas as biografias de São Francisco que tivessem páginas fantasiosas.

197. Traças aqui tem o sentido de astúcia, ardil, artimanha.

198. Atrás de gineta, bengala, bastão e cetro, Vieira vê, por ordem, os militares, os comerciantes, os nobres e os reis, ou seja, todas as chamadas classes altas.

se acharam acaso a um sermão de Santo Antônio[199], e as palavras do Santo os fizeram tremer a todos, de sorte que todos, tremendo, se lançaram a seus pés, todos, tremendo, confessaram seus furtos, todos, tremendo[200], restituíram o que podiam – que isto é o que faz tremer mais neste pecado que nos outros – todos, enfim, mudaram de vida e de ofício, e se emendaram.

Quero acabar este discurso dos louvores e virtudes dos peixes, com um que não sei se foi ouvinte de Santo Antônio, e aprendeu dele a pregar. A verdade é que me pregou a mim, e se eu fora outro, também me convertera. Navegando daqui para o Pará – que é bem não fiquem de fora os peixes da nossa costa – vi correr pela tona da água, de quando em quando, a saltos, um cardume de peixinhos que não conhecia, e como me dissessem que os portugueses lhes chamavam quatro-olhos, quis averiguar ocularmente a razão deste nome, e achei que verdadeiramente têm quatro olhos, em tudo cabais e perfeitos. Dá graças a Deus, lhe disse, e louva a liberalidade de sua Divina Providência para contigo, pois às águias, que são os linces do ar, deu somente dois olhos, e aos linces, que são as águias da terra, também dois, e a ti peixinho, quatro. Mais me admirei ainda considerando nesta maravilha a circunstância do lugar. Tantos instrumentos de vista a um bichinho do mar nas praias daquelas mesmas

199. Os *Fioretti:* "Em torno de 1292, um homem muito velho contou a um frade menor ter conhecido Santo Antônio. Era ele ladrão e salteador, pertencendo a um bando de 12 que, vivendo escondidos no mato, roubavam a vizinhança. Os 12 combinaram de, em vestes disfarçadas, irem escutar um sermão. Não acreditavam no que ouviam falar, isto é, que a pregação do Santo era como um facho ardente, um novo Profeta Elias, que convencia a todos. No dia combinado foram ouvir a prédica. E, escutando as palavras de fogo, começaram a sentir remorsos e arrependimento de seus roubos. Terminado o sermão foram confessar-se dos crimes e pecados. O Santo escutou um depois do outro, impôs a cada um uma penitência salutar, rogando-lhes que não retornassem à vida de ladrões. Prometeu a felicidade eterna aos que perseverassem no bom caminho e desgraças espantosas aos que retornassem à rapina. O velho contou que, de fato, alguns recaíram no crime e não demoraram a morrer na ignomínia. Os outros terminaram seus dias na paz do Senhor. A ele, o Santo lhe tinha dado como penitência peregrinar doze vezes aos túmulos dos apóstolos Pedro e Paulo em Roma. E justamente estava retornando pela última vez de Roma, quando contou chorando o fato ao frade, dizendo que esperava agora, conforme a promessa do Santo, as alegrias da vida eterna".
Note-se que Vieira fala em 22, quando os *Fioretti* falam em 12 ladrões. Em nenhuma das legendas a que tive acesso se fala em 22. Mas deve constar esse número na legenda que Vieira possuía, porque, sempre que se refere ao episódio, fala em 22.

200. Observe-se a beleza e a força da repetição do verbo tremer para indicar o arrependimento verdadeiro de que ficaram possuídos.

terras vastíssimas, onde permite Deus que estejam vivendo em cegueira tantos milhares de gentes há tantos séculos?[201] Oh! quão altas e incompreensíveis são as razões de Deus, e quão profundo o abismo de seus juízos![202]

Filosofando, pois, sobre a causa natural desta providência, notei que aqueles quatro olhos estão lançados um pouco fora do lugar ordinário, e cada par deles, unidos como os dois vidros de um relógio de areia, em tal forma, que os da parte superior olham diretamente para cima, e os da parte inferior diretamente para baixo. E a razão desta nova arquitetura é porque estes peixinhos, que sempre andam na superfície da água, não só são perseguidos dos outros peixes maiores do mar, senão também de grande quantidade de aves marítimas, que vivem naquelas praias; e como têm inimigos no mar e inimigos no ar, dobrou-lhes a natureza as sentinelas, e deu-lhes dois olhos, que direitamente olhassem para cima, para se vigiarem das aves, e outros dois, que direitamente olhassem para baixo, para se vigiarem dos peixes. Oh! que bem informara estes quatro olhos uma alma racional, e que bem-empregada fora neles, melhor que em muitos homens! Esta é a pregação que me fez aquele peixezinho, ensinando-me que, se tenho fé e uso de razão, só devo olhar direitamente para cima, e só direitamente para baixo: para cima considerando que há céu, e para baixo, lembrando-me que há inferno. Não me alegou para isso passo da Escritura, mas então me ensinou o que quis dizer Davi em um, que eu não entendia: *Voltai-me, Senhor, os olhos, para que não vejam a vaidade* (Sl 118,37). Pois, Davi não podia voltar os seus olhos para onde quisesse? Do modo que ele queria, não. Ele queria voltados os seus olhos de modo que não vissem a vaidade, e isto não o podia fazer neste mundo para qualquer parte que voltasse os olhos, porque neste mundo tudo é vaidade: *Vaidade das vaidades, tudo é vaidade* (Ecl 1,2). Logo, para não verem os olhos de Davi a vaidade, havia-lhos de voltar Deus de modo que só vissem e olhassem para o outro mundo, em ambos seus hemisférios: ou para o de cima, olhando direitamente só para o céu, ou para o de baixo, olhando direitamente só para o inferno. E esta é a mercê que pedia a Deus aquele grande profeta, e esta a doutrina que me pregou aquele peixinho tão pequeno.

---

201. Vieira alude aos indígenas, que eram ainda milhares na Amazônia, e privados da luz da fé.

202. Cf. Rm 11,33.

Mas ainda que o céu e o inferno se não fez[203] para vós, irmãos peixes, acabo e dou fim a vossos louvores, com vos dar as graças do muito que ajudais a ir ao céu, e não ao inferno, os que se sustentam de vós. Vós sois os que sustentais as Cartuxas e os Bussacos[204], e todas as santas famílias que professam mais rigorosa austeridade; vós os que a todos os verdadeiros cristãos ajudais a levar a penitência das quaresmas; vós aqueles com que o mesmo Cristo festejou a sua Páscoa, as duas vezes que comeu com seus discípulos depois de ressuscitado[205]. Prezem-se as aves e os animais terrestres de fazer esplêndidos e custosos os banquetes dos ricos, e vós gloriai-vos de ser companheiros do jejum e da abstinência dos justos. Tendes todos quantos sois tanto parentesco e simpatia com a virtude, que, proibindo Deus no jejum a pior e mais grosseira carne, concede o melhor e mais delicado peixe. E posto que na semana só dois se chamam vossos[206], nenhum dia vos é vedado. Um só lugar vos deram os astrólogos entre os signos celestes; mas os que só de vós se mantêm na terra, são os que têm mais seguros os lugares do céu. Enfim, sois criaturas daquele elemento cuja fecundidade entre todos é própria do Espírito Santo: *O Espírito do Senhor fecundava as águas*[207].

Deitou-vos Deus a bênção que crescêsseis e multiplicásseis; e para que o Senhor vos confirme essa bênção, lembrai-vos de não faltar aos pobres com o seu remédio. Entendei que, no sustento dos pobres, tendes seguros os vossos aumentos. Tomai o exemplo nas irmãs sardinhas. Por que cuidais que as mul-

---

203. Este é um exemplo do "se" sujeito, tão condenado pelos professores de português. Substitua-se o "se" por "Deus" e se verá claramente que tem função de sujeito da frase.

204. Cartuxa é o nome dado aos mosteiros dos religiosos de São Bruno, ordem fundada em 1086, nas montanhas dos pré-alpes franceses, naquele tempo diocese de Grenoble. A região se chamava e chama *La Grande Chartreuse*, daí o nome da ordem. Chartreuse foi dar "Cartuxa" em português, "Certosa" em italiano e "Cartuja" em espanhol. Já bussaco é o nome de uma serra na província portuguesa do Douro, em Portugal. Havia nela um mosteiro dos crúzios, ou seja, da Ordem de Santa Cruz, também muito rigorosa. Seus religiosos eram chamados "os bussacos", por viverem naquela serra. Há quem grafe "buçacos".

205. Cf. Jo 21 e Lc 24,36-42. Em diversos sermões Santo Antônio se refere a estes episódios depois da ressurreição. Assim no sermão festivo da Ressurreição, na passagem em que Jesus pede alguma coisa para comer e eles lhe dão um pedaço de peixe: "O peixe assado é aquele Mediador padecente, apanhado nas águas do gênero humano com o laço da morte, assado na paixão".

206. Dois dias: as quartas e sextas.

207. Esta frase é de Gn 1,2, mas na versão dos LXX. A Vulgata em vez de "faecundabat" traz "ferebatur", isto é, "corria por sobre", "soprava". Vieira costumeiramente usava a Vulgata, mas, de vez em quando, se servia dos LXX.

tiplica o Criador em número tão inumerável? Porque são sustento de pobres. Os solhos[208] e os salmões são muito contados, porque servem à mesa dos reis e dos poderosos; mas o peixe que sustenta a fome dos pobres de Cristo, o mesmo Cristo o multiplica e aumenta. Aqueles dois peixes, companheiros dos cinco pães do deserto[209], multiplicaram tanto que deram de comer a cinco mil homens. Pois, se peixes mortos, que sustentam a pobres, multiplicam tanto, quanto mais e melhor o farão os vivos. Crescei peixes, crescei e multiplicai, e Deus vos confirme a sua bênção.

A crueldade do devorar-se uns aos outros

Antes, porém, que vos vades, assim como ouvistes os vossos louvores, ouvi também agora as vossas repreensões. Servir-vos-ão de confusão, já que não seja de emenda. A primeira coisa que me desedifica, peixes, de vós, é que vos comeis uns aos outros. Grande escândalo é este, mas a circunstância o faz ainda maior. Não só vos comeis uns aos outros, senão que os grandes comem os pequenos. Se fora pelo contrário, era menos mal. Se os pequenos comeram os grandes, bastara um grande para muitos pequenos; mas, como os grandes comem os pequenos, não bastam cem pequenos, nem mil para um só grande. Olhai como estranha isto Santo Agostinho[210]: *Os homens, com suas más e perversas cobiças, vêm a ser como os peixes, que se comem uns aos outros.* Tão

---

208. Solho: peixe marinho que busca os rios; hoje é mais usado no feminino: solha; ou pelo nome genérico de linguado. O nome solho ou solha vem de sua forma: como a sola de uma sandália (*solea* em latim).

209. Cf. Jo 6,8-13.

210. Santo Agostinho (354-430): Ele mesmo conta sua vida nas *Confissões,* um dos mais famosos e mais lidos livros da literatura mundial. Foi convertido e batizado por Santo Ambrósio. Bispo de Hipona, no norte da África, de onde era, aliás, originário, travou intensa luta contra hereges, sobretudo arianos, maniqueus, pelagianos e donatistas. É o escritor mais fecundo até hoje. Entre livros, cartas e tratados temos mais de mil textos. Suas obras, além da autobiografia, estão no campo da filosofia, da dogmática, da apologética, da moral, da exegese, da pastoral, da música. A influência de seu pensamento e de sua cosmovisão foi imensa na Igreja, que o tem como seu maior doutor, e na sociedade ocidental. Está entre as pessoas sobre as quais mais se escreveu até hoje. É o doutor da Igreja mais citado (40 obras), embora implicitamente, por Santo Antônio nos sermões, o que não estranha havendo ele feito seus estudos de teologia como Cônego de Santo Agostinho. É também autor fundamental para todo o pensamento antropológico, filosófico e teológico franciscano.

alheia coisa é, não só da razão, mas da mesma natureza, que, sendo todos criados do mesmo elemento, todos cidadãos da mesma pátria, e todos, finalmente, irmãos, vivais de vos comer. Santo Agostinho, que pregava aos homens, para encarecer a fealdade deste escândalo, mostrou-lhe nos peixes, e eu que prego aos peixes, para que vejais quão feio e abominável é, quero que o vejais nos homens. Olhai, peixes, lá do mar para a terra. Não, não: não é isso o que vos digo. Vós virais os olhos para os matos e para o sertão? Para cá, para cá: para a cidade é que haveis de olhar. Cuidais que só os tapuias se comem uns aos outros? Muito maior açougue é o de cá, muito mais se comem os brancos. Vedes vós todo aquele bolir, vedes todo aquele andar, vedes aquele concorrer às praças e cruzar as ruas; vedes aquele subir e descer as calçadas, vedes aquele entrar e sair sem quietação nem sossego? Pois tudo aquilo é andarem buscando os homens como hão de comer, e como se hão de comer.

Morreu algum deles: vereis logo tantos sobre o miserável a despedaçá-lo e comê-lo. Comem-no os herdeiros, comem-no os testamenteiros, comem-no os legatários, comem-no os acredores, comem-no os oficiais dos órfãos, e os dos defuntos e ausentes; comeu o médico que o curou, ou ajudou a morrer; comeu o sangrador que lhe tirou o sangue; comeu a mesma mulher, que de má vontade lhe dá para mortalha o lençol mais velho da casa; comeu o que lhe abre a cova, o que lhe tange os sinos, e os que, cantando, o levam a enterrar; enfim ainda ao pobre defunto o não comeu a terra, e já o tem comido toda a terra[211]. Já se os homens se comeram somente depois de mortos, parece que era menos horror e menos matéria de sentimento. Mas, para que conheçais a que chega a vossa crueldade, considerai, peixes, que também os homens se comem vivos, assim como vós. Vivo estava Jó quando dizia: *Por que me perseguis e sois insaciáveis de minha carne?* (Jó 19,22). Por que me perseguis tão desumanamente, vós que me estais comendo vivo e fartando-vos da minha carne? Quereis ver um Jó destes? Vede um homem, desses que andam perseguidos de pleitos ou acusados de crimes, e olhai quantos o estão comendo. Comeu o meirinho[212], comeu o carcereiro, comeu o escrivão, comeu o solicitador, comeu o advogado, comeu o inqui-

211. Observe-se o belo trocadilho que Vieira faz com a palavra terra.

212. Meirinho: antigo oficial de justiça que tinha o direito de prender, citar, penhorar bens e executar mandatos judiciais.

ridor, comeu a testemunha, comeu[213] o julgador, e ainda não está sentenciado, e já está comido. São piores os homens que os corvos. O triste que foi à forca, não o comem os corvos, senão depois de executado e morto; e o que anda em juízo, ainda não está executado nem sentenciado, e já está comido.

E para que vejais como estes comidos na terra são os pequenos, e pelos mesmos modos com que vós vos comeis no mar, ouvi a Deus queixando-se deste pecado: *Acaso nenhum desses que praticam a maldade toma consciência? Eles devoram minha plebe como devoram um pedaço de pão* (Sl 14,4). Cuidais, diz Deus, que não há de vir tempo em que conheçam e paguem o seu merecido aqueles que cometem a maldade? E que maldade é esta, à qual Deus singularmente chama a maldade, como se não houvera outra no mundo? E quem são aqueles que a cometem? A maldade é comerem-se os homens uns aos outros, e os que a cometem são os maiores, que comem os pequenos: *Que devoram minha plebe como devoram um pedaço de pão.* Nestas palavras, pelo que vos toca, importa, peixes, que advirtais muito outras tantas coisas quantas são as mesmas palavras. Diz Deus que comem os homens não só o seu povo, senão declaradamente a sua plebe – *minha plebe* –, porque a plebe e os plebeus, que são os mais pequenos, os que menos podem e os que menos avultam na república, estes são os comidos. E não só diz que os comem de qualquer modo, senão que os engolem e os devoram, porque os grandes, que têm o mando das cidades e das províncias, não se contenta a sua fome de comer os pequenos um por um, ou poucos a poucos, senão que devoram e engolem os povos inteiros. E de que modo os devoram e comem? *Como um pedaço de pão*: não como os outros comeres, senão como pão. A diferença que há entre o pão e os outros comeres é que para a carne há dias de carne, e para o peixe, dias de peixe, e para as frutas, diferentes meses no ano; porém o pão é comer de todos os dias, que sempre e continuadamente se come, e isto é o que padecem os pequenos. São o pão cotidiano dos grandes, e assim como o pão se come com tudo[214], assim

213. Observe-se a força da anáfora. A repetição do "comeu" dá a imagem de uma imensa e generalizada comilança, exatamente a imagem procurada pelo pregador. É mais reforçada ainda, porque é repetição do item anterior.

214. Várias vezes nos sermões Santo Antônio fala do pão e sempre recordando que o pão vai bem com todos os alimentos. Assim, no sermão das Ladainhas: "Chama-se pão por se comer com todo o alimento. Figura a caridade, que deve acompanhar todo o alimento da boa ação.

com tudo e em tudo são comidos os miseráveis pequenos, não tendo nem fazendo ofício em que os não carreguem, em que os não multem, em que os não defraudem, em que os não comam, traguem e devorem: *Que devoram a minha plebe como um pedaço de pão.* Parece-vos bem isto, peixes? Representa-se-me que com o movimento das cabeças estais todos dizendo que não, e com olhardes uns para os outros, vos estais admirando e pasmando de que entre os homens haja tal injustiça e maldade! Pois isto mesmo é o que vós fazeis. Os maiores comeis os pequenos, e os muito grandes, não só os comem um por um, senão os cardumes inteiros, e isto continuadamente, sem diferença de tempos, não só de dia, senão também de noite, às claras e às escuras, como também fazem os homens.

Se cuidais, porventura, que estas injustiças entre vós se toleram e passam sem castigos, enganais-vos. Assim como Deus as castiga nos homens, assim também, por seu modo, as castiga em vós. Os mais velhos que me ouvis e estais presentes, bem vistes neste Estado, e quando menos ouviríeis murmurar aos passageiros nas canoas, e muitos mais lamentar aos miseráveis remeiros delas, que os maiores, que cá foram mandados, em vez de governar e aumentar o mesmo Estado, o destruíram, porque toda a fome que de lá traziam, a fartavam em comer e devorar os pequenos. Assim foi. Mas se entre vós se acham acaso alguns dos que, seguindo a esteira dos navios, vão com eles a Portugal e tornam para os mares pátrios, bem ouviriam estes lá no Tejo, que esses mesmos maiores que cá comiam os pequenos, quando lá chegam, acham outros maiores que os comam também a eles. Este é o estilo da divina justiça, tão antigo e manifesto, que até os gentios o conheceram e celebraram[215]:

Assim como a mesa sem pão parece denotar miséria, também sem caridade as demais virtudes nada são. Apenas são perfeitas na caridade".

215. Vieira cita o verso em latim e não dá a tradução. Preferimos colocar logo a tradução, deixando aqui o original latino:
Vos quibus rector maris atque terrae
Ius dedit magnum necis atque vitae,
Ponite inflatos tumidosque vultus:
Quidquid a vobis minor extimescit
Major hoc vobis dominus minatur.

Vós, a quem o governador do mar e da terra
concedeu o grande direito de vida e de morte,
recolhei vossa prepotência e orgulho,
porque tudo o que de vós teme o pequeno
com isso vos ameaça um senhor maior.

Notai, peixes, aquela definição de Deus: *Governador do mar e da terra,* para que não duvideis que o mesmo estilo que Deus guarda com os homens na terra, observa também convosco no mar. Necessário é, logo, que olheis por vós, e que não façais pouco caso da doutrina que vos deu o grande Doutor da Igreja, Santo Ambrósio[216], quando, falando convosco, disse: *Guarde-se o peixe que persegue o mais fraco,* para o comer, *não se ache na boca do mais forte,* que o engula a ele. Nós o vemos aqui cada dia. Vai o xaréu correndo atrás do bagre, como o cão após a lebre, e não vê o cego que lhe vem nas costas o tubarão, com quatro ordens de dentes, que o há de engolir de um bocado. E o que com maior elegância vos disse também Santo Agostinho: *O ladrão do menor se torna a presa do maior.* Mas não bastam, peixes, estes exemplos, para que acabe de se persuadir a vossa gula que a mesma crueldade, que usais com os pequenos, tem já aparelhado o castigo na voracidade dos grandes?

Já que assim o experimentais com tanto dano vosso, importa que, daqui por diante, sejais mais repúblicos[217] e zelosos do bem comum, e que este prevaleça contra o apetite particular de cada um, para que não suceda que, assim como hoje vemos a muitos de vós tão diminuídos, vos venhais a consumir de todo. Não vos bastam tantos inimigos de fora, e tantos perseguidores tão astutos e pertinazes quantos são os pescadores, que nem de dia nem de noite deixam de vos pôr em cerco, e fazer guerra por tantos modos? Não vedes que contra vós se emalham e entralham[218] as redes, contra vós se tecem as nassas[219], contra vós se torcem as linhas, contra vós se dobram e farpam os anzóis, contra

216. Cf. nota 58.

217. Repúblico: que se interessa pelo bem comum.

218. Entrelhar: enredar, prender na tralha (espaço entre a borda da rede e a corda de onde pendem os chumbos, pesos e cortiças).

219. Nassa: cesto de pescar, afunilado, feito de vime, chamado no Brasil jequi (palavra tupi). O vocábulo *nassa* existe também no italiano, espanhol e francês, sempre originário do latim, onde *nassa* significava rede de pescar.

vós as fisgas e os arpões? Não vedes que contra vós até as canas são lanças, e as cortiças armas ofensivas? Não vos basta, pois, que tenhais tantos e tão armados inimigos de fora, senão que também vós, de vossas portas a dentro, o haveis de ser mais cruéis, perseguindo-vos com uma guerra mais que civil, e comendo-vos uns aos outros? Cesse, cesse já, irmãos peixes, e tenha fim algum dia esta tão perniciosa discórdia; e, pois, vos chamei, e sois irmãos[220], lembrai-vos das obrigações deste nome. Não estáveis vós muito quietos, muito pacíficos, e muito amigos todos, grandes e pequenos, quando vos pregava Santo Antônio? Pois continuai assim, e sereis felizes.

Dir-me-eis, como também dizem os homens, que não tendes outro modo de vos sustentar. E de que se sustentam entre vós muitos que não comem os outros? O mar é muito largo, muito fértil, muito abundante, e, só com o que bota às praias, pode sustentar grande parte dos que vivem dentro nele. Comerem-se uns animais aos outros é voracidade e sevícia, e não estatuto da natureza. Os da terra e do ar, que hoje se comem, no princípio do mundo não se comiam, sendo assim conveniente e necessário para que as espécies de todos se multiplicassem. O mesmo foi, ainda mais claramente, depois do dilúvio, porque, tendo escapado somente dois de cada espécie, mal se podiam conservar se se comessem. E finalmente, no tempo do mesmo dilúvio, em que todos viveram juntos dentro na Arca, o lobo estava vendo o cordeiro, o gavião a perdiz, o leão o gamo, e cada um aqueles em que se costuma cevar, e, se acaso lá tiveram essa tentação, todos lhe resistiram e se acomodaram com a ração do paiol comum, que Noé lhes repartia. Pois se os animais dos outros elementos mais cálidos foram capazes desta temperança, por que o não serão os da água? Enfim se eles em tantas ocasiões, pelo desejo natural da própria conservação e aumento, fizeram da necessidade virtude, fazei-o vós também, ou fazei a virtude sem necessidade, e será maior virtude.

---

220. Elegante referência a Santo Antônio franciscano. Queria São Francisco que todos se chamassem irmãos e irmãs, até o verme da beira da estrada, e a morte na extrema ponta da vida, porque todas as criaturas têm um só e mesmo Pai, o do Céu, que as criou a todas para serem a corte de seu Filho encarnado, "primogênito e cabeça de todas as criaturas, por quem e para quem foram criadas todas as coisas, nos céus e na terra, as visíveis e as invisíveis" (Cl 1,15).

Outra coisa muito geral, que não tanto me desedifica quanto me lastima em muitos de vós, é aquela tão notável ignorância e cegueira que em todas as viagens experimentam os que navegam por estas partes. Toma um homem do mar um anzol, atalhe um pedaço de pano cortado, e, aberto em duas ou três pontas, lança-o por um cabo delgado até tocar na água, e, em o vendo o peixe, arremete cego a ele, e fica preso e boqueando[221], até que, assim suspenso no ar ou lançado no convés, acaba de morrer. Pode haver maior ignorância e mais rematada cegueira que esta? Enganados por um retalho de pano, perder a vida? Dir-me-eis que o mesmo fazem os homens. Não vo-lo nego. Dá um exército batalha contra outro exército; metem-se os homens pelas pontas dos piques, dos chuços[222], e das espadas, e por quê? Porque houve quem os engodou e lhes fez isca com dois retalhos de pano. A vaidade, entre os vícios, é o pescador mais astuto, e que mais facilmente engana os homens[223]. E que faz a vaidade? Põe por isca nas pontas desses piques, desses chuços e dessas espadas dois retalhos de pano, ou branco, que se chama Hábito de Malta, ou verde, que se chama de Aviz, ou vermelho, que se chama de Cristo e de São Tiago[224], e os homens, por chegarem a passar esse retalho de pano ao peito, não reparam em tragar e engolir o ferro. E depois disso, que sucede? O mesmo que a vós. O que engoliu o ferro, ou ali ou noutra ocasião, ficou morto, e os mesmos retalhos de pano tornaram outra vez ao anzol para pescar outros. Por este exemplo

221. Boquear: respirar com dificuldade, agonizar.

222. Chuço: arma composta de uma ponta de ferro na extremidade de um bordão; pau armado de aguilhão. Pique: arma antiga à maneira de lança.

223. Inúmeras vezes nos sermões Santo Antônio vergastou os 7 vícios capitais, que se contrapõem aos 7 dons do Espírito Santo. Assim no XVI domingo de Pentecostes: "O homem é levado pelo ar, quando faz tudo por louvor humano. O ar tem muito mais raridade do que os demais elementos e, por isso, significa a vaidade, que é uma mentira tênue e brilhantíssima. Ó mentiroso hipócrita, que pensas de ti mesmo? Por que razão te vendes aos homens diferente do que a balança da verdade te pesa?"

224. Vieira se refere a três ordens religiosas de cavaleiros: a de Aviz, fundada em 1145, a de Malta, fundada em 1113, e a de Santiago, fundada em 1161. As três, nascidas com o propósito de defender os cristãos e o cristianismo, assumiram caráter militar e guerreiro. Diferenciavam-se também pela cor da opa. E para defender sua opa (que tinha o significado de bandeira) faziam todos os esforços e sacrifícios. Os mouros, sabendo disso, penduravam na ponta de lanças e espadas pedaços de pano da cor defendida pelo cavaleiro, que investia "cego" na defesa de sua cor, e era atravessado pela lança ou pela espada que estava atrás do pano.

vos concedo, peixes, que os homens fazem o mesmo que vós, posto que me parece que não foi este o fundamento da vossa resposta ou escusa, porque cá no Maranhão, ainda que se derrame tanto sangue, não há exércitos, nem essa ambição de hábitos.

Mas nem por isso vos negarei que também cá se deixam pescar os homens pelo mesmo engano, menos honrada e mais ignorantemente. Quem pesca as vidas a todos os homens do Maranhão, e com quê? Um homem do mar com uns retalhos de pano. Vem um mestre de navio de Portugal com quatro varreduras[225] das lojas, com quatro panos e quatro sedas, que já se lhes passou a era e não têm gasto, e que faz? Isca[226] com aqueles trapos aos moradores da nossa terra, dá-lhes uma sacadela[227], e dá-lhes outra, com que cada vez lhes sobe mais o preço, e os bonitos, ou os que o querem parecer, todos esfaimados aos trapos[228], e ali ficam engasgados e presos, com dívidas de um ano para outro ano, e de uma safra para outra safra, e lá vai a vida. Isto não é encarecimento. Todos a trabalhar toda a vida, ou na roça ou na cana, ou no engenho ou no tabacal, e este trabalho de toda a vida, quem o leva? Não o levam os coches nem as liteiras nem os cavalos nem os escudeiros nem os pajens nem os lacaios nem as tapeçarias nem as pinturas nem as baixelas nem as joias: pois, em que se vai e despende toda a vida? No triste farrapo com que saem à rua, e para isso se matam todo o ano.

Não é isto, meus peixes, grande loucura dos homens, com que vos escusais? Claro está que sim, nem vós o podeis negar. Pois, se é grande loucura esperdiçar a vida por dois retalhos de pano quem tem obrigação de se vestir, vós, a quem Deus vestiu do pé até a cabeça, ou de peles de tão vistosas e apropriadas cores, ou de escamas prateadas e douradas, vestidos que nunca se rompem nem gastam com o tempo, nem se variam ou podem variar com as modas, não é maior ignorância e maior cegueira deixar-vos enganar, ou deixar-vos tomar

225. Varredura: resto de pano que não se vende; ponta de estoque, coisa encalhada, alcaide. Vieira usa muito a hipérbole, isto é, aumentar ou diminuir muito o objeto para acentuá-lo.

226. Iscar: pôr como isca.

227. Sacadela: puxão que dá o pescador quando sente que o peixe mordeu a isca, para que ele se ferre no anzol.

228. Observem-se as três figuras conjugadas de metonímia, catacrese e sinédoque.

pelo beiço com duas tirinhas de pano? Vede o vosso Santo Antônio, que pouco o pode enganar o mundo com essas vaidades. Sendo moço e nobre, deixou as galas de que aquela idade tanto se preza, trocou-as por uma loba de sarja[229] e uma correia[230] de cônego regrante, e, depois que se viu assim vestido, parecendo-lhe que ainda era muito custosa aquela mortalha, trocou a sarja pelo burel e a correia pela corda. Com aquela corda e com aquele pano pescou ele muitos, e só estes se não enganaram e foram sisudos.

Descendo ao particular

Descendo ao particular, direi agora, peixes, o que tenho contra alguns de vós. E começando aqui pela nossa costa, no mesmo dia em que cheguei a ela, ouvindo os roncadores[231], e vendo o seu tamanho, tanto me moveram a riso como a ira. É possível que, sendo vós uns peixinhos tão pequenos, haveis de ser as roncas[232] do mar? Se com uma linha de coser e um alfinete torcido vos pode pescar um aleijado, por que haveis de roncar tanto? Mas por isso mesmo roncais. Dizei-me, o espadarte, por que não ronca? Porque ordinariamente quem tem muita espada, tem pouca língua. Isto não é regra geral, mas é regra geral que Deus não quer roncadores, e que tem particular cuidado de abater e humilhar aos que muito roncam. São Pedro, a quem muito bem conheceram vossos antepassados, tinha tão boa espada que ele só avançou contra um exército inteiro de soldados romanos[233], e se Cristo lha não mandara meter na bainha, eu vos prometo que havia de cortar mais orelhas que a de Malco[234]. Contudo, que lhe sucedeu naquela mesma noite? Tinha roncado e barba-

---

229. Loba de sarja: túnica feita de lã e algodão.

230. Até hoje os agostinianos usam por sobre o hábito uma correia de couro, como os franciscanos usam um cordão, que a mais da serventia de cinto, tem um significado místico e bíblico: ter os rins cingidos é ter o domínio sobre as paixões e a canalização do vigor da pessoa à ação do Espírito Santo de Deus.

231. Roncador: peixe da costa atlântica da América do Sul que produz um ruído parecido com o do porco. Figurativamente significa uma pessoa ruidosa, jactanciosa.

232. Ronca: bravata, vanglória, blasonaria, ostentação.

233. Evidente exagero retórico de Vieira. Foram prender Jesus no Jardim das Oliveiras alguns soldados, guardas dos sumos sacerdotes. Cf. Jo 18,3; Lc 22,47.

234. Cf. Lc 22,50-51.

teado[235] Pedro que, se todos fraqueassem, só ele havia de ser constante até morrer[236], se fosse necessário, e foi tanto pelo contrário, que só ele fraqueou mais que todos, e bastou a voz de uma mulherzinha[237] para o fazer tremer e negar. Antes disso já tinha fraqueado na mesma hora em que prometeu tanto de si. Disse-lhe Cristo no Horto que vigiasse; e, vindo daí a pouco a ver se o fazia, achou-o dormindo com tal descuido, que não só o acordou do sono, senão também do que tinha blasonado: Vós, Pedro, sois o valente que havíeis de morrer por mim, e *não pudestes uma hora vigiar comigo?* (Mc 14,37). Pouco há, tanto roncar, agora tanto dormir? Mas assim sucedeu. O muito roncar antes da ocasião é sinal de dormir nela. Pois que vos parece, irmãos roncadores? Se isto sucedeu ao maior pescador, que pode acontecer ao menor peixe? Medi-vos, e logo vereis quão pouco fundamento tendes de blasonar nem roncar.

Se as baleias roncaram[238], tinha mais desculpa a sua arrogância na sua grandeza. Mas ainda nas mesmas baleias não seria essa arrogância segura. O que é a baleia entre os peixes, era o gigante Golias entre os homens. Se o Rio Jordão e o Mar de Tiberíades[239] têm comunicação com o Oceano, como devem

235. Barbatear: o mesmo que bravatear, fanfarronar.

236. Os quatro evangelistas contam a promessa e a traição de Pedro. Assim Marcos: "Cantado o hino, saíram para o Monte das Oliveiras. Jesus lhes disse: *Todos vós ficareis decepcionados comigo; está escrito: ferirei o pastor e as ovelhas se dispersarão (Zc 13,7); mas depois de ressuscitar, eu vos precederei na Galileia.* Pedro, porém, lhe disse: *Ainda que todos fiquem desapontados contigo, eu nunca!* Jesus lhe disse: *Em verdade te digo, hoje, nesta mesma noite, antes de o galo cantar pela segunda vez, já me terás negado três vezes.* Mas Pedro repetia com maior insistência: *Ainda que seja preciso morrer contigo, não te renegarei!*" (Mc 14,26-31).

237. Cf. Lc 22,56.

238. Hoje diríamos roncassem.

239. O Rio Jordão nasce no Monte Hermon, no Líbano. Ao descer para o Mar Morto, forma o Lago de Tiberíades e corre por 300km pelo vale mais fundo do mundo até cair no Mar Morto. Não só é o mais importante rio da região, mas também é personagem essencial no Antigo e no Novo Testamento. Em suas águas batizou João Batista.
O Lago de Tiberíades, também chamado Lago de Genesaré ou Mar da Galileia, se perenizou na história, porque foi em torno dele que Jesus passou o maior tempo de sua vida pública. Formado pelas águas do Rio Jordão, está a mais de 200m abaixo do nível do Mediterrâneo, tem 21km de comprimento e cobre uma área de mais de 200km^2. Como tanto o Jordão quanto o Lago são internos, Vieira imagina uma ligação deles com o mar, possibilitando aos peixes do rio e do lago contarem um dia aos peixes do oceano a história de Golias.

ter, pois dele manam todos, bem deveis de saber que este gigante era a ronca dos filisteus. Quarenta dias contínuos esteve armado no campo, desafiando todos os arraiais de Israel, sem haver quem se lhe atrevesse. E no cabo, que fim teve aquela arrogância? Bastou um pastorzinho com um cajado e uma funda, para dar com ele em terra[240]. Os arrogantes e soberbos tomam-se com Deus, e quem se toma com Deus sempre fica debaixo[241]. Assim que, amigos roncadores, o verdadeiro conselho é calar e imitar a Santo Antônio. Duas coisas há nos homens que os costumam fazer roncadores, porque ambas incham: o saber e o poder. Caifás roncava de saber: *Vós não sabeis nada* (Jo 11,49). Pilatos roncava de poder: *Não sabeis que tenho poder?* (Jo 19,10). E ambos contra Cristo. Mas o fiel servo de Cristo, Antônio, tendo tanto saber, como já vos disse, e tanto poder, como vós mesmos experimentastes, ninguém houve jamais que o ouvisse falar em saber ou poder, quanto mais blasonar disso. E porque tanto calou, por isso deu tamanho brado.

Nesta viagem de que fiz menção, e em todas as que passei a linha equinocial, vi debaixo dela o que muitas vezes tinha visto e notado nos homens, e me admirou que se houvesse estendido esta ronha[242], e pegado também aos peixes. Pegadores se chamam estes de que agora falo, e com grande propriedade, porque, sendo pequenos, não só se chegam a outros maiores, mas de tal sorte se lhes pegam aos costados, que jamais os desaferram. De alguns animais de menos força e indústria se conta que vão seguindo de longe aos leões na caça, para se sustentarem do que a eles sobeja. O mesmo fazem estes pegadores, tão seguros ao perto como aqueles ao longe, porque o peixe grande não pode dobrar a cabeça, nem voltar a boca sobre os que traz às costas, e assim lhes sustenta o peso e mais a fome. Este modo de vida, mais astuto que generoso, se acaso se passou e pegou de um elemento a outro, sem dúvida que o aprende-

240. Cf. 1Sm 17.

241. Santo Antônio no Sermão da Epifania: "Assim como o vento arranca violentamente a árvore, a soberba separa o homem de Deus. A raiz é a vida da árvore; a humildade a vida do homem. Se alguém tivesse no seu jardim uma bela árvore frutífera e o vento a arrancasse pela raiz, não se doeria? Quanto mais nos devemos doer quando a nossa alma pelo vento da soberba é arrancada ao seu Criador, que acima de tudo detesta a soberba!"

242. Ronha: em primeiro lugar significa um tipo vulgar de sarna; depois, em sentido figurado, significa velhacaria, malícia.

ram os peixes do alto, depois que os nossos portugueses o navegaram, porque não parte vice-rei ou governador para as conquistas que não vá rodeado de pegadores, os quais se arrimam a eles, para que cá lhes matem a fome de que lá não tinham remédio. Os menos ignorantes, desenganados da experiência, despegam-se e buscam a vida por outra via; mas os que se deixam estar pegados à mercê e fortuna dos maiores, vem-lhes a suceder no fim o que aos pegadores do mar.

Rodeia a nau o tubarão nas calmarias da linha com os seus pegadores às costas, tão cerzidos com a pele, que mais parecem remendos ou manchas naturais, que hóspedes ou companheiros. Lançam-lhe um anzol de cadeia com a ração de quatro soldados[243], arremessa-se furiosamente à presa, engole tudo de um bocado, e fica preso. Corre meia companha[244] a alá-lo[245] acima, bate fortemente o convés com os últimos arrancos, enfim morre o tubarão, e morrem com ele os pegadores. Parece-me que estou ouvindo a São Mateus, sem ser apóstolo pescador, descrevendo isto mesmo na terra. Morto Herodes, diz o evangelista, apareceu o anjo a José no Egito, e disse-lhe que já se podia tornar para a pátria, porque *eram mortos todos aqueles que queriam tirar a vida ao Menino* (Mt 2,20). Os que queriam tirar a vida a Cristo menino, eram Herodes e todos os seus, toda a sua família, todos os seus aderentes, todos os que seguiam e pendiam da sua fortuna. Pois, é possível que todos estes morressem juntamente com Herodes? Sim, porque, em morrendo o tubarão, morrem também com ele os pegadores: *Morto Herodes, mortos estavam os que queriam tirar a vida do Menino.* Eis aqui, peixinhos ignorantes e miseráveis, quão errado e enganoso é este modo de vida que escolhestes. Tomai exemplo nos homens, pois eles o não tomam em vós, nem seguem, como deveram, o de Santo Antônio.

Deus também tem os seus pegadores. Um destes era Davi que dizia: *Para mim é bom agarrar-me a Deus* (Sl 73,28). Peguem-se outros aos grandes da terra, que eu só me quero pegar a Deus. Assim o fez também Santo Antônio,

---

243. Soldado: peixe comum na costa do Nordeste, que chega a 35cm de comprimento. No texto de Vieira servem de isca.

244. Companha: tripulação de barco.

245. Alar aqui significa puxar para cima, içar, levantar.

e se não, olhai para o mesmo Santo, e vede como está pegado com Cristo, e Cristo com ele. Verdadeiramente se pode duvidar qual dos dois é o pegador, e parece que é Cristo, porque o menor é sempre o que se pega ao maior, e o Senhor fez-se tão pequenino para se pegar a Antônio. Mas Antônio também se fez menor, para se pegar mais a Deus. Daqui se segue que todos os que se pegam a Deus, que é imortal, seguros estão de morrer como os outros pegadores, e tão seguros que, ainda no caso em que Deus se fez homem e morreu, só morreu para que não morressem todos os que se pegassem a Ele. Bem se viu nos que estavam já pegados, quando disse: *Se me buscais a mim, deixai ir a estes* (Jo 18,8). E posto que deste modo só se podem pegar os homens, e vós, meus peixezinhos, não, ao menos devereis imitar aos outros animais do ar e da terra, que, quando se chegam aos grandes e se amparam do seu poder, não se pegam de tal sorte que morram juntamente com eles. Lá diz a Escritura daquela famosa árvore, em que era significado o grande Nabucodonosor, que todas as aves do céu descansavam sobre seus ramos, e todos os animais da terra se recolhiam à sua sombra, e uns e outros se sustentavam de seus frutos; mas também diz que, tanto que foi cortada esta árvore, as aves voaram e os outros animais fugiram[246]. Chegai-vos embora aos grandes, mas não de tal maneira pegados, que vos mateis por eles, nem morrais com eles.

Considerai, pegadores vivos, como morreram os outros que se pegaram àquele peixe grande, e por quê. O tubarão morreu porque comeu, e eles morreram pelo que não comeram. Pode haver maior ignorância que morrer pela fome e boca alheia? Que morra o tubarão porque comeu: matou-o a sua gula; mas que morra o pegador pelo que não comeu, é a maior desgraça que se pode imaginar! Não cuidei que também nos peixes havia pecado original! Nós, os ho-

---

246. Cf. Dn 4,7-11. Ao menos duas vezes Santo Antônio comenta este passo da Escritura. Vejamos o VIII domingo de Pentecostes: "Diz Daniel que um vigia santo desceu do céu, *chamou com voz forte e disse: Deitai abaixo esta árvore e cortai-lhe os ramos, fazei-lhe cair as folhas e dispersai os seus frutos; fujam os animais que estão debaixo dela e as aves que estão sobre os seus ramos.* A árvore deita-se abaixo, quando o pecador, ceifado pelo cutelo da morte, volta à terra ao morrer, e então os ramos das riquezas e as glórias temporais são cortadas e sacudidas as ligeiras folhas das palavras; cessam as palavras, porque chegou a hora da vingança. E os seus frutos, isto é, as suas obras más, dispersar-se-ão. E morto ele, fogem os animais, isto é, os raptores e os homicidas que costumavam defender-se à sua sombra. E as aves, que são os soberbos, acostumadas a pousar em seus ramos, todas fogem".

mens, somos tão desgraciados[247], que outrem comeu, e nós o pagamos. Toda a nossa morte teve princípio na gulodice de Adão e Eva, e que hajamos de morrer pelo que outrem comeu, grande desgraça! Mas nós lavamo-nos desta desgraça com uma pouca de água[248], e vós não vos podeis lavar da vossa ignorância com quanta água tem o mar.

Com os voadores tenho também uma palavra, e não é pequena a queixa. Dizei-me, voadores, não vos fez Deus para peixes? Pois, por que vos meteis a ser aves? O mar fê-lo Deus para vós, e o ar para elas. Contentai-vos com o mar e com nadar, e não queirais voar, pois sois peixes. Se acaso vos não conheceis, olhai para as vossas espinhas, e para vossas escamas, e conhecereis que não sois ave, senão peixe, e ainda, entre os peixes não dos melhores. Dir-me-eis, voador, que vos deu Deus maiores barbatanas do que aos outros do vosso tamanho. Pois porque tivestes maiores barbatanas, por isso haveis de fazer das barbatanas asas? Mas ainda mal, porque tantas vezes vos desengana o vosso castigo. Quisestes ser melhor que os outros peixes, e por isso sois mais mofino[249] que todos. Aos outros peixes, do alto mata-os o anzol ou a fisga; a vós, sem fisga nem anzol, mata-vos a vossa presunção e o vosso capricho. Vai o navio navegando e o marinheiro dormindo, e o voador toca na vela, ou na corda, e cai palpitando. Aos outros peixes mata-os a fome, e engana-os a isca; ao voador mata-o a vaidade de voar, e a sua isca é o vento. Quanto melhor lhe fora mergulhar por baixo da quilha, e viver, que voar por cima das antenas, e cair morto. Grande ambição é que, sendo o mar tão imenso, lhe não basta a um peixe tão pequeno todo o mar, e queira outro elemento mais largo. Mas vede, peixes, o castigo da ambição. O voador fê-lo Deus peixe, e ele quis ser ave, e permite o mesmo Deus que tenha os perigos de ave e mais os de peixe. Todas as velas para ele são redes, como peixe, e todas as cordas laços, como ave. Vê, voador, como correu pela posta[250] o teu castigo. Pouco há, nadavas vivo no mar com as barbatanas, e agora jazes em um convés, amortalhado nas

247. Enquanto a língua espanhola manteve o termo no linguajar comum, a portuguesa a contraiu para *desgraçados*. Mas conservou o positivo *agraciados*.

248. Clara referência ao batismo.

249. Mofino: infeliz, desgraçado.

250. Posta: jactância, vanglória, presunção.

asas. Não contente com ser peixe, quiseste ser ave, e já não és ave nem peixe; nem voar poderás já nem nadar. A natureza deu-te água: tu não quiseste senão o ar, e eu já te vejo posto ao fogo. Peixes, contente-se cada um com o seu elemento. Se o voador não quisera passar do segundo ao terceiro, não viera a parar no quarto[251]. Bem seguro estava ele do fogo quando nadava na água: mas porque quis ser borboleta das ondas, vieram-lhe a queimar as asas.

À vista deste exemplo, peixes, tomai todos na memória esta sentença: Quem quer mais do que lhe convém perde o que quer e o que tem. Quem pode nadar, e quer voar, tempo virá em que não voe nem nade. Ouvi o caso de um voador da terra. Simão Mago, a quem a arte mágica, na qual era famosíssimo, deu o sobrenome; fingindo-se que ele era o verdadeiro Filho de Deus, sinalou o dia em que nos olhos de toda Roma havia de subir ao céu, e com efeito começou a voar muito alto; porém a oração de São Pedro, que se achava presente, voou mais depressa que ele, e, caindo lá de cima o mago, não quis Deus que morresse logo, senão que nos olhos também de todos quebrasse, como quebrou, os pés[252]. Não quero que repareis no castigo, senão no gênero dele. Que caia Simão, está muito bem caído; que morra, também estaria muito bem morto, que o seu atrevimento e a sua arte diabólica o merecia. Mas que de uma queda tão alta não rebente, nem quebre a cabeça ou os braços, senão os pés? Sim, diz São Máximo[253], porque quem tem pés para andar e quer asas para voar, justo é que perca as asas, e mais os pés. Elegantemente o Santo Padre: *Para que aquele que pouco antes tentara voar, de repente não pudesse andar; quis asas e perdeu os pés.* E Simão tem pés, e quer asas, pode andar, e quer voar?

---

251. Os quatro elementos: terra, água, ar, fogo.

252. Este episódio vem dos Apócrifos, isto é, de escritos judaicos ou cristãos que não foram aceitos no Cânon dos livros da Escritura. Há Apócrifos do Antigo e do Novo Testamento e alguns deles são contemporâneos aos Livros Sagrados. Formam uma vasta e curiosa literatura, que teve muito leitor até o século XVI. A história de Simão Mago e São Pedro vem contada nos *Atos de São Pedro* e nas *Memórias Apostólicas de Abdias.* Uma edição moderna dos Apócrifos em italiano, em três grossos volumes, foi publicada pela editora italiana Piemme em 1994, sob os cuidados de Luigi Moraldi.

253. São Máximo nasceu em 580 de uma das mais nobres famílias de Constantinopla. Chegou a ser secretário de Estado do Imperador Heráclio. Renunciou a tudo, fez-se monge na África. Lutou muito contra heresias. Morreu em 662. Deixou alguns comentários místicos sobre a Sagrada Escritura, máximas espirituais, cartas e sermões.

Pois quebrem-se-lhe as asas, para que não voe, e também os pés, para que não ande. Eis aqui, voadores do mar, o que sucede aos da terra, para que cada um se contente com o seu elemento. Se o mar tomara exemplo nos rios, depois que Ícaro[254] se afogou no Danúbio, não haveria tantos Ícaros no Oceano.

Oh, alma de Antônio, que só vós tivestes asas e voastes sem perigo, porque soubestes voar para baixo e não para cima. Já São João viu no Apocalipse aquela mulher, cujo ornato gastou todas as suas luzes ao firmamento, e diz que lhe foram dadas duas grandes asas de águia: *Foram dadas à mulher duas grandes asas de águia.* E para quê? *Para voar ao deserto* (Ap 12,14). Notável coisa, que não debalde lhe chamou o mesmo profeta, grande maravilha: Esta mulher estava no céu: *Apareceu no céu um grande sinal: uma mulher vestida de sol* (Ap 12,1). Pois se a mulher estava no céu, e o deserto na terra, como lhe dão asas para voar ao deserto? Porque há asas para subir e asas para descer. As asas para subir são muito perigosas; as asas para descer muito seguras, e tais foram as de Santo Antônio. Deram-se à alma de Santo Antônio duas asas de águia, que foi aquela duplicada sabedoria natural e sobrenatural tão sublime, como sabemos. E ele, que fez? Não estendeu as asas para subir: encolheu-as para descer, e tão encolhidas, que, sendo Arca do Testamento, era reputado, como já vos disse, por leigo e sem ciência. Voadores do mar – não falo com os da terra – imitai o vosso Santo pregador. Se vos parece que as vossas barbatanas vos podem servir de asas, não as estendais para subir, para que vos não suceda encontrar com alguma vela, ou algum costado: encolhei-as para descer, ide-vos meter no fundo em alguma cova, e se aí estiverdes mais escondidos, estareis mais seguros.

Mas já que estamos nas covas do mar, antes que saiamos delas, temos lá o irmão polvo[255], contra o qual tem suas queixas, e grandes, não menos que São Basílio e Santo Ambrósio[256]. O polvo, com aquele seu capelo na cabeça,

---

254. Ícaro: na mitologia grega era filho de Dédalo. Minos, rei de Creta, aprisionara pai e filho no labirinto que o próprio Dédalo havia construído. A solução foi sair voando. Dédalo construiu asas para si e para o filho, coladas com cera. Recomendou a Ícaro de não voar muito alto para que o calor do sol não derretesse a cera. Ícaro desobedeceu e caiu. Ícaro serviu de assunto a muita literatura.

255. Vê-se que no tempo de Vieira ainda se pensava que o polvo fosse uma espécie de peixe. O polvo é um molusco.

256. Sobre Santo Ambrósio, cf. nota 58. E sobre São Basílio, cf. a nota 169 neste sermão.

parece um monge; com aqueles seus raios estendidos, parece uma estrela; com aquele não ter osso, nem espinha, parece a mesma brandura, a mesma mansidão. E debaixo desta aparência tão modesta, ou desta hipocrisia tão santa, testemunham contestamente[257] os dois grandes doutores das Igrejas latina e grega que o dito polvo é o maior traidor do mar. Consiste esta traição do polvo primeiramente em se vestir ou pintar das mesmas cores de todas aquelas cores a que está pegado. As cores, que no camaleão são gala, no polvo são malícia; as figuras, que em Proteu[258] são fábula, no polvo são verdade e artifício. Se está nos limos, faz-se verde, se está na areia, faz-se branco, se está no lodo, faz-se pardo, e se está em alguma pedra, como mais ordinariamente costuma estar, faz-se da cor da mesma pedra. E daqui, que sucede? Sucede que o outro peixe, inocente da traição, vai passando desacautelado, e o salteador, que está de emboscada dentro do seu próprio engano, lança-lhe os braços de repente, e fá-lo prisioneiro. Fizera mais Judas? Não fizera mais, porque nem fez tanto. Judas abraçou a Cristo, mas outros o prenderam; o polvo é o que abraça, e mais o que prende. Judas com os braços fez-se o sinal, e o polvo dos próprios braços faz as cordas. Judas é verdade que foi traidor, mas com lanternas diante[259]; traçou a traição às escuras, mas executou-a muito às claras. O polvo, escurecendo-se a si, tira a vista aos outros, e a primeira traição e roubo que faz é à luz, para que não distinga as cores. Vê, peixe aleivoso e vil, qual é a tua maldade, pois Judas em tua comparação já é menos traidor.

Oh! que excesso tão afrontoso e tão indigno de um elemento tão puro, tão claro, e tão cristalino como o da água, espelho natural não só da terra, senão do mesmo céu! Lá disse o profeta por encarecimento que, nas nuvens do ar, até a água é escura: *Escuro aguaceiro nas nuvens do ar* (Sl 17,12). E disse nomeadamente nas nuvens do ar, para atribuir a escuridade ao outro elemento, e não à água, a qual em seu próprio elemento sempre é clara, diáfana e transparente,

---

257. Contestamente: em opinião igual, concordes.

258. Proteu: na mitologia grega era o deus-pastor dos monstros marinhos. Tinha o dom da adivinhação, mas só adivinhava quando fosse acorrentado. E para não ser acorrentado, se defendia, tomando formas e cores diversas.

259. Cf. Jo 18,3.

em que nada se pode ocultar, encobrir, nem dissimular[260]. E que neste mesmo elemento se crie, se conserve e se exercite com tanto dano do bem público um monstro tão dissimulado, tão fingido, tão astuto, tão enganoso, e tão conhecidamente traidor? Vejo, peixes, que, pelo conhecimento que tendes das terras em que batem os vossos mares, me estais respondendo e convindo que também nelas há falsidades, enganos, fingimentos, embustes, ciladas, e muito maiores e mais perniciosas traições. E sobre o mesmo sujeito que defendeis, também podereis aplicar aos semelhantes outra propriedade muito própria; mas, pois, vós a calais, eu também a calo. Com grande confusão, porém, vos confesso tudo, e muito mais do que dizeis, pois o não posso negar. Mas ponde os olhos em Antônio, vosso pregador, e vereis nele o mais puro exemplar da candura, da sinceridade e da verdade, onde nunca houve dolo, fingimento ou engano. E sabei também que, para haver tudo isto em cada um de nós, bastava antigamente ser português; não era necessário ser santo.

Tenho acabado, irmãos peixes, os vossos louvores e repreensões, e satisfeito, como vos prometi, às duas obrigações de sal, posto que do mar, e não da terra. Só resta fazer-vos uma advertência muito necessária, para os que viveis nestes mares. Como eles são tão esparcelados[261] e cheios de baixios, bem sabeis que se perdem e dão à costa muitos navios, com que se enriquece o mar e a terra se empobrece. Importa, pois, que advirtais que nesta mesma riqueza tendes um grande perigo, porque todos os que se aproveitam dos bens dos naufragantes ficam excomungados e malditos. Esta pena de excomunhão, que é gravíssima, não se pôs a vós, senão aos homens, mas tem mostrado Deus por muitas vezes que, quando os animais cometem materialmente o que é proibido por esta lei, também eles incorrem, por seu modo, nas penas dela, e no mesmo ponto começam a definhar, até que acabam miseravelmente. Mandou Cristo a São Pedro que fosse pescar, e que na boca do primeiro peixe que to-

260. Escreveu São Francisco no Cântico das Criaturas:
Louvado sejas, meu Senhor,
Pela irmã Água,
Que é mui útil e humilde
E preciosa e casta.

261. Esparcelados: cheios de parcéis, isto é, de escolhos, recifes. Aurélio registra só a forma "aparcelado".

masse acharia uma moeda com que pagar certo tributo[262]. Se Pedro havia de tomar mais peixe que este, suposto que ele era o primeiro, do preço dele e dos outros podia fazer o dinheiro com que pagar aquele tributo, que era de uma só moeda de prata, e de pouco peso. Com que mistério manda logo o Senhor que se tire da boca deste peixe, e que seja ele o que morra primeiro que os demais? Ora, estai atentos. Os peixes não batem moeda[263] no fundo do mar nem têm contratos com os homens, donde lhes possa vir dinheiro: logo, a moeda que este peixe tinha engolido era de algum navio que fizera naufrágio naqueles mares[264]. E quis mostrar o Senhor que as penas que São Pedro, ou seus sucessores, fulminam contra os homens que tomam os bens dos naufragantes, também os peixes, por seu modo, as incorrem, morrendo primeiro que os outros, e com o mesmo dinheiro que engoliram atravessado na garganta. Oh! que boa doutrina era esta, para a terra, se eu não pregara para o mar! Para os homens não há mais miserável morte que morrer com o alheio atravessado na garganta, porque é pecado de que o mesmo São Pedro e o mesmo Sumo Pontífice não pode absolver. E posto que os homens incorrem a morte eterna, de que não são capazes os peixes, eles, contudo, apressam a sua temporal, como neste caso, se materialmente, como tenho dito, se não abstêm dos bens dos naufragantes.

Advertência final aos peixes

Com esta última advertência vos despido[265], ou me despido de vós, meus peixes. E para que vades consolados do sermão, que não sei quando ouvireis outro[266], quero vos aliviar de uma desconsolação mui antiga, com que todos

262. Tributo devido ao templo. Cf. Mt 17,24-27.

263. Bater moeda: cunhar, fabricar moeda.

264. Pedro pescou o peixe no Mar da Galileia, ou seja, no Lago de Genesaré, onde não cruzavam navios, apenas barcas. Mas, em outro tópico, Vieira imagina que esse lago-mar devia ter ligação com o oceano, daí o peixe poder ter vindo, na imaginação dele, do oceano. De qualquer maneira, estamos diante de um exagero retórico.

265. Enquanto o espanhol conservou esta forma de conjugar o verbo despedir, em português prevaleceu a mesma forma de pedir: despeço.

266. Lembremos que Vieira partiu três dias depois secretamente para Portugal a procurar ajuda em defesa dos índios, contra as autoridades do Maranhão.

ficastes desde o tempo em que se publicou o Levítico. Na lei eclesiástica, ou ritual do Levítico[267], escolheu Deus certos animais que lhe haviam de ser sacrificados, mas todos eles, ou animais terrestres ou aves, ficando os peixes totalmente excluídos dos sacrifícios. E quem duvida que esta exclusão tão universal era digna de grande desconsolação e sentimento para todos os habitadores de um elemento tão nobre, que mereceu dar a matéria ao primeiro sacramento?[268] O motivo principal de serem excluídos os peixes foi porque os outros animais podiam ir vivos ao sacrifício, e os peixes geralmente não, senão mortos, e coisa morta não quer Deus que se lhe ofereça nem chegue aos seus altares. Também este ponto era mui importante e necessário aos homens, se eu lhes pregara a eles. Oh! quantas almas chegam àquele altar mortas, porque chegam, e não têm horror de chegar, estando em pecado mortal! Peixes, dai muitas graças a Deus de vos livrar deste perigo, porque melhor é não chegar ao sacrifício, que chegar morto. Os outros animais ofereçam a Deus o ser sacrificados: vós oferecei-lhe o não chegar ao sacrifício; os outros sacrifiquem a Deus o sangue e a vida: vós sacrificai-lhe o respeito e a reverência.

Ah! peixes, quantas invejas vos tenho a essa natural irregularidade! Quanto melhor me fora não tomar a Deus nas mãos, que tomá-lo tão indignamente![269] Em tudo o que vos excedo, peixes, vos reconheço muitas vantagens. A vossa bruteza é melhor que a minha razão, e o vosso instinto melhor que o meu alvedrio. Eu falo, mas vós não ofendeis a Deus com as palavras; eu lembro-me, mas vós não ofendeis a Deus com a memória; eu discorro, mas vós não ofendeis a Deus com o entendimento; eu quero, mas vós não ofendeis a Deus com a vontade. Vós fostes criados por Deus para servir ao homem, e conseguis o fim para que fostes criados; a mim criou-me para o servir a Ele, e eu não consigo o fim para que me criou. Vós não haveis de ver a Deus, e podereis aparecer diante dele muito confiadamente, porque o não ofendestes:

267. Cf. Lv 1 e 2.

268. Referência ao batismo.

269. Santo Antônio no sermão da Ceia do Senhor: "Infeliz aquele que entrar neste banquete sem a veste nupcial da caridade ou da penitência! Aquele que o recebe indignamente recebe a condenação. Que sociedade há entre luz e trevas? Entre o traidor Judas e o Salvador? O animal, o homem bestial, se tocar no Corpo de Cristo será condenado".

eu espero que o hei de ver, mas com que rosto hei de aparecer diante de seu divino acatamento[270], se não cesso de o ofender? Ah! que quase estou por dizer que me fora melhor ser como vós, pois de um homem que tinha as minhas mesmas obrigações[271], disse a Suma Verdade que melhor lhe fora não nascer, ou não nascer homem: *Melhor lhe seria não ter nascido* (Mt 26,24). E, pois, os que nascemos homens respondemos tão mal às obrigações de nosso nascimento, contentai-vos, peixes, e dai muitas graças a Deus pelo vosso.

Bendizei a Deus baleias e tudo o que se move nas águas! (Dn 3,79). Louvai, peixes, a Deus, os grandes e os pequenos, e repartidos em dois coros tão inumeráveis, louvai-o todos uniformemente; louvai a Deus, porque vos criou em tanto número. Louvai a Deus, que vos distinguiu em tantas espécies; louvai a Deus, que vos vestiu de tanta variedade e formosura; louvai a Deus, que vos habilitou de todos os instrumentos necessários para a vida; louvai a Deus, que vos deu um elemento tão largo e tão puro; louvai a Deus, que vindo a este mundo, viveu entre vós[272], e chamou para si aqueles que convosco e de vós viviam; louvai a Deus, que vos sustenta; louvai a Deus que vos conserva; louvai a Deus que vos multiplica; louvai a Deus, enfim, servindo e sustentando ao homem, que é o fim para que vos criou, e assim como no princípio vos deu sua bênção, vo-la dê também agora. Amém. Como não sois capazes de glória nem graça, não acaba o vosso sermão em graça e glória.

270. Acatamento: semblante, rosto.

271. Referência a Judas.

272. Referência ao fato de Jesus ter passado os anos de vida pública em torno do mar da Galileia e haver escolhido vários pescadores profissionais para apóstolos, como Pedro, André, João, Tiago. Estranhou-me o fato de Vieira não aludir a uma glória dos peixes. Desde a Igreja primitiva o peixe simbolizou não só o Cristão vivificado na água batismal, mas o próprio Cristo. Peixe em grego é IXTUS, iniciais em grego de Jesus Cristo Filho de Deus Salvador. Por isso passou o peixe a ser um dos mais usados símbolos litúrgicos.

Quinto sermão

Em São Luís, no dia 14 de junho de 1657

Introdução

Este sermão foi pronunciado em 1657. A festa popular de Santo Antônio, caindo em sábado, fora transferida para o domingo que, naquele ano, era o 3º depois de Pentecostes. Daí Vieira aludir a dois evangelhos: ao do domingo (Lc 15,1-10) e ao da festa do Santo (Mt 5,13-19). Pinça de ambos uma frase. Prega a partir da frase do evangelho do domingo, a parábola da mulher que perdera uma dracma e, acendendo uma lanterna, a procura por toda a casa. Vieira faz imediata ligação da candeia, que a mulher acende, com o evangelho da Festa de Santo Antônio: "Ninguém acende uma candeia e a coloca debaixo de um alqueire, mas a põe sobre o candelabro para que ilumine a todos os que estão na casa". Constrói, então, o sermão sobre estas três palavras: dama, dracma, candeia.

A candeia, sem a qual não se encontram as coisas perdidas, é Santo Antônio. Num primeiro momento, Vieira vê na mulher o símbolo da Igreja que procura a alma perdida; na dracma, o símbolo da alma perdida; e acaba declarando o assunto do sermão: Antônio, deparador de almas perdidas.

De todos os vícios que levam à perdição as almas, Vieira escolhe dois, que passam a ocupar as duas grandes partes em que divide o sermão: "Diz o Evangelho que a mulher buscou a moeda, e estas são as duas coisas que perdem mais almas: a moeda e a mulher. Uns se perdem pelas dracmas, outros pelas damas. A cobiça cega a uns, a sensualidade cega a outros, e a cobiça e a sensualidade juntamente a quase todos".

Toda a parte da sensualidade se desenvolve em torno do manto de Santo Antônio dado a vestir a um monge tentado. Nem as vestes do protomártir Santo Estêvão nem a túnica de José do Egito nem a roupa de Jesus no Calvário nem as espécies sacramentais (que são as vestes brancas do corpo do Cristo sacramentado) têm a força da túnica parda de Santo Antônio para encontrar as almas perdidas pela sensualidade. Termina Vieira esta parte, lembrando que todas as coisas se acham onde se perdem, mas não assim a alma: "É a alma como o sol, que se não pode achar no lugar onde se perdeu, senão no oposto".

A segunda parte, sobre o roubo e a cobiça, parte da conversão dos 12 ladrões em um só dia (que ele insiste serem 22) e em um só sermão de Santo Antônio. Vieira se torna finamente irônico, mas diz tudo quanto precisava e queria dizer. Os temas da cobiça, do roubo, da exploração do trabalho escravo, do não pagamento de dívidas, do enriquecimento fácil à custa do suor alheio são examinados catequeticamente sob a palavra "dracma". A fome da moeda afeta a pequenos e grandes e mais os grandes do que os pequenos: "Bem sei, diz o orador com alguma ironia, que nesta terra não há ladrões por ofício, mas há ofícios em que se pode furtar; e tudo o que é tomar, ou reter, ou não pagar o alheio, por mais honrado nome que lhe deis, igualmente pertence ao sétimo mandamento". Vieira se lembra das dezenas de vezes que pregou sobre o tema, sem sucesso, e por isso acrescenta: "Não há almas mais desalmadas nem mais dificultosas de reduzir do que as dos ladrões". Com Cristo morreram três ladrões (o 3º foi Judas) e Jesus, apesar de Filho de Deus e de todos os milagres que aconteceram naquela sexta-feira santa, conseguiu converter apenas um, porque ladrão "nunca ou quase nunca se converte" ...a não ser que fale Santo Antônio!

Vieira ocupa todo um subponto do sermão para falar irônica mas moralmente certeiro sobre o "grande sabor do alheio e do furtado": "Viver do próprio a pão e água é a maior penitência; mas viver do alheio, ainda que seja a pão e água, é grande regalo". E pouco mais adiante: "O alheio é uma pílula do inferno, ouro por fora, mas inferno por dentro, porque ninguém come o alheio, que não trague o inferno juntamente".

Antes de concluir com uma oração a Santo Antônio, Vieira compara o vício da sensualidade e o da cobiça, para dizer que a ganância é vício pior e mais difícil de vencer. Mas recorram os que têm a alma perdida a Santo Antônio "com segura confiança de que serão ouvidas, e, sem dúvida, remediadas".

Antônio: deparador das almas perdidas

Se uma mulher tem dez dracmas e perde uma,
não acende uma candeia e não varre a casa
e não a procura com cuidado até encontrá-la?

Ninguém acende uma candeia
para pô-la sob o alqueire,
mas a põe no candelabro afim de que
ilumine a todos os que estão na casa

A mulher, a moeda e a candeia

Quando a Igreja nos propõe dois evangelhos, mais é obrigação que demasia tomar dois temas. O primeiro é da dominga[273], o segundo da festa, e ambos tão próprios do Santo que celebramos, que um parece o texto, outro o comento.

No primeiro Evangelho, diz Cristo, Senhor nosso, assim: Se uma mulher tem dez dracmas – dracmas eram umas moedas de prata de pouco peso, que corriam naquele tempo entre os hebreus –, se uma mulher, diz o Senhor, tem dez moedas destas, e perdeu uma, o que é que faz? Notai, os que notais os pregadores, a lhaneza[274] das comparações daquele pregador divino. Acende, diz, uma candeia, varre a casa, busca a sua dracma com toda a diligência, e se acaso a achou, sai à rua com grande alvoroço, chama as amigas e as vizinhas, diz-lhes

273. Dominga: o mesmo que domingo. Na Liturgia anterior ao Concílio Vaticano II os domingos do ano vinham, por influência do latim "dominica", enunciados no feminino: Quarta dominga do Advento.

274. Lhaneza: palavra de origem espanhola; aqui pode significar "clareza" ou "simplicidade".

que se alegrem com ela e lhe deem os parabéns da sua boa ventura, porque achou a dracma que tinha perdido. Vedes esta festa? Vedes esta alegria? Pois o mesmo passa no céu, diz o Senhor. Fazem-se lá grandes festas, alegram-se os anjos e dão-se os parabéns os bem-aventurados, todas as vezes que um pecador perdido se acha e se converte pela penitência: *Digo-vos que haverá júbilo entre os anjos de Deus por um pecador que faça penitência* (Lc 15,10). Esta é a substância da parábola de Cristo, a qual se resume toda em três coisas particulares: a mulher, a moeda e a candeia. A mulher que perdeu achou e festejou a moeda; a mesma moeda primeiro perdida e depois achada; e a candeia que se acendeu para se buscar e achar. Destas três coisas explicou o Senhor as duas, e deixou a terceira sem explicação. A mulher diz que é a Igreja, a qual, enquanto militante na terra, perde e acha os pecadores, e, enquanto triunfante no céu, celebra e festeja suas conversões. A dracma perdida e achada são as almas dos mesmos pecadores, que se perdem pelo pecado e se acham e recuperam pela penitência. A candeia[275] que se acendeu para buscar a dracma, suposto que o Senhor não declarou qual fosse, haverá quem no-lo diga. Se não fora em tal dia, eu me não atrevera a o dizer facilmente; mas hoje qualquer de vós o dirá.

Dizei-me qual é no mundo o santo que depara as coisas perdidas? Qual é no mundo a luz com que as coisas perdidas se acham e se descobrem? Todos estais dizendo que é Santo Antônio. Pois essa é a candeia que no primeiro Evangelho se acendeu, e assim o diz o segundo: *Não se acende uma candeia para pô-la debaixo de um alqueire, mas no candelabro para que ilumine a todos os que estão na casa.* O primeiro Evangelho diz que a candeia se acendeu para alumiar a casa: *Acende uma candeia e varre a casa* (Lc 15,8). O segundo diz que a candeia que se acendeu para alumiar a casa é o Santo que hoje celebramos: *Acende-se a candeia para iluminar a todos os que estão na casa* (Mt 5,15). De sorte que um Evangelho em parábola, e outro na significação dela, nos dizem e pregam hoje, concordemente, que a luz com que se acham as dracmas

---

275. Santo Antônio discorreu sobre esta passagem no sermão sobre Santo Estêvão: "As nove dracmas são as nove ordens dos anjos; a décima é Adão com a sua posteridade. Foi perdida quando Adão foi posto fora do paraíso. Mas a mulher, a Sabedoria de Deus Pai, acende a lâmpada, quando no barro frágil da nossa humanidade pôs a luz da sua divindade. E assim varre a casa, o mundo ou o inferno, até a encontrar".

ou almas perdidas é o nosso glorioso Santo Antônio, mais glorioso por esta prerrogativa do que por todas quantas dele se podem e costumam pregar. Suposta esta propriedade e concórdia de um e outro texto, nem eu posso tomar outro assunto mais evangélico, nem vós desejar outro mais útil, nem o mesmo santo querer de mim e de vós outro que mais lhe agrade. Será, pois, o argumento de todo o nosso discurso: Antônio, deparador de almas perdidas. E para que as nossas se aproveitem desta luz, que a todas mais ou menos é necessária, peçamos ao mesmo Santo, como tão devoto servo e tão favorecido da Mãe da Graça, interceda por nós para que a alcancemos. *Ave Maria.*

A dracma, a estrela dos magos, o filho pródigo

Acende a candeia até que a encontre
Acende uma candeia para que ilumine a todos

Ser Santo Antônio entre todos os santos o deparador das coisas perdidas é uma graça tão singular e um privilégio tão soberano, que parece deu Deus a Santo Antônio melhor ofício do que tomou para si. Deus, como autor de todos os bens, é o que os dá; e quando esses bens se perdem, Santo Antônio, como deparador, é o que os recupera, e não há dúvida que todas as coisas são mais estimadas e de maior gosto quando se recuperam depois de perdidas, do que quando se possuem sem se perderem. Diz o nosso texto que a mulher que perdeu a dracma tinha dez: *Uma mulher que possuía dez dracmas.* Pois, se tinha dez dracmas, e não pediu que lhe dessem os parabéns de as ter, ou de as adquirir, como agora, quando achou uma só, convoca as amigas e vizinhas e as convida para que a ajudem a festejar a sua ventura, e faz tantos extremos de alegria por ela? Porque, ainda que a dracma era uma só, era perdida. As outras eram adquiridas e possuídas; esta era recuperada depois de perdida, e por isso a estimou tanto. Quando a estrela apareceu aos magos no Oriente, não fizeram festas ao seu aparecimento; mas quando, depois de a perderem e lhes desaparecer em Jerusalém, a tornaram outra vez a ver, não acham termos os evangelistas com que bastantemente encarecer o excesso de gosto e alegria com que a festejaram: *Foi sobremaneira grande a alegria que sentiram*

(Mt 2,10). A estrela no Oriente e em Jerusalém não era a mesma? Sim, mas em Jerusalém era a mesma depois de perdida. Esta foi a razão das extraordinárias festas que o pai fez ao filho pródigo, tão invejadas do outro irmão. A mim, Senhor, que jamais me apartei de vós, nunca me fizestes um regalo, e para este que vos deixou, e se perdeu a si e a quanto lhe destes, tantas festas, tantos banquetes, tantas despesas? Sim, filho, respondeu o pai – e por isso mesmo. A ti, que sempre estiveste comigo, nunca te perdi; este, tinha-o perdido, e vejo-o recuperado: *Estava perdido e foi encontrado* (Lc 15,32). Tanto ganham de estimação as coisas quando se perdem, e tanto acrescentam de gosto quando se recobram, para que entendais que não deveis menos a Santo Antônio quando vos depara o perdido, senão tanto, e mais ainda, que se de novo vos dera o mesmo que perdestes.

E se isto é verdade nestas coisas materiais e exteriores, que tão pouco importam, que será nas da alma, e na perda das mesmas almas, de que também é deparador Santo Antônio, como hoje vos pretendo mostrar? Voltemos sobre os mesmos exemplos que acabo de referir, mais interiormente considerados. Que filho pródigo, que estrela, que dracma é aquela? A dracma, como já dissemos, é a alma, a estrela a graça, o pródigo cada um de nós. A graça perdida, a alma perdida, o homem perdido, e sendo estas as maiores perdas que se podem padecer nem imaginar, porque juntamente com elas se perde Deus, é pasmo do entendimento, e ainda da fé, ver o pouco sentimento com que se passa por elas, e o pouco caso que se faz de as reparar, fazendo-se tanto de outras, que por sua vileza e baixeza não merecem nome de perdas. Em se perdendo, ou desaparecendo alguma coisa de gosto ou de valor, e também as do uso doméstico mais miúdas, ver como chamais logo por Santo Antônio, e só com dizer Santo Antônio, sem outra oração, já vós entendeis e ele entende que lhe pedis vos depare o que perdestes. Verdadeiramente que em nenhum outro exemplo, sendo tantos e tão raros os seus, me admira mais a humildade e caridade deste Santo, que em se não dar por ofendido de semelhantes petições, e acudir, como está sempre acudindo, tão prontamente a elas. Não digo que o não façais, nem que é afrontar os poderes de tão grande Santo ocupá-lo em coisas tão baixas e tão miúdas, porque a Providência e Onipotência divina tanto mostra sua grandeza na formiga como no elefante, e tanto em criar o hissope[276] da parede, como o cedro do Líbano. O que só vos digo, e peço em nome do mesmo Santo Antônio, e o intento de todo este sermão, em que o desejo agradar, é que ocupeis sua valia e empregueis seus poderes em que vos recupere as verdadeiras perdas, e vos depare as almas, que tão perdidas andam. Agora vos peço atenção.

As dracmas e as damas

Como com todos os pecados se perde a Deus, em todos os vícios se perdem também as almas; e porque seria matéria infinita discorrer por todos, para provar em cada um o meu assunto, assim como a dracma se perdeu em um lugar da casa, podendo cair em todos, assim eu me contentarei com mostrar a Santo Antônio deparador de almas perdidas nos dois vícios universais em que mais ordinariamente caem os homens, e as almas se perdem. Quais sejam estes dois vícios, bem creio que antes de eu os nomear, o tendes já entendido; mas no Evangelho temos duas figuras que, sem mudar os trajos nem o apelido, por seu próprio nome nos dizem quais são. Diz o Evangelho que a mulher buscou a moeda, e estas são as duas coisas que perdem mais almas: a moeda e a mulher. Uns se perdem pelas dracmas, outros pelas damas. A cobiça cega a uns, a sensualidade cega a outros, e a cobiça e a sensualidade juntamente a quase todos. E estes são os dois feitiços que levam após si o mundo, e o trazem perdido.

No Evangelho do domingo passado[277], introduziu Cristo em parábola um banquete, que significava a glória e bem-aventurança do céu. Foram chamados muitos convidados a este banquete, e escusaram-se dele com três gêneros de escusas. O primeiro disse que tinha comprado uma quinta, e que ia ver; o segundo que tinha comprado uns bois, e que os ia provar; o terceiro que se tinha casado naquele dia, e que não podia ir. De maneira que os dois primeiros escusaram-se com a fazenda, e o último escusou-se com a mulher, porque mu-

276. Hissope ou hissopo é uma planta frágil, aromática e conexa a ritos de purificação por aspersão. Cf. Ex 12,22; Nm 19,6; Lv 14,4; Sl 51,9; Hb 9,19.

277. Era o Domingo dentro da Oitava de *Corpus Christi* e se lia Lc 14,16-24, a parábola do homem que preparou um grande banquete.

lher e fazenda são as duas coisas que mais apartam os homens do céu, e os dois laços do demônio em que mais almas se prendem e se perdem. E notai que os dois primeiros escusaram-se com fazenda, mas com fazenda que compraram: *Comprei uma quinta, comprei cinco juntas de bois* (Lc 14,18-19). Q terceiro escusou-se com mulher, mas com mulher com que se recebera[278]: *Casei* (Lc 14,20). Pois, se a fazenda comprada vos impede que não vades ao céu, que fará a fazenda roubada? Se a mulher própria vos estorva que não vades às bodas da glória, que será a mulher alheia? Alheio e mulher? Deus vos livre, e isto é o que todos buscam.

Nenhum homem criou Deus neste mundo com maior segurança do paraíso que Adão, porque foi criado sem pecado, que é o que nos tira do paraíso, e criado no mesmo paraíso, sem lhe ser necessário fazer diligência para ir a ele. E que causas ou que coisas houve tão poderosas que puderam arrancar do paraíso a Adão? As duas que dizemos: a mulher e o alheio. A mulher, porque Eva foi a que o fez comer do pomo vedado; o alheio, porque, sendo de Adão todas as coisas que havia no mundo, só o pomo vedado não era seu. Se o alheio botou a perder a Adão quando todas as coisas eram suas, que será a quem tem pouco de seu? Se a mulher botou a perder a Adão, quando não havia no mundo outra mulher, que será quando há tantas e tais! Este é o triste patrimônio que herdaram os homens do primeiro homem: perdê-los a mulher e o alheio; perdê-los a sensualidade e a cobiça.

Agora entendereis a razão por que, proibindo Deus os outros vícios com um só preceito expresso, o da sensualidade e o da cobiça os proíbe com dois: o da sensualidade com o sexto e com o nono; o da cobiça, com o sétimo e com o décimo. Muitos dos outros pecados, ou todos, são geralmente mais graves que estes dois, porque, ou se opõem à maior virtude, ou contêm maior injustiça. Pois, por que ata e aperta Deus a cobiça com dois preceitos, e a sensualidade com outros dois, e aos outros vícios, sendo mais graves, com um só? Porque, entre todos os vícios da natureza corrupta, estes dois são os mais rebeldes e mais indômitos. Por isso os atou com duas cadeias. Os outros preceitos facilmente se guardam e raramente se quebram; nestes dois, não só é

---

278. Receber-se: casar-se.

muito rara e dificultosa a observância, mas vaga e desenfreada a soltura. Tanto assim que, se bem repararmos nas quebras dos outros preceitos, acharemos que ou se quebram por sensualidade ou por cobiça. Levantam-se falsos testemunhos; mas ou é por cobiça, como o de Nabot[279], ou por sensualidade, como o de Susana[280]. Matam-se homens, mas ou é por sensualidade, como Davi a Urias[281], ou por cobiça, como Abimelec[282] a seus irmãos. E se a cegueira chega a tanto desatino, que até contra o primeiro preceito se cometa o enormíssimo pecado da idolatria, ou é por cobiça, como a de Jeroboão[283], que levantou os ídolos, ou por sensualidade, como a de Salomão[284], que os adorou. Finalmente, se quereis mais breve e mais prudente prova desta miserável verdade, meta cada um a mão na própria consciência, e achará que, se traz a alma perdida, ou é por algum destes dois vícios, ou por ambos juntos, que por isso também os ajuntou a lei: *Não cometerás adultério, não furtarás* (Ex 20,14-15).

Sendo pois estes dois vícios as raízes universais donde nascem todos os outros[285], e os dois escândalos comuns da fragilidade humana onde mais tropeçam, caem e se perdem as almas, assim como a mulher do primeiro Evangelho, para achar a dracma perdida, acendeu a candeia, assim no-la mostra o segundo Evangelho acesa sobre aquele altar, para que vejamos quão eficaz luz é Santo Antônio em alumiar as almas que se perdem nestes dois vícios, e quão certa para as deparar depois de perdidas: *Acende uma candeia até que a encontre, acende uma candeia para que ilumine a todos.*

---

279. Cf. 1Rs 21.

280. Cf. Dn 13.

281. Cf. 2Sm 11.

282. Cf. Jz 9.

283. Cf. 1Rs 12,26-30.

284. Cf. 1Rs 11,7-8.

285. No sermão da Septuagésima diz Santo Antônio: "Os pecadores transgridem as leis da letra e da graça porque não querem guardar nem a lei da letra, como servos, nem a lei da graça, como filhos. Mudam o direito natural, que é: não faças aos outros o que não queres que te façam a ti; rompem a aliança eterna que contraíram no batismo; e por isso a maldição da soberba devorará a terra e os seus habitantes pecarão com o pecado da avareza e se tornarão insensatos os que a cultivam com o pecado da luxúria, que é insensatez e demência". E no sermão do VI domingo da Páscoa: "São estas as cidades do diabo: a luxúria e a avareza".

As almas perdidas pela sensualidade

Começando pelas almas perdidas no vício da sensualidade – do qual, como também do outro, não referirei mais que um exemplo, para o poder ponderar com largueza, e nele a virtude admirável do Santo deparador – houve um monge mui combatido de tentações sensuais[286], ao qual não tinham bastado nem os desertos nem os jejuns nem as asperezas e penitências, para que, naquelas batalhas tanto mais cruéis quanto mais domésticas, ou não fraqueasse[287] muitas vezes na resistência, ou não ficasse conhecidamente vencido, para que temam as outras árvores mais sujeitas à corrupção, quando aos ciprestes do paraíso[288] não perdoa a deste vício. Perdida enfim a graça de Deus, e perdida sem Deus e sem graça esta pobre alma, veio-se ter por último remédio com Santo Antônio. Confessou-se de todos seus pecados, manifestou-lhe toda sua consciência, deu-lhe conta, por uma parte, de seus bons desejos, e por outra, da rebeldia de sua carne, e da grande força ou fraqueza que experimentava nela. Não fez espantos Santo Antônio como alguns confessores menos prudentes, porque sabia – como disse com grande juízo Tertuliano[289] sobre as palavras *A carne porém é fraca* (Mt 26,41) – que aquela fraqueza é uma forte força. Ouviu ao monge com grande benignidade, e com que vos parece que o curaria? Recolheu-se para dentro, despiu a túnica que trazia vestida, trouxe-a ao monge, que estava esperando de joelhos, disse-lhe que vestisse aquela túnica, e que nunca mais seria tentado da sensualidade, e assim sucedeu. Oh! quem soubera ponderar dignamente este nunca visto e estupendo caso!

Quando os de Jerusalém apedrejaram a Santo Estêvão[290], diz o texto que puseram as suas vestiduras aos pés de um mancebo chamado Saulo, que foi o que depois, mudando de vida e nome, se chamou Paulo. Tem para si São

---

286. Cf. nota 22.

287. Fraquear: fraquejar.

288. Ciprestes do paraíso: as pessoas santas, os monges que se supõem sejam mais santos que os simples mortais. A comparação vem do fato de o cipreste subir muito alto e permanecer verde de cima até embaixo. No sermão do XII domingo de Pentecostes Santo Antônio compara o justo ao cipreste: "Chama-se cipreste, por sua copa arredondada. A copa, ou o espírito do justo, dilata-se no amor divino, e ergue-se nas alturas da contemplação".

289. Cf. nota 105.

290. Cf. At 7,54-60.

Bernardo[291] que estas vestiduras, que se puseram aos pés de Saulo, não foram as dos apedrejadores, senão as do mesmo Santo Estêvão. E se perguntarmos ao santo, a que fim? Diz que da parte dos homens a um, e da parte de Deus a outro: da parte dos homens, a fim de que as guardasse; da parte de Deus, a fim de que, tocando aquelas vestiduras de Santo Estêvão em Saulo, o convertessem: *Depositaram as vestes aos pés de um adolescente que, ao tocá-las, começou a converter-se.* Alto pensamento de São Bernardo, e alto sentir e presumir da virtude dos vestidos de Santo Estêvão, se o sucesso o aprovara; mas não foi assim. Depois de Saulo ter a seus pés, e guardar aquelas vestiduras, tão longe esteve de ficar convertido, que antes podemos dizer que as pedras de Santo Estêvão lhe pegaram a fúria e a dureza, e não as suas vestiduras a fé e a santidade, porque depois deste caso se foi Saulo a pedir poderes e provisões contra os cristãos de Damasco, para os prender, para os castigar, para os destruir e para arrancar do mundo, se pudesse, a fé de Cristo; e assim ia como um leão, diz o texto, espumando ira e ameaças contra os discípulos do Senhor, quando, descendo segunda vez do céu, o mesmo Cristo o derrubou e o converteu[292]. Oh! divino Antônio, quanto quis Deus levantar vossas glórias, não só sobre os grandes santos, senão sobre os maiores de toda a Igreja! Vós quisestes ser mártir, e não o alcançastes; mas que importa que vos não concedesse Deus, ou vos trocasse esta lauréola, quando vos levantou e sublimou não só sobre os outros mártires, mas sobre o mesmo protomártir. As vestiduras de Estêvão tocaram a Saulo, mas ficou como dantes. Era herege da lei nova e ficou herege; era perseguidor da Igreja, e ficou perseguidor; era inimigo de Cristo, e ficou inimigo; era Saulo, e ficou Saulo. Porém as vossas vestiduras, tanto que tocaram o monge tentado e caído, no mesmo ponto ficou totalmente mudado, e outro do que era. Era sensual, e ficou casto; era fraco, e ficou forte; era combatido, e ficou em paz; era homem, e muito homem, e ficou anjo. Tanta é a eficácia, e tão singular a virtude do nosso deparador para almas perdidas neste vício.

E se algum douto escrupuloso me puser dúvida a este paralelo, por serem aquelas vestiduras de Estêvão só em opinião, posto que em opinião de tão

291. Cf. nota 59.

292. Cf. At 8,1-3; At 9,1-9.

grande autor, vistamos a comparação com outras, em que não possa haver dúvida, e sejam as daquele famoso herói, que entre todos os do Testamento Velho se levantou com o sobrenome de casto. Levado José cativo ao Egito, afeiçoou-se-lhe tão perdidamente a mulher de seu senhor Putifar que, não bastando menores demonstrações, chegou a querê-lo render com violências declaradas. Fugiu José, largando-lhe a capa[293], ficou o monstro da sensualidade com aqueles despojos da castidade nas mãos. E que se seguiu daqui? Porventura ficou mais casta? Ficou menos cega? Ficou mais desenganada? Ficou mais conhecida do erro e da baixeza a que seu vil apetite a sujeitara? Antes mais sujeita, antes mais escrava, antes mais enganada, antes mais cega, antes mais louca, antes mais furiosa que dantes[294]. Não nos diz a Escritura de que pano fosse a capa de José, mas se ela fora cortada do burel do manto de Santo Antônio, eu vos prometo que, tanto que a má egiptana a teve nas mãos, a castidade lhe correria pela vista aos olhos, e a honra pelas veias ao coração. Esteve, porém, tão longe José de esperar ou presumir tais efeitos por sua capa que, só por ser tocada das mãos lascivas, a largou e fugiu dela, temendo, diz Santo Ambrósio[295], que pela mesma capa, como por roupa empestada, se lhe pegasse o contágio da sensualidade. Ora, notai quanto vai de José a Antônio: pela capa de José, uma vez que a teve a egípcia nas mãos, pudera-se pegar a sensualidade a José; mas pela túnica de Antônio, uma vez que a vestiu o monge tentado, pegou-se a castidade ao monge. Serem contagiosos os vícios é mal ordinário de todas as enfermidades, mas serem contagiosas as virtudes, só em Santo Antônio se viu. Vistes já muitos enfermos que pegaram as suas enfermidades aos sãos? Sim, vistes. E vistes alguma hora algum são que pegasse a sua saúde ao enfermo? Isto nunca se viu, senão em Santo Antônio. José, sendo são e santo, temeu que a egípcia lhe pegasse a enfermidade; e o monge, sendo enfermo, e tão enfermo, pegou-lhe Santo Antônio a saúde. E tudo isto, para maior assombro, com o tato só da sua túnica.

Mas por que não cuidem, os que me ouvem, que nestas duas comparações da túnica de Antônio com a capa de José e vestiduras de Estêvão tenho dito

293. Cf. Gn 39,7-12.

294. Observe-se a beleza da repetição e a força da descrição: por estar sujeita, se torna escrava; por estar enganada (errada), se torna cega; por estar louca, se torna furiosa.

295. Cf. nota 58.

alguma coisa, passemos, ou voemos mais alto, e, com a devida reverência, peçamos licença àquele benigníssimo Senhor que Santo Antônio tem nos braços, para que neste caso nos lembremos também dos seus vestidos, pois está sem eles. Pregado Cristo na cruz, em cumprimento da profecia *Dividiram entre si as minhas vestes* (Sl 21,19), tomaram os soldados que tinham crucificado ao Senhor suas sagradas vestiduras, para as repartirem entre si. Estas vestiduras, segundo o uso comum com que se vestiam os hebreus, eram uma túnica comprida até os pés, e com mangas, e sobre esta um manto quadrado, com que se cobriam, como nós com a capa. Entenderam[296], pois, os soldados primeiramente com o manto do Senhor, partiram-no em quatro partes, recolheu cada um a sua. Tomando, porém, e tendo nas mãos as vestiduras sacratíssimas do mesmo Filho de Deus humanado, e cingido porventura cada um ao redor de si a parte que lhe coube - como aquela gente costuma - nem por isso se lhes abriram os olhos, como a Longuinhos[297]; nem por isso bateram nos peitos, como o centurião[298]; nem por isso disseram: Senhor, lembrai-vos de nós, quando chegardes ao vosso reino, como o bom ladrão[299]. O que fizeram foi passarem da repartição do manto à túnica, em cumprimento da segunda parte da profecia: *E sortearam a minha túnica* (Sl 21,19).

Era a sagrada túnica inconsútil, ou tecida de uma só peça[300]: e como não tinha costura, resolveram-se os soldados não a partir entre os quatro, mas jogá-la, a ver quem a levava toda. Fez-se assim, veio uma caixa, lançaram os dados, levou um aquele preciosíssimo tesouro, mais precioso que quanto vale o mundo; e que tal vos parece que ficaria este homem com a túnica de Cristo? Fora ela tecida pelas puríssimas mãos da Virgem Santíssima, e era tão milagro-

---

296. Entenderam aqui significa "ocuparam-se com".

297. Longuinhos: segundo a lenda, assim se chamava o soldado romano que abriu o lado de Jesus crucificado com uma lança. Diz-se que, convertido, se tornou mártir em Cesareia na Capadócia. Cf. Jo 19,34.

298. Cf. Lc 23,47.

299. Cf. Lc 23,42.

300. É o Evangelista João quem o afirma: "A túnica era sem costura, tecida toda de alto a baixo" (Jo 19,23). Vai nisso um símbolo da integridade e da perfeição de Jesus. Santo Antônio, no sermão do XIV domingo de Pentecostes, diz: "A túnica de Jesus Cristo, inconsútil e tecida de alto a baixo, é a fé, é a unidade da Igreja, que os hereges, os falsos cristãos e os simoníacos querem dividir".

sa que ia crescendo juntamente com a sagrada humanidade, e não se gastava com o tempo nem com o uso, e, o que é mais, que havia trinta e três anos que o Senhor a trazia vestida[301]. Que tal, pois, vos parece que ficaria aquele venturoso soldado, não digo já depois de vestir a túnica do Filho de Deus, senão tanto que a tocou somente? Cuidava eu que no mesmo ponto havia de ficar alumiado pela fé e cercado de resplendores; que no mesmo lugar se havia de prostrar por terra, reconhecendo e adorando a divindade do Cristo; que havia logo de arremeter à cruz, para desencravar o Senhor como o tinha pregado nela, ou, quando menos, que entrasse por Jerusalém publicando e confessando a muitos que aquele homem crucificado era o verdadeiro Messias, verdadeiro Filho de Deus e de Jacó[302], e com a mesma túnica ensanguentada nas mãos, ou na ponta da lança, pregasse e perguntasse ao cego Israel: *Veja se esta túnica é ou não a do teu filho?* (Gn 37,32). Isto é o que eu cuidava, mas nada disto fez o soldado; ficou tão soldado, tão gentio, tão infiel, tão cruel, tão tirano, tão algoz como dantes era. E nós com esta túnica e a de Santo Antônio à vista, assombrados e atônitos, que diremos? Não há senão dizer e exclamar com Davi: *Admirável é Deus em seus santos!* (Sl 67,36).

Quando Deus não quis obrar nenhuma destas maravilhas por meio daquela túnica tecida por sua Mãe e vestida por seu Filho, deu tanta graça e tanta eficácia à túnica de Santo Antônio, que, tanto que o monge a vestiu, como se naquele hábito estiveram os hábitos de todas as virtudes, a sensualidade se converteu em pureza, a rebeldia em sujeição, a intemperança em modéstia, a tentação em sossego, a fraqueza em constância, a carne em espírito, o fogo do inferno em açucenas do paraíso, e a natureza humana, não em natureza – que fora menos – mas em graça angélica, que maior maravilha é ser anjo em carne, que anjo sem ela.

301. Que Maria tenha tecido a túnica de Jesus não só é compreensível, como provável. Era um dos trabalhos das mulheres o tecer as roupas. Mas que a túnica tenha crescido com Jesus é uma piedosa fantasia aparecida no século VI, em literatura posterior aos apócrifos, provavelmente numa referência a Dt 8,4, onde Deus diz ao povo que nos 40 anos de travessia do deserto "as tuas vestes não se gastaram pelo uso"; ora, se isso fora possível ao povo pecador por obra de Deus, como não o seria ao Cristo sem pecado e em quem o Pai colocara todo o seu afeto, durante os 33 anos de sua travessia pela terra?

302. Referência ao pai de José do Egito, para poder logo depois citar a frase do velho patriarca, ao receber a túnica ensanguentada do filho.

As graças da túnica parda de Santo Antônio

Os anjos, de sua própria natureza, nem podem pecar neste vício, nem ser tentados nele; e este segundo foi o maior privilégio que a túnica de Santo Antônio comunicou juntamente ao monge, o qual, desde o ponto em que a vestiu, como se o demônio a reverenciara, ou fugira dela, nunca mais foi tentado de sensualidade. Mas como poderei eu, Senhor, declarar a maravilha e grandeza desta graça, com que sublimastes a vosso servo, senão entrando outra vez no *Santo dos Santos*[303] de vossos divinos mistérios? O mistério altíssimo do Santíssimo Sacramento do Altar é a memória das maravilhas de Deus: *O Senhor fez memoráveis maravilhas!* (Sl 110,4). E uma das principais maravilhas daquele sagrado mistério é fazer os homens castos: *Pão dos eleitos e vinho que gera virgens!* (Zc 9,17). E de que sorte nos faz castos o Santíssimo Sacramento? Faz-nos castos de maneira que resistamos ao vício, mas não nos faz castos de tal modo que nos isente das tentações. Depois de comungarem muitas vezes os mais santos e os mais castos, ainda são tentados da sensualidade. E sendo isto assim verdade, que assombro de maravilha, ou que encanto de virtude é que vista a túnica de Santo Antônio um homem pecador e tentado, e que fique de repente não só isento de um tal vício, senão de toda a tentação dele? Não posso deixar de me lembrar neste passo de como em outro se portou aquele mesmo Senhor em respeito da sua própria túnica.

Vendo uma enferma os grandes milagres que Cristo obrava, teve tanta fé que disse: Se esta multidão de gente me consentir que eu chegue *só a tocar a ponta da sua túnica, eu ficarei sã!* (Mt 9,21). Assim lhe sucedeu, como tinha imaginado. Mas, tanto que tocou a ponta da túnica, voltou o Senhor, e disse: *Quem me tocou? Porque eu senti que saiu de mim a virtude*[304] (Lc 8,46). Não sei se reparais na exceção e resguardo destas palavras. A enferma prometeu-se que havia de receber a saúde com o toque da túnica, e o Senhor acudiu a declarar que a virtude milagrosa que a sarou não era da túnica, senão do seu corpo, para que a seu corpo se atribuísse, e não à túnica, posto que a tinha vestida.

303. Santo dos Santos: era a parte mais sagrada da tenda da aliança (Ex 26,33) ou do Templo de Jerusalém (1Rs 6,16). Nele estava guardada a Arca da Aliança e lá só o sumo sacerdote, em determinados dias, podia entrar (Lv 16,2). Também chamado pelo 1Rs 6,3 de “Lugar Santíssimo”.

304. Virtude aqui significa “força”.

Pois se os milagres de seu corpo os não quer Cristo repartir com a sua própria túnica, como permite que obre a túnica de Santo Antônio um tão extraordinário milagre, que em seu próprio corpo não experimentamos? Basta, Senhor, que há de obrar a túnica de Antônio vestida por fora, o que não obra em nós vosso próprio e santíssimo Corpo recebido por dentro? Eu bem sei que Santo Antônio é muito benemérito desse diviníssimo Sacramento, e que pelejou grandes batalhas em defesa de sua fé contra os hereges, e que alcançou deles grandes vitórias, e que lhe fez outros muitos serviços, mas não cuidei que merecia tanto. Enfim, aquele Senhor que se fez tão pequenino para que Antônio junto de sua pessoa parecesse grande, lá tem com ele seus segredos: deixemos a ambos os porquês desta diferença.

A que só podem dar[305] os filósofos e teólogos, neste caso, é que a túnica de Santo Antônio tocou o corpo do monge que a vestiu; mas o corpo de Cristo no Sacramento não toca o dos homens que o recebem.

É verdade que real e verdadeiramente recebemos o Corpo de Cristo, mas como o Corpo de Cristo no Sacramento está por modo indivisível, assim como o sentido da vista o não vê, assim o sentido do tato o não toca; e assim como o que só vemos são as espécies quanto à cor, assim o que só tocamos são as mesmas espécies quanto à quantidade. Mas nesta mesma diferença se confirma ainda com maior proporção a glória de Santo Antônio. As espécies sacramentais são uma túnica branca, de que está vestido o corpo de Cristo no Sacramento; e a graça que Cristo não quis conceder aos vestidos do seu Corpo Sacramentado, concedeu-a aos de Santo Antônio. Aquela túnica branca não tira as tentações da castidade, e a túnica parda de Santo Antônio tirou-as.

Parece que se não pode passar daqui, e que já o encarecimento vai por cima dos altares; mas ainda há grandes passos que dar adiante. Quando Cristo, Redentor nosso, partiu deste mundo, encomendou a seus discípulos que se não saíssem de Jerusalém: *Até que fossem vestidos da virtude do alto* (Lc 24,49). Desceu sobre eles o Espírito Santo, ficaram de repente vestidos daquela soberana virtude. Mas quais foram os efeitos destes vestidos? Foram, em suma, que ficaram confirmados em graça, com privilégio de não haver de pe-

305. Dar: no sentido de chegar a uma conclusão, tirar uma conclusão.

car gravemente. E assim como ficaram isentos dos pecados, ficaram também isentos das tentações? Isso não. Tanto assim que nesta mesma matéria de que falamos, confessa São Paulo[306] de si, que era grave e importunamente tentado: *Foi-me dado um espinho na carne, um anjo de Satanás que me esbofeteia* (2Cor 12,7). Pois, se os apóstolos, por meio dos vestidos que Cristo lhes mandou do céu e a mesma pessoa do Espírito Santo lhes vestiu na terra, não ficaram livres das tentações, e de tentações neste mesmo gênero, como ficou livre delas o monge, por meio da túnica de Santo Antônio? Aqui não há senão levantar as mãos ao céu e glorificar outra vez e infinitas vezes ao Altíssimo, que com tanto excesso de maravilhas quis honrar, como Ele prometeu, a quem tanto o honrava. Eu não faço comparação, nem é lícito, entre os vestidos do Espírito Santo e a túnica de Santo Antônio; mas, comparados os efeitos em um e outro caso, só refiro o que se não pode negar. O vestido do Espírito Santo isentou os apóstolos de serem vencidos, mas de serem tentados não os isentou; a túnica de Santo Antônio não só isentou ao monge de ser vencido, mas também de ser tentado. São Paulo, com o vestido do Espírito Santo, estava livre do pecado da sensualidade, mas não se livrou dos estímulos da sensualidade; o monge, com a túnica de Santo Antônio, ficou livre do pecado da sensualidade, e também livre dos estímulos.

Daqui tiro eu quão escusado foi aquele grande empenho do Seráfico Patriarca, um dia que se viu apertado de semelhante tentação. Tentado um dia São Francisco do espírito da sensualidade, que imaginais que faria, como tão valente e famoso soldado e tão insigne da milícia de Cristo? Parte de corrida a um lago congelado[307], e a puras bolas de neve apagou os incêndios daquele

306. É estranho que Vieira argumente com São Paulo, pois São Paulo não esteve no Cenáculo no dia de Pentecostes.

307. As biografias de São Francisco não falam em lago congelado, mas num bosque nevado. O episódio é contado tanto por Tomás de Celano (2Cel 117) quanto por São Boaventura (*Legenda Maior* 5,4). Transcrevemos Celano: "Quando viu que a tentação não ia embora nem com as chicotadas, apesar de já estar com o corpo todo marcado de sangue, abriu o cubículo, saiu para o bosque e mergulhou, despido, na neve alta. Depois encheu as mãos de neve e fez sete blocos como bolas. Colocou-os à sua frente e começou a dizer a seu corpo: *Essa maior é tua, mulher, essas outras quatro são teus dois filhos e duas filhas, as outras duas são o servo e a criada que precisas ter para o teu serviço. Trata de vestir a todos, que estão morrendo de frio. Mas, se te é molesto todo esse cuidado por eles, serve com solicitude a Deus somente!* Logo o diabo foi embo-

fogo, até afogar no mesmo lago a seu inimigo. Notável tentação, notável valor, mas escusado empenho. Notável tentação, que a um homem como São Francisco, a um serafim em carne, se atreva a tentar a carne! Notável valor, que não repare Francisco no rigor do regelo, e meta em tanto risco a vida, por não arriscar a pureza! Mas escusado empenho, glorioso santo meu! Se, sem embargo de serdes serafim, pagais essa pensão[308] à humanidade, se o demônio, tantas vezes de vós vencido, se atreve a tentar vossa pureza quando tendes o remédio em casa, e tão fácil, para que é ir buscá-lo fora, e tão custoso? Pedi a Santo Antônio – ou mandai-lhe, pois é vosso súdito –, pedi a Santo Antônio que vos empreste a sua túnica, vesti-a, e ficareis livre da tentação. Oh! grande glória de tal pai com tal filho! Trocassem as túnicas Santo Antônio e São Francisco, e ver-se-iam duas grandes maravilhas. A túnica de Francisco não obraria nada em Antônio, porque já estava consumado na perfeição do seu hábito, e a túnica de Antônio ainda teria que obrar em Francisco, porque lhe seria defensivo contra as tentações. Mas assim repartiu Deus as graças entre o pai e o filho, para que o pai fosse o exemplo dos fortes, e o filho o remédio dos fracos.

A alma não se encontra onde foi perdida

Concluindo, pois, com o nosso monge, dantes tão fraco, e agora tão forte, dantes tão perdido, e agora tão venturosamente achado, vede se é tão certo deparador de almas perdidas Antônio, como eu vos prometi. E se alguma das que me ouvem está perto de se perder, ou já perdida nas ondas, nas cegueiras, nos labirintos de um vício tão dificultoso de curar, e em que tanto periga a salvação, ponha diante dos olhos este exemplo de tão notável mudança, e, como o seguiu na perdição, imite-o também em lhe buscar o seguro e eficaz remédio. Recorra todo o caído ou tentado ao deparador das almas perdidas, pois é ofício ou graça em que Deus o constituiu; encomende-lhe muito de coração a sua, e não cesse de pedir, instar e buscar, até que a ache e tire do estado de perdição: *Até que a encontre*.

---

ra confundido e o santo voltou para a cela glorificando a Deus. Um frade, que estava rezando naquela hora, viu tudo isso à luz da lua".

308. Pensão no sentido de "preço".

Só advirto, por fim, uma cautela muito necessária, e sem a qual tudo o que se intentar será sem efeito. A mulher do Evangelho perdeu a dracma na casa, buscou-a na casa e achou-a na casa. A alma perde-se assim, mas não se acha assim. Todas as outras coisas se acham onde se perdem, e aí se hão de buscar. A alma não se há de buscar onde se perdeu, sob pena de não se achar, ou se tornar a perder. Perdeu a sua alma São Pedro, negando três vezes a Cristo; e notai que uma mulher foi a primeira ocasião, e outra mulher a segunda. Pôs-lhe seus divinos olhos o Senhor, para que não perseverasse naquele estado, e o que logo fez São Pedro, para achar a sua alma perdida, foi sair-se do lugar onde a perdera: *Saiu para fora* (Lc 22,62). Esta é e há de ser a primeira diligência de quem tem a alma perdida, se a quer achar. É a alma como o sol, que se não pode achar no lugar onde se perdeu, senão no oposto. Perde-se o sol no ocaso, e, se o quiserdes buscar e achar, há de ser no Oriente. Quando assim se acha a alma, então está segura de se tornar a perder, onde se perdia. Davi, que também perdeu a sua e a soube achar, o disse: *Quanto dista o Oriente do Ocidente, tanto afasta Ele de nós os nossos delitos* (Sl 102,12). Tão longe estou, por mercê de Deus, do pecado em que me perdi, quanto vai do Ocidente ao Oriente! À letra se podia entender este verso de um sujeito bem qualificado, que eu conheci, o qual só por se livrar de uma ocasião, se embarcou para a Índia. Assim faz quem se quer salvar, não só fora, como Pedro, mas longe, e muito longe, como Davi. O piloto que fez naufrágio em um baixo, o seu primeiro cuidado é fugir muito longe dele. Por falta desta cautela, as almas perdidas, que alguma vez se acham, se tornam logo a perder. Se São Pedro perseverara no mesmo lugar, assim como negou três vezes, havia de negar trinta: as três, em cumprimento da profecia, e as demais, por força da ocasião; por isso, a primeira coisa que fez foi sair-se dela: *Saiu para fora.*

As almas perdidas pela cobiça

Sobre esta advertência, em que da nossa parte consiste o remédio do primeiro vício, passemos à consideração do segundo, e vejamos como não é menos eficaz, nem menos certo deparador o nosso Santo para almas perdidas pelo pecado da cobiça, de que também, como dizia, ponderarei um só exemplo. No tempo em que Santo Antônio pregava pela Itália, assim como a fama dos milagres de Cristo chegava aos cárceres: *No cárcere João ouviu falar das obras de Cristo* (Mt 11,2), assim a das maravilhas de Santo Antônio penetrava até as charnecas e covis dos ladrões. Andavam vinte e dois de companhia ou de alcateia em uma mata, os quais, ouvindo que todo o homem que ouvia pregar a Santo Antônio se convertia, parecendo-lhes coisa mui dificultosa, e ainda impossível, quiseram fazer a experiência em si[309]. Deixam os rebuços e os disfarces, vestem-se à cortesã, vão-se ao povoado, cada um por seu caminho, entram na igreja onde o Santo pregava, e ainda o sermão não era acabado, quando já cada um não era o que ali entrara. Converteram-se todos, todos se confessaram com o Santo, e todos mudaram de ofício e de vida. Um dos santos prodigiosos de que se escrevem maiores milagres é Santo Antônio; mas se entre todos os seus milagres quiséramos averiguar o maior, a minha opinião havia de estar por este. Vinte e dois ladrões convertidos em um dia, e em um sermão? É a maior coisa que se pode dizer nem imaginar, porque não há almas mais desalmadas nem mais dificultosas de reduzir que as dos ladrões.

Coisa é muito notada e muito notável que, pregando Cristo, Senhor nosso, contra todos os vícios, nunca pregasse contra os ladrões. Lede todos os quatro evangelistas; achareis que no Sermão do Bom Pastor[310], na Parábola do Samaritano[311], na dos Servos Vigilantes[312], e em outros muitos lugares fala o Senhor em ladrões: mas que lhes pregasse, nunca. O que só lemos que fizesse em matéria de ladrões é que no dia em que entrou por Jerusalém aclamado por rei, foi logo ao Templo, e, fazendo um açoite das cordas com que vinham atadas as reses para os sacrifícios, com ele lançou fora os que as vendiam, dizendo que o seu templo era casa de oração, e que eles o tinham feito cova de ladrões: *Vós porém fizestes dela um covil de ladrões* (Mt 21,13). Que Cristo, como rei, açoitasse os ladrões, foi ação mui própria do ofício e obrigação de rei; mas Cristo não só era rei, senão rei e pregador juntamente: *Eu fui constituído rei*

309. Cf. nota 199. Observe-se que os *Fioretti* falam de 12 ladrões e não de 22. Sempre que Vieira explora esse episódio em seus sermões, fala em 22. Não encontrei em nenhuma edição dos *Fioretti* nem na sua fonte original (*Vita Rigaldina* 9, 60-66) o número 22.

310. Cf. Jo 10,1-21.

311. Cf. Lc 10,30-37.

312. Cf. Lc 12,39.

sobre Sião, seu monte santo, para promulgar seu decreto (Sl 2,6). Pois, se Cristo açoitou os ladrões como rei, por que lhes não pregou também, e mais estando no Templo, como pregador? Porque os ladrões são casta de gente em que se emprega melhor o castigo do que se pode esperar a emenda. A pregação é para emenda, e converter aqueles a quem se prega, e gente costumada ao vício de furtar é tão dificultosa e quase incapaz de emenda, que nunca ou quase nunca se converte[313]. Cinco dias depois deste[314] se viu por experiência, e com tais circunstâncias que excedem toda a admiração.

O maior dia que houve no mundo foi aquele em que o Filho de Deus deu a vida no Monte Calvário pela redenção do gênero humano. Neste mesmo dia morreram três ladrões: dois aos lados de Cristo, e um do seu lado[315], que era mais. Morreu o bom ladrão, morreu o mau ladrão, morreu Judas. E que sucesso e fim foi o destes três ladrões? O bom ladrão converteu-se, o mau ladrão e Judas condenaram-se. De maneira que, no maior dia do mundo, em que o Redentor dele estava com cinco fontes de graça e de misericórdia abertas[316], de três ladrões, condenam-se dois e converte-se um; e em um dia particular em que Santo Antônio sobe ao púlpito, vêm-no ouvir vinte e dois ladrões e convertem-se todos os vinte e dois. Se Santo Antônio, dos vinte e dois convertera sete, fazia o que fez Cristo, e era assaz maravilha, de ladrões converter a terça parte; mas que sendo tantos, e todos, torno a dizer, ladrões, se convertessem todos? E caso tão admirável e tão singular, que nem em si mesmo, nem no dia da Redenção quis Cristo que tivesse exemplo.

Ponderai comigo, por caridade, a salvação ou condenação de cada um destes três ladrões do dia da Paixão, e vereis quão grande maravilha foi esta do nosso Santo. Ao mau ladrão, quem lhe pregou para o converter? Pregou-lhe para o converter a paciência e inocência de Cristo; pregou-lhe o cumprimento com a repreensão que lhe deu, e muito mais, com o exemplo; pregou-lhe o

---

313. Santo Antônio no Sermão das Cinzas diz que a palavra ladrão (*fur*, em latim) significa noite escura (*furva*), onde o sol da graça e da conversão não penetra.

314. Aconteceu a prisão, paixão e morte de Jesus.

315. Do seu lado: seu apóstolo, seu escolhido, de seu grupo. Observe-se o belo trocadilho com a palavra lado.

316. Referência às cinco chagas.

sol, escurecendo-se, pregaram-lhe as mesmas pedras[317], partindo-se, pregou-lhe, finalmente, o maior pregador que há no mundo, que é a morte, e não só lhe pregou uma morte, senão três mortes: a morte de Cristo, a morte do outro ladrão, e a sua. E quando nem a inocência e paciência do Filho de Deus, nem a exortação, conversão e exemplo do companheiro, nem o portento de se escurecer totalmente o sol por tantas horas, nem a novidade tremenda de se quebrarem as pedras nem o horror da mesma morte, e de três mortes à vista, bastaram para converter um ladrão, bastou um só sermão de Santo Antônio para converter vinte e dois ladrões.

Vamos a Judas. Judas ouvia, como os demais apóstolos, todas as pregações de Cristo, e ultimamente fez Cristo ao mesmo Judas em particular sete pregações: a primeira, um ano antes da Paixão, quando disse aos apóstolos que Ele tinha escolhido doze, e que um dos doze era o demônio[318]; a segunda, cinco dias antes, quando Judas murmurou do unguento da Madalena, com pretexto dos pobres, e o Senhor, para o admoestar a ele com decoro, repreendeu a todos[319]; a terceira, na mesa do cordeiro, quando protestou que o que metia com Ele a mão no prato o havia de entregar[320]; a quarta no lavatório dos pés, quando, tendo dito a Pedro que ele e os outros discípulos estavam limpos, acrescentou: Mas não todos[321]; a quinta, na consagração do pão, quando disse: Este é o meu corpo, o qual por vós será entregue[322]; a sexta, na prática depois da mesa, quando exclamou: Ai daquele por quem será entregue o Filho do homem: melhor lhe fora a tal homem nunca ser nascido[323]; a sétima, quando Judas saiu do Cenáculo a executar a venda, e o Senhor lhe disse por ironia que só ambos entenderam: O que vais fazer, faze-o depressa[324]. Tudo isto eram setas que Cristo uma sobre outra ia atirando ao coração de Judas, tanto mais

317. Referências aos fenômenos ocorridos na morte de Jesus. Cf. Mt 27,45-54.

318. Cf. Jo 6,71.

319. Cf. Jo 12,3-9.

320. Cf. Mt 26,23.

321. Cf. Jo 13,10-11.

322. Cf. Lc 22,19.

323. Cf. Mt 26,24.

324. Cf. Jo 13,27.

fortes quanto mais breves, tanto mais eficazes quanto mais secretas, e tanto mais honestamente dirigidas a ele quanto ditas universalmente a todos. Mas que aproveitou tanta e tão bem repartida retórica, em que o amoroso Mestre empregou toda a arte de sua sabedoria divina? Acabou Judas obstinado, e com a morte e paga que merecia quem vendeu a Vida. E quando todas as pregações de Cristo juntas, e sete rogações de Cristo dirigidas em particular a reduzir e converter um ladrão, o não convertem nem reduzem, que uma só pregação de Santo Antônio, não em particular, senão em comum, não dirigida de propósito àquela espécie de pecado, senão pregada e ouvida acaso, converta e reduza de uma vez a vinte e dois ladrões? Vede se se pode imaginar maior maravilha! Pois ainda não está ponderada.

Ponderai e adverti o cabedal que meteu Cristo para converter a Judas, e o que meteu Santo Antônio para converter os vinte e dois ladrões, e então acabareis de conhecer melhor a maravilha. Santo Antônio, para converter os ladrões que converteu, não fez mais que continuar a pregação que tinha começado; Cristo para converter a Judas, que não converteu, fez-lhe tantas admoestações em comum e em particular, como temos visto: prostrou-se de joelhos diante dele, lavou-lhe os pés com suas sagradas mãos, acrescentou à água do lavatório muita de seus olhos, com que também lhos lavava, deu-lhe a comungar depois de sacramentado, assim na hóstia como no cálix, finalmente deu-lhe a face, e admitiu a falsa paz com que o entregava, chamou-lhe amigo, e desejou de o ser muito de coração; e quando Cristo – notai agora –, e quando Cristo, com a boca exortando, com os joelhos prostrando-se, com as mãos lavando, com os olhos chorando, com a face sofrendo, com o coração perdoando, e com todo o seu corpo e sangue, e com toda a sua alma e divindade metendo-a dentro no peito de Judas, não pôde converter um ladrão, Santo Antônio, só com a língua, converteu vinte e dois ladrões. Quis Deus, sem dúvida, nestes dois exemplos, mostrar quanto pode chegar a dureza do coração humano, e quanto pode obrar a eficácia da graça divina. Mas a maravilha é que, repartindo-se estes dois efeitos, a dureza humana se provasse contra a pregação e contra todos os empenhos de Cristo, e que a eficácia divina se mostrasse só na pregação de Antônio, sem nenhum outro empenho.

O sabor e a suavidade do alheio

Mas vamos ao ladrão que se converteu, e veremos, entre ladrão convertido e ladrões convertidos, quão grande diferença houve. Converteu-se o bom ladrão com todos aqueles atos heroicos e concurso de excelentes virtudes, que os santos celebram e eu não comparo; mas nos ladrões que converteu Santo Antônio, além do excesso do número, houve uma circunstância ou suposição mui diversa, a qual, assim como fazia a sua conversão muito mais dificultosa, assim a fez nesta parte muito mais admirável. Não falo nos privilégios daquele grande dia, na presença e vizinhança do mesmo Cristo visto e ouvido, na assistência da Virgem Santíssima, na sombra da cruz, na semelhança do suplício, nos prodígios do céu e da terra, e na mesma terra regada com o sangue fresco e manante das veias divinas, que ainda naquele pão seco – melhor que na vara de Arão[325] – não podia deixar de produzir no mesmo tempo flores e frutos. Toda esta constelação de influências próprias e únicas daquele dia e daquele lugar concorreu e cooperou poderosissimamente para facilitar a fé e penitência do bom ladrão, e não havendo, nem podendo haver nada disto na conversão dos ladrões de Santo Antônio, convertidos só pelas palavras do Santo nuas e desacompanhadas de todo o outro influxo exterior que lhe pudesse acrescentar a eficácia, bem se está vendo a diferença tão venturosa da parte daquele ladrão, como admirável da parte destes. Mas não é esta, como dizia, a circunstância e suposição muito diversa entre um e outros, a qual só quero ponderar.

Abstraindo, pois, de tudo o mais, e fazendo a comparação igual de homem a homens e de ladrão a ladrões, digo que a conversão dos de Santo Antônio era muito mais dificultosa, e por isso foi muito mais admirável. O bom ladrão era um homem preso e cercado de guardas: estes andavam soltos e livres; estes não estavam em poder da justiça, aquele estava não só condenado, mas atualmente justiçado e posto no suplício; aquele tinha a morte atravessada na garganta, com que já não podia viver, e tinha as mãos pregadas na cruz, com que já não podia furtar: e estes podiam furtar, como até então, livremente, e viver do que furtassem. Donde se segue que só os ladrões de Santo Antônio mudaram

325. Colocados 12 bastões secos, cada um representando uma tribo, diante da Arca da Aliança, viu-se no dia seguinte que o de Aarão tinha produzido brotos, dado flores e amêndoas maduras. Cf. Nm 17,21-25. O bastão florido de Aarão foi guardado diante da Arca.

propriamente a vida e deixaram o ofício, o que não fez nem podia fazer o do Calvário, porque antes a vida e o ofício o deixou a Ele. E converter-se um ladrão, por duro e obstinado que seja, com o desengano dos últimos embargos, quanto mais ao pé da forca e já posto nela, é coisa muito fácil, e passarem-se de uma vida tão solta e larga à moderação e estreiteza da lei da razão e de Cristo, e resolver-se uma comunidade inteira, sem discrepância, a mudar de instituto e a granjear dali por diante o sustento com o trabalho de suas mãos, aqueles que as tinham tão costumadas a se encherem dos trabalhos alheios, esta era a grande dificuldade, e esta foi a maravilha.

É coisa tão dificultosa acomodar-se a trabalhar para viver quem está costumado a outra vida, que esta mesma dificuldade é a que inventou a arte e artes de furtar[326]. Aquele feitor do pai de famílias, que refere o Evangelho, vendo-se privado da administração da fazenda de que comia, e não se acomodando trabalhar para viver, que conselho tomou? Falsificou as escrituras, diz o texto, e fez-se ladrão por tal arte, que o amo lhe perdoou o furto pela indústria[327]. Esta é a providência do diabo, com que ele compete com Deus em sustentar o mundo. Para que não desconfieis da Providência Divina, *olhai*, diz Cristo, *para as aves do céu* (Mt 6,26). As aves não aram a terra nem semeiam nem colhem, e, contudo, sustentam-se; o mesmo fazem por providência do diabo estas aves de rapina. Os outros cavam, os outros trabalham, os outros suam, e o que eles recolhem na eira, ou venderam na praia, embolsam eles na estrada. O primeiro ladrão que houve no mundo foi o primeiro homem – tão antigo costume é serem os primeiros homens os primeiros ladrões. Condenou Deus este primeiro ladrão a que comesse o seu pão com o suor do seu rosto: *Comerás o pão com o suor do teu rosto* (Gn 3,19). Mas os ladrões que vieram depois souberam e puderam tanto, que trocaram a sentença, e em lugar de comerem o seu pão com o suor do seu rosto, comem o pão não seu com o suor do rosto alheio. E homens costumados a esta vida tão sem cuidado nem trabalho, que a trocassem de comum consentimento, e se deixassem prender e roubar

326. Por ao menos dois séculos se atribuiu a Vieira um livro intitulado *Arte de furtar*. Hoje se sabe que seu autor é um adversário de Vieira, seu contemporâneo, Antônio de Souza Macedo, segundo estudos cabais realizados por Afonso Pena Júnior.

327. Cf. Lc 16,1-8.

das palavras de Santo Antônio? Tomara saber o motivo com que o Santo os persuadiu, para vo-lo pregar[328]; mas, suposto que a história o não diz, devendo andar escrito em lâminas de bronze, quero continuar a maravilha do caso com maior ponderação da dificuldade dele.

Pouco era, se o comer do alheio tivera só o alívio do trabalho de o cavar e suar, mas dizem que é tão gostoso e saboroso, que é nova e muito maior maravilha haver quem se abstivesse dele. Se o disseram os mesmos ladrões, eu os não crera, como apaixonados do ofício e subornados da própria inclinação. Mas é dito e sentença do Espírito Santo: *A água furtada é mais doce, e o pão que se come às escondidas mais suave* (Pr 9,17). O que me admira nestas palavras, e deve admirar a todos, é que, para declarar o grande sabor do alheio e do furtado, se ponha a comparação em pão e água. A água não tem sabor, e se tem sabor não é boa água; o sabor do pão também é tão pouco que, se não se acompanha ou engana com outro, só a muita fome o pode fazer tolerável; enfim, sustentar-se um homem com pão e água não é comer, é jejuar, e o mais estreito e rigoroso jejum. Como declara logo o Espírito Santo, não só o sabor, senão a doçura e suavidade do alheio com pão e água: *A água furtada é mais doce, e o pão que se come às escondidas mais suave?* Não se pudera melhor declarar nem ainda encarecer. Como se dissera o Divino Oráculo: é tão grande o sabor do alheio, é tal a doçura e suavidade do que se furta, que até pão e água, se é furtado, é manjar muito saboroso. Viver do próprio a pão e água é a maior penitência; viver do alheio, ainda que seja a pão e água, é grande regalo. Tão saboroso bocado é o alheio.

Muito me pesa ser de rei o exemplo com que hei de confirmar esta verdade. Mas não debalde disse Santo Agostinho[329]: *Que coisa são os grandes reinos, senão grandes latrocínios?* Andava el-rei Acab desejoso de roubar a Nabot a sua vinha, e como achasse dificuldade na execução – que até os maus reis daquele tempo achavam dificuldade em tomar os bens dos vassalos – tomou tanto sentimento de não conseguir tão depressa como queria este apetite que, chamado para a mesa, não quis comer: *Não quis comer seu pão* (1Rs 21,4 LXX), diz o

328. Maneira muito elegante para dizer que entre seus ouvintes havia muitos ladrões.

329. Cf. nota 199.

texto dos Setenta; e acrescenta Santo Ambrósio[330]: Não quis comer o seu pão, *porque apetecia o alheio.* Ora, grande sabor é o do alheio, até para o gosto e paladar daqueles que o trazem costumado aos mais esquisitos manjares. De maneira que, posta de uma parte a mesa real e da outra o pão do pobre Nabot, porque Acab não pôde comer o pão alheio, perdeu todo o apetite à mesa real.

Pôs-se uma vez à mesa el-rei Dom João, o Terceiro, e trazia grande fastio. Estava, entre os fidalgos, que o assistiam, um muito conhecido por discreto. Disse-lhe el-rei: Que remédio me dais, Dom Fulano, para comer, que de nenhuma coisa gosto? – Coma Vossa Alteza do alheio, como eu faço, e verá como lhe sabe bem. – Assim respondeu aquele cortesão, e, rindo, disse a verdade. Quereis que vô-la acabe de encarecer? Ora, ouvi quão saboroso é o alheio. O alheio é uma pírola[331] do inferno, ouro por fora, mas inferno por dentro, porque ninguém come o alheio, que não trague o inferno juntamente. É manjar que, levando de mistura todo o inferno, ainda se come com tanto gosto, vede se é grande o seu sabor. Sendo, pois, tal o apetite, o gosto e o feitiço do alheio, que a pessoas de tão diferente suposição, e que têm e possuem muito de próprio, prende, cativa e cega com tanto extremo, que vinte e dois homens de ofício e de costume ladrões, e que não tinham outro patrimônio ou remédio de vida mais que os roubos contínuos de que a sustentavam, sem reparar na diferença daquela mudança, a fizessem todos resolutamente sobre a palavra de um homem vestido de burel e atado com uma corda, não há dúvida que da sua parte foi a mais maravilhosa e prodigiosa conversão, e da parte de Santo Antônio a maior façanha, a maior vitória e o maior triunfo que nenhum pregador alcançou.

Como varrer a casa

Eis aqui outra vez quão admirável deparador de almas perdidas é o nosso Santo, tanto neste segundo vício como no primeiro. Se eu agora vos quisesse exortar a que também vos aproveitásseis deste exemplo, ou destes vinte e dois exemplos, tê-lo-íeis por afronta. Bem sei que nesta terra não há ladrões por ofício, mas há ofícios em que se pode furtar; e tudo o que é tomar, ou reter, ou

330. Cf. nota 58.

331. Pírola: o mesmo que pílula.

não pagar o alheio, por mais honrado nome que lhe deis, igualmente pertence ao sétimo mandamento. E assim vos digo que, se debaixo de qualquer título trazeis a alma perdida ou desejosa de se perder no vício da cobiça, que recorrais ao patrocínio de Santo Antônio, para que vô-la depare a tempo. Pedi-lhe que vos ouça, e ouvi-o, pois tanta é a eficácia de suas palavras. Sobretudo, não vos enganeis com opiniões que alargam e perdem as consciências; conhecei, primeiro que tudo, que onde cuidais que ganhais fazenda[332], perdeis a alma, e, pois, sem dúvida a tendes perdida, não descanseis até a achar: *Até que a encontre.*

Por fim, assim como fiz uma advertência necessária, e sem a qual se não pode curar o vício da sensualidade, assim quero que ouçais outra igualmente, ou mais importante ainda, para o da cobiça, e para desembaraçar a alma dos laços do alheio. A mulher do Evangelho, diz o nosso texto que, para achar a dracma perdida, varreu a casa: *Acende uma candeia e varre a casa* (Lc 15,83). Todos, para se salvar, ao menos na hora da morte, querem restituir, mas não querem varrer a casa. É muito para ver ou para chorar lá na nossa terra[333], como morrem os poderosos: testam[334] de quarenta, de sessenta e de cem mil cruzados de dívida, fazem seu testamento, em que carregam a seus herdeiros que paguem, e, deixando no mesmo tempo a casa cheia de baixelas, de joias, de tapeçarias e de outras peças de muito valor, além das fazendas desobrigadas com que logo puderam[335] pagar o que devem, feita a diligência do testamento, abraçam-se com um Cristo, e ficam os parentes e amigos muito consolados, dizendo que morreu como um São Paulo[336]. Esta é a frase com que se declaram e consolam, e porventura com que se animam a morrer do mesmo modo. Senhores meus, ouvi-me, posto que de tão longe[337]. São Paulo não tomou nem devia nada a ninguém, e disso fez um protesto ou manifesto público quando

332. Fazenda aqui significa bens, riquezas, posses.

333. Nossa terra é Portugal. Os grandes ladrões (ricos) iam morrer em Portugal, porque lá iam desfrutar das riquezas roubadas e acumuladas no Brasil à custa do trabalho escravo e fraudes nos negócios.

334. Testar: fazer testamento, deixar em testamento.

335. Puderam por "poderiam".

336. Referência a Gl 2,19-20: "Estou pregado à cruz de Cristo, já não sou eu que vivo, é Cristo que vive em mim".

337. Vieira fala aos ricos que roubaram no Brasil e moram agora em Portugal.

disse: *Não cobicei prata nem ouro nem roupa de ninguém, como vós mesmos o sabeis* (At 20,33). E ainda que São Paulo devera alguma coisa, ou muito, como não tinha nada de seu, a impossibilidade o desobrigava de restituição. Porém, morrer sem restituir, deixando a casa cheia, e salvar? Não ensina esta teologia a lei de Cristo. Há de se varrer a casa de todo esse cisco – que cisco é em comparação da alma – e depois da casa assim varrida, então se pode segurar ao dono a salvação.

Entrou Cristo, Senhor nosso, em casa de Zaqueu, e os sinais evidentes de que entrou naquela casa foram os efeitos: *Senhor,* diz Zaqueu, *ametade*[338] *de todos os meus bens dou logo aos pobres, e com a outra ametade pago quatro vezes em dobro tudo o que devo* (Lc 19,8), para satisfazer o principal, os réditos e os danos. Isto disse Zaqueu; e que respondeu Cristo? *Hoje entrou a salvação nesta casa* (Lc 19,9). Notai aqui muitas coisas, e todas tão dignas de grande reparo, como de suma importância. Primeiramente disse Cristo que a salvação entrara naquela casa; mas quando o disse? Não quando entrou o mesmo Senhor, senão quando Zaqueu se resolveu a restituir logo. Não entrou a salvação na casa quando entrou nela Cristo, senão quando saiu dela o alheio. Zaqueu varreu a casa de maneira que não ficou nela coisa alguma: ametade para os pobres e ametade para os acredores[339]: tudo fora. E quando assim se varreu e assim ficou varrida a casa, então se achou a dracma perdida e entrou a salvação. Mais. Zaqueu fez duas disposições: a primeira da primeira ametade de seus bens para esmolas; a segunda da segunda ametade, para satisfação das dívidas; e Cristo, com ser tão amigo dos pobres, enquanto ele falou só nas esmolas, não disse palavra; mas quando passou à satisfação das dívidas, então disse e assegurou que entrara a salvação na casa. Pagai prontamente o que deveis, e não deixeis esmolas nem legados. Tantas mil missas, tantos ofícios, tantos funerais, tantas pompas, tantos acompanhamentos: estes cantando, e os acredores chorando. Restituí, e se não tiverdes mais, não mandeis dizer uma missa por vossa alma, porque a missa sem restituição não vos há de salvar, e a restituição sem missa sim. Mas para o que é pompa e vaidade fazem-se novos

338. Ametade é o mesmo que metade.

339. Acredores é o mesmo que "credores".

empenhos e novas dívidas, acrescentando nova circunstância ao pecado irremissível de não pagar as contraídas.

Dizeis[340], e dizem porventura os que vos aconselham, que com as confessar no vosso testamento, e com as mandar pagar, satisfazeis. Enganai-vos, e enganam-vos; e, se não, respondei-me. Quando herdastes a casa de vosso pai, deixou dívidas? Muitas. E mandou-vos e encomendou-vos muito que as pagásseis? Sim. E pagaste-las vós? Não, antes acrescentastes outras maiores. Pois se vós não cumpristes o testamento de vosso pai; e sabeis com certeza moral que vosso filho não há de cumprir o vosso, como cuidais que enganais a Deus, e vos quereis enganar e condenar a vós mesmo, deixando a casa cheia do que é alheio e não vosso? Zaqueu não encomendou a restituição a outro; ele mesmo a fez. Não disse: *restituirei,* senão: *restituo.* Não disse depois, senão *logo.* E, porque o não guardou para amanhã, por isso Cristo lhe disse: Hoje – *Hoje a salvação entrou nesta casa.*

Como pedir a Santo Antônio

Parece-me que vos tenho bastantemente mostrado quão certo deparador de almas perdidas é o nosso Santo. E porque reduzi toda esta demonstração aos dois vícios capitais em que mais geralmente se perdem as almas, perguntar-me-eis, com cristã curiosidade, em qual deles são mais dificultosas de recobrar as que se perdem? Por uma parte, a sensualidade tem por objeto o deleitável, a cobiça o útil; a sensualidade inclina à conservação da espécie, a cobiça à do indivíduo; a sensualidade é inimigo natural, interior e doméstico, a cobiça exterior, e, por todas estas razões, parece mais dificultoso de arrancar e vencer o vício da sensualidade. Por outra parte, a cobiça cresce com a idade[341], a sensualidade diminui; a matéria da cobiça permanece ainda depois da morte, a da sensualidade acaba antes da vida; para emenda da sensualidade basta arrepender, para a da cobiça é necessário arrepender e restituir, com que

340. Embora na segunda pessoa do plural, Vieira encara um de seus ouvintes, um ouvinte imaginário, por certo.

341. Irmã gêmea da cobiça é a avareza e dela diz Santo Antônio no XXIII domingo de Pentecostes: "A avareza é uma ânfora, cuja boca não se fecha, mas está sempre aberta para abarcar os bens temporais".

parece mais dificultoso o remédio deste vício, e mais certa nele a condenação, por onde os gentios, que a cada vício sinalavam o seu deus, ao deus da cobiça puseram-no no inferno. Assim que a verdadeira decisão desta proposta, e o conselho certo e seguro, é fugir, e guardar, renegar de ambos estes vícios[342]. Contudo, para responder com a distinção que entre um e outro pode haver, digo que mais facilmente se deve esperar a conversão de uma alma perdida na sensualidade que na cobiça, e que, se na matéria da cobiça e do alheio for ajustada com a lei de Deus, posto que na da sensualidade tenha pecados, se pode ter por grande indício de sua salvação.

Não houve homem mais perdido e desbaratado[343], nas desordens da sensualidade, que o filho pródigo; contudo, tornou em si, arrependeu-se, confessou seus pecados, restituiu-se à graça de Deus, enfim achou-se depois de perdido, como vimos: *Estava perdido e foi achado* (Lc 15,32). E que indício ou disposição houve neste homem para uma tal mudança de vida? Lede toda a[344] que tinha feito antes de sua conversão, e achareis que, sendo tão estragado no vício da sensualidade, na matéria do alheio era de tão ajustada consciência, e tão escrupuloso como o pudera ser um santo. Depois de consumir quanto tinha herdado de seu pai - *Vivendo luxuriosamente* (Lc 15,13) - chegou a tal extremo de miséria, que se pôs com amo[345], e lhe servia de pastor de um gado tão imundo[346] e asqueroso como sua própria vida: *Para cuidar de porcos* (Lc 15,15). Notai agora o que diz o texto: *Desejava matar a fome que pa-*

342. No sermão do II domingo da Quaresma Santo Antônio aproxima os mesmos dois vícios, comparando a cobiça e a sensualidade a um profundo poço: "De fato, a cobiça do mundo é profunda, por carecer do fundo de suficiência. E, por isso, todo o que beber da água deste poço, pela qual entendemos as riquezas e as delícias transitórias, de novo terá sede. De novo, sim, porque, segundo diz Salomão nas parábolas (Pr 30,15), *a sanguessuga tem duas filhas que dizem: Mais! Mais!* A sanguessuga é o diabo, sequioso do sangue das nossas almas. Tem duas filhas, as riquezas e as delícias, que não cessam de dizer: *Mais! Mais!*, e nunca: *Basta!*"

343. Desbaratar: esbanjar, malgastar.

344. Elipse da palavra "matéria".

345. Pôr-se com amo: empregar-se.

346. Diz Santo Antônio no sermão da Ceia do Senhor: "O porco prefere dormir no esterco que em bela cama" e compara os que ao sentar-se à mesa dos convidados preferem "o esterco dos bens temporais".

decia com as landes[347] *ou bolotas de que se sustentava o seu gado, mas nem estas lhe davam,* e perecia. Pois, se aquele era o pasto do seu gado, que ele tinha em seu poder, por que o não tomava também para si, posto que lho não dessem? Porque era tão escrupuloso do alheio, sendo tão estragado do seu, que ainda em tão grave necessidade se não atrevia a o tomar sem licença de seu dono. E homem tão escrupuloso em matéria do alheio, que nem para o miserável e preciso sustento da vida, ousa lançar a mão a quatro bolotas agrestes que saíam do montado[348], ainda que na matéria da sensualidade seja tão perdido, grandes indícios tem de que se há de converter e salvar. Deus livre a toda a alma de uma e outra perdição, mas desta segunda ainda mais, como tanto mais perigosa.

E suposto que no nosso Santo deparador temos tão pronto e tão certo remédio de ambas e de todas as almas perdidas, ou nestes, ou em qualquer outro vício, o que resta é que todas as que se acham em semelhante estado, ou perigo, recorram a seu poderosíssimo patrocínio, com segura confiança de que serão ouvidas, e, sem dúvida, remediadas. E para que vos confirmeis mais na certeza desta confiança, ouvi o modo com que haveis de recorrer a Santo Antônio. Não haveis de pedir a este Santo, como aos outros, nem como quem pede graça e favor, senão como quem pede justiça. Quem pede justiça a quem tem por ofício fazê-la, pede requerendo; e quem pede a dívida a quem está obrigado a pagá-la, pede demandando. E assim haveis de pedir a Santo Antônio: não só pedindo e rogando, mas requerendo e demandando: requerendo, como a quem tem por ofício deparar tudo o perdido, e demandando, como a quem deve e está obrigado a o deparar. E, se não, dizei-me por que atais e prendeis este Santo, quando parece que tarde em vos deparar o que lhe pedis?[349] Porque

347. Landes: frutos, bolotas dos carvalhos e, por extensão, qualquer coisa que se lhes assemelhe.

348. Montado: em Portugal indica um terreno onde podem pastar porcos.

349. Vieira alude a um costume popular de virar a cabeça do Santo para a parede, ou de lhe retirar o Menino dos braços, ou de lhe destacar uma mão, ou de mergulhá-lo de cabeça para baixo dentro de um poço para forçá-lo a fazer o milagre que se quer. O folclore português tem trovinhas como esta: *Tenho um Sant'Antônio preso / No poço do meu jardim / A ver se agora caso / E o meu pai diz que sim.* Ou esta outra: *Minha avó tem lá em casa / Um Santo Antônio velhinho; / Em as moças não me querendo, / dou pancada no santinho.* Ou este responso: *O meu Padre Santo Antônio / E santo de Portugal; / Livra a gente do demônio, / É remédio contra o mal; /*

o deparar o perdido em Santo Antônio não é só graça, mas dívida; e assim como prendeis a quem vos não paga o que vos deve, assim o prendeis a ele. Eu não me atrevo nem a aprovar esta violência nem a condená-la de todo, pelo que tem de piedade. Mas dar-vos-ei outro modo com que ateis a Santo Antônio muito mais apertada e fortemente.

O Menino Jesus, como aquele a quem tanto custaram as almas, também atou a Santo Antônio, para que lhe deparasse as suas almas perdidas. Primeiro, atou-o com a correia de Santo Agostinho, depois com o cordão de São Francisco[350], e ultimamente com os braços, como o vedes: *Amarra com o abraço,* disse São Pedro Crisólogo[351], e este é o mais decente, o mais nobre, o mais devoto, o mais pio e o mais apertado modo de o atar. Lançai-vos àqueles pés descalços de Santo Antônio, abraçai-vos com ele, apertadissimamente, e dizei-lhe como Jacó: *Não te largarei enquanto não me abençoares* (Gn 32,26). Aqui estou a vossos pés, gloriosíssimo Santo, e não vos hei de largar, nem apartar-me deles, até que me comuniqueis a bênção de que Deus vos dotou entre todos os santos para remédio de tantas almas. A minha há tantos tempos que anda perdida, sem eu saber dela nem de mim. Assim como deparastes as de tantos outros pecadores, cuja perdição eu segui, mereça eu também alcançar daquele ardentíssimo zelo, que está hoje igualmente vivo em vós, a piedade que eles alcançaram. Alumiai-me, guiai-me, encaminhai-me e ensinai-me a buscar e achar esta perdida alma, e não me desampare vossa luz, vosso patrocínio e vossa poderosa eficácia e intercessão, *até que a encontre!*

Ele acha as coisas perdidas, / Aplaca as ondas erguidas / Nas tempestades do mar, / E até metido num poço, / Com água até ao pescoço, / Faz muitas moças casar.

350. Cf. nota 230.

351. Cf. nota 75.

Sexto sermão

Em São Luís, no dia 13 de junho de 1658

Introdução

Este sermão foi pregado no dia 13 de junho de 1658. A data não consta em nenhuma das edições. Deduzo-a da informação de Vieira, já indo para a parte final do discurso: "Quatrocentos e vinte e sete anos faz hoje que Santo Antônio foi tomar posse do eminentíssimo lugar que tem na Corte do Céu". Antônio morrera no dia 13 de junho de 1231. O sermão foi pronunciado em São Luís do Maranhão.

Como o dia 13 de junho de 1658 caísse em domingo, em domingo da solenidade da Santíssima Trindade, se sobrepunham duas festas: a litúrgica obrigatória da Santíssima Trindade e a popular de Santo Antônio. Vieira assume o papel de orador-catequista: falando de Santo Antônio, que é santo por obra da Santíssima Trindade, dá uma excepcional lição teológica sobre o mistério da Trindade e sua ação no mundo. E ao explicitar o mistério trinitário, consegue mostrar em Santo Antônio a encarnação da força criadora do Pai, sapiencial do Filho, santificadora e consoladora do Espírito Santo.

O esquema é fácil. O próprio Vieira diz que tem três partes em homenagem às três Pessoas divinas. Seu mote é o versículo 19 do capítulo 5º de Mateus: "Aquele que fizer e ensinar será chamado de grande no Reino do Céus". Deixando de lado o contexto do Sermão da Montanha, Vieira aplica o "fazer" à pessoa e à ação do Pai; o "ensinar" à pessoa e à ação do Filho; o "chamar" à pessoa e à ação do Espírito Santo. Em cada um desses três pontos Vieira entrelaça o fazer, o ensinar e o advogar de Santo Antônio, três coisas que, em sendo obras da Trindade, são a resposta do Santo à graça dela recebida. Como Vieira cita o mote sempre em latim, e nós em português, quando fala de cada um dos verbos: fizer, ensinar, será chamado, nós empregamos sempre o infinitivo, sem que, com isso, se mude em nada o sentido do orador.

Gostaria de destacar um trecho que recorda o quanto e com quanto carinho era celebrado Santo Antônio no século XVII: "Neste mesmo dia, e nesta mesma hora em que nós celebramos a Santo Antônio na América, o celebram e festejam com muito maiores demonstrações de solenidade na Europa, na África e na Ásia todas as nações e todos os estados do mundo. E por quê? Porque nenhuma nação nem Estado há nele, grande ou pequeno, que nos trabalhos e necessidades, a que todos estão expostos, não invoque e chame por Santo Antônio; e nenhuma voz há dos que o invocam, a que ele não responda: Aqui estou... (Digam-no) os lavradores no campo, os navegantes no mar, os soldados na guerra, os mercantes nos comércios, os pleiteantes nas demandas, os requerentes nos despachos, os presos nos cárceres, os cativos nas masmorras, os enfermos nas doenças, os agonizantes na morte, e até os mortos nas sepulturas, porque não há lugar nem estado tão alheio de toda a esperança e remédio, a que as consolações deste Paráclito universal se não estendam".

Santo Antônio, magno entre os santos por obra da Santíssima Trindade

Aquele que fizer e ensinar
será chamado grande no Reino do Céu

Um dia de especial grandeza

Não só há predestinação para os homens, senão também para os dias: os homens predestinados para a glória de Deus; e os dias predestinados para Deus ser glorificado neles. Não é esta proposição ou distinção minha, senão da mesma sabedoria divina, no capítulo trinta e três do Eclesiástico. Faz ali este autor, tão canônico como todos os outros[352], da Escritura Sagrada, uma notável questão: *Por que um dia é mais importante que o outro, se a luz dos dias do ano vem toda do sol?* (Eclo 33,7). Qual é a razão por que um dia é mais célebre que o outro dia, e também neste mesmo dia um ano mais célebre que o outro ano, sendo que o mesmo sol faz os dias e mais os anos? Responde o mesmo texto, que a razão desta diferença não é outra, senão a vontade e eleição divinas. E, assim como Deus predestinou os homens, não só para serem gloriosos no céu, mas também para serem mais santos, mais sábios, mais nobres, mais ricos, e mais poderosos e ilustres na terra, assim também predestinou os dias, para que uns fossem mais santos, mais festivos, e de maior veneração e celebridade,

352. O Livro do Eclesiástico, também chamado Sirácida, não faz parte da Bíblia hebraica, fato pelo qual foi também excluído da Bíblia pelas Igrejas protestantes. A Igreja Católica, apesar de algumas reticências, por exemplo de São Jerônimo, acabou incluindo o Eclesiástico definitivamente no Cânon, no Concílio de Trento, em 1546. Daí a observação pedagógica de Vieira. Santo Antônio cita muitas vezes o Eclesiástico, não pondo nenhuma dúvida sobre sua canonicidade.

por serem dedicados a maior culto divino, ou na fé da sua mesma divindade, ou na memória e reconhecimento de seus particulares benefícios. Esta é a resposta quanto à primeira parte da questão, e quanto à diferença dos dias: *Por que um dia é mais importante que outro?* Quanto à segunda parte, e *à diferença dos mesmos dias na variedade dos anos*, a razão da diferença é porque, variando-se com os anos os tempos, a ordem e o lugar dos dias também se varia, da qual variedade e mudança se segue que as festas e celebridades dos dias, ou se dividem entre si, ou se ajuntam no mesmo dia. E tudo isso não sucede acaso, senão porque assim o ordenou a disposição da sabedoria divina: *Foi o conhecimento do Senhor que os distinguiu e diferenciou as estações e as festas. Alguns deles os elevou e consagrou. A outros deixou como dias comuns* (Eclo 33,8-9).

Tudo o que até agora disse – e foi necessário dizer-se, por ser sabido e advertido de poucos – e o que temos e celebramos neste grande dia, sempre grande, e hoje com especial grandeza: sempre grande universalmente, por ser o dia da Santíssima Trindade, criadora e conservadora do mundo, o qual, como pendente de três dedos, sustenta a onipotência do Padre, a sabedoria do Filho, a bondade do Espírito Santo. É grande, principalmente, na monarquia e reinos de Portugal, isto é, nas quatro partes do mesmo mundo, na Europa, na África, na Ásia, e nesta América, por ser juntamente dia do nosso português, Santo Antônio. A união e concurso destas duas celebridades no mesmo dia poderia parecer ser sucedida acaso, pela variedade do ano; mas, como já nos consta por revelação e autoridade divinas, que assim a dignidade dos dias, como a variedade dos anos, tudo está predestinado e ordenado *ab aeterno* pela disposição e eleição daquela suprema providência, que assim como criou todas as coisas, assim decretou e sinalou a cada uma delas a diferença dos tempos, com muita razão podemos duvidar, na união deste misterioso concurso, a qual das duas partes se deve atribuir principalmente o motivo ou empenho do mesmo encontro: se à religião e virtudes de Santo Antônio, para com elas, nos ensinar a crer, a admirar e celebrar dignamente o mistério profundíssimo e incompreensível da Santíssima Trindade, ou à mesma Trindade Santíssima, para nos declarar e fazer entender as grandezas e excelências do seu grande servo Antônio.

Parece que este mesmo nome de servo, e de um servo tão extremamente zeloso em procurar sempre e em tudo a maior glória de seu Senhor; e de um servo que neste mesmo dia da Santíssima Trindade pregou tantas vezes aos ignorantes, e fez crer aos infiéis que, sendo um em essência, é trino em Pessoas, e, sendo as Pessoas três, e cada uma delas Deus, não são três deuses, senão um só Deus[353]; de um servo que, todos os dias e momentos da vida, sem tomar ou reservar para si um só instante, os dedicou e consagrou a este mesmo culto, a esta mesma veneração, e a este mesmo obséquio, com nome, com hábito, e com profissão de menor[354], que ainda na mesma glória professa; sendo finalmente certo, e mais conforme à razão e à obrigação, e à natureza, que o servo busque ao Senhor, e não o Senhor ao servo: por estas e infinitas outras considerações, parece que neste concurso, ou encontro de festas e dias, o de Santo Antônio sem dúvida é o que se vem sujeitar, render e servir, para também com o seu e consigo celebrar e festejar o da Santíssima Trindade.

Contudo, se eu hei de dizer o que sinto, o meu parecer, sem lisonja nem encarecimento, é que não acaso, mas por ordem e disposição divina, como fica mostrado, não é o dia de Santo Antônio o que neste concurso vem celebrar e servir o da Santíssima Trindade, senão o da Santíssima Trindade o que vem autorizar, honrar e engrandecer o de Santo Antônio. Primeiramente não

---

353. A Festa da Santíssima Trindade foi instituída em 1331 pelo Papa João XXII e fixada até hoje no domingo que sucede à Festa de Pentecostes. Compreende-se que Santo Antônio não tenha elaborado um sermão especial sobre o mistério trinitário. Mas a doutrina sobre a Santíssima Trindade aflora em muitos passos dos sermões dos outros domingos. Assim no VI domingo depois da Páscoa: "Nota que neste Evangelho (o daquele domingo) se manifesta abertamente a fé na Santíssima Trindade. O Espírito Santo é enviado pelo Pai e pelo Filho. Os três são duma só substância e de inseparável igualdade. A unidade está na essência; a pluralidade nas pessoas. O Senhor indica abertamente a unidade da essência divina e a trindade das pessoas quando diz em São Mateus: *Ide, batizai todos os povos em nome do Pai e do Filho e do Espírito Santo.* Em nome, sim, não nos nomes, para se mostrar a unidade da essência. E pelos três nomes apresentados, mostra existirem três pessoas". Ou sua observação no sermão do domingo da oitava da Páscoa: "Nota que na palavra PAX, paz, há três letras e uma sílaba, em que se designa a Trindade e a Unidade: no *P*, o Pai; no *A*, primeira vogal, o Filho, que é voz do Pai; no *X*, consoante dupla, o Espírito Santo, procedente de ambos. Assim, ao dizer: *A paz esteja convosco,* recomenda-nos Cristo a fé na Trindade e na Unidade".

354. Profissão de menor: da Ordem dos Frades Menores. Este nome foi o próprio São Francisco que escolheu. A sociedade que São Francisco conheceu se dividia claramente entre maiores e menores. À classe dos maiores pertenciam os nobres e os cavaleiros. À classe dos menores pertenciam os vilões (camponeses, artesãos e comerciantes) e os servos (que nada possuíam), trabalhavam gratuitamente para os nobres, sem nenhum direito a nada. Francisco quis seus frades como *menores* e *servos* tanto em relação a Deus quanto em relação aos homens.

é ação menos decente, ou alheia da majestade das três Pessoas divinas, virem elas assistir com modo de presença mais alta e mais sublime aos servos seus mais fiéis e mais diligentes, que dignamente sabem amar, obedecer, e servir[355] à mesma majestade. Assim o preguei deste lugar o domingo passado, com palavras do mesmo Cristo: *Quem me ama obedecerá e guardará meus preceitos, e a quem os obedecer e observar, amará meu eterno Pai, e a ele viremos* (Jo 14,23). E quem são estes que hão de vir, e assistir ao que ama e obedece a Cristo: *E a ele viremos?* É o mesmo Padre[356], e o Filho, e o Espírito Santo, as três Pessoas da Santíssima Trindade, diz a fé e a Teologia, com todos os santos padres[357]. E se a Santíssima Trindade em pessoa, ou em pessoas, promete vir assistir a quem ama a Cristo, e observa seus preceitos, como negará este favor no seu dia a Santo Antônio, tão diligente e exato observador, não só dos preceitos, senão dos acenos da vontade de Cristo, e tão amante, e amado seu? Quando o mesmo Cristo, que por amor de nós se fez homem, e por amor de Santo Antônio se fez menino, e se lhe veio pôr nos braços, como o vemos, quem foi o que buscou, e a quem? Não foi Antônio a Cristo, senão Cristo a Antônio. Pois, se para honrar a obediência, e corresponder ao amor, não é Antônio o que vai a Cristo, senão Cristo o que vem a Antônio, o que fez a segunda Pessoa da Santíssima Trindade, por que o não fará também a primeira e a terceira: *E a ele viremos?*

Assim é hoje, e naturalmente assim havia de ser, nem podia ser doutra sorte no concurso destes dois dias. Por quê? Porque o dia de Santo Antônio é dia estável e fixo, que se não muda nem varia com a mudança dos anos; o dia da Santíssima Trindade é dia não fixo, senão mudável[358], que com a variedade dos anos se varia também, e se muda: logo, este é o que só podia vir, e o que veio. Este singular favor, não sucedido agora acaso, senão por decreto e disposição

355. Amar, obedecer, servir: nestes três verbos estão figurados os três votos religiosos de castidade, obediência e pobreza.

356. A partir do Concílio Vaticano II, em português, passou-se a chamar a Deus de *Pai;* padre é a forma clássica e universal antiga, conservada ainda em espanhol e italiano. Deixamos a expressão ao longo de todo o sermão.

357. Veja-se nossa explicação na Introdução geral.

358. A Festa de Santo Antônio é sempre no dia 13 de junho, mas a Festa da Santíssima Trindade, em sendo no primeiro domingo depois de Pentecostes, e sendo Pentecostes uma festa móvel que depende de quando se celebra a Páscoa, muda de data cada ano.

eterna, é o que na ordem e dignidade dos dias estava destinado e predestinado pela Divina Providência, para que o dia da Santíssima Trindade, e a Santíssima Trindade nele viesse autorizar e honrar com infinitos aumentos de celebridade o dia de Santo Antônio, e para que a mesma Trindade, como autora das excelências e grandezas do nosso Santo, fosse também a pregadora delas.

Tudo isto, e nada menos, é o que dizem as palavras do Evangelho que tomei por tema: *Aquele que fizer e ensinar, terá nome de grande no Reino do Céu.* Na terra, que é um ponto em respeito do céu, não pode haver grandes, como bem e filosoficamente notou Sêneca[359], condenando o nome de Magno em Alexandre[360]. Santo Antônio foi verdadeiramente grande, porque foi grande no Reino do Céu. Mas porque essas grandezas no mesmo Reino do Céu são maiores e menores, para manifestar a grandeza deste prodigioso menor, só o podia fazer toda a Santíssima Trindade, porque toda ela o fez grande. Este será o assunto do meu discurso; esta a união, ou unidade a que reduzirei o concurso destes dois dias; e este o nó indissolúvel com que, em tanta disparidade de extremos, atarei e concordarei uma e outra festa. Que diz o Evangelho? Três grandes coisas em três palavras: *Quem fizer e ensinar será chamado grande* (Mt 5,19) – e as mesmas três coisas mostrarei eu que foram aquelas com que as três Pessoas da Santíssima Trindade fizeram grande a Santo Antônio. Mas de que modo? A Pessoa do Padre, dando-lhe o *fizer;* a Pessoa do Filho, dando-lhe o *ensinar;* e a Pessoa do Espírito Santo, dando-lhe o *será chamado.* Suposto e proposto assim o que hei de dizer, espero que, para a glória da mesma Trindade, em tão nova e dificultosa empresa, nos não faltará com sua graça a

---

359. Sêneca (4-65 d.C.): Escritor e pensador estoico, educador de Nero. Autor de obras filosóficas e sapienciais, como *Sobre a tranquilidade da alma, Sobre a clemência, Sobre a providência, Sobre a constância.* Santo Antônio cita várias vezes Sêneca, por exemplo no sermão do I domingo da Quaresma: "Escreve Sêneca: *Se nos sobrasse muito tempo, devê-lo-íamos gastar prudentemente*". Outras vezes Santo Antônio o chama simplesmente de o Filósofo. Assim no sermão do II domingo de Pentecostes: "Donde a palavra dum Filósofo: *É miserável, ainda que seja senhor de todo o mundo, aquele cujos bens não lhe parecem muito amplos.* O mesmo Filósofo: *Não considero pobre aquele cujos haveres vão além do suficiente, por pouco que seja*".

360. Alexandre Magno (356-323 a.C.) foi rei da Macedônia. Educado por Aristóteles. Feito rei aos 20 anos, se pôs a conquistar toda a Ásia pela força militar. Ao conquistar o Egito, fundou a cidade de Alexandria, aliás, nos poucos anos de sua vida fundou uma vintena de cidades (no início eram colônias militares), e sempre com seu nome.

Filha do Padre, a Mãe do Filho, e a Esposa do Espírito Santo, porque, como bem disse Ricardo de São Lourenço[361]: *Por ela, nela e com ela se dá maior glória ao Pai ao Filho e ao Espírito Santo. Ave Maria.*

As obras de Deus *ad extra*

Quando Deus obra fora de si mesmo – que os teólogos chamam *ad extra* – é certo, com certeza de fé, que para qualquer efeito, maior ou menor, não só concorre como primeira causa a unidade da essência divina, senão também igual e indivisamente a trindade das pessoas. Contudo, na expressão deste mesmo concurso há uma diferença, tão notável que, se a obra, posto que grande, não é a mais excelente, atribui-se o efeito à unidade, isto é, a Deus enquanto um; mas, se é a mais nobre e a mais excelente de todas, refere-se expressamente à Trindade, isto é, a Deus enquanto trino. Na primeira e mais antiga obra de Deus temos a prova e o exemplo desta particular expressão. *No princípio,* diz o texto sagrado, *criou Deus o céu e a terra* (Gn 1,1); continuou a obra da criação por todos os seis dias seguintes, e sempre fala o texto pelos mesmos termos; chegado, finalmente, o fim do sexto dia, em que Deus criou o homem, muda a Escritura Sagrada o estilo, e diz que disse Deus: *Façamos o homem à nossa imagem e semelhança* (Gn 1,26). Pois, se no princípio disse *criou,* por que agora diz *façamos?* Todos os santos padres e intérpretes entendem concordemente que a palavra singular: *criou*, significa a unidade de Deus, e a palavra do número plural: *façamos* – significa a trindade das pessoas. Pois, se a primeira e todas as outras obras da criação se atribuem a Deus enquanto um, por que razão a última, que foi o homem, se refere expressamente ao mesmo Deus enquanto trino? Porque todas as outras obras, ainda que grandes, não eram as mais nobres e mais excelentes, como feitas por Deus para servirem ao homem; porém, o homem, criado e formado pelo mesmo Deus, como imagem sua, para dominar e ser senhor de todas, era a mais nobre e mais excelente de todas. E, posto que todas eram obras do mesmo Deus e da mesma onipotência, as

361. Ricardo de São Lourenço: teólogo do século XIII. Pouco se sabe de sua vida. Foi cônego em Rouen entre 1239 e 1245. Tem várias obras publicadas, particularmente sobre Nossa Senhora. No livro sobre a *Ave-Maria* descreve todos os possíveis símbolos marianos.

menos nobres atribuem-se à unidade e a Deus, enquanto um na essência, e a mais nobre e a mais excelente à Trindade, e ao mesmo Deus, enquanto trino em pessoas.

Não sou tão apaixonado das grandezas de Santo Antônio, que ordene este primeiro alicerce do meu discurso a dizer que a diferença que faz o homem a todas as outras criaturas, faz Santo Antônio a todos os outros homens. O encarecido[362] a que falta o sólido, é vaidade, e não verdade, e as verdades deste grande homem foram tão grandes, que nem se podem declarar, quanto mais encarecer. O que só quis assentar por primeiro fundamento do que hei de dizer é que as grandezas e dotes singulares com que Deus levanta umas criaturas sobre outras criaturas, e umas obras suas maiores sobre outras, posto que grandes, por exceção ou propriedade, e, quando menos, por expressão particular, pertencem à trindade do mesmo Deus, e às três divinas pessoas. Pede Davi a Deus que se digne de bendizer ou abendiçoar[363] o seu povo, com tal vantagem que nele singularmente, como povo seu, seja Deus reverenciado e temido de todas as outras nações do mundo, e diz assim: *Abençoe-nos Deus, o nosso Deus! Abençoe-nos Deus e temam-no todos os confins da terra* (Sl 66,7).

E por que razão, ou com que energia invoca Davi a Deus nesta petição, repetindo três vezes o nome de Deus: *Abençoe-nos Deus, o nosso Deus! Abençoe-nos Deus?* – Porque, como a sua petição era que o povo de Israel fosse abençoado sobre todos os outros, coerentemente, e segundo a propriedade do que pedia, havia de invocar a Deus enquanto trino, e a todas e cada uma das três pessoas da Santíssima Trindade. De maneira que o primeiro nome Deus significa a Deus Padre: *Abençoe-nos Deus*; o segundo nome Deus significa a Deus Filho, e por isso *Deus nosso,* porque só a Pessoa de Filho se fez homem como nós; e o terceiro nome Deus significa o Espírito Santo: *Abençoe-nos Deus.* Assim declaram este famoso *texto* todos os intérpretes, e particularmente Hugo Cardeal[364] o confirma com outro do capítulo sexto dos Números em que Deus mandava expressamente que o povo se abençoasse, não com

362. Encarecer aqui significa elogiar muito, exaltar, descrever com exagero.

363. Abendiçoar: o mesmo que abençoar.

364. Cf. nota 9.

uma nem com duas, senão com três bênçãos. A primeira, em nome do Padre: O *Senhor vos abençoe e vos guarde* – eis a bênção do Pai. A segunda, em nome do Filho: *O Senhor vos mostre sua face* – eis a bênção do Filho. A terceira, em nome do Espírito Santo: *E vos dê sua paz* – eis a bênção do Espírito Santo[365].

E se perguntarmos: Estas três bênçãos da Pessoa do Padre, da Pessoa do Filho, e da Pessoa do Espírito Santo, como se distinguiam entre si, e quais eram ou haviam de ser, responde o mesmo doutor eminentíssimo, como se eu o tivera subornado para este dia: *O Pai em poder, o Filho em sabedoria, o Espírito Santo em bondade:* A bênção do Padre havia de ser comunicando o poder, a bênção do Filho comunicando a sabedoria, a bênção do Espírito Santo comunicando a bondade e santidade. Agora se entende claramente o que eu prometi no tema do Evangelho, sem o declarar: *Quem fizer e ensinar será chamado.* Até os menos doutos sabem que ao Padre se atribui o poder, ao Filho a sabedoria, ao Espírito Santo a santidade. E eu, que disse? Que, concorrendo toda a Santíssima Trindade para as grandezas de Santo Antônio, o Padre lhe dera o *fazer,* o Filho lhe dera o *ensinar,* e o Espírito Santo o *chamar.* E agora veremos que verdadeiramente assim foi. Porque a Pessoa do Padre, para Santo Antônio fazer tão prodigiosas maravilhas – *quem fizer* –, lhe deu o poder; a Pessoa do Filho, para ensinar e converter o mundo – *ensinar* –, lhe deu a sabedoria; e a Pessoa do Espírito Santo, não só para santificar as almas, mas também para ser chamado por antonomásia o Santo – *será chamado* –, lhe deu seu próprio nome, ou o seu nome próprio.

Mas antes que passemos à prova particular de cada um destes títulos – para que não pareça excesso de novidade referi-los às três Pessoas divinas –, vejamos como se portou com Deus e consigo o nosso menor[366], ornado pelo mesmo Deus, ou, por melhor dizer, cheio de tão extraordinárias grandezas. Aquele grande expositor, também português, a quem chamaram em Espanha *el padre de los conceptos,* porque quando saiu com os seus comentários sobre

---

365. Esta bênção, chamada Bênção de Aarão (Nm 6,24-26), São Francisco a fez sua e com ela abençoava o povo, costume mantido até hoje pelos franciscanos, tanto que ela é também conhecida como Bênção de São Francisco.

366. Menor: Santo Antônio, frade menor.

o Apocalipse[367], andando mui validas[368] nos púlpitos as comparações ou os símiles, então se introduziram em seu lugar, ou se acreditaram mais os que hoje se chamam conceitos (e digo se chamam, porque, como bem disse um grande poeta do mesmo tempo[369], também castelhano: muitos são tais, e têm tão pouca substância, *que parecen concepto, y es sonido*). Este expositor, pois, naqueles três *as* do Profeta Jeremias – *A,A,A, Senhor Deus* (Jr 1,6) – reconhece que fala o mesmo profeta com as três Pessoas da Santíssima Trindade. E sobre as palavras que Deus lhe tinha dito: *Antes mesmo de te formar no ventre materno, eu te conheci; antes que nascesses, eu te consagrei e te constituí profeta para as nações* – diz que a palavra *te conheci* foi do Padre, a palavra *te consagrei* do Filho, e a palavra *te constituí profeta* do Espírito Santo. As do expositor são estas: *Era, portanto, a Santa Trindade que falava com ele: o Pai dizendo "te conheci"; o Filho dizendo "te consagrei"; o Espírito Santo dizendo "te constituí profeta".*

Não é logo pensamento – posto que favor grande – nem alheio nem menos digno da majestade das três Pessoas divinas, que no dia da Santíssima Trindade, em que a mesma Trindade vem honrar a Santo Antônio, as três Pessoas divinas tomem cada uma por sua conta as três palavras do Evangelho: O Padre, a palavra *fazer;* o Filho, a palavra *ensinar*; o Espírito Santo, a palavra *chamar.* No *chamar* significou a terceira pessoa a santidade para o nome: *te consagrei;* no *ensinar* significou a segunda a sabedoria para a doutrina: *te constituí profeta; no fazer* significou a primeira o poder para as obras: *te conheci* – que assim declarou este conhecimento a provisão dos poderes: *Eis que te constituí sobre as nações e reinos, para arrancar e destruir, para arruinar e demolir, para*

---

367. Trata-se do Padre Brás Viegas (1553-1599), natural de Évora. Aos 16 anos entrou na Companhia de Jesus. Doutorou-se em teologia em Évora. Professor em Coimbra e Évora. Conhecia profundamente o latim, o grego e o hebraico, o que lhe facilitava muito o estudo da Sagrada Escritura. Considerado professor e orador de grande mérito. Ao morrer, aos 49 anos, em Évora, deixou vários manuscritos e um livro pronto para a imprensa, editado em 1601, e que são comentários ao Apocalipse. É a este livro que se refere Vieira, livro, aliás, elogiadíssimo por grandes sábios e que teve 11 edições em 16 anos.

368. Validas: muito favorecidas, muito apreciadas, "na moda".

369. É muito raro Vieira, em sermão, citar o nome de um poeta contemporâneo; quando quer citar algum o faz sempre assim de forma vaga, talvez para não lhe dar a altura de um santo padre, que são os mestres da doutrina. Aliás, era uma das regras da oratória sacra clássica não citar autores profanos pelo nome. O poeta espanhol aludido bem pode ser Lope de Vega (1562-1635), que combateu o gongorismo e as formas rebuscadas de dizer.

plantar e construir (Jr 1,10). Com tanto excesso como este – a que também podemos chamar trino – se portou Deus liberal e grandioso com Santo Antônio. E Santo Antônio com Deus, de que maneira? Quando mais levantado, então mais humilde, quando maior, então menor: *AAA, Senhor Deus, não sei falar, porque sou ainda menino* (Jr 1,6). Jeremias escusava-se, alegando a menoridade dos anos: *Porque ainda sou menino* – e Santo Antônio, repetindo três vezes ah! ah! ah! ao Padre, alegava o ser menor na idade; ao Filho, o ser menor no hábito[370]; ao Espírito Santo, o ser menor no nome. Mas quanto se escusava por mais incapaz, e quanto se reconhecia por mais indigno das grandezas a que as três Pessoas divinas o levantavam, tanto era mais digno de todas, e mais igual a todas, como agora veremos.

A obra de Deus Pai em Santo Antônio

É tão própria da pessoa do Padre a atribuição da onipotência para as obras, que o mesmo Cristo lhe atribuía todas as suas: *O Pai que habita em mim é que realiza as obras* (Jo 14,10). E Santo Antônio, no poder que lhe foi comunicado com *o fazer*, obrava com tão divina moderação nas que fazia, que bem mostrava serem derivadas da onipotência do Padre. A Moisés concedeu Deus na vara uma larga participação do poder divino; mas quantas vezes a vara se converteu em serpente, e o mesmo poder na mão de Moisés foi veneno? Digam-no as pragas horrendas do Egito em todos os elementos; a morte e degolação universal, em uma noite, de todos os primogênitos; e o Mar Vermelho aberto, e levantado em duas serranias, que logo tomaram a cor do mesmo nome, e, afogado Faraó com todos seus exércitos debaixo das ondas, a água, como cantou o mesmo Moisés, foi a terra das suas sepulturas[371]. Os mesmos poderes, se não foram maiores, deu Deus a Elias também santo, mas não capitão ou soldado, senão religioso. E que castigos não fez no mundo a espada do seu zelo sempre ardente?[372] Ele foi o que mandou às nuvens que não chovessem sobre a terra,

370. De hábito: na Ordem dos Frades Menores. Cf. nota 354.

371. Cf. Ex 4,2-4. Todos os fatos aludidos se podem ler no Livro do Êxodo, capítulos 6 a 15.

372. Nessa metáfora estão presentes três importantes elementos da vida do Profeta Elias. Na espada: por profetizar a guerra em tempo de os israelitas fazerem as provisões e defesas necessárias; por haver mandado degolar sem piedade os sacerdotes de Baal. Zelo: por sua luta

sem dar licença à aurora para que destilasse sobre ela uma só gota de orvalho. Secaram-se os rios, as fontes, os montes, os campos, os vales, sem se ver uma folha verde naquele perpétuo e tremendo estio sem inverno nem primavera. Abrasavam-se os gados, as feras, as aves, os homens; mirrava-se a vegetativa, mugia a sensitiva, clamava ao céu a racional, e não havia vida ou coisa vivente que não morresse e estalasse[373] à sede. Só Elias, que tinha as chaves na mão, se não abrandava, porque, se elas eram de ferro, ele era de diamante.

Ele foi o que sobre os dois capitães que lhe levaram recados de el-rei Acab, para que descesse do monte, fez descer fogo do céu, que aos capitães e soldados desfez logo em cinzas[374]. Ele o que por sua própria mão, e dos que o acompanhavam, em um dia degolou sobre o Rio Cison oitocentos e cinquenta sacerdotes de Baal[375], e dos outros ídolos. E assim usava Elias da espada que Deus lhe meteu na mão com os seus poderes.

Finalmente, o mesmo Jeremias, que pouco há nos serviu de outro exemplo, também nos poderes que Deus lhe deu, o foi de semelhantes severidades, castigos e ruínas. Disse-lhe Deus que o tinha constituído sobre os reis e sobre os reinos, para arrancar e plantar, para dissipar, destruir e edificar; mas nas execuções deste supremo império não vimos reinos plantados, senão arrancados; não edificados e levantados, senão destruídos e arruinados, sujeitos ao jugo estranho, dominados e cativos. Muitos anos andou Jeremias, com assombro dos que viam aquele portento, carregado de jugos e cadeias, as quais pelos embaixadores que estavam em Jerusalém ia mandando aos seus reis, em sinal

---

intransigente pelo Deus único, contra Baal introduzido pela Rainha Jezabel e sua pregação itinerante em defesa das leis sagradas. A palavra "zelo" em sua origem etimológica se prende ao cuidado pelas coisas de Deus. Ardente: lembra o grande e decisivo momento do desafio entre ele e os sacerdotes de Baal no Monte Carmelo, quando "caiu o fogo do Senhor, que devorou o holocausto e a lenha e as pedras e a poeira, e secou até a água do acero" (1Rs 18,38), enquanto os sacerdotes pagãos, depois de meio dia de gritos a seu deus Baal, tiveram de reconhecer que ele era incapaz de mandar fogo. Ou o outro momento em que Elias fez descer fogo do céu para consumir o comandante e seus 50 soldados que foram ao monte prendê-lo, proeza que repetiu uma segunda vez com outro comandante e seus soldados (cf. 2Rs 1,9-13).

373. Estalar: rebentar, estourar, explodir.

374. Cf. 2Rs 1,9-12. Não só consumiu o fogo aos dois capitães como também a seus acompanhantes.

375. Cf. 1Rs 18,40.

do cativeiro que lhes anunciava, como foi ao rei de Edom, ao rei de Moab, ao rei de Amon, ao rei de Tiro, ao rei de Sidônia, e ultimamente ao rei da mesma Jerusalém, Sedecias[376].

Ó Antônio, não menos poderoso que todos estes ministros de Deus tão santos, com a investidura de toda a onipotência divina, obsequiosa, por não dizer sujeita a vosso império! Mas nunca para destruições, nunca para ruínas, nunca para dano, castigo, perda, ou dor de alguém[377]; mas para remédio, para alívio, para consolação, para alegria, para bem e utilidade de todos. Nisto mostrastes e provastes claramente ao mundo que os poderes com que obráveis em tudo quanto fizestes - *quem fizer* - eram de participação, não de outra pessoa da Santíssima Trindade, senão do Padre, que, como Pai, tudo faz para bem[378], e não sabe fazer mal.

Estava Abraão no Vale de Mambré esperando à porta da sua casa ou tabernáculo[379] os peregrinos que por ali passavam, para os hospedar - caridade pela qual se chamou Seio de Abraão aquele lugar debaixo da terra, aonde os santos antigos também esperavam, até que se lhes abrissem as portas do céu[380] - quan-

---

376. O Profeta Jeremias nasceu pelo ano 650 a.C., perto de Jerusalém. Descendia de uma família sacerdotal. Sua atividade profética começou no décimo terceiro ano do reinado de Josias (627 a.C.). Esses oráculos contra as nações se podem ler em Jr 25,14-29. Depois da destruição de Jerusalém por Nabucodonosor (Jr 39) e deportação em massa do povo para a Babilônia, Jeremias permaneceu um tempo em Jerusalém e desaparece, provavelmente levado embora por amigos, talvez ao Egito.

377. Vieira explora em vários sermões este tema. Diferentemente de outros santos, Santo Antônio jamais castigou alguém de forma violenta. Santo Antônio ganhou ainda em vida o apelido de "Martelo dos hereges", mas Vieira, sempre que alude a esse título, o suaviza para "Martelo das heresias".

378. No sermão do I domingo do Advento diz Santo Antônio: "Quem nos fez é todo o bem, o sumo bem".

379. Cf. Gn 18,1-2. Primeiro Vieira diz casa, depois se lembra que nesse tempo Abraão levava vida de beduíno, morando em tenda, por isso fala em tabernáculo. Como vai receber o Senhor em forma de três anjos, ele se lembra que Deus mora sacramentado no tabernáculo, daí empregar tabernáculo e não tenda. No sermão do IX domingo de Pentecostes comenta Santo Antônio: "Tabernáculo e tenda são a mesma coisa e significam o mesmo. Chama-se tenda, por se estender por meio de cordas e estacas, como um tabernáculo ou pavilhão".

380. Referência aos justos de antes da Morte e Ressurreição de Cristo, que esperavam "nalgum lugar" pela reabertura do céu. O Evangelista Lucas, na Parábola do Rico e do Pobre Lázaro, chamou esse lugar de "seio de Abraão": "Aconteceu que o pobre morreu e foi levado pelos anjos *ao seio de Abraão.* Também o rico morreu e foi sepultado. E no inferno, no meio de tormentos,

do viu o mesmo Abraão três caminhantes notáveis, que não eram propriamente nem o que pareciam nem o que eram, senão o que representavam. Pareciam três homens, eram três anjos, mas representavam as três pessoas da Santíssima Trindade. Neste sentido diz a Igreja[381]: *Vi três, e adorei um.* Hospedadas debaixo deste disfarce, as três divinas pessoas, duas delas partiriam a castigar a Sodoma, como a castigaram com fogo descido do céu, e uma entretanto se deixou ficar com Abraão. Até aqui o texto expressamente, o qual, porém, no que calou, ou não exprimiu, nos deixou também uma dúvida bem curiosa e necessária, mas não fácil de resolver. Se as pessoas eram todas as três da Santíssima Trindade, por que foram executar este castigo só duas? E se uma se deixou ficar com Abraão, qual foi esta que não foi? Não falta quem diga modernamente, depois de ler os expositores, que foi a Pessoa do Filho, o qual, como Ele só se fez homem, se compadeceu mais daqueles homens. Mas esta mesma razão de ser homem, como logo veremos, é a prova de não ser Ele o que ficou.

Eu respondo confiadamente que foi sem dúvida a Pessoa do Padre, e o provo do mesmo texto, aonde dizem assim as duas pessoas que foram executar aquele castigo: *Não podemos deixar de castigar esta cidade, porque o clamor de seus habitantes chegou à presença do Senhor, que nos mandou fazer esta execução* (Gn 19,13). E daquela palavra *nos mandou* se convence que estas duas pessoas eram o Filho e o Espírito Santo, porque, como ensina a Teologia, e consta das Escrituras, o ser *mandado* só se pode dizer das duas pessoas, uma mandada do Padre, que é o Filho, outra mandada do Padre e do Filho, que é o Espírito Santo, e de nenhum modo do Padre. Assim o tinha eu imaginado com algum receio, por ser pensamento sem autor quando venturosamente o fui

---

levantou os olhos e viu ao longe Abraão e Lázaro *em seu seio*" (Lc 16,22-23). Os gregos chamavam a esse lugar de *Hades* –, e os hebreus de *Xeol.* Os latinos traduziram para *inferi,* de onde em português veio *infernos,* no plural. Os teólogos do século XI passaram a chamá-lo *limbo.* No sermão do III domingo do Advento Santo Antônio diz: "Este braço de Deus Pai foi partido por nossa causa em duas partes quando, na Paixão, a alma, separada do corpo, desceu a libertar aqueles que estavam nos infernos, enquanto o corpo permaneceu no sepulcro". E no sermão do I domingo de Pentecostes: "Rogamos-te, Senhor Jesus, nós, teus mendigos e pobres, nos faças morrer juntamente com o mendigo Lázaro no ninhozinho da pobreza, e que sejamos levados pelos anjos ao seio de Abraão!"

381. Quem disse a frase foi Santo Hilário, doutor da Igreja. Cf. nota 78.

achar em Santo Agostinho[382] no Livro 2º *De Trinitate*, onde excita[383] e resolve a questão pelo mesmo fundamento com estas palavras: *De que duas pessoas se trata aqui? Serão o Pai e o Filho, ou serão o Pai e o Espírito Santo ou o Filho e o Espírito Santo? Parece mais congruente o que disse por último, porque eles se disseram mandados e jamais tivemos notícia nas Escrituras de que o Pai tenha sido mandado.* Até aqui Santo Agostinho. Acrescento do mesmo texto outra congruência e confirmação não pequena.

Acabando de comer os três divinos hóspedes, todos perguntaram a Abraão aonde estava Sara: *Onde está Sara, tua mulher?* (Gn 18,9). E logo, não todos, senão um só lhe disse, que no ano seguinte, por aquele mesmo tempo, de Sara, que era estéril, teria um filho: *Um deles disse: voltarei no ano que vem por este tempo e Sara tua mulher já terá um filho* (Gn 18,10). Logo, aquele que agradeceu e pagou a hospedagem, assim como era o que mandou aos dois, assim foi o que prometeu o filho, e fez pais a Abraão e Sara, por quê? Porque a prerrogativa e atribuição de fazer pais é própria só e única da Pessoa do Padre, como afirma São Paulo: *Por isso dobro os joelhos em presença do Pai a quem toda a família no céu e na terra deve a existência* (Ef 3,14-15). Suposto, pois, que a primeira pessoa da Trindade, o Padre, é o que ficou com Abraão, por que não foi também com as outras duas pessoas à execução daquele castigo, a qual pertencia à justiça, à providência, e à onipotência, que é comum a todas as três Pessoas divinas? A mesma razão em que se funda a pergunta é a resposta. Aquela missão ou comissão das outras duas pessoas era para castigar, para destruir, para assolar, para abrasar e desfazer em cinzas aquela depravada e miserável cidade; e a ruína e dano, e qualquer mal dos homens, não quer a Pessoa do Padre, como Pai, que se atribua a Ele.

E se não, passemos dos princípios ao fim do mundo. No dia do Juízo, feita aquela separação de todos os homens, uns à mão direita, outros à esquerda de Cristo, aos da direita, chamando-os para o céu, dirá o supremo Juiz: *Vinde, benditos de meu Pai* (Mt 25,34). E aos da esquerda, mandando-os para o inferno: *Ide, malditos, ao fogo eterno* (Mt 25,41). Parece que nesta segunda parte

382. Cf. nota 199.

383. Excitar aqui significa levantar, provocar.

da sentença falta uma palavra, como bem notou Orígenes[384]: *É de considerar que aos santos não os chama só "benditos", mas com o acréscimo de "benditos de meu Pai", enquanto que aos maus não diz malditos de meu Pai.* Pois, se aos que vão para o céu chama Cristo benditos de seu Padre, aos que hão de ir para o inferno, e lhes chama malditos, por que lhes não acrescenta também o sobrenome de malditos de seu Padre? Já está dito, e as mesmas palavras o dizem. Porque as bênçãos, o dar o céu, e todos os outros bens, pertencem à distribuição do Padre; as maldições, o inferno, e todos os outros males, não quer Ele que se lhe atribuam. Se sois bendito e bem-aventurado, sois do Padre: *Benditos de meu Pai*; se sois maldito e mal-aventurado: *Ide malditos,* não sois do Padre, sois vosso, que de vós, e não dele, vos vieram esses males: *Pois Ele é o doador da bênção, a maldição cada um a dá para si.*

E se esta prerrogativa singular da pessoa do Padre se verificou no princípio do mundo, e se há de verificar no fim, se assim foi no passado, e assim há de ser no futuro, assim também, e não de outra maneira é no presente. Grande e admirável texto em matéria ocultíssima, e verdade que a mesma Pessoa do Padre quis nos fosse revelada no Evangelho, para que todos soubéssemos o que temos na sua beneficência: *O Padre* – diz Cristo – *a ninguém julga, e todo o poder e ofício de julgar cometeu e deu ao Filho* (Jo 5,22). Destas palavras nascem duas grandes e graves questões: primeira, por que a Pessoa do Padre a ninguém julga; segunda, por que o ofício de julgar o cometeu[385] todo ao Filho. A razão da primeira é porque ao ofício de julgador pertence não só absolver, senão também condenar; e o Padre não quer condenar a ninguém; o ofício de julgador, ainda que proceda justamente, ele e a mesma justiça, aos maus castiga e faz mal, aos bons premeia e faz bem. E, posto que esta segunda parte é

384. Orígenes nasceu de família cristã em torno de 185, talvez em Alexandria do Egito, e morreu em Tiro, na Palestina, em 254. Teve excelente formação cultural, científica e religiosa. Fundou uma escola em que a principal matéria era o estudo das Escrituras. Manteve correspondência com o imperador e com o papa. Seus livros passavam de mil, mas quase todos se perderam. Entre os que se conservaram está o *Sobre os princípios,* que é uma síntese filosófico-teológica a partir da Bíblia, e o *Contra Celso,* uma vigorosa defesa da fé católica. Num tempo em que era ainda muito escassa a teologia sistemática, Orígenes teve enorme influência, citado muitas vezes depois por São Jerônimo, Santo Agostinho e praticamente todos os Santos Padres do Oriente e do Ocidente. Também Santo Antônio o cita.

385. Cometer aqui, e no texto citado de João, significa entregar, confiar, incumbir.

muito própria da Pessoa do Padre, a primeira é muito alheia[386] da sua piedade e misericórdia. E daqui se segue a razão e fundamento da segunda questão declarada pelo mesmo Cristo: *Deu a Pessoa do Padre o ofício e poder de julgar à Pessoa do Filho, porque o Filho é também Filho do homem* (Jo 5,27). Pois, se a Pessoa do Filho é Deus pelo que tem do Padre, e é homem pelo que tem de nós, por que quis que nos julgasse enquanto Filho nosso, e não enquanto Filho seu? Admiravelmente São Bernardo[387]: *Deu o Padre poder de julgar ao seu Filho* – notai agora muito – *mas não enquanto seu, senão enquanto nosso: Oh! verdadeiro Pai das misericórdias!* Não porque é Filho de Deus, senão porque é Filho do homem: porque o ofício de julgar é de justiça e de fazer justiças, e o Padre não é Pai da justiça nem das justiças, senão da misericórdia e das misericórdias: *Oh! verdadeiro Pai das misericórdias!*[388]

O perfeitíssimo imitador do Pai

Já, ainda que não quiséssemos, estamos vendo que a Pessoa do Padre é a que deu a Santo Antônio *o fazer* – e que em todos os poderes desta sua onipotência delegada foi perfeitíssimo imitador do mesmo Padre, usando dela só para fazer bem, e de nenhum modo mal, e para obras sempre de misericórdia, e nenhuma, posto que lícita, de justiça. Condenado o pai de Santo Antônio à morte[389], e não o podendo livrar, ou suspender a execução os seus embargos: – Bom partido, diz o filho. Seja testemunha no caso o mesmo morto. Aceita a proposta com riso, porque não conheciam a quem a fazia – e bastava ser português, para que em Portugal a não cressem – chega o fradinho[390] à sepultura, manda ao defunto, como Cristo a Lázaro, que saia fora; pasmam todos de o verem vivo, e já não duvidavam do que havia de dizer. Perguntado se era aquele homem o que o matara, respondeu que não. Eu cuidava

386. Alheia aqui significa distante, imprópria, oposta.

387. Cf. nota 59.

388. A expressão se origina em São Paulo, 2Cor 1,3: "Bendito seja Deus e Pai de Nosso Senhor Jesus Cristo, o Pai das misericórdias e Deus de toda a consolação!"

389. Cf. nota 73.

390. Observe-se o diminutivo irônico, na perspectiva do que ia pela cabeça dos circunstantes, perspectiva já delineada na frase: "...e bastava ser português".

que com a vista do milagre se haviam de embotar os fios ao cutelo[391]; mas os executores do crime, com fereza mais de carniceiros, que zelo de ministro da justiça, instavam e requeriam ao inquiridor milagroso que perguntasse mais ao ressuscitado quem fora o seu matador. Agora eram eles os dignos de riso: a boa porta batiam. Respondeu muito mesurado o franciscano, metendo as mãos nas mangas[392], que ele viera a livrar o inocente, e não a condenar culpados. Não respondera mais a Pessoa do Padre, se falara por boca de Frei Antônio.

Não foi isto mais que uma amostra do pano, e de como o Santo usava dos poderes que Deus lhe tinha dado, sempre para bem, como o Padre e nunca para mal. Assim como a Providência Divina fez a Moisés deus do Egito, com poder sobre os elementos: *Te constituí deus de Faraó* (Ex 7,1), assim fez a Santo Antônio com aquele *fazer,* não Deus de um só reino, ou parte do mundo, senão de todo, com domínio e império universal sobre todas as criaturas. E como o mesmo mundo está fundado em uma concórdia discorde, e não há coisa nele que não tenha o seu contrário, a maior maravilha deste Deus, ou vice-deus[393] português, foi que nesta mesma contrariedade não só ele seguiu sempre as partes do bem, mas, com violência de toda a natureza, a obrigou a que as seguisse. Quantas vezes mandou Antônio ao fogo que não queimasse[394], ao vento que não assoprasse, à água que não molhasse?[395] E por que o demônio deitou na lama

---

391. Embotar os fios ao cutelo: bela figura para dizer "a espada já não cortaria a cabeça de ninguém".

392. Outra bela figura para dizer: "já cumpri meu dever e o cumpri bem, estou tranquilo".

393. Vieira salta com facilidade da lembrança "Moisés-Faraó" a "Faraó-José", quando este último foi feito vice-rei do Egito (Gn 41,37-44); daí lhe vir a expressão "vice-deus português".

394. Contam os *Fioretti:* "O bem-aventurado Antônio chegou um dia a um lugar para pregar. Uma mulher aquecia uma caldeira de água ao fogo para dar banho no filho. Quando soube que Santo Antônio ia pregar, no fervor de ir escutá-lo, quase perdeu o tino: pensando pôr o menino no berço, o pôs na caldeira e saiu correndo, deixando o menino na água. Quando terminou o sermão, ia voltando para casa. As vizinhas lhe perguntaram pelo filho e só então ela se deu conta de havê-lo deixado na caldeira sobre o fogo. Pensando que o filho tivesse morrido queimado, começou a arrancar-se os cabelos e gritar sua desgraça. Correu para casa e todo o mundo com ela. Encontrou o menino na caldeira a brincar com a água fervente. Todos, vendo que o menino estava são, maravilhados agradeceram a Deus e ao Santo".

395. Os *Fioretti:* "Um dia o cozinheiro não tinha nada para preparar a refeição dos frades. O Santo contou isso a uma senhora devota, pedindo-lhe alguns legumes da sua horta. Chovia torrencialmente. A senhora chamou a empregada e lhe disse para ir bem depressa à horta colher e levar as verduras necessárias para a cozinha dos frades. A doméstica resistiu ao pedido por

a uma senhora, que vinha ouvir o Santo, mandou também à terra que o lodo lhe não tocasse nem descompusesse o vestido[396]. Que direi do mesmo demônio, instrumento sempre do mal, já que falamos nele? Tendo este tentado um noviço a que deixasse o hábito e a religião, não quis Antônio ajudar-se dos anjos – os quais lhe eram tão obsequiosos que, como correios[397], lhe traziam as cartas, e duas vezes em seus ombros o levaram a lugares muito distantes[398] – mas mandou ao mesmo demônio que ele fosse buscar noviço, e o trouxesse, como trouxe, à religião[399]. Até ao demônio, muito a seu pesar, obrigou a fazer bem. Chamavam

---

causa da tormenta. Mas como a patroa insistisse, foi à horta, colheu o quanto era necessário e levou ao convento, um tanto distante. Embora tivesse chovido um aguaceiro o tempo todo, a doméstica chegou sem nenhum sinal de molhado no corpo e no vestido. Voltando para casa, ela contou que, embora tivesse chovido sem cessar um instante, não havia se molhado. Pedro de Brive, filho da dita senhora e cônego de São Leonardo de Noblac, contava muitas vezes este milagre ouvido da própria mãe".

396. Os *Fioretti.* "Na cidade de Pádua uma senhora nobre, indo com a multidão para ouvir o Santo numa campanha, empurrada pela pressa de todos, caiu num lodaçal. Preocupada com o vestido de grande valor que estreava e com medo do marido ao chegar em casa nesse estado, ela recorreu humildemente ao Servo de Deus. De repente se viu a intervenção e a ajuda do Santo. Coisa admirável! Levantou-se da lama com as vestes intactas e diante da admiração de todos que a viram cair. Enquanto todos exultavam de alegria, ela chegou feliz ao lugar em que o Santo pregaria".

397. Os *Fioretti.* "Santo Antônio se sentiu muito cansado depois de, em Pádua, tanto pregar, atender confissões e fazer aconselhamento. Pensou, então, tirar uns dias de repouso, que também fossem de oração e contemplação. Escreveu ao seu superior, pedindo licença. Deixou a carta na mesinha e foi ao guardião ver se encontrava alguém para levar a carta. Encontrado o portador, retornou para apanhar a carta, mas, por mais que a procurasse, não a encontrou. Pensou então que era vontade de Deus que ele permanecesse em Pádua. Voltou ao guardião e disse haver mudado de ideia e não mais mandaria a carta. Coisa maravilhosa, porém, aconteceu! Passados alguns dias, tantos quantos um portador necessitasse para ir e vir com o envelope ao ministro provincial, o bem-aventurado Antônio recebeu dele uma carta-resposta, dando-lhe a licença para o descanso. Cremos que foi um anjo sob o aspecto de carteiro a levar e trazer a carta, para assegurar ao beato Antônio que seu desejo era agradável a Deus".

398. Referência a suas bilocações, uma delas a Lisboa.

399. Os *Fioretti.* "Quando Antônio estava em Montpellier como professor de Teologia dos frades aconteceu que um noviço saiu da Ordem, carregando o saltério comentado, de grande valor para o Santo, porque com ele dava as aulas. Era de noite. Quando se apercebeu, o Santo ficou triste e se pôs a rezar. Por uma intervenção divina, o diabo, armado de machado, se pôs na frente do noviço no momento em que atravessava uma ponte. E lhe disse: *Retorna ao Servo de Deus Antônio e à tua Ordem com o saltério! Se não, te mato e te jogo no rio!* O noviço, embora apavorado, não queria voltar. Então o diabo começou a crescer de tamanho e a tornar-se sempre mais tétrico e horrendo, e o enfrentou para matá-lo. Vencido pelo temor de Deus, o noviço voltou a Santo Antônio, restituiu o saltério, reconheceu a culpa e, chorando, pediu readmissão à Ordem".

a Santo Antônio martelo dos hereges; mas eu não sei que casta de martelo era este, que não parecia de ferro, senão de cera, porque sempre reduziu os hereges, com brandura, e nunca com rigor. Santos houve que os cegaram e emudeceram; mas como os havia de emudecer nem cegar, aquele que a tantos cegos deu vista, a tantos mudos língua, e a tantos surdos ouvidos?[400]

Dos braços do anjo saiu Jacó manco[401], e a quantos mancos e aleijados deu Antônio pés e braços? A um filho desobediente, que, repreendido pelo Santo, se cortou a si mesmo o pé com que tinha desacatado a sua mãe, o mesmo lho restituiu outra vez a seu lugar, e uniu à perna[402], com maior milagre que o do manco de São Pedro na porta especiosa do templo[403]. Que bem pareceria o retrato daquele pé entre tantas muletas penduradas diante dos altares de Santo Antônio! Oh! que gloriosas alâmpadas![404] Mas ainda luzem e resplandecem mais as amarras, as cadeias, e as mortalhas, que também se veem pendentes diante das suas imagens, em todos os santuários do mundo; as amarras dos naufragantes salvos, e as cadeias dos cativos em terra de mouros, livres;

---

400. Os *Fioretti:* Um sacerdote tinha um empregado que havia vinte e cinco anos era surdo--mudo. Compadecido dele, o padre prometeu ao beato Antônio que, se o curasse, o ofereceria para o serviço na basílica, para cuidar de seu altar. Tendo-o mandado à sepultura do Santo, o surdo-mudo recuperou seus sentidos e ficou em perfeita saúde. E permaneceu lá, como guarda da basílica".

401. Alusão à luta do Patriarca Jacó com Deus contada em Gn 32,23-33.

402. Este é um dos milagres mais famosos de Santo Antônio e dos mais reproduzidos pelos grandes pintores e escultores. Assim no-lo contam os *Fioretti:* "Aconteceu uma vez que um moço de Pádua, chamado Leonardo, entre os pecados que confessou, acusou-se de haver dado um pontapé na mãe a ponto de derrubá-la. O homem de Deus o repreendeu com severidade e, entre outras coisas, disse: *O pé que golpeia o pai ou a mãe deveria* ser *amputado na hora!* O homem, que era simplório, compreendeu o sentido da frase ao pé da letra e, com remorso do pecado e impressionado com as palavras duras do Santo, voltou súbito para casa e cortou o pé. A notícia se espalhou rapidíssima por toda a cidade. A mãe do rapaz, sabendo o que estava por trás do infeliz ato, correu ao convento dos frades, lamentando-se e culpando a Frei Antônio de haver instigado o filho ao suicídio. O Santo procurou acalmá-la, explicando o que havia dito. Depois, dirigiu-se à casa do infortunado, rezou com muita intensidade, pegou o pé decepado, aproximou-o da perna, fez sobre ele o sinal da cruz, e passou várias vezes suas santas mãos como se o estivesse colando de novo. No mesmo momento o pé pegou-se à perna perfeitamente, e o moço se pôs a saltar de alegria e louvar a Deus".

403. Cf. At 3,1-10.

404. Alâmpadas: o mesmo que lâmpadas. Vieira vê todos os ex-votos como lâmpadas acesas que engrandecem o Santo.

as mortalhas dos agonizantes, ou não permitidos morrer, ou depois de mortos ressuscitados. Nove ressuscitou de uma só vez este grande dominador da vida e da morte, mandando à mesma morte, que a infinitos enfermos que já mastigava, os não engolisse, ou que engolidos já, como a baleia de Jonas, os vomitasse vivos[405].

Nenhum santo, daqueles a quem comunicou Deus seus poderes, teve maior e mais justa causa para usar deles pela parte da severidade e rigor como Santo Antônio. Dominava na Lombardia um tirano chamado Encelino[406], tão soberbo, tão insolente e tão cruel, que de uma só vez, com esquisitos gêneros de tormentos, matou a onze mil paduanos, naturais daquela nobilíssima cidade, tão devota de Santo Antônio, que mereceu lhe desse o seu sobrenome. E como vingaria o Santo aquelas e outras injúrias? A esta fera, a este monstro, a este inimigo capital do gênero humano foi buscar pessoalmente, e quando seria obra digna do seu poder e do seu zelo, se por suas próprias mãos o fizesse

---

405. Vieira nesse tópico de seu sermão enumera muitos milagres e favores atribuídos ao Santo, para comprovar o *fazer*, isto é, as obras exclusivamente boas dele. Além das que reproduzimos dos *Fioretti*, outras, citadas por Vieira, são contadas pelos contemporâneos e ouvintes de Santo Antônio.

406. Encelino ou Ezzelino (1194-1259) foi coetâneo do Santo. Militar audaz e político, sedento de poder, imaginou construir um reino no Vêneto. Assim contam os *Fioretti*: "Havia naquele tempo uma personagem poderosa, um tirano cruel, chamado Ezzelino de Romano, que oprimia Pádua e territórios vizinhos. No início de sua tirania tinha feito uma matança de homens em Verona. Sabendo do massacre, o intrépido Padre Antônio resolveu ir ter com ele pessoalmente. Chegado, o enfrentou com estas palavras: *Ó inimigo de Deus, ó tirano desalmado, ó cachorro raivoso, até quando continuarás a derramar o sangue inocente? Sobre tua cabeça, dura e terrível, pesa a condenação divina!* E lhe jogou em rosto ainda muitas outras palavras duras e fortes. Os guardas pensavam que o sanguinário desse ordem de matá-lo imediatamente, como costumava fazer com quem o desgostasse. Mas por disposição divina, bem outra coisa aconteceu. O tirano, deixando cair toda a ferocidade, mostrou-se manso como um cordeiro. Passou o cinto ao pescoço e jogou-se aos pés do homem de Deus, diante dos circunstantes pasmados, e confessou humildemente sua culpa, prometendo reparação do mal feito, a critério do Santo. Depois se dirigiu aos guardas admirados: *Companheiros, não fiquem espantados com o meu comportamento. Garanto-lhes que vi sair do rosto deste padre um fulgor divino que me aterrorizou e tive a sensação de estar sendo precipitado no inferno.* Daquele dia em diante Ezzelino teve grandíssima devoção ao Santo e, enquanto ele viveu, absteve-se de atrocidades, como ele mesmo contava". Os *Fioretti* simplificaram muito o fato. A história é bem mais dura. Frei Antônio conseguiu dobrar o tirano e o tirano o respeitava. Mas assim que Antônio morreu, Ezzelino espalhou por toda a região o terror, tanto que os paduanos prometem construir a basílica, caso o Santo os liberte do sanguinário homem. A morte de Ezzelino foi considerada o grande milagre de Santo Antônio.

em pedaços, como fez o Profeta Samuel a Agag, rei dos amalecitas[407], e quando com maior razão lhe pudera dizer o que disse o mesmo profeta: – Agora te farei o que tu fizeste a tantos – ou quando, pelo menos, com uma só palavra, como São Pedro a Ananias, o pudera derrubar morto a seus pés[408], o castigo com que se contentou a sua bondade – próprio da bondade e piedade do Pai – foi compadecer-se do miserável e tremendo estado a que as suas tiranias o tinham já condenado em vida às penas do inferno; a morte, que por tantas mortes tinha merecido; os clamores dos inocentes, que bradavam ao céu; a justiça e vingança divina, tantas vezes e por tantos modos provocada; a paciência do mesmo Deus, com que ainda lhe prometia o perdão e esperava a emenda; as orações e penitências, que o mesmo que o repreendia tinha oferecido por ela; e tudo isto com tal eficácia de espírito, e com razões tão acesas em vivo fogo de caridade, que aquele coração, mais duro que os bronzes, não pôde deixar de se abrandar e derreter; e, quando os soldados que o cercavam temiam e aguardavam contra o Santo algum excesso furioso de sua tirania, Encelino, desapertando o cinto, e lançando-o como baraço[409] ao pescoço, em reconhecimento de suas culpas, se lançou humilde a seus pés. Ó vitória nunca imaginada em uma batalha tão dificultosa! Assim venceu um poderoso a outro poderoso, triunfando o poder injusto, cruel e tirano, que tantos e tão execrandos males fazia, o poder piedoso, amigo e santo, que todo se empregou sempre em fazer bem a todos.

Acabou finalmente na flor da idade aquela vida que tanto se apressou a consumar a carreira, mas nem a morte lhe diminuiu o poder, nem mudou a condição de fazer a todos bem, e a ninguém mal. Morto Santo Antônio, e, concorrendo todos os enfermos ao seu sepulcro, nele experimentavam tal diferença, que os que iam confessados, e em graça de Deus, todos de qualquer enfermidade ficavam de repente sãos, com inteira e perfeita saúde; mas os que não levavam esta disposição da graça, tornavam tão enfermos como vieram. O que reparo e admiro neste grande e tão notável caso não é que o corpo de Santo Antônio morto desse vida a uns; o que a mim e a todos deve causar maior admiração é que, pelo mesmo modo, não desse morte aos outros. O corpo de

407. Cf. 1Sm 15,32-33.

408. Cf. At 5,6-11.

409. Baraço aqui significa corda ou laço para estrangular.

Cristo, que também no Sacramento está morto e sepultado, aos que chegam a Ele em graça dá vida; e se não vão em graça, morte: *Morte para os maus, vida para os bons*[410]. Pois, por que não faz o mesmo Santo Antônio? Não é ele o que com o diviníssimo Sacramento nas mãos, adorado pelo mais bruto de todos os animais[411], converteu o herege mais bruto que ele? Por que razão logo não imita nos seus milagres ao mesmo Senhor, e aos que vêm em graça dá vida, e aos que falta a graça, morte? A solução verdadeira é a que provamos em todo este discurso. Dá vida a uns, e não dá morte a outros, porque os seus poderes eram do *fazer* que lhe comunicou a Pessoa do Padre, e como tais só podia fazer bem, e não podia fazer mal. Assim havemos de dizer coerentemente.

Mas desta mesma solução nasce outra maior instância. A bondade da Pessoa do Padre é de tal condição, que o mesmo bem que faz aos bons, faz também aos maus. Assim o notou e provou Cristo com o exemplo do sol: *Para que sejais filhos de vosso Pai que faz nascer o sol sobre bons e maus* (Mt 5,45-46). Não haveis de fazer bem aos que vos amam somente, senão também aos que vos não amam, para mostrardes que sois filhos do Pai do céu, o qual faz nascer o seu sol sobre os bons e sobre os maus. Sendo, pois, os poderes de Santo Antônio derivados do poder da Pessoa do Padre, por que sarava só aos bons e aos maus não? Respondo que sim sarava, porque, experimentando os maus que não saravam porque não estavam em graça, como os que iam confessados, confessavam-se também, e, postos em graça de Deus, recebiam igualmente a do Santo. Por este modo, assim os bons como os maus, todos saravam; só com uma diferença, que aqueles saravam primeiro, e estes um pouco depois. E nisto mesmo imitava o Santo, com grande propriedade, o exemplo do mesmo Padre – *Que faz nascer o sol* – porque, ainda que o Padre faz nascer o seu sol para todos, o sol primeiro alumia aos que vigiam[412], e depois aos que dormem. Assim o fazia também Santo Antônio, mos-

410. Do hino "Lauda Sion" de Santo Tomás de Aquino, rezado na Missa de *Corpus Christi*, e mais vezes citado por Vieira nos sermões em homenagem a Santo Antônio, devido à proximidade entre si das duas festas.

411. Referência ao episódio do herege e da mula diante do Santíssimo Sacramento. Cf. nota 123.

412. Evidentemente Vieira fala dos que acordam cedo e são os primeiros a ver a luz do sol. Mas a vigilância tem também um sentido ascético exigido dos que querem a luz da graça. Santo Antônio, no sermão do Natal do Senhor, espiritualiza a vigilância, dizendo: "Os romanos dividiam antigamente a noite em quatro vigílias e revezavam-se na guarda da cidade.

trando em tudo e por tudo que tudo o que vivo e morto fazia, era em virtude dos poderes do Padre, que lhe dera o *fazer*.

A obra de Deus Filho em Santo Antônio

Mostrado como a primeira Pessoa da Santíssima Trindade, o Padre, para o poder das obras maravilhosas que fez, deu a Santo Antônio o *fazer*, segue-se ver como a Segunda Pessoa, o Filho, para a ciência da doutrina, também cheia de maravilhas que ensinou, lhe deu o *ensinar*. Como ao Padre se atribui a onipotência, e o provamos com o texto do mesmo Cristo, assim ao Filho se atribui a sabedoria, e se prova com o testemunho de São Paulo: *No qual estão escondidos todos os tesouros da sabedoria e da ciência* (Cl 2,3). Mas quem poderá declarar dignamente de quanta parte destes tesouros foi enriquecido Santo Antônio? Depois de estarem por muitos anos escondidos, quis Deus que se descobrissem, e logo lhe mandou, por uma carta, seu grande patriarca, São Francisco, que exercitasse o ofício de ensinar - do *ensinar* - e que fosse, como foi, o primeiro mestre da Teologia e Escritura Sagrada de toda a religião seráfica. De maneira que os Alenses, os Boaventuras, os Escotos[413], e os outros

A noite é a vida presente... e temos de estar vigilantes. A primeira vigília é a imundície do nosso nascimento; a segunda, a malícia da iniquidade; a terceira, a miséria da peregrinação; a quarta, a lembrança da morte. Deve estar vigilante na primeira, para que se torne desprezível aos próprios olhos; na segunda, para que se mortifique; na terceira, para que chore; na quarta, para que tema".

413. Referência a Alexandre de Hales, São Boaventura e Beato Duns Scotus, três grandes mestres da teologia franciscana.
Alexandre de Hales (c.1170-1245), inglês, foi o primeiro franciscano a ensinar na Universidade de Paris, onde ganhou o apelido de "doutor irrefragável" por sua lógica e lucidez de pensamento. Além de um famoso *Comentário às Sentenças de Pedro Lombardo*, escreveu uma *Suma Teológica*, a primeira da Escolástica. Teve grande influência em todo o pensamento franciscano e teológico até hoje.
São Boaventura (1221-1274), aluno e sucessor de Alexandre de Hales na Universidade de Paris. Em 1257 foi eleito Ministro Geral da Ordem Franciscana, cargo que exerceu por 17 anos. Em 1273 o papa o fez cardeal e bispo de Albano (nas vizinhanças de Roma), com o encargo de preparar o Concílio de Lyon, realizado em 1274 e durante o qual Boaventura morreu. Doutor da Igreja, sua festa se celebra no dia 15 de julho. Grande amigo de Santo Tomás de Aquino. É chamado o "Doutor Seráfico". Escreveu obras teológicas, filosóficas, exegéticas e místicas. Na qualidade de Ministro Geral esteve presente na primeira exumação do corpo de Santo Antônio, quando foi encontrada intacta a língua do Santo. Cf. nota 196.

famosíssimos doutores desta grande Atenas da Igreja Católica[414], todos foram raios daquela primeira luz.

Quando ao quarto dia da criação do mundo apareceram no céu o sol, a lua e as estrelas, não diz a Escritura que criou Deus aquelas luminárias celestes, senão que as pôs no firmamento. *E as pôs no firmamento* (Gn 1,17). E se as pôs então, quando as criou? Todos os santos e intérpretes do texto sagrado dizem que foram criadas na luz do primeiro dia, quando Deus disse: *Faça-se a luz* (Gn 1,3) e esta primeira luz foi a que o Criador repartiu por todos os sete planetas[415], e por todas as estrelas sem-número do firmamento. Assim, pois, como todas as luzes que de dia e de noite alumiam o mundo devem o seu princípio, o seu nascimento e o seu ser àquela primeira luz, assim todos os astros e constelações seráficas, que tanto têm alumiado, alumiam e hão de alumiar o mundo até o fim dele, ou com a voz em infinitos pregadores, ou com a pena em infinitos volumes, todos são raios e rios daquela fonte de luz – como a que viu Mardoqueu[416] –, e todos são resplendores, e filhos daquele pai, a quem a imensa e luzidíssima família franciscana pode chamar com razão *Pai dos lumes*. Ainda então não tinha saído à luz o lume da Teologia, Santo Tomás[417]; ainda então muitos daqueles profundos mistérios, que hoje estão tão manifestos, estavam ocultos; muitas daquelas questões, que hoje estão tão declaradas, estavam escuras; toda aquela silva[418] inumerável de conclusões e decisões teológicas estava inculta, impenetrável, confusa, intrincada e sem ordem; e o grande Antônio foi o Jasão, foi o Prometeu, e foi o Teseu[419], que com o prumo de seu

---

João Duns Scotus, proclamado beato pelo Papa João Paulo II em 1993, é o maior pensador franciscano. Escocês, nasceu em torno de 1266 e morreu em Colônia, em 1308, apelidado "Doutor Sutil". Apesar de ter vivido tão pouco, é autor de obras com grande influência sobre a filosofia e a teologia e é considerado um dos maiores escolásticos e o mais humanista de todos.

414. Atenas da Igreja: uma metáfora para dizer "grupo de grande cultura, estudos e ciência.

415. No tempo de Vieira ainda não se conheciam os planetas Netuno e Plutão, descobertos respectivamente em 1846 e 1930.

416. Mardoqueu: pai adotivo de Ester. O sonho de Mardoqueu abre o Livro de Ester: no meio das trevas e da escuridão *levantou-se uma luz como o sol.*

417. Cf. nota 146.

418. Silva: o mesmo que selva.

419. Três personagens da mitologia grega. Jason se apresenta a seu pai-rei para sucedê-lo com apenas uma sandália (havia perdido a outra pelo caminho); o rei para testá-lo lhe pede para encontrar determinado tesouro, e ele o encontra e o traz. Prometeu trouxe o fogo para a terra.

juízo[420] sondou o mais profundo, com o farol do seu engenho[421] alumiou o mais escuro, e com o fio[422] do seu discurso abriu o caminho ao mais intrincado.

Saindo Antônio, ou antes de sair das cadeiras[423], subiu aos púlpitos; e não há entendimento que possa compreender nem língua que possa declarar com palavras a sabedoria e eloquência divina, o espírito, a eficácia, a luz, e os prodigiosos efeitos da sua doutrina. A aula em que ensinava não eram os templos, por magníficos e mais capazes que fossem, porque não cabia o auditório senão nos campos. Os dias em que pregava, ainda que fossem feriais, a sua pregação, para que não se tocavam os sinos, e só a fama de que havia de pregar, os fazia de guarda. Fechavam-se as oficinas, fechavam-se as lojas, fechavam-se as tendas, fechavam-se os tribunais; nem os oficiais atendiam às suas artes nem os mercadores aos seus interesses nem os requerentes aos seus pleitos nem os ministros aos seus despachos; enfim, dias santos. E se estes dias santos não começavam das vésperas, começavam das matinas, porque não só madrugavam os ouvintes, mas à meia-noite, como dizem todas as crônicas, se preveniam muitos a tomar o lugar nos campos[424].

E Teseu – vencedor de gigantes maléficos – se tornou símbolo do protetor e do unificador. Com estas três figuras míticas, Vieira chama a Santo Antônio de: o pobre, de quem o Apóstolo Paulo diz: "nada tendo, tudo possui" (2Cor 6,10), pobre: dono do Reino do Céu (Mt 5,3); o grande incendiador do mundo com sua palavra convincente; o protetor do povo, o pacificador.

420. Prumo de seu juízo: agudeza de sua inteligência.

421. Engenho aqui significa talento.

422. Fio de seu discurso: dupla transposição de sentido. Primeiro, devemos lembrar o que significa o fio, o gume de um instrumento cortante. Depois imaginar o discurso como um instrumento cortante, capaz de abrir brechas e caminhos. Diríamos de forma simplificada: Antônio com a força, a clareza, a retidão de sua palavra esclareceu as coisas mais difíceis, facilitou a compreensão de coisas impenetráveis.

423. Sair das cadeiras: sair da cátedra, deixar de lecionar. Está no plural porque Santo Antônio lecionou teologia em Bolonha e Montpellier.

424. Dos *Fioretti*: "Uma vez foi Santo Antônio pregar em São Julião, no bispado de Limoges. Como a multidão não coubesse na igreja, ele foi à praça com toda aquela gente que, para o ouvir, se ajuntara".
"Outra vez convocara Santo Antônio o povo de Limoges para vir à pregação. E acorreram tantos que não couberam em nenhuma das igrejas da cidade. Pelo que o Santo teve de os levar a um campo chamado Cova das Arenas".

São Jerônimo[425], São Gregório[426], São Leão Papa[427], e muito particularmente Santo Agostinho[428], se queixavam do anfiteatro romano, porque lhes tirava os ouvintes; mas quando em Roma pregava Santo Antônio, os anfiteatros eram os desertos, e os desertos e os campos os anfiteatros[429].

Grande maravilha que em uma cidade de tantos passatempos e delícias, a sua maior delícia fosse um homem que a despovoava. Como eram tão inumeráveis os ouvintes, não era menor maravilha que todos ouvissem o pregador. E, tanta vastidão de campo e descampado, uns estavam perto do púlpito, outros muito longe, mas todos claramente o ouviam, os de longe como os de perto; por sinal que, não podendo vir ao sermão uma devota mulher, desejosa de ouvir o Santo, em sua casa, que distava duas milhas, o ouviu como se estivera ao pé do púlpito[430]. Todos ouviam, e com maior maravilha todos entendiam o pregador, como se falasse na sua própria língua, porque a língua do apóstolo português era das mesmas com que sobre os de Cristo desceu o Espírito Santo.

---

425. Cf. nota 43.

426. São Gregório I, ou Magno (540-604), da nobreza romana. Fez-se beneditino. Homem de grande cultura teológica e jurídica. Eleito papa em 590. Foi o primeiro papa a usar a expressão "Servo dos servos de Deus", depois do nome, empregada até hoje pelos papas. Reformou a música religiosa. Até hoje um tipo de música sacra se chama "canto gregoriano". Dele se conservam 40 homílias sobre os evangelhos e vários outros livros de comentários da Bíblia. É dos santos padres mais citados por Santo Antônio nos sermões.

427. Leão I ou Leão Magno foi papa de 440 a 461. Foi o homem que salvou Roma de ser destruída pelas tropas de Átila. Dele se conservam 96 sermões e 173 cartas, verdadeiro monumento de sabedoria teológica. É doutor da Igreja e sua festa se celebra no dia 10 de novembro. Santo Antônio o cita uma única vez.

428. Cf. nota 199.

429. Esse exagero em retórica se chama hipérbole. Santo Antônio pregou em Roma provavelmente numa só ocasião, na Quaresma de 1231.

430. Assim contam os *Fioretti:* "Uma piedosa senhora, desejosa de escutar o homem de Deus, que fora ao campo para semear a palavra de vida, foi impedida pelo marido, que estava doente e dizia precisar dela. Saiu ela então ao terraço da casa e começou a olhar de longe para o lugar onde o Santo estaria pregando, para ao menos gozar do panorama. Maravilha! Enquanto olhava, de repente, por intervenção daquele que costuma atender os bons desejos, começou a ouvir a voz do Santo pregador. Fascinada pela doçura da voz que ouvia, demorou-se no terraço. Ao marido que reclamava de sua demora disse: Estou escutando o sermão de Frei Antônio! Mas o marido zombou dela, pois não era possível ouvir uma voz a duas milhas de distância. A mulher insistiu e o homem foi ao terraço para comprovar. E também ele, pelos méritos da fé dela, ouviu claramente a voz do Santo. Rendeu graças a Deus e ao beato Antônio, seu servo. A partir de então ligou-se com amizade especial ao Santo e não mais impediu a devoção da mulher".

Isto se viu particularmente em um ano santo[431], em que todo o mundo concorre a Roma. Achavam-se no imenso auditório italianos, espanhóis, franceses, ingleses, alemães, suecos, dinamarcos, polacos, moscovitas, gregos, armênios, persas, turcos, mouros, etíopes, e todos, como se na cidade de São Pedro ouvissem ao mesmo São Pedro, ouviam em uma língua todas as línguas, e cada um a sua: *Todos nós ouvimos falar, cada um em sua língua materna* (At 2,8).

Mas que novo ouvinte de Santo Antônio é este que eu estou vendo, nem esperado, nem imaginado por ele? Caso singular e inaudito! Estava Santo Antônio pregando em um Capítulo Geral[432] da sua Ordem, e o sermão era da cruz; senão quando São Francisco, que estava em outra cidade muito distante[433], aparece no ar à vista de todos, com os braços abertos em figura de cruz. Santo patriarca e seráfico padre, quem nos pode declarar o mistério dessa vossa aparição, senão vós mesmo? Três coisas não entendo: o modo com que viestes aqui, o fim para que viestes, e a forma em que aparecestes. Quanto ao modo, suposto que não deixastes de estar aonde estáveis, viestes reproduzido. E quem vos reproduziu? Não há dúvida que este vosso filho, e a sua palavra. Oh! maravilha estupenda! Em Deus o Padre produz ao Filho; e aqui o filho, se não produziu, reproduziu ao padre. Lá a palavra é a produzida, aqui a palavra

---

431. Cf. nota 37.

432. Cf. notas 150 e 154. Não se tratava de um Capítulo Geral, mas de um Capítulo provincial da Provença, celebrado em Áries, em setembro de 1226, um mês antes da morte de São Francisco. Frei Antônio pregava no dia 14 de setembro, Festa da Santa Cruz. O fato vem contado por Tomás de Celano, biógrafo de São Francisco, na *Vida primeira*, n. 48. Note-se que esta biografia foi escrita e publicada em torno de 1229, estando Santo Antônio ainda vivo e no auge de sua atividade: "Havia entre os frades um irmão sacerdote, célebre pela fama e mais ainda pela vida. Chamava-se Monaldo e sua virtude, fundamentada na humildade e auxiliada pela oração frequente, era protegida pelo escudo da paciência. Estava participando do Capítulo também Frei Antônio, a quem o Senhor abrira a inteligência para compreender as Escrituras, e que falava de Jesus a todo o povo com palavras mais doces que o mel e o favo. Enquanto Frei Antônio estava pregando com fervor e devoção sobre as palavras: *Jesus Nazareno, Rei dos judeus,* o referido Frei Monaldo olhou para a porta da casa em que os frades estavam reunidos e viu com seus próprios olhos o bem-aventurado Francisco elevado no ar, com as mãos abertas em cruz, abençoando os frades. Sentiram-se todos cheios de consolação do Espírito Santo e por isso acreditaram alegremente, quando ouviram falar da presença e da visão do glorioso Pai".

433. Francisco estava em Assis muito doente, desenganado dos médicos. Viveu ainda 20 dias. São Boaventura comenta a bilocação nas duas legendas. Na Menor, acrescenta: "O milagre não ocorreu sem o conhecimento de nosso bem-aventurado Pai".

foi a producente. E a que foi, ou para quê? Para o mesmo fim que teve o Padre Deus quando apareceu no Tabor. Falava o Filho da mesma cruz de que falava Antônio, e quis manifestar a todos o padre seráfico que aquele era o seu filho mais amado, e encomendar a todos que o ouvissem: *Este é meu Filho dileto, em quem pus minha afeição, escutai-o* (Mt 17,5). Finalmente, sendo ele seu ouvinte, representou-se de repente em forma de cruz, para mostrar que era tanta a eficácia da palavra de Antônio, que não só podia fazer os homens amigos da cruz, senão convertê-los em cruzes. A imagem do serafim transformou a Francisco em crucificado[434], e a pregação de Antônio transformou-o em cruz.

E donde lhe vinha a Santo Antônio esta tão extraordinária eficácia? Vinha-lhe do que dizia, e da voz e ação com que dizia. O que dizia eram tudo verdades, tiradas e cavadas das minas das Sagradas Escrituras, e particularmente do Evangelho. O Papa Gregório IX, que dentro do mesmo ano canonizou a Santo Antônio, ouvindo-o pregar, chamou-lhe Arca do Testamento[435]; mas disse pouco, porque a Arca do Testamento[436] só continha as Tábuas da Lei, parte do Testamento Velho; mas na memória e entendimento de Santo Antônio estavam encerrados os tesouros de ambos os testamentos, e no segundo as palavras de Cristo, sobre todas as divinas, diviníssimas. Este era o fino aço do que dizia, forjado na fornalha do coração, limado na agudeza do entendimento, e despedido pela língua em setas: *Por tuas agudas setas tombam os povos a teus pés, ficando os inimigos do rei sem coragem* (Sl 44,6). Como as setas eram agudas e a agudeza não era para lisonjear os ouvidos, senão para ferir e penetrar os corações, por isso os povos inteiros caíam a seus pés.

---

434. Referência à Estigmatização de São Francisco no Monte Alverne. Resumamos o milagre com frases de São Boaventura, em sua *Legenda Maior,* capítulo 13, n. 3: "Eis que desceu do alto do céu um serafim de seis asas brilhantes como o fogo. Num rápido voo chegou ele ao lugar onde estava o homem de Deus, e apareceu então um personagem entre as asas: era um homem crucificado, com as mãos e os pés estendidos e presos a uma cruz... Essa aparição fez Francisco mergulhar num profundo êxtase, enquanto em seu coração sentia um gozo extraordinário mesclado com certa dor... Ao desaparecer aquela visão, deixou no coração de Francisco um ardor admirável e imprimiu em seu corpo uma imagem não menos maravilhosa, pois no mesmo instante começaram a aparecer em suas mãos e pés os sinais dos cravos, iguais em tudo ao que antes havia visto na imagem do serafim crucificado".

435. Cf. notas 36 e 37.

436. Cf. nota 119.

Das ações de Santo Antônio no púlpito não acho mais que uma na sua história. Estando uma vez pregando no campo, toldou-se o céu, começaram a se ouvir trovões com horror, e ameaços de grande tempestade; e que fez então o pregador? Moveu uma mão para o mais espesso das nuvens, e bastou o poder, ou a graça deste meneio, para que emudecessem os trovões, a tempestade se suspendesse, a nuvem servisse ao auditório de toldo, e ao Santo de dossel, mas sem goteiras[437]. Estes mesmos efeitos causava aos ouvintes o ar das suas ações, que era o compasso das vozes, suspensos todos e mudos na admiração do que viam e ouviam, não havendo em tantos milhares de homens, mulheres e meninos, quem rompesse com um ai – e mais havendo muitas lágrimas – a atenção extática do silêncio.

O modo de dizer, já moderado, já forte; já mavioso na compaixão, já formidável e tremendo nas invectivas: enfim, qual o requeria a impressão dos afetos, basta supor que era tão vivo, tão eficaz, tão poderoso e sem resistência, como se colhe sem discurso, tanto do que feria como do que curava. Só para documento de muitos pregadores, e do modo com que se deve falar no púlpito, não deixarei de ponderar o que sucedeu a Santo Antônio pregando, não uma, senão duas vezes. Pregava na noite de Quinta-feira Maior, ao tempo em que no seu convento se cantavam as matinas, e, lembrado que lhe tocava no coro uma lição, que faria? Parou no que ia dizendo, e sem sair do púlpito, apareceu no coro, onde foi visto e ouvido de todos cantar a sua lição; e, tanto que lá acabou, continuou cá o que ia pregando. Outra vez lhe sucedeu semelhante caso, presente o Santo ao mesmo tempo no púlpito, e presente no coro, mas com a mesma circunstância e advertência que, enquanto cantava em uma

437. Contam os *Fioretti:* "Numa outra vez, em Limoges, o Santo convocara o povo para um sermão. A multidão era tanta que nenhuma igreja da cidade a podia conter. Reuniu então o povo num lugar espaçoso chamado Cova das Arenas, onde antigamente estavam os palácios pagãos. O povo pôde sentar-se comodamente e ouvir com tranquilidade a divina palavra. Enquanto o Santo pregava ao povo com máximo fervor e palavra fascinante, e todos o escutavam atentos e encantados, de repente se escutaram trovões e faiscaram raios e a chuva começou a cair. Com medo do temporal, o povo começou a ir embora. O homem de Deus os chamou de volta com voz segura: *Não se movimentem! Não tenham medo de aguaceiro! Eu tenho confiança naquele em quem nunca é em vão esperar! A chuva não os tocará!* A multidão se tranquilizou. E aquele que segura as águas nas nuvens, isto é, Deus, susteve a chuva de tal maneira que, caindo ela à vontade em torno do lugar, nenhuma gota caiu sobre os ouvintes da palavra divina. Terminado o sermão, que durou bastante tempo, o povo se levantou e viu em torno a terra inteiramente encharcada e só o lugar por eles ocupado seco. E exaltaram a potência de Deus revelada em seu Santo".

parte, estava mudo na outra, sem falar palavra[438]. Pois, se Santo Antônio estava no mesmo tempo presente em dois lugares, por que não cantava e pregava juntamente em um e outro? O estar presente em dois lugares era o milagre; mas, supostas as duas presenças, naturalmente e sem milagre podia falar juntamente em ambos; por que razão logo quando cantava não pregava?

O mesmo fato está dizendo que a música há de estar tão longe do sermão como o púlpito do coro. Quando pregava não cantava, e quando cantava não pregava, porque a língua de Santo Antônio não era dos pregadores que cantam quando pregam. Isto de pregar cantando é um vício e abuso que se tem introduzido nos púlpitos[439], frouxo, fraco, frio[440], e quase morto; sem força, sem eficácia, sem energia, sem alma; contra toda a retórica, contra toda a razão, contra toda a arte, contra toda a natureza, e contra a mesma graça. O pregar não é outra coisa que falar mais alto. Pregar cantando é muito bom para adormentar os ouvidos e conciliar sono, por onde ainda os que mais cabeceiam[441], dormem ao tom do sermão. As vozes do pregador hão de ser como as caixas e trombetas da guerra, que espertam, animam, e tocam à alma, como eram as de Santo Antônio[442]: por isso todos o ouviram com uma atenção tão vigilante e tão viva, que nem pestanear[443] podiam, quanto mais dormir.

---

438. Para os dois episódios cf. a nota 129.

439. No famoso Sermão da Sexagésima, cujo Evangelho era a Parábola do Semeador (Lc 8,4-15), proferido em Lisboa em 1655, Vieira expõe sua teoria da Oratória Sacra, considerando a pessoa do pregador, a ciência, a matéria, o estilo, a voz: "A pessoa que é, a ciência que tem, a matéria que trata, o estilo que segue, a voz com que fala". Um sermão, aliás, irônico e polêmico.

440. Observe-se o belo exemplo de aliteração: fro-fra-fri. E de anáfora, na repetição do *sem* e do *contra*.

441. Cabecear: o movimento da cabeça por efeito do sono.

442. No entanto, Santo Antônio comparou a pregação com a música, pelo efeito que produz. Assim no sermão do I domingo depois da oitava da Epifania: "Acertadamente se chama à pregação música, pois a sua natureza é tal, segundo consta, que, se encontra alguém triste, fá-lo mais triste, se alegre o torna mais alegre. O mesmo acontece com a pregação. Quando afirma que o rico vestido de púrpura está sepultado no inferno (Lc 16,19.22) e que é impossível um rico entrar no Reino dos Céus, como é impossível entrar um camelo pelo fundo de uma agulha (Mt 19,24), e que toda a pompa e glória do século são nada, torna mais tristes os pérfidos avarentos e usurários, sempre em tristeza, porque adquirem com trabalho, guardam com temor, perdem com dor. A palavra que morde o vício molesta o ouvido dos maus; torna, porém, mais alegres os justos, que vivem no gozo do espírito, na alegria duma alma tranquila".

443. Pestanear: mover as pestanas, cochilar.

Assim era ouvido Santo Antônio, e só nos resta saber como se portava com os que o não queriam ouvir. Os hereges rebeldes e obstinados não queriam ouvir os golpes daquele martelo, que tanto os feria; e que fez o Santo para os converter sem que o ouvissem? Aos apóstolos disse Cristo: *Até agora éreis pescadores de peixe, eu farei que sejais pescadores de homens* (Mt 4,19). Assim o fez Santo Antônio, mas por tal modo e tal arte, qual nunca eles, nem antes, quando pescadores, nem depois, quando apóstolos, inventaram. Quando pescadores, Pedro, e os demais, pescavam os peixes com as redes: quando apóstolos, pescavam os homens com a pregação. E Santo Antônio trocou um e outro artifício. Aos peixes pescou-os com a pregação, e aos homens pescou-os com os peixes, fazendo dos mesmos peixes a rede com que os pescava[444]. Ambos os lanços, assim o do mar como o da terra, foram igualmente venturosos. O lanço do mar pescou os peixes que vieram todos ouvir da boca do Santo a Palavra de Deus, com a atenção que sabemos; e o lanço da terra pescou os homens, porque os hereges, que o não queriam ouvir com a evidência e assombro do mesmo milagre, cercados e presos dentro na rede, e atados de pés e mãos, não tendo para onde fugir, vencidos e convencidos se converteram.

Este foi o novo e admirável artifício com que Santo Antônio, trocando as palavras de Cristo, para se fazer pescador de homens, se fez primeiro pescador de peixes, e, pescando os peixes, não com redes, senão com a pregação da Palavra de Deus, da pescaria da mesma palavra fez as redes com que pescou aos homens. E se me perguntarem quem ensinou a Santo Antônio esta doutrina tão encontrada[445], com que se fez ouvir dos brutos, que o ouviram como racionais, quando os racionais o não queriam ouvir como brutos, respondo que a segunda pessoa da Santíssima Trindade, o Filho, o qual lhe comunicou o *ensinar,* e a sabedoria divina de ensinar. E, posto que a doutrina parece encontrada em um e outro caso, no dos apóstolos, e no de Santo Antônio a temos expressa, não por outrem, senão pelo mesmo Cristo. Disse Cristo a São Pedro que lançasse as redes ao mar; e ele, sobre o desengano do que tinha experimentado no mesmo mar toda aquela noite, respondeu que assim o faria, não confiado na

444. Referência ao Sermão aos Peixes. Cf. nota 162 e todo o IV Sermão de Vieira.

445. Encontrada: especial, inesperada.

rede, senão na sua palavra: *Na tua palavra lançarei a rede* (Lc 5,5). Foi a rede ao mar, e a palavra de Cristo trouxe a ela tanta multidão de peixes, que a não podiam arrastar, nem os pescadores a tinham visto semelhante. Já aqui temos a primeira parte da pescaria de Santo Antônio, pescando os peixes com a Palavra de Deus; vejamos agora a segunda, em que dos peixes assim pescados fez as redes com que pescar aos homens.

Saltando São Pedro em terra com os outros companheiros, o que sucedeu então refere São Lucas com palavras tão milagrosas como o mesmo milagre: Vendo a multidão dos peixes pescados em virtude da Palavra de Deus, *Pedro, e todos os que com ele estavam, ficaram cercados de pasmo* (Lc 5,9). Note-se muito as palavras *ficaram cercados*: não diz que o pasmo os assombrou, ou desmaiou, ou tirou fora de si, senão que os cercou. E por quê? Porque naquele caso houve dois cercos, um no mar, outro na terra: no mar o cerco da rede que cercou e tomou os peixes em virtude da palavra divina, e na terra o pasmo do milagre dos peixes tomados, do qual pasmo fez Cristo a rede com que cercou e tomou os homens.

E que se seguiu deste caso? Duas coisas: uma, que São Pedro se lançou aos pés de Cristo, confessando-se pecador: *Afasta-te de mim, Senhor, porque sou homem pecador* (Lc 5,8) – como os hereges, convertidos e prostrados aos pés de Santo Antônio, confessaram o pecado da sua infidelidade. A segunda, dizer Cristo a São Pedro que dali aprenderia a ser pescador dos homens: *Doravante serás pescador de homens* (Lc 5,10) – porque com a Palavra de Deus – *Na tua palavra* – e com a evidência dos milagres – *na pesca dos peixes* – os apóstolos então, e Santo Antônio, tantos anos depois, converteu o mundo.

Ocultou toda a sabedoria, como Jesus de Nazaré

Por certo que este famoso exemplo, tão bem-ensinado em Cristo, e tão bem-aprendido e imitado em Santo Antônio, bastava por prova de que a ciência, da qual ele recebeu o *ensinar,* foi a segunda Pessoa da Santíssima Trindade. Mas, posto que bastasse como prova pública, ainda temos outra maior e mais admirável, que foi a secreta e oculta. A maior maravilha, e o maior milagre do nosso taumaturgo português não foi o ressuscitar mortos – como ressuscitou nove de uma só vez[446] – nem o dominar todos os elementos nem o ter sempre aparelhada e pronta aos acenos da sua vontade a mesma onipotência, mas qual foi? Foi que, tendo o peito cheio daquela extraordinária sabedoria adquirida e sobrenatural, que depois rebentou e saiu a público ao tempo que a Providência Divina tinha determinado com assombro e pasmo do mundo, ele não se chamando mestre ou doutor, nem ainda discípulo, com o simples nome de Frei Antônio, tivesse encoberto e sepultado dentro em si mesmo tudo o que sabia, com tal segredo que fosse reputado de todos por idiota e ignorante.

Daqui nasceu que, como tal, e de nenhum préstimo ou talento, desestimado e desprezado de seus próprios irmãos, naquele grande Capítulo Geral[447] em vida de São Francisco, não houvesse guardião ou prelado algum que o quisesse aceitar por súdito, e, o que é mais que tudo, que nem ele, para remir esta necessidade, desamparo e desprezo, manifestasse a menor luz dos tesouros que debaixo da rudeza e remendos do seu burel estavam encerrados. Oh! milagre sobre todos os milagres! Oh! prodígio sobre todos os prodígios do mais prodigioso e milagroso de todos os santos! Agora havia eu de começar o sermão, para cavar no descobrimento destas minas o imenso de virtude, de capacidade, de poder, que nesta única ação ou omissão, não de um dia, ou muitos dias, senão de anos sobre anos[448], reconhece e faz estremecer o juízo humano.

O mais alto ponto, o mais fino, e o mais difícil da sabedoria não é o saber: é o saber e poder encobrir o que sabe. Sabia muitas coisas por revelação divina o Profeta Jeremias, as quais não podia manifestar e diz assim: *Sentia em meu coração como um fogo devorador encerrado em meus ossos e desfaleci, não o podendo suportar* (Jr 20,9). A peça de artilharia carregada, se lhe taparam a boca, e lhe põem fogo, rebenta: não há bronze que o resista. Tal é, diz o profeta, o que sei, e não posso ocultar: arde dentro no meu coração como fogo que me penetra nos ossos, com tal violência e tormento, que me faltam as forças, desmaio,

446. Cf. nota 141.

447. É o Capítulo Geral de Pentecostes de 1221. Começou no dia 29 de maio e se prolongou até 8 de junho. Dele participaram ao menos 3 mil frades. Frei Antônio chegou ao Capítulo trazido pelos frades da Sicília, inteiramente desconhecido de todos e ainda em convalescença.

448. Exagero retórico de Vieira. Antônio permaneceu no eremitério de Montepaolo de junho de 1221 a novembro ou, no máximo, até março de 1222.

e o não posso sofrer. Um só segredo, que não podia passar dele, guardava dentro em si o Profeta Isaías: *O meu segredo para mim, o meu segredo para mim* (Is 24,16). E, declarando o texto original[449] os efeitos que causava este segredo no interior donde não podia sair, diz: *Ai de mim, que me vejo emagrecer e mirrar, ai de mim, que me vejo entisicar sem remédio* pela força que me faço em não dizer uma coisa que sei. A muitos entisica[450] o estudo por saber, a Isaías entisicava-o o saber, porque o havia de ocultar. Ah! Isaías! Ah! Jeremias! Vós sois os dois profetas maiores; e, pois, no forçoso silêncio de não poderdes dizer o que sabeis, se vos aperta tanto o coração, pedi a Santo Antônio que parta convosco da largueza e capacidade do seu. Nele tem encerrados todos os segredos da filosofia, nele todos os segredos da teologia, nele todos os segredos vossos, e de toda a Sagrada Escritura, e nele todas as revelações e ilustrações divinas, que continuamente recebe do céu, e nem por isso se lhe aperta ou estreita o peito nem os seus ossos se secam ou entisicam; antes, ardendo dentro neles muito maior fogo, nem o fumo da menor luz aparece cá fora.

Elifás Temanites, o primeiro dos quatro sábios que disputaram com Jó[451], escusando-se de lhe haver de dizer o que trazia meditado, ainda que o houvesse de molestar, tomou esta salva[452]: *Quem pode refrear as palavras que concebeu?* (Jó 4,2). Que homem haverá que o que tem concebido no entendimento o possam impedir e ter mão[453], para que não saia à língua? Alude à conceição corporal, à qual necessariamente se segue o parto, sem que haja poder ou força, em todas as da natureza, que o possa impedir.

Primeiramente ao *quem pode* de Elifás, respondo que este homem, que ele teve por impossível, foi Santo Antônio, pois, estando tão cheio, e como reben-

449. Vieira fala em "texto original". Ele deve ter buscado esta versão nos Setenta ou nalguma versão hebraica. A Vulgata traz apenas a primeira frase. As traduções modernas já não trazem nem a primeira nem a segunda, dando inteiramente outro sentido à passagem.

450. Entisicar: causar tísica (tuberculose), tornar doente.

451. Segundo Santo Antônio, no sermão do XIII domingo de Pentecostes, "Elifaz interpreta-se desprezo do Senhor; Teman, austro, e significa a prudência mundana, que provém do Austro, vento quente, isto é, a cobiça do mundo. A prudência humana despreza a sabedoria do Senhor e por isso é por ela desprezada".

452. Salva: ressalva, reserva, rodeio.

453. Ter mão significa aqui suspender o que se iria fazer, deter-se, parar.

tando de sabedoria, ele a soube e pôde conter dentro em si mesmo, como se a não tivera. E quanto à conceição e parto a que alude o mesmo sábio, acrescento que a força desta consequência e semelhança ainda foi mais forte e mais admirável no mesmo Santo, pelo muito que tinha de divino o seu entendimento. Deus também concebeu *ab aeterno* – *Antes de aurora eu te gerei* (Sl 109,3) – e assim como o conceber na Pessoa do Padre, juntamente foi conceber e falar, assim o ser concebido, na Pessoa do Filho, juntamente foi ser concebido, e ser Verbo e palavra[454] do Padre.

E como o entendimento de Antônio tinha tanto de divino, e tanta propensão, como divino, a se comunicar todo, o não lhe sair à língua, nem por uma palavra, o muito que tinha concebido, assim como era maior esta violência, assim foi maior maravilha a vitória de a reprimir e conter. Deus quanto sabia disse – nem pôde deixar de o dizer – em uma palavra; e Santo Antônio, de quanto sabia, nem uma só palavra disse. E para que vejamos em frase e termos humanos quanto teve de divino este silêncio, o provérbio humano diz: *Todo o vosso saber é nada, se ninguém sabe o que vós sabeis.* Donde se segue que, fazendo Santo Antônio que ninguém soubesse o que ele sabia, com esta ação, aos outros homens quase impossível, aniquilou toda a sua sabedoria: *O teu saber é nada.* Agora pergunto: E qual é aquela potência do mundo, que pode aniquilar? Só aquela que de nada criou todas as coisas. Assim o resolve a melhor filosofia, que o criar e o aniquilar é regalia só de Deus. E tendo Deus dado ao entendimento de Santo Antônio a primeira parte do divino, para poder compreender o que soube, também lhe deu, e com maior maravilha, esta segunda, para poder aniquilar o que sabia.

De tudo o que até agora tenho dito, claramente terão entendido os que não só ouviram com os ouvidos, senão com os olhos abertos, que toda a sabedoria de Santo Antônio, e muito mais nesta última circunstância de a encobrir, foi participação e influência da segunda Pessoa da Santíssima Trindade, que lhe

454. No sermão do II domingo da Quaresma exclama Santo Antônio: "Ó arcano do divino conselho! Ó profundo e imperscrutável mistério da eterna sabedoria! Verbo que no princípio existia junto do Pai, por meio do qual tudo foi feito! Verbo, que torna distintas as línguas das crianças e dá a boca e a sabedoria! Verbo do Pai, criador e conservador de tudo, providência e sustento de quanto existe!"

deu o *ensinar.* Antes de a mesma Pessoa, o Verbo Divino encarnado, sair a ensinar – *Começou a fazer e ensinar* (At 1,1) – que fez? O mesmo, nem mais nem menos, que Santo Antônio. Quando Cristo, em sua menoridade, perdido, foi achado no Templo entre os doutores, não somente admirados eles, mas pasmados, como diz o texto, do que perguntava, do que respondia e do que sabia – *Estavam pasmos com sua inteligência e suas respostas* (Lc 2,47) – parece que deviam dizer os pais, isto é, São José e a Senhora: Este Menino não está perdido em Jerusalém, em Nazaré é que está perdido; deixemo-lo ficar entre os doutores, pois, tanta habilidade tem para as letras. Mas não foi assim. Tornou para Nazaré, e ali se exercitava, ou serrando, ou acepilhando um madeiro com José, e levando os cavacos à mãe, para que dos suores de ambos guisasse[455] o de que se haviam de sustentar todos três.

Desta maneira esteve eclipsado por muitos anos aquele divino Sol, e reputada a sua sabedoria por ignorância, até que saiu a alumiar o mundo. Pode haver maior retrato, ou mais vivo original de Santo Antônio? Em seus primeiros anos, em hábito de cônego regrante, com o nome de Dom Fernando[456], sendo a fama da Universidade de Coimbra, e a admiração dos seus doutores[457]. E depois, trocando a murça[458] com o burel, e mudando o nome de Fernando em Antônio, para desbatizar a sua sabedoria, o que fez em Itália entre os seus frades foi a profissão de idiota[459] e ignorante, servindo na cozinha, e nos outros exercícios mais baixos e humildes da casa, com que ele se escusou, quando a

455. Guisar: preparar no fogo, refogar, cozer.

456. Fernando era seu nome de batismo. Em torno de seus 20 anos, Fernando entrou para o Mosteiro de São Vicente de Lisboa, dos Cônegos Regrantes de Santo Agostinho, mosteiro fundado pelo rei Dom Afonso Henriques, por voto feito em 1147, quando tomou Lisboa aos mouros.

457. Em torno de seus 22 anos Dom Fernando Martins de Bulhões se transferiu para o Mosteiro dos Cônegos Regrantes de Santo Agostinho de Coimbra, chamado Mosteiro de Santa Cruz, fundado em 1130 por Dom Telo, e que teve como primeiro prior a São Teotônio. Foi nesse mosteiro, dotado de excelente biblioteca e grandes mestres, que o futuro Frei Antônio bebeu toda a ciência e sabedoria que lhe dariam fama de homem culto, teólogo, orador, místico e profundo conhecedor das ciências naturais. Não existia ainda a Universidade de Coimbra.

458. Sinédoque: murça é um pequeno manto, fechado no peito, usado pelos cônegos e que se põe por cima da sobrepeliz. Aqui a parte está pelo todo: Vieira quer dizer que Antônio trocou a veste (e a vida) de Cônego Regrante pela de Frade Franciscano.

459. Cf. nota 153.

primeira vez foi mandado pregar. Assim imitou pelos mesmos passos o nosso filho de São Francisco ao Filho do Eterno Padre, sendo certo – reparai muito no que agora digo – sendo certo, que, a um e a outro filho, mais dificultoso foi o estudo da ignorância que o uso da sabedoria.

Pecou Adão, e antes de Deus, em figura de homem, lhe perguntar aonde estava – *Adão, onde estás?* (Gn 3,9) – diz o texto que andava o Senhor passeando no Paraíso, e falando consigo em vozes que o mesmo Adão ouviu: *Ouvindo a voz de Deus, que passeava pelo jardim* (Gn 3,8). E que fazia o Filho de Deus – que o Filho era, pois tinha tomado forma de homem – que fazia, andando e falando assim? Profundissimamente Tertuliano[460]: *Estando para interrogar, como se não soubesse, a Adão onde estava, preparava o que iria dizer.* O Filho de Deus sabia muito bem aonde Adão estava, e havia-lhe de perguntar aonde estava, como se o não soubera, e como havia de mostrar que ignorava o que sabia, andava passeando e repetindo como estudante, e aprendendo o que havia de dizer para não errar. Tão dificultoso é aprender a ignorar, até à sabedoria, que tudo sabe! E não só no caso de Adão – *como se não soubesse* – nem só no caso do dilúvio – *como se não conhecesse o futuro* – nem só no caso de Abraão – *como se ignorasse o que havia no homem* –, mas em infinitos outros, diz o mesmo Tertuliano, tornava a aprender Deus esta lição todas as vezes que, perguntando, ou arguindo, ou dissimulando, havia de mostrar que ignorava o que sabia: *Sempre de novo preparava o que iria dizer.*

Para que se veja com quanta cautela, com quanta circunspecção, e com quanta vigilância havia de viver Antônio como Argos[461] de si mesmo, e como réu de sua própria ciência, exposto aos olhos, ouvidos e línguas, não de uma, mas de muitas comunidades, e comunidades de gente regular[462], cujos olhos são os mais agudos para ver, cujos ouvidos os mais despertos para ouvir, e cujas línguas as mais prontas para não perdoar; e todos, por tudo, os mais linces[463]

460. Cf. nota 105.

461. Figura retórica. Argos era na mitologia grega um gigante de cem olhos, que deveria vigiar.

462. Vida regular: isto é, que tem uma regra de vida, religioso, monge. A descrição que Vieira faz de uma comunidade religiosa é dura, mas real, e ele tinha dela experiência.

463. Figura de retórica. O lince, da família dos felídeos, tem olhos muito bons; os antigos diziam que era capaz de ver através de paredes.

para nada se lhes esconder. Assim estudava e se desvelava a sua humildade depois de jubilado nas letras, por conseguir na opinião o grau de idiota, estudo tanto mais dificultoso à natureza e à honra, quanto é mais custoso à presunção abater as sobrancelhas que queimar as pestanas[464]. Mas isto se entende daquela ciência que se aprende nas escolas públicas da vaidade, e não debaixo do magistério secretíssimo da Divindade, cuja segunda Pessoa, como lhe tinha dado, para se esconder, o exemplo, assim lhe comunicou, para ensinar, o *ensinar*.

A obra do Espírito Santo em Santo Antônio

Declarada a verdade e o modo com que a primeira Pessoa da Santíssima Trindade deu a Santo Antônio o *fazer*, e a segunda o *ensinar*, só resta que vejamos como a terceira lhe deu o *chamar*. E se nesta distribuição de suas grandezas tocou ao Padre o *fazer*, pela atribuição da onipotência; e ao Filho o *ensinar*, pela atribuição da sabedoria; não menos propriamente pertence ao Espírito Santo o *chamar* pela atribuição da santidade, que significa o mesmo nome de santo, o qual, sendo comum a todas as Pessoas divinas, é próprio e especial da terceira[465].

Ajunta-se este nome no nosso texto com o *magno* – *Será chamado grande no Reino dos Céus* (Mt 5,19) – porque no céu, aonde só os nomes são verdadeiros, nome de santo, como maior e mais excelente, é também único, e sobre todos com que Deus é louvado. Aqueles serafins que assistiam perpetuamente ao trono de Deus, o que cantavam a coros, como diz o Profeta Isaías, era: *Santo, santo, santo* (Is 6,3): *santo* ao Padre, *santo* ao Filho, *santo* ao Espírito Santo; e três vezes, não mais nem menos, porque cantavam à Santíssima Trindade. Mas, se as perfeições da Santíssima Trindade são tão infinitas como o mesmo

464. Bela figura retórica de comparação por contrários. Abater as sobrancelhas: ser humilde, abaixar os olhos; queimar as pestanas: dedicar-se com afinco ao estudo, aprofundar uma questão.

465. Diz Santo Antônio no sermão da Festa de Pentecostes: "O Espírito Santo Paráclito é aquele que é inspirado pelo Pai e pelo Filho nos corações dos santos; graças a Ele se santificam, a ponto de merecerem ser santos. Assim como o espírito humano é a vida dos corpos, assim o Espírito divino é a vida dos espíritos. Aquele é vida sensificante; este é vida santificadora. Chama-se-lhe Espírito Santo porque sem ele nenhum espírito, nem angélico nem humano, se torna santo".

Deus, e os cantores eram serafins, os espíritos e entendimentos supremos de toda a corte do céu, por que não variavam a música e os louvores, assim como alternavam as vozes? Porque, sendo também infinitos os nomes de Deus, nenhum há que mais lhe agrade que o nome de santo, por ser este sobre toda a excelência o mais excelente. Assim responde o grande Dionísio Areopagita[466], no admirável livro que compôs *De Divinis Nominibus*: *Deus por ser o mais excelente entre tudo o que é excelente se chama Santo.*

Este nome, pois, de santo – que no céu é o maior, e mais cantado e celebrado de todos – é também o próprio da terceira Pessoa da Santíssima Trindade, e o que ela tomou para si e deu a Santo Antônio. Mas para que vejamos quanto deu, saibamos a razão por que o tomou. Na Santíssima Trindade, o Padre é espírito e santo, o Filho é espírito e santo, o Espírito Santo é espírito e santo. Pois, se este nome é comum a todas as Pessoas divinas, por que o tomou a terceira Pessoa por particular e próprio seu? Porque este nome era o que melhor nos podia declarar a igualdade que tem o Espírito Santo com o Padre e com o Filho, naquela mesma diferença em que parece que lhe não é igual. Ora vede. A pessoa do Padre gera o Filho, a Pessoa do Padre e a do Filho produzem o Espírito Santo; porém, a Pessoa do Espírito Santo, nem só como Padre, nem acompanhado como o Padre e o Filho, produz outra Pessoa divina, porque não é possível outra. Logo, parece que não é igual a Pessoa do Espírito Santo à do Padre e à do Filho. E se são iguais, como verdadeiramente são – *Igual o Pai, igual o Filho, igual o Espírito Santo*[467] – esta, que parece desigualdade, e verdadeiramente é diferença muito notável, com que se supriu? Com o nome de santo.

Com o nome de santo, digo, não só como comum a todas as Pessoas da Santíssima Trindade, mas como próprio da terceira. Não é o Espírito Santo, como o Pai, que gera outra pessoa divina, qual é o Filho; mas é santo como o

---

466. Dionísio Areopagita é pseudônimo de um sábio teólogo e exegeta do quarto século, cuja identidade ninguém até hoje conseguiu determinar. Teve grande influência intelectual e mística inclusive sobre Santo Tomás. *De Divinis Nominibus* (Sobre os nomes de Deus) é sua obra mais célebre. Dele são também *Sobre a hierarquia celeste*; *Sobre a hierarquia da Igreja* e *Sobre a Teologia Mística.* Santo Antônio não o cita nenhuma vez.

467. A declaração é do longo Símbolo Atanasiano que, até a reforma litúrgica do Concílio Vaticano II, os clérigos e religiosos, obrigados ao Ofício Divino, recitavam quase todos os domingos. Vieira cita em latim: *Qualis Pater, talis Filius, talis Spiritus Sanctus.*

Pai; não é como o Filho, que com o Pai produz outra Pessoa divina, qual é o mesmo Espírito Santo; mas é santo como o Filho. E como é igual ao Padre e ao Filho no nome, não de santificado, mas de santo, nem de santidade acidental, senão substancial, nem recebida de outrem, mas própria, porque é santo como o Pai, ainda que não seja Pai, e porque é santo como o Filho, ainda que não seja Filho, é tão igual e tão Deus como o mesmo Filho e como o mesmo Pai. Excelentemente Orígenes[468]: *O Espírito Santo é santo, embora não tenha sido santificado nem recebido sua santidade. O mesmo se entenda do Pai e do Filho. Pois a Trindade é só substância que não recebe santidade vinda de fora, mas é santa por natureza.*

Deste nome próprio de santo, fundado na santidade substancial da terceira Pessoa da Santíssima Trindade, se deriva, com a mesma propriedade natural, o de santificador, santificando e distribuindo a mesma santificação, como absoluto e independente Senhor[469], como e a quem quer: *Há diversidade de graças, mas um e o mesmo Espírito é que distribui a cada um conforme quer* – diz São Paulo (1Cor 12,4.11). E o maior exemplo deste poder, como notam os teólogos[470], e o mais semelhante ao que logo veremos em Santo Antônio, foi o do mistério inefável da Encarnação do Verbo. Trazendo o Anjo Gabriel esta embaixada – a que só a grandeza de um ânimo capaz de receber dentro de si a todo Deus pudera ter que replicar – respondeu ao reparo da Senhora que aquela obra, quanto ao modo, não teria nada de humano, porque, assim como

---

468. Cf. nota 380.

469. Di-lo belissimamente Santo Antônio, numa comparação com o fogo, no sermão da Anunciação de Maria Santíssima: "Note-se que o fogo supera todas as coisas; não pode segurar-se; faz que o sirvam aquelas coisas em que se forma; é transmissor de si mesmo a tudo quanto de algum modo dele se aproxima; renovando-se sem cessar, não diminui ao fazer entrega de si. Assim o Espírito Santo, igual ao Pai e ao Filho, supera todas as coisas. É incompreensível o seu poder. Torna ardentes as almas em que se forma, incendiando outros. É transmissor de si mesmo a todos: aqueles que se aproximam sentem o seu calor. Renova-se sem cessar. Ainda que difunda a graça em toda a volta, em si permanece o mesmo". Ou no sermão do domingo de Pentecostes: "O Espírito Santo sopra a sua graça, repartindo a cada um como quer, onde quer, de que modo quer, quanto quer, quando quer, aos que quer".

470. Vieira se refere a Suárez, em seu livro *De Trinitate* (Sobre a Trindade). Francisco Suárez (1548-1617), jesuíta, era de Granada e faleceu em Lisboa. Conhecido como teólogo e filósofo. Lecionou em Roma, Salamanca e Coimbra. Sua obra mais conhecida são os *Comentários à Suma Teológica* de Santo Tomás de Aquino.

a Pessoa que havia de encarnar, era a segunda da Santíssima Trindade, assim os soberanos artífices da mesma união seriam a primeira Pessoa que é o Altíssimo, e a terceira, que é o Espírito Santo: *O Espírito Santo descerá sobre ti e a força do Altíssimo te cobrirá com sua sombra* (Lc 1,35). E que se seguiram destes dois discursos unidos em um, ambos divinos, e no mesmo sujeito? O mesmo anjo declarou que seriam dois efeitos, e dois nomes tão inefáveis como o próprio composto: um que se chamaria Filho de Deus, e outro que seria por antonomásia o santo: *Por isso o santo por ti gerado será chamado Filho de Deus* (Lc 1,35).

Agora – quanto é lícito comparar ou equiparar por semelhança extremos tão infinitamente distantes – tomemos destas duas cláusulas o *santo* e o será *chamado*. O *será chamado* é o que dissemos, e imos provando, que deu e comunicou a Santo Antônio a terceira Pessoa da Santíssima Trindade; e o *Santo,* o nome de santo absoluto, e por antonomásia[471], com que o mesmo Espírito Santo, sem outro exemplo mais que o presente, fez que Santo Antônio singularmente entre todos os santos fosse chamado o Santo. São Bernardo[472], ponderando as palavras do anjo: *O santo por ti gerado,* admirado da novidade do termo, exclama: *Santo e simples e absolutamente santo, sem aditamento: que é isto*? É o que disse o anjo do Verbo depois de encarnado, e o que quis o Espírito Santo, que também se verificasse de Santo Antônio: *Santo, sem nenhum acréscimo.* Santo Antônio em Pádua, onde tem o seu sepulcro, não se chama Santo Antônio, senão o Santo por antonomásia, e sem aditamento. Vou ao Santo, venho do Santo, sem outro nome, quer dizer: vou a Santo Antônio, venho de Santo Antônio.

E para que se veja que isto foi não por afeto ou devoção particular humana, senão por instinto divino, inspirado pelo mesmo Espírito, quando Santo Antônio passou desta vida, temendo os seus religiosos que o povo o não deixasse sepultar, resolveram a ter a morte em segredo, até lhe darem sepultura com as portas fechadas; mas os meninos, por divino instinto, no mesmo instante em que expirou começaram a bradar por todas as ruas: Morreu o

471. Vieira emprega muitas vezes esta palavra em seus sermões, palavra que é uma figura retórica em que se substitui um nome próprio por um comum ou um comum pelo próprio, ou por uma perífrase; ou se emprega um nome próprio para indicar uma qualidade comum. Nesse caso, ao se dizer "Santo" e querer dizer "Antônio".

472. Cf. nota 59.

Santo, morreu o Santo[473]. E como, *da boca das crianças e dos pequeninos recebestes o melhor louvor* (Sl 8,3), também eles, com línguas do céu, o nomeavam por Santo sem aditamento. Oh! excelência grande de Antônio! Não digo bem: Oh! excelência grande do Santo entre todos os santos! São Francisco, seu santo padre, chama-se santo; mas com aditamento, São Francisco; São Domingos[474], companheiro e irmão do mesmo São Francisco, chama-se santo; mas santo com aditamento, São Domingos. Os dois filhos dos mesmos pais, doutores e lumes da Igreja, o angélico e o seráfico, também se chamam santos; mas santos com aditamentos, um Santo Tomás, outro, São Boaventura; porém, Santo Antônio singular entre todos, Santo sem aditamento, e por isso, com muita razão, Santo Antônio de Pádua, porque só Pádua lhe acertou com o nome próprio, sendo que teve muitos nomes. Em Lisboa se chamou no batismo Fernando, em Coimbra, na mudança do hábito se chamou Antônio; e só Pádua lhe acertou com o verdadeiro nome, Santo, e mais nada, porque é mais que tudo: *Santo sem acréscimo.*

---

473. Jean de Rigauld, frade menor de Limoges, e mais tarde bispo, escreveu em torno de 1300 uma biografia do Santo, hoje conhecida como Rigaldina (do sobrenome do autor). Ele descreve assim o episódio dos meninos de Pádua: "Os frades não quiseram comunicar imediatamente sua morte. Sabiam da devoção que tinham por ele e receavam que a multidão invadisse o pequeno convento das Clarissas, onde morrera o Servo de Deus. Mas aprouve a Deus revelar de uma forma maravilhosa o que os frades queriam esconder. Quando ainda todos ignoravam a morte do Santo, exceto os que estavam ao lado dele, grupos de crianças inocentes se puseram a percorrer as ruas de Pádua, gritando: *Morreu o Santo! Morreu o Santo!* Aquele, cuja entrada na Jerusalém terrestre provocou o entusiasmo das crianças, quis que suas bocas proclamassem a entrada de Santo Antônio na Jerusalém celeste".

474. São Domingos (1170-1221) nasceu na Espanha e morreu em Bolonha. Fundador da Ordem dos Pregadores, popularmente chamados dominicanos. Foi canonizado pelo mesmo Papa Gregório IX que canonizou São Francisco e Santo Antônio. Dante, na *Divina comédia,* o coloca no paraíso junto a São Francisco. Conta-se que, em determinado momento da vida, Domingos teria procurado Francisco e proposto a fusão das duas ordens. Por isso Vieira o chama de "companheiro e irmão de São Francisco". Desde em vida deles, os franciscanos chamam São Domingos de Pai; e os dominicanos chamam de *Pai* a São Francisco. Todos os anos, no dia 4 de outubro, os dominicanos pregam sobre São Francisco na igreja dos franciscanos; e os franciscanos, no dia 8 de agosto, pregam sobre São Domingos na igreja dos dominicanos. E as duas comunidades almoçam juntas. No almoço cantam esta antífona: "O apostólico Domingos e o seráfico Francisco nos ensinaram a tua Lei, Senhor!"

Santo Antônio, o paráclito universal

E, posto que para provar que a vocação ou imposição deste nome parece que bastava à verdade do que acabo de referir, para que este último discurso[475] se parecesse com os dois passados, determinei mostrar como o *chamar* em Santo Antônio não fora menos próprio do Espírito Santo que *o fazer* e o *ensinar* do Padre e do Filho. E não sei se o mesmo Santo Antônio, ou o mesmo Espírito Santo, me quis repreender como covarde, e castigar como escasso em seus louvores. Não é mais dar o Espírito Santo, que receber dele quanto pode dar? E não é mais que dar o Espírito Santo, dá-lo do modo que só o pode dar aquele de quem o mesmo Santo recebeu o ser? Estes dois mais são tão estupendos, que tanto podiam tremer a língua de os imaginar, como a mesma fé de os crer. Mas eu ofenderia gravemente ao Espírito Santo, e faria igual agravo a Santo Antônio, se não referisse lisamente o que agora direi. Depois de fortemente tentado por muitos dias um noviço da mesma Ordem, rendido enfim à força da tentação, resolveu-se a deixar o hábito. E que faria a dor e caridade de Frei Antônio, que se achava no mesmo convento, para o conservar na vocação? Oh! prodígio sobre toda a admiração estupendo! Também parece derivação do *chamar*. Vai aonde estava o noviço, abre-lhe com as mãos a boca, mete-lhe por ela a respiração e alento da sua, dizendo: *Recebe o Espírito Santo*, e no mesmo ponto fugiu o espírito tentador, tornou em si o tentado, triunfou do inimigo que o tinha vencido, e perseverou até a morte na religião, como filho digno de tal mãe, e segunda vez gerado de tão santo pai[476]. Não foi isto dar o Espírito Santo, que é mais que recebê-lo?

Vamos agora ao modo, sem comparação mais admirável que a mesma obra. Cristo, Senhor nosso, deu o Espírito Santo aos apóstolos, e deu também poder aos apóstolos para darem o Espírito Santo; mas de que modo? Com uma diferença muito notável. Os apóstolos comunicavam o Espírito Santo pela imposição das mãos, pondo-as sobre aqueles que o recebiam, como diz São Lucas: *Impunham-lhes as mãos e eles recebiam o Espírito Santo* (At 8,17).

---

475. Vieira dividiu seu sermão em três partes: a obra do Pai em Antônio, a obra do Filho, e a obra do Espírito Santo. A cada uma dessas partes é que agora ele chama "discursos".

476. Cf. nota 147.

E Cristo comunicou o Espírito Santo aos apóstolos com o alento e respiração da sua própria boca, a qual respiração eles recebiam nas suas, como o mesmo Senhor juntamente lhes disse: *Soprou sobre eles e disse: Recebei o Espírito Santo* (Jo 20,22). E qual foi a razão desta diferença? Muito grande, muito particular, e muito necessária. Porque os apóstolos, com imposição das mãos significavam nelas o que faziam com poder e autoridade recebida de Cristo, e Cristo, com o alento e respiração da sua boca, significava que Ele era, como segunda pessoa da Santíssima Trindade, a que juntamente com a primeira produzira e espirara o mesmo Espírito Santo[477] – que essa é a palavra e termo teológico com que se declara a produção e processão com que o Espírito Santo procede do Padre e do Filho. Assim o dizem Santo Agostinho[478], São Cirilo[479], Beda[480], e os outros padres, na exposição do mistério desta ação de Cristo. E nós, à vista do que fez Santo Antônio, ou da confiança, poder e autoridade que teve para o fazer, que podemos dizer, senão pasmar? De maneira que, havendo de comunicar Santo Antônio o Espírito Santo, não o fez como São Pedro, São Paulo, São João, e os outros apóstolos, com a imposição das mãos sobre o religioso tentado e vencido, senão com o alento e respiração da sua boca, e dizendo: *Recebe o Espírito Santo,* pelo mesmo modo, assim na ação como nas palavras, com que o mesmo Cristo quis significar e representar nelas, como segunda Pessoa da Santíssima Trindade, que dele procedia a terceira. Tanto é o que amou e o que honrou o Espírito Santo àquele Santo, a quem, com a propriedade do nome, deu a antonomásia do seu.

E, pois, temos na boca de Santo Antônio, por obra e por palavra, uma tão singular figura da processão do Espírito Santo, vejamos nela uma nova prerrogativa do mesmo divino Espírito Santo, participada também de Santo

477. Santo Antônio no sermão do domingo da oitava da Páscoa: "O sopro mostrou que o Espírito Santo era não só o Espírito do Pai, mas também seu".

478. Cf. nota 199.

479. São Cirilo de Alexandria (c. 370-444), reconhecido como um dos maiores doutores da Igreja, lutou contra a heresia de Nestório a respeito da maternidade divina de Maria. Deixou muitos e lúcidos comentários do Antigo e do Novo Testamento. Santo Antônio não o cita. Aliás, Santo Antônio cita muito mais os santos padres latinos que os gregos.

480. Cf. nota 137. São Beda era dos santos padres mais estudados no Mosteiro de Coimbra, ao tempo de Santo Antônio.

Antônio, e gloriosamente continuada nele. Falando Cristo da sua processão, enquanto segunda Pessoa da Santíssima Trindade, e da processão do Espírito Santo, enquanto terceira Pessoa, de si diz que procedeu: *Eu saí de Deus* (Jo 8,42) – e do Espírito Santo diz que procede: *O Espírito da verdade, que procede do Pai* (Jo 15,26). As processões, assim do Filho como do Espírito Santo, ambas foram *ab aeterno*; pois, como falando Cristo de uma e outra, da sua diz que procedeu de pretérito – *saí* – e da do Espírito Santo diz que procede de presente – *procede?* A razão é porque às processões eternas, *ad intra,* ajuntou o Senhor as temporais, *ad extra,* quando o Filho e o Espírito Santo vieram a este mundo. Expressamente consta de um e outro texto, porque no primeiro acrescenta *vim,* no segundo *quando vier;* no primeiro: *Eu saí de Deus e vim* (Jo 8,42) e no segundo: *Quando vier o Paráclito, que procede do Pai* (Jo 15,26). Diz, pois, Cristo, falando de si, que procedeu e veio, de pretérito, porque de tal maneira veio do Padre a este mundo, que tornou outra vez para o mesmo Padre: *Eu saí do Pai e vim ao mundo: de novo deixo o mundo e volto ao Pai* (Jo 16,28).

Pelo contrário, do Espírito Santo diz de presente que procede e vem, porque de tal maneira veio, que sempre vem, e sempre está vindo, comunicando a todos os seus dons e graças. A questão foi agudamente excitada pelo abade Ruperto[481]; e a solução também é sua, com uma não menos aguda e bem-fundada advertência. Mas porque a mesma foi primeiro de Santo Atanásio[482], e mais expressa e elegantemente declarada por ele, as suas palavras são estas: *O Filho de Deus, depois de terminada a missão, subiu aos céus; o Espírito Santo, porém, que veio sobre os apóstolos e sobre todos os homens, não retornou, mas passa de geração em geração, e, se encontra uma pessoa, nela faz morada.* E porque a segunda Pessoa da Santíssima Trindade veio à terra, e depois tornou para o céu, e a terceira veio, porém, não tornou, mas está sempre conosco em todo o tempo e em todo o lugar. Esta mesma graça de estar sempre conosco comunicou

481. Cf. nota 60.

482. Santo Atanásio (295-373), bispo de Alexandria do Egito, Doutor da Igreja. Grande defensor da divindade de Cristo. Tem escritos apologéticos, teológicos, exegéticos, históricos e pastorais. Sua festa se celebra no dia 2 de maio. Muito famoso ficou na Igreja o chamado Símbolo Atanasiano, conhecido pela primeira palavra latina "Quicumque": Quicumque vult salvus esse... quem quiser se salvar, antes de tudo é preciso que tenha a fé católica. E Atanásio a expõe no longo hino.

o mesmo Espírito Santo a Santo Antônio, e para que fosse primeiramente em todo o tempo, não só lhe concedeu em vida, senão também depois de morto.

Os outros santos geralmente neste mundo trabalharam, padeceram, glorificaram a Deus, serviram ao próximo, venceram o demônio, pisaram o mundo, mortificaram a carne; com o exercício das virtudes cultivaram as almas próprias; com a palavra e o exemplo, as alheias; bons para si, e fazendo bem a todos. Isto enquanto viveram; acabada, porém, feliz e constantemente a carreira da vida, deixaram este mundo, e foram-se para o céu a gozar o fruto dos seus trabalhos, e descansar deles. Bem assim como Cristo, o qual: *depois de terminar a missão, subiu aos céus.* Pelo contrário, Santo Antônio, imitando também a Pessoa do Espírito Santo, pela prerrogativa do nome, em ficar sempre conosco: *Não voltou, mas passa de geração em geração.* Quatrocentos e vinte e sete anos faz hoje que Santo Antônio foi tomar posse do eminentíssimo lugar que tem na corte do céu, como grande dela: *Grande no Reino dos Céus* – mas nem por isso em todos os anos e dias de tantos séculos deixou de estar sempre conosco na terra, nada menos poderoso e vigilante em nos assistir, acudir e ajudar, senão muito mais que quando vivia. Quando vivia – que é a segunda parte da mesma prerrogativa – estava juntamente em diferentes lugares; agora está em todos os do mundo, e se hoje o não vemos na própria pessoa, vemo-lo nos mesmos e maiores efeitos.

Pouco tivera feito o Espírito Santo em dar a Santo Antônio, com o *chamar,* o nome de santo, se lho não dera acompanhado das outras partes de que inteiramente se compõe o seu próprio nome. O nome da terceira Pessoa da Santíssima Trindade, pelo que é em si, e pelo que obra em nós, compõe-se inteira e inefavelmente destas três palavras: *Espírito, Santo, Paráclito.* E, por virtude e extensão do mesmo *chamar,* não só comunicou a mesma Pessoa divina a Santo Antônio o nome de santo, senão também o antenome de Espírito, e o sobrenome de Paráclito[483]: o de Espírito, cuja propriedade é estender-se a todas as quatro partes do mundo, como diz Ezequiel: *O Espírito sopra nos quatro ventos* (Ez 37,9) – e o de *Paráclito* – que quer dizer consolador – para que em todas as partes do mesmo mundo assistisse como espírito, e em todas fosse conso-

483. Paráclito: palavra jurídica grega que significa o advogado de defesa. O termo é usado no Evangelho de João, atribuído ao Espírito Santo, no sentido de protetor, consolador, intercessor.

lação, como é, de todos os que tivessem necessidade de consolação. Quando o Espírito Santo desceu do céu veio em figura de espírito: *Vento impetuoso* (At 2,2) e em figura de línguas de fogo: *Como línguas de fogo* (At 2,3) - não só pelo que então significava nos apóstolos, senão pelo que depois havia de obrar em todos: em figura de espírito, porque como espírito havia de encher todo o mundo: *O Espírito do Senhor encheu a terra inteira* (Sb 1,7) - e em figura de línguas, e essas de fogo[484], porque, como consolador, havia de alumiar e alentar a todos com a luz e consolação das suas vozes: *Ele, que a tudo dá consistência, tem conhecimento de tudo o que se diz* (Sb 1,7).

E quem não vê nestas mesmas figuras retratado hoje a Santo Antônio? Depois que a sua alma se despiu do corpo, ele ficou espírito, e do corpo só lhe ficou a língua incorrupta[485] e incorruptível, como é o fogo: o espírito para a assistência universal de todo o mundo, e a língua para consolação universal de todos em qualquer parte dele. Neste mesmo dia, e nesta mesma hora em que nós celebramos a Santo Antônio na América, o celebram e festejam com muito maiores demonstrações de solenidade na Europa, na África e na Ásia todas as nações e todos os estados do mundo. E por quê? Porque nenhuma nação nem Estado há nele, grande ou pequeno, que nos trabalhos e necessidades, a que todos estão expostos, não invoque e chame por Santo Antônio; e nenhuma voz há dos que o invocam, a que ele não responda: Aqui estou. É verdade que o não vemos com os olhos, mas vemo-lo nos efeitos. Isso é ser invisível como espírito, e efetivo como consolador. E se não, digam-no todos em todo o tempo e lugar. Os lavradores no campo, os navegantes no mar, os soldados na guerra, os mercantes nos comércios, os pleiteantes nas demandas, os requerentes nos despachos, os presos nos cárceres, os cativos nas masmorras, os enfermos nas doenças, os agonizantes na morte, e até os mortos nas sepulturas, porque não há lugar nem estado tão alheio de toda a esperança e remédio, a que as consolações deste Paráclito universal se não estendam.

---

484. No sermão do domingo de Pentecostes escreve Santo Antônio: "Nota que o fogo tem quatro propriedades: queima, limpa, aquece, ilumina. Semelhantemente, o Espírito Santo queima os pecados, limpa os corações, sacode o torpor, ilumina as ignorâncias". E no mesmo sermão faz um comentário sobre a forma de línguas: "Trouxe línguas aquele que veio em vez da Palavra. A língua tem parentesco com a palavra: não pode separar-se uma da outra. Também o Verbo do Pai, isto é, o Filho, e o Espírito Santo são inseparáveis: possuem uma só natureza".

485. Cf. nota 196.

O maior trabalho, e o mais universal do mundo, de que ninguém e nenhuma coisa escapou, foi o dilúvio de Noé, e este nome de Noé lhe pôs seu pai Lamec, que era profeta, dizendo: *Este nos consolará* (Gn 5,29), porque Noé na língua hebraica quer dizer Consolador e Consolação[486]. E cumpriu-se a profecia e significação do seu nome no mesmo Noé, porque ele foi o restaurador e reparador do mundo, e o consolador e a consolação daquela perda universal e imensa, em que se incluíram todas as da fazenda[487], as da fortuna[488], as da natureza, as da vida, e as de quanto em mil e seiscentos e cinquenta e seis anos[489] tinha cultivado o trabalho, adquirido a cobiça, levantado a ambição, e multiplicado e gerado a propagação humana. Então prometeu Deus que não haveria mais outra perda universal como aquela; mas deixou o mesmo mundo sujeito a tantas outras particulares, ou livres ou violentas - sobre as da mesma fragilidade natural, de então para cá mais enfraquecida - que apenas[490] há casa, família nem pessoa nem dia neste vale de lágrimas, livre de tristezas, aflições e trabalhos, para cuja consolação não há outro consolador e paráclito mais pronto e mais familiar e doméstico, e que invocado diga, aqui estou, como Santo Antônio.

De quão vivas, eficazes e efetivas sejam as razões da sua língua para a consolação das mais desesperadas tristezas e aflições, pudera referir muitos casos, todos admiráveis, dos quais só contarei um, por ser sucedido em nossos dias, e me parecer que do mundo velho, onde foi muito celebrado, ainda não passou ao novo. Na cidade de Nápoles estava sentenciado à morte um pobre homem, a quem não valeram arrazoados nem embargos nem, como ele dizia, a própria inocência, prevalecendo contra tudo a prova das testemunhas; com o triste desengano de haver de sair a justiçar ao outro dia, fez à ventura uma petição, a

---

486. Em dois sermões (domingo da Sexagésima e XVI domingo de Pentecostes) Santo Antônio interpreta o nome Noé como significando "descanso".

487. Fazenda: bens materiais, haveres.

488. Da fortuna: hoje diríamos bens culturais.

489. Podia-se perguntar de onde Vieira tirou esse número. Ele somou as idades dos patriarcas, que vêm anotadas no capítulo 5º do Gênesis: 130+105+90+70+65+162+65+187+182+600 (idade de Noé ao entrar na arca) = 1656. Mas continua a pergunta sobre o sentido desses números.

490. Apenas: dificilmente.

qual entregou à sua mulher, igualmente aflita, para que a levasse ao vice-rei, e, lançada a seus pés, o procurasse mover com suas lágrimas a que ao menos lhe comutasse o castigo em outra que não fosse de morte. Foi a desconsolada requerente ao palácio, mas não teve entrada, porque aquelas portas, sempre patentes aos ricos e poderosos, só para os pobres, que não têm nem podem, costumam de ordinário estar fechadas. E que faria sobre esta desesperação a miserável?

Devia ser boa cristã: resolveu-se a bater às portas do céu, pois que achava fechadas as da terra. Vai-se à Igreja de Santo Antônio, e entre lágrimas e soluços põe a petição sobre o altar aos pés do Santo, dizendo que, pois tinha nos braços o Rei, não dos vice-reis, mas dos reis, dele esperava o seu despacho, o qual viria buscar ao outro dia. Ainda não tinha bem amanhecido, quando a que esperava que as portas da igreja se abrissem chegou ao altar, aonde achou o seu papel, ao que mostrava, sem nenhuma mudança. Abriu-o, viu que tinha mais escritura; pediu, porque não sabia ler, que lhe declarassem[491], e como lhe dissessem que continha o perdão do vice-rei, e logo pusessem ao condenado em sua liberdade, já se vê como correria alegre a lhe levar a nova e a vida. Presentou o despacho ao carcereiro, o qual, porém, o teve por novo crime, entendendo que a letra e a firma era furtada[492]. Eis aqui outra vez trocada a tristeza em novo susto. Levou o carcereiro o papel ao secretário, que também confirmou o furto da letra, admirado da grande semelhança e propriedade dela; e, supondo que o caso pedia nova inquirição e exame, para ser cortada a mão que tal escrevera, e não imaginando nem lhe passando por pensamento o que o vice-rei poderia responder, lhe presentou aberta a petição.

Mas, ó Antônio, verdadeiro e universal paráclito! Ó Antônio, piedoso consolador, e certíssima consolação de todos os angustiados e aflitos! Ó língua viva e imortal! Ó língua a mais eloquente e poderosa oradora para convencer entendimentos e trocar vontades, e para render a divina e as humanas à vossa! Respondeu o vice-rei que a letra não era fingida, senão sua, e que ele escrevera o despacho, e o firmara de sua mão. E dando a causa de não só haver moderado a sentença, mas de absolver totalmente o réu solto e livre: Este mesmo

491. Declarar aqui significa ler.

492. Furtada: trapaça, fraude.

papel – disse – me trouxe aqui um fradinho de São Francisco, que me disse tais coisas, e com tal eficácia, que eu não pude deixar de fazer e escrever o que ele quis. Executou-se o perdão, divulgou-se o caso, pasmaram os que não conheciam bem o autor; mas os que conhecem o seu poder e as suas maravilhas, sem admiração nem novidade só diziam: Isto é ser Santo Antônio. E eu, que direi? Só digo que a terceira Pessoa da Santíssima Trindade tem bem desempenhado neste discurso o *chamar,* pois para dar o Espírito Santo inteiramente a Santo Antônio todo o seu nome, não só lho deu enquanto santo, senão também enquanto Espírito e enquanto Paráclito: *Santo, sim, e espírito paráclito.*

Todos têm obrigação de ser semelhantes à Santíssima Trindade

Tenho acabado, posto que mais largamente do que eu quisera, as três partes do meu discurso. Para que, imitando a Santo Antônio em todas elas, ofereçamos também algum obséquio à fiel veneração das três Pessoas da Santíssima Trindade; do que o nosso Santo imitou em cada uma, tiremos muito brevemente três documentos[493]. O primeiro, para os que a fortuna fez poderosos; o segundo, para os que o estado faz sábios; o terceiro, para os que a profissão deve fazer santos. Todo o homem tem obrigação de ser semelhante à Santíssima Trindade. Por isso Deus, não só enquanto um, senão enquanto trino – falando entre si as três Pessoas divinas – quando criou o homem, disse: *Façamos o homem à nossa imagem e semelhança* (Gn 1,26). Se o poderoso puder moderar o que pode, usando do poder só para o bem, será semelhante à Pessoa do Padre, e imitará a Santo Antônio *no fazer.* Se o sábio souber encobrir a seu tempo o que sabe, e só manifestar o que convém, será semelhante à Pessoa do Filho, e imitará a Santo Antônio no *ensinar.* Se o que deve ser santo, estimar a verdade deste nome sobre todos os títulos do mundo, será semelhante à Pessoa do Espírito Santo, e imitará a Santo Antônio no *chamar.* Desta maneira o poder moderado, a sabedoria bem-entendida, e a santidade sobre tudo estimada, lhe alcançarão a sólida e eterna grandeza, não na terra, aonde tudo é pequeno e pouco, senão no céu, aonde tudo é muito grande: *Quem fizer e ensinar será chamado grande no Reino dos Céus.*

493. Documento: lição.

Sétimo sermão

Em Roma, no dia 13 de junho de 1670

Introdução

Estamos na quarta fase da vida de Vieira. Ele se encontrava em Roma. Como? Em maio de 1661 os escravizadores de índios do Maranhão e do Pará prenderam os jesuítas, incluído Vieira, e os mandaram a Portugal, onde chegaram em novembro. Já no dia 6 de janeiro, Epifania, Vieira prega diante da rainha regente, de toda a Corte e os grandes de Lisboa, um de seus mais históricos e contundentes sermões, desabafando as injustiças sofridas pelos jesuítas nas missões e o triste estado em que se encontravam os índios escravizados nas roças de tabaco e cana. O sermão dividiu opiniões, como dividida estava a política da Corte. E como Vieira mostrasse simpatias pelo príncipe Dom Pedro, e subira ao trono o príncipe Dom Afonso, passou a ser perseguido e foi confinado ao Porto, enquanto se montava um processo através do Santo Ofício, que o privou para sempre da voz ativa e passiva e do poder de pregar, e o prendeu em Coimbra. Deposto Dom Afonso, e subindo como príncipe regente Dom Pedro, Vieira foi posto em liberdade. Entristecido com o processo sofrido, doente, conseguiu ser mandado para Roma para tratar da causa de beatificação dos mártires jesuítas Inácio de Azevedo e seus 39 companheiros, trucidados por piratas calvinistas em 1570, quando viajavam como missionários ao Brasil (a beatificação só saiu em 1854). Na verdade, Vieira queria provar em Roma sua inocência e ortodoxia.

Chegou a Roma no dia 21 de novembro de 1669. Poucos dias depois, 9 de dezembro, morreu inesperadamente o Papa Clemente IX. Em conclave difícil, que durou quase cinco meses (por interferências das cortes de Espanha e França), foi eleito o Papa Clemente X no dia 26 de abril de 1670, secretário pessoal do papa falecido, já com 80 anos e feito cardeal 15 dias antes da morte de Clemente IX, e ainda sem o chapéu cardinalício.

Este sermão foi pronunciado na Igreja de Santo Antônio dos Portugueses, no dia 13 de junho de 1670, no primeiro ano da estadia de Vieira em Roma. Como nessa igreja foram feitos os últimos três sermões em homenagem ao nosso Santo, deixo aqui algumas notas sobre esse templo, até hoje igreja onde se reúnem os portugueses que moram na cidade eterna. Tudo remonta a 1439, quando Dom Antão Martins de Chaves, bispo do Porto, elevado à púrpura cardinalícia, resolveu permanecer em Roma e dar assistência aos portugueses residentes, particularmente aos doentes e pobres de rua, que eram muitos. Formou um fundo e comprou aos agostinianos um terreno e nele construiu um hospital com capela anexa, dedicada a Santo Antão, seu padroeiro pessoal. A imagem de Santo Antônio de Pádua entrou na igreja bem mais tarde. Mas a confusão entre os dois santos que, em italiano ambos são Antônio, deu ganho ao de Lisboa que, já em 1539, aparece em documentos oficiais e pontifícios como padroeiro.

Em 1524 começaram as obras da atual igreja, um modelo de estilo barroco sóbrio em Roma, obra do arquiteto Martino Longhi, o moço (1602-1660). Mas o ambiente em Roma estava muito carregado para os portugueses, primeiro porque já não era Portugal independente; depois, porque, ao adquirir a independência em 1640, sofreu perseguição de espanhóis, inclusive na Roma eclesiástica. A igreja só ficou pronta em 1694. Mas devia estar em condições de culto no início dos anos 70, pois nela pregou Vieira sucessivamente este e outros dois sermões nos anos seguintes na Festa de Santo Antônio. De fato, a igreja é portuguesa em toda a sua decoração interna e nos santos portugueses lembrados nas pinturas e nos altares (o papa São Dâmaso, Santa Iria, irmã de São Dâmaso, Santa Engrácia, Santa Isabel, São Geraldo (arcebispo de Braga), São Vítor (bispo de Braga), São Vicente (padroeiro de Lisboa), Beata Sancha, Beata Mafalda, Beata Teresa, Beata Joana e, talvez, outros. Hoje, junto a ela funciona o Instituto Português de Santo Antônio de Roma.

A Itália sempre teve grande veneração por Santo Antônio, abade, chamado em Portugal e no Brasil de Santo Antão. Sua festa se celebra no dia 17 de janeiro. Egípcio de nascimento, eremita no deserto do Egito, foi o primeiro a reunir eremitas para uma vida em comum e por isso é considerado o pai da vida monástica. Por essa razão e pela defesa que fez da divindade de Cristo contra o bispo líbio Ario (256-336), recebeu da parte dos historiadores o título de Magno. Morreu com 105 anos em 356 e é lembrado como protetor dos animais. Sua imagem vem muitas vezes acompanhada de um porquinho. Na França é conhecido como "St. Antoine le Grand". Em Portugal o chamam pelo aumentativo: Antão. Na Itália, como sempre foi chamado simplesmente de Antônio, o povo, quando chegou o de Pádua e Lisboa, para diferenciá-los chamou o mais novo de Antonino (Antoninho), no diminutivo, exatamente como se fez no início deste século com Santa Teresa de Lisieux, a quem os brasileiros sempre chamaram Santa Teresinha, e os italianos de Santa Teresita, para diferenciá-la de Santa Teresa de Ávila, também conhecida como Santa Teresa a Grande. No diminutivo não vai diminuição, mas carinho. Américo do Couto Oliveira, no seu estudo sobre a Igreja de Santo Antônio dos Portugueses em Roma, lembra que de outubro de 1961 a 3 de junho de 1963, quase todas as quartas-feiras, por razões de trabalho, um quarto de hora antes das audiências, o Papa João XXIII recebia-o e sempre lhe contava o mesmo episódio: "Ah, tu és o português da Secretaria de Estado... sabes, quando eu era jovem, fazia todos os dias um passeio a pé até Santo Antoninho dos Portugueses, para me deliciar com a música sacra clássica que um ótimo organista ensaiava..." Aí está um grande italiano a chamar de Antoninho a Santo Antônio ainda em nosso tempo.

Vieira não contesta a grandeza de Santo Antão, por sinal, muito querido também dos portugueses, e se encontrava ali, diante da imagem do santo, ainda em lugar honroso, embora "destronado" por Santo Antônio. Mas protesta contra o diminutivo dado ao português, porque, pelo que foi e fez, deveria também ele ser chamado de "Magno". Um protesto feito como forma retórica e bonita de enaltecer a grandeza histórica e hagiológica de um santo português que, em Roma, bem cedo se colocara entre os grandes santos e doutores venerados no Latrão, a basílica mãe de todas as catedrais do mundo. "Um discurso de tal maneira apologético, que não deixe de ser panegírico", promete Vieira no Exórdio.

Como sempre, Vieira parte de um verso do Evangelho da festa: "Aquele que fizer e ensinar terá o nome de magno" (Mt 5,19). A frase é calçada pela autoridade: é de Jesus Cristo. A Liturgia a aplica a Santo Antônio. Logo, não há como não dar a Santo Antônio o cognome de Magno. Mas como deram o "magno" a Santo Antão por comparação, será por comparação que provará que o título de magno o mereceu o lisboeta. E não o compara com Antão, mas com o próprio Cristo. Na comparação, Antônio sai grande como o sol, ficando o Cristo comparado à candeia, duas figuras também do evangelho daquele dia. Vieira não blasfema. Como o fez em tantos outros sermões, choca gostosamente e enleva pelos paradoxos, sempre dentro dos parâmetros teológicos.

Não recua do verso escolhido. Dele toma os dois verbos "fazer" e "ensinar". Na primeira parte prova que Antônio fez maravilhas maiores que Jesus e que isso já estava previsto pelo Cristo, quando disse: "Fará coisas maiores" (Jo 14,12). Não perdeu a ocasião de dar uma fisgada naqueles que o haviam caluniado em Portugal, ao contar o milagre de Santo Antônio de o lodo não enlodar, porque era um português, e "os portugueses enlodam sem lodo". Imagino o sorriso da plateia quando, ao comparar o milagre da ressurreição de Lázaro feito por Jesus e o milagre da ressurreição do morto em Lisboa feito por Antônio, Vieira diz que, na verdade, Santo Antônio fez seis milagres num, e um deles foi o de não ter demorado, em sendo português.

Na segunda parte prova que também no ensinar Antônio sobrepujou Cristo. Belíssimo e com uma deliciosa ponta de ironia é o tópico da conversão dos ladrões: Jesus, de três (incluído Judas) converte um; Antônio converte de uma só vez 22. O pregador enfrenta um dos vícios que sempre vergastou: o roubo: "Facilmente (hoje os ladrões) confessam os pecados, porque roubar o alheio já não é ação tão vil e afrontosa, depois que a nobreza e dignidade dos que a usam a tem feito quase honra".

A conclusão é rápida e clara: 4 papas, na prática, já reconheceram que Santo Antônio deve ficar entre os magnos. Se os romanos não deram a Antônio o título foi apenas porque se apressaram em dá-lo ao Santo Antão. Mas o importante é que o próprio Deus chama ao Santo português de Magno!

Antônio devia chamar-se Antônio Magno

Aquele que fizer e ensinar,
esse terá o nome de Magno

Pena que os italianos o chamem de Antonino

Desgraça é minha e nossa, e não sei se diga do mesmo Santo que celebramos, que quando havíamos de levantar troféus, seja necessário tomar as armas, e defender dentro em Roma a quem tanto merecia triunfar nela. Eu, que hoje havia de fazer panegíricos, sou obrigado a desfazer agravos. E que agravos? Os agravos do nome de Santo Antônio em Roma. Em Roma, cabeça e adoração do mundo; em Roma, mãe universal de todos os peregrinos, os agravos daquele peregrino português, que a pés descalços[494] a visitou com tanta devoção, a edificou com tantos exemplos, a ilustrou com sua doutrina, e a admirou e fez admirável com o prodígio estupendo de seus milagres! Celebra hoje Portugal a Santo Antônio de Lisboa, Itália a Santo Antônio de Pádua, e já este não era pequeno agravo, mas é força dissimular os menos grandes, para acudir aos maiores. Não determino disputar com Pádua de tão longe: com Roma é o meu pleito, de Roma é a minha queixa, e não menos bem-fundada que no mesmo texto do Evangelho que propus.

Aquele que fizer e ensinar – diz Cristo – *esse terá o nome de Magno* (Mt 5,19). Não pode ser a lei mais clara. Agora, diga-me Roma, o nome de Antônio Magno, a quem o deu. Não o deu ao Antônio de Portugal, senão ao Antônio do Egito. Ele é o que se nomeia e venera com a antonomásia[495] de Magnus Anto-

494. Pés descalços: para dizer religioso mendicante, no caso, franciscano.

495. Cf. nota 124.

nius. Pois, se o Evangelho tão conhecidamente promete o nome de Magno aos merecimentos do nosso Antônio, por que lho nega aquela cidade, que contém em si[496] a regra do mesmo Evangelho? Por que lho nega, e o dá a outro? Dir-me-á porventura Roma que o outro Antônio foi muitos anos primeiro, e que, quando o nosso veio ao mundo, já o nome estava dado. Mas lembra-me a este propósito o que já disse Tertuliano[497] à mesma Roma: Não fostes vós, meu Santo, o que tardastes, senão ela a que se apressou. Argui Tertuliano aos primeiros que canonizaram os deuses gentílicos, e diz que ficaram sem altares e sem nome os que melhor o mereciam, não porque a antiguidade os quisesse excluir, senão porque se apressou: *Penso que se apressou.* Fez deus da guerra a Marte?[498] *Apressou-se,* porque, se não se apressara tanto, fora deus da guerra Cipião. Fez deus das musas a Apolo? *Apressou-se,* porque, se esperara mais, fora deus das musas Homero. Fez deus da medicina a Esculápio? *Apressou-se,* porque, se aguardara mais tempo, fora deus da medicina Hipócrates. Fez deus das ciências a Mercúrio? *Apressou-se,* porque, se não se adiantara tanto, fora deus das ciências Aristóteles. Eu não nego, antes venero e adoro as excelências do grande Antônio africano; só tenho para mim que, se o mundo, e a cabeça do mundo, se não antecipara, pode ser a grandeza daquele nome não a consagrara ao da África, senão ao da Europa; ao português, e não ao egípcio.

Mas, porque o meu intento não é tirar o direito adquirido, senão defender o tirado, já que o nome de Magno se deu àquele Antônio, por que se não havia

496. Que contém em si: que abriga o trono pontifício, que pode decidir sobre temas trazidos pelos evangelhos.

497. Cf. nota 105.

498. Marte: deus romano da guerra. Segundo uma lenda, seria o pai de Rômulo e Remo, fundadores de Roma.
Cipião: político e general romano (235-183 a.C.), vencedor de Aníbal na Batalha de Zama.
Apolo: deus grego, filho de Zeus. Torna-se adulto sete dias depois do nascimento e foge num carro puxado por cisnes. Mata a serpente Pitão, que ditava os horáculos para a terra. Assume seu lugar. Deus da música e da poesia. Símbolo da beleza grega.
Homero: viveu no IX século a.C. A ele se atribuem a *Odisseia* e a *Ilíada,* duas obras clássicas da humanidade até hoje. Velho, cego, encantava a todos com suas declamações de versos.
Esculápio: deus romano da medicina.
Hipócrates (460-377 a.C.): médico cirúrgico grego. Autor de vários livros. Mercúrio: deus romano, identificado com Hermes grego, considerado o inventor de todas as ciências.
Aristóteles: cf. nota 90.

de dar também ao nosso – *Este será chamado Magno?* Se entre os capitães houve um nome de Magno para Alexandre[499], e outro para Pompeu[500]; se entre os pontífices houve um nome de Magno para Leão[501], e outro para Gregório[502]; se, onde não havia nem podia haver comparação, houve um nome de Magno para Cristo: *Este será Magno* (Lc 1,32) e outro para o Batista: *Será magno diante do Senhor* (Lc 1,15) – por que se não daria o nome de Magno ao nosso Antônio, assim como se tinha dado ao outro? Vejo que me pode responder Roma que os nomes se fizeram para distinção das pessoas, e que, havendo dois Antônios, ambos Magnos, não se distinguiam. Venho nisso[503]; mas distinguirá Roma aos Antônios, como distinguiu aos Fábios[504] e aos Valérios[505]. Já que ao primeiro Antônio tinha chamado Magno, ao segundo chamara-lhe Máximo. E vede se o merecia. A dois heróis – como notou Plutarco[506] – deu Roma o nome de Máximos: a Fábio, porque restituiu as perdas do Império; a Valério, porque reconciliou o povo com o Senado. Pois, se Roma dá o nome de Máximo a Fábio, por restituidor das perdas, por que o não daria a Antônio, que tem por graça e por ofício restituir todas as coisas perdidas? Tanto o tem por ofício e

499. Cf. nota 360.

500. Pompeu (106-48 a.C.): político e militar romano. Ganhou o título de Magno ainda muito jovem, ao voltar vitorioso da campanha na Sicília e no Egito. No ano 63 tomou Jerusalém. Como cônsul, pediu poderes extraordinários para combater os piratas do Mediterrâneo. No ano 60 formou o primeiro triunvirato romano, com César e Crasso. Pouco depois, em guerra civil, é vencido por César e acaba sendo assassinado no Egito.

501. Cf. nota 427.

502. Cf. nota 426.

503. Venho nisso: concordo com isso.

504. Fábio Quinto Magno Rullianus viveu no final do século IV e começo do III a.C. Foi político, cinco vezes cônsul, duas vezes ditador. Fábio Quinto Máximo Verrucosus viveu de 275 a 203 a.C. Também ele homem político, cinco vezes cônsul e uma vez ditador.

505. O Magno era Valério, moralista e historiador, cunhador de sentenças proverbiais (mas também chamado de Máximo; o próprio Vieira, em outro sermão, o chama de Máximo; cf. nota 41). Máximo era Valério Corvo, cônsul aos 23 anos (em 348 a.C.), cargo que repetiu outras 4 vezes considerado benfeitor do Senado. Morreu com mais de 100 anos. É o autor da *Lex Valéria de Provocatione,* que proibiu qualquer cidadão romano sofrer penas físicas ou de morte antes de um julgamento formal.

506. Plutarco (49-125): biógrafo e moralista grego, muito estudado e viajado. Deixou em torno de 250 escritos, dos quais chegaram até nós ao menos um terço, agrupados em dois volumes: *Vidas paralelas* e *Obras morais.* Este último livro trata de temas morais, políticos, religiosos, pedagógicos, históricos e literários.

por obrigação, que na nossa terra[507] o prendemos como devedor, para que as restitua. E se Roma deu o nome de Máximo a Valério, por reconciliador da plebe com o Senado, por que o não daria a Antônio, que não só reconciliou com Deus tanta infinidade de almas, que andavam fora de sua graça, mas reconciliou com a mesma Igreja Romana tantos hereges, tantas seitas, tantos heresiarcas, que por isso lhe chamaram *Martelo das heresias?*

Mas tão longe esteve Roma – este é o mais duro ponto do meu e do nosso sentimento –, tão fora esteve Roma de dar a Antônio o nome de Magno, ou Máximo, que lhe dá o de Mínimo. Por me não atrever a pronunciar tão grande agravo, o dissimulei até agora. Como chama Roma ao nosso Antônio? Santo Antonino. Antonino a Antônio? A Antônio de Lisboa, a Antônio, o português, Antonino? Esta admiração, por lhe não chamar desde logo abuso, será hoje a matéria do meu discurso, de tal maneira apologético, que não deixe de ser panegírico. Lembrada a Virgem, Senhora nossa, da apologia com que Santo Antônio defendeu a pureza de sua Imaculada Conceição[508], quando ainda tanta necessidade tinha de ser defendida, se dignará assistir poderosamente à que havemos de fazer do mesmo Santo, e seja esta vez agradecimento e graça. *Ave Maria.*

A esfera de Cristo e a esfera de Santo Antônio

Quem fizer e ensinar será chamado (Mt 5,19). Chamar a Santo Antônio Antonino são dois agravos em um agravo: o primeiro da comparação, o segundo da preferência. Não só é agravo de Antônio o preferir-se-lhe outro, senão também o comparar-se-lhe. Mas já que o agravo é por comparação, será também por comparação o desagravo. Não me tenhais por temerário, porque hei

---

507. Nossa terra: Portugal. Vieira se refere ao bizarro mas carinhoso costume de prender a imagem de Santo Antônio ou lhe separar uma parte do corpo até que se encontre algum objeto ou alguma causa perdida, costume até hoje praticado.

508. No sermão do III domingo da Quaresma escreve Santo Antônio: "Aquela Virgem gloriosa foi prevenida e cheia de graça singular, para que tivesse como fruto do seu ventre aquele mesmo que no início do universo teve como Senhor". Outros textos de Santo Antônio são claríssimos na defesa da virgindade antes, durante e depois do parto, na defesa de Maria "que não pecou jamais", mas deixam transparecer que Maria foi purificada por Deus em vista de Cristo, não preservada em sua conceição. E nisto Santo Antônio está acompanhado por outros grandes mestres da teologia como São Boaventura e Santo Tomás de Aquino.

de fazer uma comparação incomparável. Quereis saber quão grande santo foi este, a que chamais Antonino? Olhai para aquele altar. Foi tão grande santo Antônio, que Cristo diante dele parece pequeno. Falo da grandeza das obras, e tenho licença do mesmo Cristo para o dizer assim. *Algum dos que crerem em mim* - diz Cristo - *não só fará as obras que eu faço, senão ainda maiores* (Jo 14,12). Não maiores de pessoa a pessoa, não maiores de virtude a virtude, não maiores de merecimento a merecimento, que isso não pode ser, mas de obras a obras sim[509]. E, sendo as obras de Antônio, ainda comparadas com as de Cristo, maiores, não é muito que, posto Cristo à vista de Antônio, parece Antônio o grande – *Este será chamado grande.* Não o grande comparado Antônio com Antônio – como vós o comparais –, mas o grande comparado Antônio com Cristo, como ele quer que o comparemos.

Seja a primeira prova desta incomparável comparação a do mesmo Evangelho. Duas comparações faz Cristo neste Evangelho, ambas de luz, mas muito diversas: uma o sol, outra a candeia. O sol: *Vós sois a luz do mundo* (Mt 5,14); a candeia: *Não se acende uma candeia para pô-la debaixo do alqueire, mas sobre o candieiro* (Mt 5,15)[510]. E estas luzes tão diversas, este sol e esta candeia, quem são, e a quem significam? Eu cuidava que o sol, por ser fonte da luz, era Cristo, e que a candeia, por ser luz participada, era Antônio. Mas não é assim. A candeia é Cristo, o sol é Antônio. Que a candeia seja Cristo, disse-o Santo Hilário[511], e também Santo Tomás[512]: *Coloca-se a candeia de Cristo no candelabro, isto é, no madeiro, suspensa pela paixão.* Que o sol seja Antônio, não só o dizem os mesmos santos, e todos, senão o mesmo Cristo: *Vós sois a luz do mundo* (Mt 5,14): O sol aqui não sou eu, sois vós: *Vós sois.* Pois, Antônio o sol,

509. Santo Antônio comenta esta passagem de João no sermão do XXI domingo depois de Pentecostes e a interpreta assim: "O que o Senhor faz em nós com a nossa cooperação é maior do que tudo o que faz sem nós. Assim, fazer do ímpio um justo é maior do que fazer os céus e a terra, porque os céus e a terra passarão, mas isto permanecerá; naquelas coisas há apenas a obra de Deus, nestas também a imagem de Deus".

510. Santo Antônio interpretou esta mesma passagem em vários sermões, vendo no alqueire os bens materiais, que ocultam e anulam qualquer luz; e no candieiro vê "os prelados de vida santa, que iluminam e mostram o caminho a todos os que estão em casa, isto é, na Igreja" (Sermão da Páscoa).

511. Cf. nota 78.

512. Cf. nota 146.

e Cristo a candeia? Sim. É verdade que a candeia em si é tal candeia que dá luz ao sol, e o sol em si é tal sol que recebe a luz da candeia; mas, comparada a luz, efeitos a efeitos e obras a obras, as de Cristo, à vista de seu servo Antônio, parecem de candeia; as de Antônio, à vista de Cristo, seu Senhor, parecem de sol. E por que não cuideis que exagero, lede-o no texto, e vede-o na experiência. A esfera da candeia diz o texto que é uma casa: *Para que ilumine a todos os que estão na casa* (Mt 5,15); a esfera do sol diz o mesmo texto é o mundo todo: *Vós sois a luz do mundo* (Mt 5,14). E tal foi a esfera de Cristo, tal foi a esfera de Antônio. A missão que o Eterno Padre sinalou a Cristo, como Messias prometido aos patriarcas, foi a casa de Israel: *Não fui enviado senão às ovelhas perdidas da casa de Israel* (Mt 15,24). Eis aí a esfera da candeia, uma casa: *Para que ilumine a todos os que estão na casa.* A missão que Cristo sinalou a Antônio como sucessor dos apóstolos foi o mundo todo: *Ide por todo o mundo, pregai a toda criatura* (Mc 16,15). Eis aí a esfera do sol, o mundo todo – *Vós sois a luz do mundo* – e, como na comparação de missão a missão, e de esfera a esfera, a de Cristo é uma casa, e a de Antônio o mundo todo, não é muito, na comparação de luz a luz, e de obras a obras, que Cristo, sendo a fonte da luz, pareça candeia, e Antônio, sendo luz participada, pareça sol: Cristo, sendo o imenso, pareça pequeno; e Antônio, sendo criatura limitada, pareça grande: *Este será chamado Magno.*

Os milagres de Cristo e os milagres de Santo Antônio

Mas para que procedamos com distinção na prova desta gloriosa grandeza, dividamos os discursos nas mesmas partes em que o evangelho divide os fundamentos dela. A dois títulos refere o nosso texto a grandeza de Santo Antônio: fazer e ensinar – *Quem fizer e ensinar, será chamado Grande.* Aos mesmos títulos, e com as mesmas palavras, reduziram os evangelistas as maravilhas de Cristo: *Começou Jesus a fazer e ensinar* (At 1,1). O *fazer* entende-se dos milagres, o *ensinar* da pregação. Ora, comparemos o *fazer* de Cristo com o *fazer* de Antônio, o *ensinar* de Cristo com o *ensinar* de Antônio, e veremos quanto, por um e outro título, merece o nome de grande: *Quem fizer e ensinar será chamado Grande.*

Começando pelo *fazer*, quando Cristo vivia neste mundo, corriam a Ele, como a fonte da saúde, todos os enfermos, tocavam ao Senhor, e ficavam sãos. Morreu Antônio em tal dia como hoje, e, com o mesmo prodígio, todos os enfermos que tocavam o sagrado corpo imediatamente cobravam saúde. Grande maravilha que obrasse o corpo de Antônio morto o que obrava o corpo de Cristo vivo. Em Cristo dava vida a fonte da vida, em Antônio dava vida o despojo da morte. Em Cristo dava vida todo Cristo, em Antônio dava vida ametade de Antônio, e a menor ametade, o corpo. Eliseu tinha dobrado o espírito de Elias[513], e em que se viu? pergunta e responde Santo Agostinho[514]. Em que Eliseu morto foi tão milagroso como Elias vivo. Elias ressuscitou um morto estando vivo, Eliseu ressuscitou um morto depois de morto[515]. Eis ali[516] o Elias e o Eliseu. Menino, por que estais despido? – Porque deu a sua capa a Antônio, e com ela o seu espírito dobrado; por isso era tão milagroso Antônio morto como Cristo vivo. Mas ainda nesta maravilha havia outra maravilha maior. Como o concurso e o tropel dos enfermos, para tocar o corpo do Santo, era infinito, uns chegavam, outros não podiam chegar, mas estes, que não podiam chegar, diz Súrio[517], bastava que desejassem tocar o Santo para ficarem sãos. De maneira que, para receber a saúde de Cristo era necessário tocar a Cristo: para receber a saúde de Antônio, bastava desejar a saúde. Cristo dava saúde pelo tato, Antônio pelo desejo. Cristo pelo tato, para fazer mais que Moisés; Antônio pelo desejo, não para fazer, mas fazendo mais que Cristo: *Fará coisas maiores* (Jo 14,12). Levantou Moisés a serpente de metal no deserto, e todos os feridos

513. Cf. 2Rs 2,9-10.

514. Cf. nota 199.

515. Cf. 2Rs 13,21.

516. Vieira terá apontado para a estátua de Santo Antônio, com o Menino no colo. No Menino vê Elias; no Santo, vê Eliseu.

517. Lourenço Súrio (1522-1578): formado em Humanidades e Filosofia em Colônia, fez-se cartuxo em 1540. Durante os anos de clausura redigiu 36 obras, das quais a mais célebre é a *Vida dos santos,* distribuídas por meses e dias ao longo do calendário romano, publicada em seis volumes *in folio* ao longo de 1570 a 1575, em Colônia. É considerado o pai da hagiografia. Dele se serviram muito os bolandistas. A obra de Súrio, escrita em latim, foi logo traduzida na íntegra ou de forma abreviada, para o alemão, francês, polonês, italiano, espanhol e inglês. No tempo de Vieira era obra obrigatória em qualquer biblioteca conventual. É muito provável que Vieira tenha lido todos os milagres de Santo Antônio no livro de Súrio, que ele podia ter ao alcance em latim ou francês, italiano ou espanhol.

que olhavam para ela saravam logo[518]. Pergunto: E saravam também os cegos? Não, porque, como a saúde dependia da vista, quem não tinha olhos não tinha remédio. Por isso Cristo não pôs a saúde na vista, nem em outro sentido particular, senão no tato, que é sentido comum. Se Cristo pusera a saúde no ver, não sararam os cegos; se a pusera no ouvir, não sararam os surdos; se a pusera no falar, não sararam os mudos; e como queria o Senhor que sarassem todos, pôs a saúde no tato, que é sentido universal e de todos: *Toda a multidão queria tocá-lo, porque dele saía uma força que curava a todos* (Lc 6,19). Mas com ser tão universal a saúde milagrosa de Cristo, ainda a de Santo Antônio era mais universal. A saúde de Cristo era mais universal que a de Moisés quanto vai do tato à vista; a saúde de Antônio era mais universal que a de Cristo quanto vai do desejo ao tato. Para sarar pelo tato era necessária presença e movimento; para sarar pelo desejo, nem era necessária presença nem movimento, bastava a vontade: pelo tato não podia sarar o tolhido nem o ausente; pelo desejo o tolhido e o ausente todos podiam sarar, e todos saravam. E isto é o que fez Antônio: *Quem fizer.*

Mas deixemos a comparação de desejo a tato, vá de desejo a desejo. Desejou Zaqueu ver a Cristo: *Queria ver Jesus* (Lc 19,2), mas como a gente fosse muita e Zaqueu era pequeno de corpo não o podia ver: *E não podia por causa da multidão e porque era de estatura pequena* (Lc 19,2). Oh! que boa ocasião para Cristo fazer um milagre por um desejo! Que não conceda Cristo milagres ao desejo de Herodes[519], era desejo de curiosidade; que não conceda milagres ao dos escribas e fariseus[520], era desejo de malícia; mas ao desejo de Zaqueu, que era desejo de devoção! Eia, Senhor, veja-vos Zaqueu milagrosamente; não se diga que sois como os grandes da terra, que se não deixam ver dos pequenos: ou a estatura de Zaqueu suba, ou desçam as espécies[521] do vosso rosto e veja-vos quem tanto deseja ver-vos. Contudo, não fez esse milagre Cristo; mas, se Zaqueu desejava ver a Santo Antônio, ainda que tivera um monte diante, eu

518. Cf. Nm 21,8-9.

519. Cf. Lc 23,8.

520. Cf. Mt 12,38.

521. Espécies: tradução literal do latim, com o significado de fisionomia, feições, o conjunto das faces.

estou certo que o havia de ver. Desejou uma senhora ir ouvir a Santo Antônio, que pregava no campo, mas não devia de ser senhora, porque não tinha liberdade: devia de ser alguma pobre mulher, não lhe deu licença seu marido[522]. E que sucedeu? Sem sair de sua casa, estando tão longe, ouviu o sermão tão distintamente, como se estivera ao pé do púlpito. Fez Antônio por quem o desejava ouvir o que Cristo não fez por quem o desejava ver. Cristo ao devoto não lhe supriu a estatura; Antônio à devota supriu-lhe as distâncias. As espécies do rosto de Cristo, para satisfazer a um desejo, não se dobraram três dedos; as espécies da voz de Antônio, para satisfazerem a um desejo, estenderam-se duas milhas. E não só a mulher ouviu ao Santo, senão também o marido. Cristo não quis dar um milagre por um desejo: Antônio por um desejo fez dois milagres.

Mas dir-me-eis que também Cristo alguma vez quis fazer um milagre por um desejo. Por isso na piscina perguntou ao paralítico se desejava a saúde: *Queres ficar são?* (Jo 5,6). Assim é: mas vede a diferença ou as diferenças: Cristo fez milagres por desejos, mas por desejos declarados; Antônio por desejos ocultos. Cristo ao menos queria ouvir os desejos; Antônio despachava os desejos sem os ouvir. Cristo punha o cumpra-se aos desejos, mas com os memoriais[523] na língua; Santo Antônio sem saírem do coração. Mais ainda: o paralítico alcançou o remédio por um desejo, mas por um desejo de trinta e oito anos; os enfermos de Santo Antônio por um instante de desejo. O desejo do paralítico, quando Cristo nasceu já havia seis anos que era desejo; os enfermos de Santo Antônio vieram depois de Antônio morto, e no ponto em que tiveram desejo tiveram saúde. Cristo acudiu a um desejo, mas quando já o desejo pudera ser desesperação; Antônio acudia aos desejos antes de chegarem a ser esperança; e quem não espera que os desejos sejam grandes, não pode deixar de ser grande: *Será chamado Magno.*

Cristo deu vista com lodo, Antônio fez que o lodo não enlodasse

Um milagre fez Cristo, que foi qualificado pelo maior milagre do mundo: *Jamais se ouviu dizer* (Jo 9,32). Mas neste mesmo milagre deixou Cristo

522. Cf. nota 430.

523. Memorial aqui significa lembrete, pedido expresso oralmente.

matéria a Santo Antônio para fazer outro milagre maior: *Fará coisas maiores.* Era um cego de seu nascimento; fez Cristo um pouco de lodo com os dedos, pôs-lho no lugar dos olhos, mandou-o lavar à fonte de Siloé[524], e cobrou vista. Todos aqui reparam em Cristo dar vista com lodo: eu reparo em Cristo o mandar lavar. Já que o Cristo fez que o lodo desse vista, por que não fez que o lodo não enlodasse? Porque Deus, quando faz milagres por elementos naturais, ainda que eleva as naturezas, não as muda nem as violenta. A água do batismo elevada santifica, mas nem por isso deixa de molhar. Assim foi o lodo. Ouvi um grande milagre de Santo Antônio, e muito maior, sendo português. Os portugueses enlodam sem lodo: Santo Antônio, sendo português, fez que o lodo não enlodasse[525]. Ia uma senhora – esta o era[526] – ia ouvir a Santo Antônio muito perto dele: era inverno[527], caiu no lodo. Que tais ficariam as galas! Disse-lhe o Santo que se levantasse, e estavam os vestidos tão limpos e asseados como quando saíram do guarda-roupa. Nunca se viu tão limpo milagre.

Nem por sua própria Esposa o fez Cristo. Era a Esposa tão polida que, chamada a grandes instâncias de Cristo, lhe respondeu: *Já lavei meus pés: hei de sujá-los outra vez?* (Ct 5,3). E, sendo tão ardentes os extremos com que o divino Amante suspirava sua presença, deixou passar todo o inverno, e então lhe disse: *Já agora, esposa minha, podeis sair de casa, porque já passou o inverno* (Ct 2,10-11). Linda paciência, para tão grande amor![528] Não era mais fácil fazer Cristo que, ainda que os lodos afogassem os campos, passasse a esposa por cima deles, sem lhe ofenderem um fio de roupa? Nem com tanto amor fez Cristo tal milagre. Que o lodo não enlode, nunca a onipotência de Cristo o

---

524. A piscina de Siloé ficava dentro dos muros de Jerusalém, na parte baixa da cidade, para onde corriam as águas da fonte de Gion, através do túnel construído pelo Rei Ezequias (2Rs 20,20).

525. Cf. nota 396.

526. Esta o era: pouco antes Vieira falara do milagre da senhora, cujo marido não a deixou ir ouvir o sermão de Santo Antônio. E Vieira lá observava que "senhora não era", porque não era dona de si, mas sujeita ao marido. Agora fala de outra mulher que ia ao sermão sem o marido, portanto, senhora de si e de suas ações.

527. Era inverno: era tempo de chuvas.

528. Belo exemplo de uso e adaptação de textos sagrados para darem o sentido que o orador quer, e não o que eles têm no contexto. O próprio Vieira, em outro sermão, condena esse modo de proceder dos oradores sacros. Aqui ele antecede uma frase tirada do contexto do capítulo 5º a outra do capítulo 2º, para construir uma nova sequência de sentido.

fez, nem enquanto homem, nem enquanto Deus. Abriu-se o Mar Vermelho[529] para que passassem os filhos de Israel, e diz o texto que mandou Deus *um vento abrasador* (Ex 10,13) para que secasse o lodo. Abriu-se o mar para que passassem a pé, e secou-se o lodo, para que passassem a pé enxuto. Pois, se a onipotência estava tão liberal de milagres, e a ocasião era tão apertada, que já os inimigos lhes vinham batendo nas costas, e Deus queria que não só passassem a pé, mas a pé enxuto, por que não fez que passassem pelo lodo sem se enlodarem? Pelo lodo sem se enlodarem? Isso não. Professores da limpeza, e da limpeza votada[530], guardar[531] do lodo: ninguém presuma que pode entrar no lodo sem se enlodar. Mas este milagre que não fez Cristo nem com tanto amor nem com tanta necessidade nem enquanto homem nem enquanto Deus, foi um acaso de Santo Antônio: *Quem fizer.*

A ressurreição de Lázaro e o morto que Santo Antônio ressuscitou

Mas tiremo-nos do lodo, ponhamo-nos em Lisboa. Matou-se ali um homem: acusaram o pai de Santo Antônio, sem culpa, e o pior é que lhe provaram[532]. Condenado à morte - que naquele bom tempo na nossa terra quem matava morria, e não prevalecia a misericórdia contra a justiça, ainda que fosse procurador das cadeias um título - saiu do Limoeiro[533], e quando chegava já perto de sua casa, aparece no adro da Sé Santo Antônio. Embargos nunca

529. Mar Vermelho: tradução grega da expressão hebraica "Mar dos Juncos". Famoso na Bíblia porque por ele teriam os israelitas passado a pé enxuto. Hoje se admite que o Mar dos Juncos tenha sido uma pequena enseada do Mar Mediterrâneo ou a zona pantanosa do norte do Delta do Nilo (cf. Ex 10,19; 14,21-31). Hoje, em geografia, o Mar Vermelho é o que separa as costas da África da Arábia, comunicando-se com o Mediterrâneo pelo Canal de Suez e com o Oceano Índico através do Golfo de Aden. Tem mais de 2.000km de comprimento, com uma largura máxima de 300km e uma impressionante profundidade de 3 mil metros. Suas águas são as mais quentes dos mares e com alto grau de salinidade, já que são poucos e pequenos os rios que nele desembocam.

530. Limpeza votada: limpeza (castidade) prometida por votos religiosos.

531. O infinitivo pelo imperativo.

532. Cf. nota 73.

533. Limoeiro: durante séculos a grande prisão de Lisboa, não longe da casa onde nasceu Santo Antônio. Hoje nela se encontra o Centro de Estudos Judiciários do Ministério da Justiça.

ninguém os pôs tão de receber[534]. Neste adro, disse o Santo, está sepultado o morto: diga ele mesmo se o matou este homem. Levanta-se da sepultura o morto, testemunha que não era aquele o matador. Insta a justiça que descubra quem era, mas não o consentiu Santo Antônio. Morreu outra vez o defunto, ressuscitou o vivo, ficou livre o inocente, e desapareceu o autor do milagre. O caso da ressurreição de Lázaro[535] todos o sabem. Comparemos uma com outra, e veremos que, onde Cristo fez um milagre, fez Santo Antônio seis milagres, e maravilhas sem conto[536].

Cristo teve novas da enfermidade de Lázaro por um escrito de Marta e Maria: Antônio teve notícia da morte de seu pai por revelação do céu; primeiro milagre. Cristo tardou quatro dias: Antônio não tardou; e, sendo português, não tardar, segundo milagre. Cristo, do Jordão onde estava, a Betânia, pôs quarenta e oito horas: Antônio de Itália a Portugal foi em uma noite; terceiro milagre. Cristo mandou levantar a campa: Antônio não mandou cavar a terra; quarto milagre. Cristo pediu fé a Marta, como sempre pedia: Antônio não pediu fé; quinto milagre. Cristo com uma ressurreição deu uma vida: Antônio com uma ressurreição deu três vidas: uma ao morto que ressuscitou; outra ao inocente, que não morreu; outra ao culpado, que não quis descobrir. Este foi o sexto milagre, e pudera ser o sétimo desaparecer logo o milagroso: obrar a maravilha, e não querer aplauso. Por que o não perca quem o não quis, ponderemos mais o caso. Cristo disse a Marta: *Eu sou a ressurreição e a vida* (Jo 11,25). Cristo foi ressurreição e vida: Antônio foi vida e ressurreição. Cristo deixou morrer a Lázaro para ressuscitar a Lázaro: Antônio não deixou morrer a seu pai para o ressuscitar depois; ressuscitou o morto para que não morresse o vivo. Cristo deu uma vida para remediar uma morte: Antônio deu uma vida para conservar outra vida.

Houve-se Santo Antônio com seu pai na vida corporal como Cristo com sua Mãe na vida espiritual: não lhe deu por remédio, deu-lhe por preservação. Quase estava para dizer deste venturoso pai nesta circunstância que foi mais

534. Tão de receber: tão bem-vindo.

535. Cf. Jo 11,1-44.

536. Sem conto: o mesmo que sem conta.

venturoso em ter por filho a Antônio que Adão em ter por filho a Cristo. Adão foi sentenciado à morte – *Serás condenado a morrer* (Gn 2,17) – deu-lhe a vida seu filho Cristo; mas quando lhe deu? Depois de executada a sentença. Não assim Santo Antônio: meteu-se entre a sentença e a execução, e deu a vida a quem lhe tinha dado, podendo dizer, com palavras de Cristo, o que o mesmo Cristo não pôde dizer: *Eu vivo pelo Pai e Ele também viverá por mim* (Jo 6,58).

O ensinar de Cristo e o ensinar de Santo Antônio

Isto é o que Santo Antônio, em comparação das obras e milagres de Cristo, fazia: *Quem fizer.* Agora, seguindo a mesma comparação, passemos do fazer ao ensinar: *E ensinar.* Pregava o santo na igreja de um lugar não muito povoado, quando passava por ali acaso uma tropa de vinte e dois ladrões bandoleiros[537], cuja crueldade por costume se exercitava em matar, e cuja cobiça por vida e profissão em roubar quanto encontrava. Souberam que estava ali pregando Santo Antônio, e, movidos da sua fama, entraram por curiosidade a ouvir o que dizia. Ao princípio se deixaram levar e enlevar da graça do pregador, e depois, penetrados pouco a pouco da força e eficácia de suas razões, se renderam de tal sorte a elas, que todos, sem se falarem, se converteram, e, confessando seus pecados ao mesmo Santo, e recebendo com promessa da emenda a competente absolvição, assim como tinham entrado a ouvir pecadores, saíram da pregação penitentes. E que direi eu à vista deste caso tão raro em outro menor no número, mas por todas as suas circunstâncias mais notável na pessoa?

Um ano e três meses havia que Cristo, Senhor nosso, começara a pregar a Judas, quando disse: *Não vos escolhi os doze, e um de vós é um demônio?* (Jo 6,71). E em todo este tempo não deixou ocasião de lhe bater ao coração, arguindo o mau e traidor pensamento com que já traçava a sua venda, porque já o Senhor se tinha passado de Judeia para Galileia, sabendo que os judeus tratavam de lhe tirar a vida: *Porque os judeus o queriam matar* (Jo 7,1). Finalmente, chegado o dia em que a morte de Cristo, e a traição e venda de Judas se havia de efetuar, sete vezes – como já tenho notado noutra ocasião[538] – o

537. Cf. nota 199.

538. Cf. Quinto sermão, à altura da nota 318.

admoestou, e lhe pregou claramente o Senhor que desistisse de tão ímpia e cruel maldade. E, sem se deixar render de tão repetidas pregações, como ladrão saiu do cenáculo, como ladrão concertou a venda, como ladrão recebeu o preço, como ladrão entregou a seu Mestre, e como ladrão rebentou, e morreu impenitente[539]. E que, não bastando em mais de um ano tantos dias e tantas pregações de Cristo para converter um ladrão, tão alumiado antes na fé[540] do verdadeiro Deus, e não podendo ignorar que o era o mesmo Cristo, Santo Antônio em um só dia, e com uma só pregação, ou parte dela, convertesse vinte e dois ladrões, quase sem notícia de Deus, costumados a viver de roubos e homicídios!

Duas coisas dificultam aos homens de semelhante vida a conversão e emenda dela: o pejo[541] de confessar o pecado, e a obrigação de restituir o alheio. Judas já tinha confessado o seu pecado: *Pequei, entregando o sangue inocente* (Mt 27,4), mas o alheio ainda o não tinha restituído, porque, ainda que tornou a lançar no Templo os trinta dinheiros – *Devolveu as trinta moedas de prata* (Mt 27,3) – estes dinheiros foram o preço da venda, mas não a restituição do vendido. O que Judas vendeu e entregou foi a liberdade de Cristo, e esta não a restituiu: antes, porque viu que o levavam atado e preso, sem se livrar das mãos dos judeus, como outras vezes tinha feito, desesperado se enforcou. O mesmo sucede a outros ladrões, que nem eles se enforcam a si, nem a justiça a eles. Facilmente confessam o pecado, porque roubar o alheio já não é ação tão vil e afrontosa, depois que a nobreza e dignidade dos que a usam a tem feito quase honra. Mas, tendo tantas artes e ardis para tomar o alheio na vida, encomendam a restituição a seus herdeiros, e nenhum tem valor para a fazer por si mesmo na morte.

Dois ladrões[542] teve Cristo na morte, que nem tinham necessidade de confessar a culpa nem obrigação de restituir. Estes foram aqueles dois em meio

---

539. Veja-se como a repetição de "ladrão" acentua a total frustração dos sete sermões que Jesus lhe teria pregado.

540. Tão alumiado na fé: porque era apóstolo.

541. Pejo: vergonha.

542. Os Apócrifos dão o nome dos dois: Dimas, o bom ladrão, e Gestas, o mau. No sermão da Cadeira de São Pedro, Santo Antônio os cita por estes nomes: "Está sentado na cadeira, como príncipe, entre os três. Quer dizer, Jesus é um dentre três: Dimas e Gestas e no meio o divino poder".

dos quais o Senhor foi crucificado. Não tinham necessidade de confessar a culpa, porque o pregão e o suplício a manifestava; nem obrigação de restituir o alheio, porque, pregados a um pau, nus e despidos, a mesma desnudez e impossibilidade os desobrigava da restituição. E, contudo, desejando Cristo converter a ambos, e oferecendo por eles todo o seu sangue, só converteu a um. Caso horrendo, estupendo, tremendo, e digno, se não houvera outra causa, de na terra se quebrarem as pedras, e no céu se escurecer o sol. É possível que um homem condenado à morte, e tal morte, sem honra, sem remédio, sem esperança, nem de vida, mais que duas horas, em um monte coberto de caveiras[543], pregado em uma cruz, com tantas mortes, e a sua e de seu companheiro à vista, se não queira converter! O maior dia que houve no mundo foi aquele em que o Filho de Deus atualmente estava remindo o gênero humano, desde Adão até o último homem, e que este, estando tão junto a Cristo, e Cristo prometendo o paraíso ao companheiro, e o companheiro, com o seu exemplo e palavras pregando-lhe a fé e a salvação, e sobretudo, que, correndo do corpo do Salvador quatro fontes de misericórdia em seu sangue[544], por obstinação da própria vontade se não queria aproveitar dele! Mas era ladrão, e é tal, tão cruel, tão ímpio, e tão desumano o exercício de um homem a outro, de sua própria natureza, despojar de seus trabalhos e suores, tirando-lhe talvez a vida, que não há dureza de mármore tão dura, nem de diamante tão impenetrável, ainda ao mesmo sangue de Cristo, como a de um tal coração. Se Cristo convertera estes dois ladrões, ainda a conversão de Santo Antônio ficava superior em vinte; se convertera também a Judas, em dezenove; mas quando Cristo no maior dia, e na maior ação de sua vida, de três ladrões não converte mais do que um, que de vinte e dois não fique um só por converter, mas que todos os vinte e dois se convertam a uma pregação de Antônio! Bem se deixa ver quanto maiores foram suas obras do que as do mesmo Cristo, assim como no fazer, no *ensinar.*

543. Coberto de caveiras: a palavra aramaica Gólgota quer dizer "lugar do crânio", de onde nasceu a tradução latina "Calvário". Por causa do nome "lugar do crânio" criou-se a lenda de que lá estaria sepultado Adão. Em muitas pinturas da morte de Cristo se vê um crânio aos pés da cruz, para simbolizar a vitória de Jesus sobre o pecado de Adão que provocou a morte do homem. Vieira exagera retoricamente.

544. Quatro fontes: as chagas (quatro, porque a dos pés formavam na cruz uma só).

A diferença no modo de ensinar de Jesus e de Santo Antônio

Mais. Pregava Cristo a verdade aos judeus, mas eles, como filhos do pai da mentira[545], não só a não queriam crer, mas de nenhum modo ouvir. Supunha-os o Senhor criaturas racionais, que eram, ou deviam ser, e como tais os quis persuadir com razões, e dois eficazes argumentos. Primeiro: *Quem é de Deus, ouve a Palavra de Deus: vós não a quereis ouvir, logo não sois de Deus* (Jo 8,47). E se não sois de Deus[546], de quem sois? Segundo argumento: Se não sois de Deus, logo sois do demônio, e do demônio, não servos e seguidores somente, senão filhos: *Vós sois filhos do diabo* (Jo 8,44). Responderam: Nós somos filhos de Abraão – e, replicando Cristo: Se sois filhos de Abraão, fazei obras dignas de tal pai – então saíram com a sua e terceira consequência: *Tomaram pedras para apedrejar o Senhor* (Jo 8,59), o qual, escondendo-se dentro em si mesmo, e fazendo-se invisível, saiu do Templo[547]. Pudera-os cegar, mas teve por melhor fazer-se invisível, para que com os olhos abertos vissem como em espelhos, nas pedras que tinham na mão, a dureza da sua rebeldia.

O mesmo sucedeu a Santo Antônio com os hereges, cuja vaidade e soberba não só fazia pouco caso da sua doutrina, mas se retirava, e fugia de a ouvir.

545. A expressão é de Jesus, em Jo 8,44: O diabo "quando mente, fala do que é seu, pois é mentiroso e pai da mentira".

546. Todo o sermão do V domingo da Quaresma Santo Antônio o prepara sobre esse passo do Evangelho. Transcrevo algumas frases soltas: "É de Deus aquele que teme a Deus; e quem teme a Deus ouve as suas palavras... Demônio, do grego *daimonion,* quer dizer perito e conhecedor de fatos. O vocábulo grego *daimon* significa muito ciente. Quando, portanto, alguém, por adulação ou aplauso, te diz: És perito e sabes muito, diz-te: *Tens demônio.* E tu imediatamente deves responder com Cristo: *Eu não tenho demônio.* De mim mesmo nada sei, nada tenho de bom, mas honro o meu Pai. A Ele atribuo tudo, a Ele dou graças, dele provém toda sabedoria, toda a perícia e toda a ciência... *Antes que Abraão fosse feito, eu sou.* Não disse: *fosse, mas fosse feito,* porque criatura; não disse: *feito,* mas *sou,* porque criador... Os apedrejadores recorrem a pedras para lapidar a pedra angular... Os falsos cristãos, filhos estranhos, filhos do diabo, que mentiram ao Senhor, violando o pacto feito no batismo, apedrejam todos os dias, quanto deles depende, com as duras pedras dos seus pecados, o seu Pai e Senhor Jesus Cristo, do qual tiraram o nome de cristãos, e se esforçam por matá-lo, por matar a fé nele".

547. Assim termina Santo Antônio o sermão do V domingo da Quaresma, sobre esse passo do Evangelho de João: "Roguemos e com lágrimas peçamos ao Senhor Jesus Cristo que não nos encubra a sua face e não saia do templo do nosso coração, e não nos argua de pecado no seu juízo; antes nos infunda a sua graça, para que diligentemente ouçamos a sua palavra; nos conceda a paciência na injúria sofrida; nos livre da morte eterna; nos glorifique no seu reino, a fim de merecermos ver o dia da sua eternidade juntamente com Abraão, Isaac e Jacó".

E que faria Antônio neste caso? Far-se-ia também invisível? Não o sofria seu zelo. Vai-se diante dos mesmos hereges à ribeira do mar, chama em voz alta aos peixes[548]: Peixes, vinde ouvir a Palavra de Deus, já que os homens lhe negam os ouvidos. A esta voz – coisa maravilhosa! – começou a ferver todo o mar, e os peixes em cardumes, cada qual segundo a sua espécie, a nadar direitamente aonde os chamava a voz. Os mais pequenos se puseram ordenadamente junto à praia, os outros mais afastados um pouco, e os maiores, que demandavam maior fundo, no último lugar, e todos com as cabeças fora da água aguardavam atentos o para que aquela voz os chamara. Sossegado o mar, e quieto todo o auditório, começou Santo Antônio a lhes pregar aqueles benefícios divinos, que, sem os entenderem, tinham recebido da mão de seu Criador. Vós fostes – dizia – as primeiras criaturas sensitivas que Deus produziu; os vossos olhos, os primeiros que descobriram e viram a luz do mundo; o vosso elemento, o segundo, mais vasto que toda a terra, diáfano, transparente e penetrável; muitos de vossos corpos, os maiores de todos os viventes, vestidos uns de escamas prateadas e douradas, outros de peles de diferentes cores, ásperas e lisas. Enfim, parentes em primeiro grau do sublime coro das aves nascidas na mesma pátria das águas, onde muitas, desprezando as alturas do ar, vivem juntamente convosco, pelo que todos deveis infinitas e contínuas graças ao Criador. Tudo isto viam e ouviam os hereges, pasmados e atônitos do silêncio e atenção com que os peixes mostravam por seu modo assentir a tudo o que o Santo pregava, desfazendo-se pouco a pouco, abrandando-se as pedras, que tinham não nas mãos, como os judeus, mas nos corações obstinados.

Um, chamado Bonivilho[549], o mais sábio e ardente disputador de sua seita[550], era o que mais admirava o que estava vendo, e quase não cria. Notava que

548. Cf. nota 162.

549. Bonivilho ou Bonilho ou Bonilo ou Bononilo era o nome de um herege que morava em Rimini. Diz a Rigaldina: "Em Rimini o Santo fez voltar à pureza da fé cristã numerosos hereges, entre os quais um chamado Bononilo, há 30 anos cegado pelas trevas do pernicioso erro, e que o Servo de Deus trouxe à luz da verdade, a uma completa obediência aos mandamentos de Deus até a morte".

550. Volta e meia retorna nos sermões a figura de Santo Antônio como *Martelo das heresias*, e hereges a disputar com ele em público. A principal heresia era a dos cátaros (a palavra significa puros); no sul da França eram chamados albigenses, porque sua sede central ficava na cidade de Álbi. Contra essa heresia se atiraram de corpo inteiro os dominicanos. Os franciscanos,

Antônio, para os ensinar a crer, os não mandava, como Salomão[551], à escola das formigas ou das abelhas, animais ou bichinhos que na pequena esfera de seu corpo, e na grande astúcia de seu engenho, imitam as mais bem ordenadas repúblicas[552], mas os ensinava com o exemplo dos peixes, cujo confuso governo é totalmente despótico e tirânico: comendo os grandes aos pequenos, os maiores aos grandes, e os mesmos maiores sendo comidos de outros de tão portentosa grandeza, que os podem engolir e devorar de um bocado. Era mais que admirável, nesta condição de comunidade, a ordem, quietação e sossego com que não só atendiam ao que o Santo pregava, mas, depois de receberem sua bênção, sem se lembrarem da fome ou costume, se apartavam em paz, e se retirava cada espécie no seu cardume ao lugar donde ali tinham vindo. Assim, dentro da Arca de Noé, olhava o lobo para o cordeiro, e o falcão para a pom-

---

pregadores populares, se viam a todo momento envolvidos pelos cátaros, sobretudo no norte da Itália. E como havia bispos, padres e mosteiros simpatizantes deles, era preciso muita cautela e conhecimento teológico para enfrentá-los. Eles pregavam o dualismo, isto é, que na origem de tudo estariam dois princípios, um fundamentalmente bom, que criou os espíritos incorruptíveis e o universo invisível; outro fundamentalmente mau, criador da matéria e do mundo visível. As almas humanas seriam espíritos celestes seduzidos pelo demônio e encarcerados no reino da terra. Elas devem retornar a Deus através de sucessivas reencarnações e purificações. Mas para esse retorno de nada adiantam as boas obras ou as práticas de piedade ou sentimentos de contrição. Como a alma entraria no corpo pelo ato sexual, todo ato procriativo é pecaminoso e, por isso, o casamento era proscrito e a prática do sexo fora do matrimônio, frustrada sempre a procriação, era preferível ao ato conjugal. Mulher grávida seria portadora de demônio. Proibiam qualquer derramamento de sangue, seja de homem seja de mosca. Proibiam também o consumo de qualquer carne animal, exceto peixe. Tinham um rito de iniciação, que chamavam *Consolamentum* (imposição de mãos) e que valia por batismo e confissão. Não podiam viver sozinhos, mas sempre em comunidade, daí chegarem a fundar conventos onde, alguns, levavam vida simples e pobre. Jesus Cristo nada teria a ver com o retorno do homem a Deus.

551. Livro dos Provérbios: "Vai ter com a formiga, ó preguiçoso, observa seu proceder e torna-te sábio!" (Pr 6,6).

552. Santo Antônio nos sermões recorreu muitas vezes à imagem da abelha, mas não à da formiga. Assim no sermão da Páscoa do Senhor, compara as santas mulheres que foram cedo à sepultura de Jesus às abelhas: "Diz-se em Ciências Naturais que as obras das abelhas são especializadas: umas fazem a cera, outras o mel, umas terceiras trituram o mel, outras ainda trazem água e reúnem o mel, outras saem a trabalhar no princípio do dia, e outras dormem até serem acordadas por alguma. Voam em seguida e vão juntas para o trabalho. Pela abelha que acorda as outras dormentes entendo a Maria Madalena. Ela, porque amava muito, excitava com certeza as companheiras a preparar os bálsamos".

ba, com tal temperança do instinto e apetite natural, como esquecidos do que eram ou tinham sido antes[553].

Penetrado, pois, Bonivilho, como mestre dos demais, desta consideração, e comunicando-a aos companheiros, todos, ou quase todos, cederam da sua dureza, convertendo-se, e pedindo perdão ao Santo. Cristo, Senhor nosso, de pescadores de peixes, fez pescadores de homens; mas Santo Antônio fez pescadores dos homens, não os pescadores, senão os peixes. E aquele foi o dia em que o mar fez o mais formoso lanço na terra, do que a terra o tinha feito nunca com as redes no mar. Sendo admirável a diferença com que, no mesmo caso de não serem ouvidos dos homens, se houveram no modo de ensinar o supremo Mestre e o grande discípulo. Cristo escondeu-se em si mesmo: Antônio não se escondeu. Cristo fez-se invisível; Antônio fez que vissem todos, e ouvissem, como era ouvido. Cristo saiu-se do Templo: Antônio não se saiu da campanha ou da estacada[554]. Cristo desenganou-se de não reduzir com razões a homens racionais: Antônio resolveu-se a convencer racionais com animais brutos e sem razão. Cristo deixou de gastar e multiplicar palavras com os que as não queriam ouvir; e Antônio persuadiu aos mesmos com aqueles animais que entre todos são mudos, e com o seu silêncio. Enfim, os judeus ficaram deixados com as pedras na mão, e os hereges com a dureza dos corações convertida de pedras em homens. Assim o tinha Deus prometido por Ezequiel aos reduzidos de Babilônia: *Arrancarei deles o coração de pedra e lhes implantarei um coração de carne* (Ez 11,19).

Santo Antônio e o demônio

Tendo mostrado Santo Antônio a maioria do seu *ensinar*, primeiro em homens, e depois em brutos, só lhe resta em quem fazer clara a mesma demonstração. Em quem? Não em outrem, senão no mesmo demônio.

553. Já observamos em outro lugar que, no Sermão de Santo Antônio aos peixes, revive a utopia da Terra sem males, da fraternidade universal, da pacificação de todas as criaturas, a mesma utopia presente no lobo de Gúbio na vida de São Francisco, só possível, quando as criaturas voltarem a ser o que eram no início da criação.

554. Estacada: aqui significa campo de luta.

Assombrado o demônio e raivoso das maravilhas com que Santo Antônio, entre católicos e hereges, despovoava o inferno, determinou – quem tal imaginara! – desarmá-lo. Tinha o Santo reduzido[555] a lição da Sagrada Escritura a um livro de lugares-comuns e matérias particulares, do qual se valia, principalmente quando havia de pregar sem novo estudo, e de repente. Este livro lhe desapareceu da cela[556], e houve mister Santo Antônio outro Santo Antônio, que, perdido, lho deparasse. Porque estas graças de Deus, que os teólogos chamam *gratis datas,* ou é fidalguia dos que as recebem, ou limitação com que Deus as concede, que nunca as possam exercitar consigo, senão com os outros. Assim vemos em São Roque[557], que, tendo a graça de curar todos os apestados, ele morreu de peste; e em São Pedro, que, dando saúde fora de sua casa a todos, não a deu dentro dela a sua sogra, que gravemente estava enferma de febres[558]. E pudéramos alegar aqui ao mesmo Cristo, que, fazendo tantos milagres em toda a parte, só na sua pátria diz o evangelista expressamente que não podia: *Não pôde ali fazer nenhum milagre* (Mc 6,5). E que foi feito daquele livro de Santo Antônio? Ainda o demônio com maior astúcia lho tinha, não tirado, mas persuadido a outrem que ocultamente o furtasse. Foi-se ter com um noviço, que devia ser pouco humilde, e de altos ou altíssimos pensamentos, e disse-lhe interiormente: Não vês a grande fama de Frei Antônio, que leva todo o mundo pós si com suas pregações? Pois eu te ensinarei meio com que faças tua toda a sua fama, armando-te a ti, e tirando-lhe as suas armas a ele: na sua cela tem um livro, de que tira quanto prega; entra lá ocultamente, tira-o, e esconde-o onde ninguém te veja nem o saiba; e logo, saindo-te da religião,

555. Reduzido: resumido.

556. Cf. nota 399.

557. São Roque de Montpellier, França, nasceu no início do século XIV. Pouco depois dos 20 anos distribuiu seus muitos bens aos pobres, vestiu uma túnica de peregrino e partiu em romaria penitencial aos túmulos de Pedro e Paulo em Roma. A Itália estava tomada de peste, e ele se deteve em muitos lugares para cuidar dos doentes. Voltando a Montpellier, sentiu-se contagiado e para não espalhar a peste retirou-se a uma floresta, aonde teria ido todos os dias um cachorro lhe levar um pão. Por isso os pintores e escultores lhe dão a companhia de um cão. Seu culto se difundiu muito, sobretudo pela invocação em momentos de peste. Durante o Concílio de Constança, tendo surgido a peste, os bispos levaram em procissão pelas ruas da cidade a estátua do santo e a peste cessou. Sua festa se celebra no dia 16 de agosto. São Roque é padroeiro de muitos hospitais e leprosários.

558. Cf. Mc 1,29-31.

pois és noviço, com o teu talento, de que tanto presumes, e com o seu pecúlio, serás outro Santo Antônio.

Pareceu bem ao noviço o conselho como inventado e dado por quem lhe conhecia o humor. Deixa o hábito, sai-se com o livro roubado, e, como pela falta que fez no noviciado fosse conhecida e averiguada a sua fugida, então revelou Deus ao Santo todo o engano do demônio, e o extraordinário modo de tentação, com que o tinha tirado do estado religioso para o mundo, e posto no caminho certo do inferno. O intento de desarmar a Santo Antônio com o furto do livro foi recebido com riso de todos os que o souberam, como se Santo Antônio fosse pregador de cartapácio[559], e, como Arca do Testamento que era, não tivesse dentro em si mesmo as tábuas de ambas as leis, isto é, de todas as Escrituras, assim da lei escrita como da graça. O que sentiu o Santo, estranhamente compadecido, como pai e pastor, foi a perda daquela ovelha. E como nos parece que procuraria reduzi-la ao rebanho? Porventura iria ele a buscá-lo, como o seu zelo tão facilmente acudia aos mais estranhos? Não. Mandaria ao menos algum religioso, dos mais antigos e espirituais, que com verdadeiros conselhos o reduzisse[560] outra vez? Também não. Finalmente, encomendaria esta empresa a um par de leigos robustos, e de boas mãos, que, quando não quisesse por vontade, o trouxessem por força? Nem isto fez o Santo, porque em caso tão extraordinário quis que fosse também novo e inaudito o remédio. Quer reduzir e restituir à religião o noviço, mas não por meio de outrem, senão do mesmo demônio, que o tinha enganado.

Cristo, na última tentação disse ao demônio: *Torna atrás* (Mt 4,10) – e assim o fez Santo Antônio com notável propriedade: – Já que tu, demônio, foste o que maquinaste desde o seu princípio toda esta tramoia: *Vade retro!* Torna agora atrás, e pois tu a começaste e fizeste, tu és o que a hás de desfazer. Já se vê qual seria o desgosto e raiva do demônio, considerando não só desfeita a sua máquina, mas a afronta de ser pelo mesmo autor dela. Não pôde, porém, deixar de obedecer a Santo Antônio, pelo poder que tinha sobre todo o inferno. Vai, como sinaladamente lhe era mandado, espera o noviço em uma ponte,

559. Cartapácio: livro antigo, grosso, muito manuseado. Aqui talvez signifique "pregador à base de fichas".

560. O reduzisse: o convencesse, o fizesse voltar.

donde ou se havia de lançar ao rio ou tornar atrás, e assim preso, e ambos envergonhados, se vieram lançar aos pés de Santo Antônio. Oh! maravilha nunca vista, e com razão estimada na mesma Escritura por impossível!

Toda a conversão de uma alma a Deus depois de o ter deixado, é sobre toda a natureza, mas nenhuma mais dificultosa que a do religioso. Não lhe dá outro nome a Escritura Sagrada que de impossível: *Aos que foram iluminados uma vez e tornaram a cair é impossível renovar-se pela penitência* (Hb 6,4.6). E que este impossível, não só confirmado, mas atado e reatado com tão particulares circunstâncias, se desfizesse por meio do mesmo demônio, e tornasse ele a trazer e meter na religião o que por tão extraordinários meios tinha tirado dela! E que isto não obrasse Santo Antônio por si mesmo, ou por outro religioso, senão por meio de um demônio! Só na escola de Santo Antônio se pode achar tal modo de *ensinar.*

O que fizeram Cristo e Antônio por um demônio

E se não, vejamos o que fez Cristo, cujo domínio, império e desprezo em tratar os demônios, tão frequentes em seu tempo na Judeia e Galileia, foi verdadeiramente admirável; mas nenhuma ação sua tão soberana, que possa fazer paralelo a esta de Santo Antônio. A ação mais devota, e ao parecer mais santa do demônio, foi a daquele que deu em ser pregador de Cristo, e publicar que era Deus[561]. E que fez então o Senhor? Porventura converteu por meio desta pregação do demônio a todo o mundo, que ele lhe tinha oferecido no deserto: *Tudo isto te darei?* (Mt 4,9), ou, quando menos, a um homem? Nem por pensamento. O que fez foi não só mandar-lhe que se calasse, mas emudeceu totalmente: *Cala-te!* (Mc 1,25). Não assim Santo Antônio. O que Cristo não fez por meio de um demônio, pregador da sua divindade, fez Santo Antônio por outro demônio depravador da sua religião: não o privou do instrumento da língua, antes acrescentou-o de uma espada nua, com que ameaçasse o noviço fugitivo. Como se dissera: Tu me quiseste desarmar para tentar o religioso, pois eu te armarei, para que tu mesmo desfaças o que ti-

561. Referência às tentações de Jesus no deserto, no início de sua vida pública. Cf. Mt 4,1-11; Mc 1,12-13; Lc 4,1-13.

nhas feito. Se, depois de lançado Adão do paraíso, pusera Deus por guarda dele a mesma serpente que o tentara, fora grande propriedade e energia do castigo; mas não fiou Deus do demônio tal gênero de obediência. É verdade que também deu a espada, mas a quem? A um querubim – *Um querubim com uma espada cintilante na mão* (Gn 3,24) – porque a ação da espada não está na espada, senão na mão de quem a meneia. Mas não foi assim a de Santo Antônio. Mete a sua espada na mão do demônio, seguro de que não obraria a espada o que quisesse a mão, senão a mão, posto que muito a seu pesar, o que quisesse a espada. Assim foi, e não em menor, ou menos dificultoso caso, que em um já qualificado por impossível.

Enfim, que não converteu Cristo por meio do demônio a pecador algum, nem gentio nem cristão, e muito menos religioso. É grande o número de religiosos, não só noviços, que cada dia deixam o hábito, senão também dos professos, que, depois de o serem, apóstatas e fugitivos, renunciam e abominam o que votaram e prometeram a Deus. E quando alguns se emendam, e tornam verdadeiramente à religião, quem os converte? Converte-os o mesmo Cristo com os impulsos de sua graça, converte-os com os indultos de seu Vigário, o Sumo Pontífice, converte-os enfim com meios vários e extraordinários de sua onipotência. Porém, que um religioso pervertido se converta à religião por meio do demônio, e do mesmo demônio que o perverteu e incitou a sair dela, esta maravilha só Santo Antônio a fez neste caso, acabando de mostrar, primeiro nos homens, depois nos brutos, e ultimamente no mesmo demônio, a grandeza e maioria de suas obras, não só consideradas em si, mas comparadas com o mesmo Cristo, assim como já vimos no *fazer*, e agora acabamos de ver no *ensinar*.

O milagre de Santo Antônio na Basílica do Latrão

Este é aquele Santo, ou aquele famoso herói entre todos os santos, que, chamando-se Antônio, o vulgo de Roma, acrescentando-lhe uma letra ao nome, e chamando-lhe Antonino, de tão grande o fez pequeno. Tire-se-lhe esta letra, tão injustamente acrescentada, e ficará reduzido – que é o que eu só pretendo – à sua natural ou sobrenatural grandeza. Assim tirou Deus a Sarai aquele último i, com que a fez muito maior do que era[562], e assim, tirado a Antonino o último *n*, ficará restituído ao que é, e sempre foi. Ele se fez menor por amor de Cristo, e Cristo lhe pagou esta grande resolução com se fazer em sua presença menor que Ele. Como se dissera com o Batista: *É preciso que Ele cresça e eu diminua* (Jo 3,10). E, quando Cristo se diminui e faz menor que Antônio, injustiça manifesta é, por não dizer sacrilégio, que haja quem o diminua ou reduza a um nome diminutivo, para lhe tirar, não digo já a maioria, senão a igualdade de grande. Será justo que nós lhe tiremos, quando o Evangelho lhe dá: *Este será chamado Magno*?

Só fala com o vulgo[563] romano a humildade pouco presumida da minha apologia; mas se ela tivera atrevimento para se apresentar aos pés de Sua Santidade, tenho por certo que pacificamente sairia melhor despachada. O Papa Nicolau IV tinha colocado a estátua[564] de Santo Antônio na mesma ordem e série em que na Basílica de São João de Latrão se veem as dos apóstolos[565];

---

562. Cf. Gn 17,15-16.

563. Vulgo: povo.

564. Não era estátua, mas um mosaico, que se pode ver até hoje, na abside da basílica.

565. Se veem as dos apóstolos: o conjunto é composto de São Paulo, São Pedro e a Virgem Maria de um lado (Francisco foi posto entre São Pedro e a Virgem); e São João Batista, São João Evangelista e Santo André do outro lado (Santo Antônio está entre o Batista e o Evangelista). Embora Vieira siga outras versões desse episódio, um tanto burlesco, anotamos aqui como ele vem contado nos *Fioretti:* "Nos tempos do Papa Bonifácio VIII foi restaurada a abside da Basílica do Santíssimo Salvador do Latrão, que se chama Episcópio. Para a execução do mosaico foram encarregados dois franciscanos, muito capazes e peritos naquela arte. Feitas as figuras que o papa havia ordenado, e percebendo os dois frades que sobravam espaços para outras imagens, tomaram a iniciativa, ou melhor, foram por Deus inspirados, de colocar os beatos Francisco e Antônio, uma de um lado e outra do outro. O papa soube através de denúncias de uns clérigos, e tomou a decisão: Quanto a São Francisco, uma vez que já está lá, deixemo-la; mas por que motivo Santo Antônio entraria nesta basílica? Tirem-no e no lugar ponham São Gregório Magno. Chegaram os clérigos descontentes e subiram um depois do outro o andaime para arrancar a imagem do Beato Antônio. Mas não conseguiram. Alguns morreram na hora e outros pouco depois. O papa então decidiu: Deixem lá aquele Santo como ele quer! Pois estamos vendo que com ele mais se perde do que se ganha!" Algumas observações: Bonifácio VIII foi papa de 1294-1304, e foi quem, em 1300, começou a série de Anos Santos. Mas o grande benfeitor e reconstrutor das absides do Latrão e de Santa Maria Maior foi o Papa Nicolau IV, papa de 1288 a 1292, o primeiro papa franciscano. Foi ele que, apesar de não estarem no plano original, quis São Francisco e Santo Antônio na abside. Qualquer um que olhe o conjunto, até hoje na abside, verá que os dois franciscanos estão esteticamente deslocados, "enfiados", um entre São Pedro e a Virgem, e o outro entre São

e, parecendo-lhe a Bonifácio VIII que aquele lugar tão alto não competia a um santo de tão pouca antiguidade, como era em seu tempo a de Santo Antônio, ordenou que fosse tirada dele, e posta ali a de São Gregório Magno. Eis aqui como o sobrenome de Magno já então se impugnava a Santo Antônio. Mas vejamos como ele o defendeu. Levantaram os oficiais os andaimes por ordem de um pontífice, para porem naquele lugar outro, e ao primeiro golpe do picão, que tocou no capelo a Santo Antônio, levantou a mão a estátua com tal impulso, que os pedreiros e os andaimes, com ruído que assombrou toda Roma, vieram abaixo, tendo-se por grande milagre do mesmo Santo que todos os que tinham subido àquela obra se levantassem vivos e sem lesão, ficando ele porém no seu lugar, sem ser substituído por outro, posto que sumo, e tão grande pontífice, como bem declara o título e sobrenome de Magno. E são já três pontífices, um que lho deu, outro que lho quis tirar, e o terceiro, que o não substituiu.

Em nossos dias se acrescentou a este número o quarto, que foi Urbano VIII[566]. Houve também em Roma quem tivesse por demasiada a devoção da Escada Santa, por onde todas as segundas-feiras[567], desde a aurora até o

---

João Batista e São João Evangelista. Sendo Nicolau IV franciscano, se entende por que encomendou o mosaico da abside a dois frades, por sinal já então famosos na perícia dessa arte. A história lhes guardou o nome: Frei Iacopo Torriti, romano, e Frei Iacopo de Camerino. Frei Torriti é também o autor da abside de Santa Maria Maggiore, com a belíssima Coroação de Maria, onde também figuram nas duas pontas São Francisco e Santo Antônio junto com São Pedro e São Paulo, São João Batista e São João Evangelista, mas desta vez, a nosso parecer, bem mais estéticos. Em ambas as absides está também a figura, em tamanho diminuído, do Papa Nicolau IV; na de Santa Maria Maggiore figura também, em tamanho menor, o Cardeal Colonna, mecenas da obra. Torriti é ainda o autor das quatro magníficas figuras da *deesis* da Basílica Superior, em Assis. O episódio com Santo Antônio, que vem contado inclusive por Lucas Wadding (1588-1657), historiador de grande respeito sobre os fatos da ordem desde a fundação até 1540, deve ter-se originado em consequência de algumas rusgas do Papa Bonifácio VIII com franciscanos.

566. Urbano VIII foi papa de 1623 a 1644, portanto, papa do noviciado do Padre Vieira até sua primeira glória na corte de Lisboa. Foi esse papa que fundou o Colégio Urbano de Propaganda Fide e incentivou ao máximo as missões entre os povos pagãos das novas terras descobertas. Protegeu grandes artistas, como Bernini, que lhe construiu o soberbo mausoléu na Basílica de São Pedro.

567. Engano de Vieira: a devoção a Santo Antônio era e é às terças-feiras. A não ser que aluda ao fato de os peregrinos começarem já antes da meia-noite, quando os frades rezavam Matinas, e se prolongava pela madrugada de segunda para terça e durante toda a terça.

meio-dia, estão subindo[568] de joelhos, desde o pé do Capitólio até o alto da *Ara Caeli,* em contínua devoção, homens e mulheres, a venerar a imagem de Santo Antônio[569]. Mas que responderia a discreta urbanidade daquele grande pontífice? Respondeu Urbano que ele não queria pleitos com Santo Antônio, de que em São João de Latrão tinha já o aviso. Vede se tenho eu razão de que a minha apologia saísse com o merecido despacho, se chegasse a se pôr aos pés de Sua Santidade[570].

Tornando ao vulgo – se vulgo se pode chamar o romano, com que só falo – para que lhe não pudesse dizer hoje Tertuliano[571] que se apressou em dar o nome de Magno a Santo Antônio do Egito – em quem eu também o reconheço e venero – saiba que nesta tão justa restituição imitará não menos que ao mesmo Deus, o qual, depois de começar a se povoar o limbo[572] dos padres

568. Continuava, portanto, nos tempos de Vieira em Roma, a peregrinação a Santo Antônio na Basílica de Aracoeli.

569. A basílica é a igreja do Senado e do povo de Roma. Substituiu a antiga *Arce Capitolina* e simboliza a vitória do cristianismo sobre o paganismo. Nela, durante toda a Idade Média, se discutiam e promulgavam as grandes leis do Estado. Chamava-se Santa Maria in Capitolio. O nome Aracoeli (Altar do Céu) aparece no século XII. Os franciscanos assumiram a igreja e o convento em 1249. Tem dois acessos: um secundário a partir da Praça do Campidoglio; o outro, uma grandiosa escada de 124 degraus, construída em 1348. É a esta escada que Vieira chama de *Escada Santa* (nome normalmente dado à que é venerada perto do Latrão e se diz ser aquela que Jesus subiu e desceu no Pretório de Pilatos). Na igreja de Aracoeli se venera desde o século XV uma estátua do Menino Jesus. O quadro de Santo Antônio é também do século XV; o Santo Antônio, de Benozzo Gozzoli, ainda não tem nem o menino nem o galho de lírio, mas na direita segura uma chama (símbolo do ardor missionário) e na esquerda segura um livro (símbolo de autor e mestre). No convento de Aracoeli desde 1585 até 1885 funcionou a Cúria Geral da Ordem dos Frades Menores, de onde foram despejados para dar lugar ao Monumento da Pátria. Nessa ocasião foi sequestrada pelo Estado e outros interessados toda a biblioteca e documentos. Pela passagem do sermão de Vieira, se percebe o intenso movimento no século XVII. Hoje os frades continuam a cuidar da igreja de Aracoeli e a receber os milhares de peregrinos, talvez mais turistas que romeiros.

570. Pela segunda vez neste sermão Vieira sugere que se peça ao papa o título de Magno a Santo Antônio.

571. Cf. nota 105.

572. Limbo seria o lugar ou o estado em que se encontrariam os que morreram sem o batismo, mas sem pecado grave. Eles estariam sem penas, mas privados da visão de Deus. Lá teriam permanecido as almas dos justos antes de Cristo e para lá foi Jesus, para as libertar, durante os três dias que permaneceu na sepultura (o latim chama o lugar de "Inferi", isto é, o lugar mais baixo, que em português vinha sendo traduzido por "infernos" no plural, e que a nova tradução litúrgica substituiu por "mansão dos mortos" no Credo). A palavra limbo aparece na teologia

em Abel, esperou dois mil e trezentos anos[573] para lhe dar o nome de seio de Abraão[574], a que, entre todos os patriarcas, era tão devido, como a Santo Antônio, pelo que fez e ensinou, o de Magno: *Este será chamado Magno.*

---

só depois do ano 1160, com Pedro Lombardo. Os hebreus chamavam a esse lugar *Xeol.* Os 70 traduziram a palavra para o grego como *Hades,* e a Vulgata como *Inferi.*

573. Vieira ainda tinha por verdadeiros os números de anos citados no Antigo Testamento e que, somados, dariam 2.300 antes do nascimento de Cristo. Hoje nenhum exegeta os leva em consideração, mesmo porque eles tinham outra forma, diferente da nossa, de contar o tempo.

574. Cf. Lc 16,22.

Oitavo sermão

Em Roma, no dia 13 de junho de 1671

Introdução

Este sermão está tão conexo com o seguinte, que se poderiam chamar os dois um parte do outro. Foram redigidos de uma só vez. O primeiro, este, foi pregado, com muito êxito. O segundo, por enfermidade de Vieira, não foi pronunciado. Ao menos ele diz que foi por enfermidade, mas também pode ter sido por dissabores ou a conselho de outros.

Desde que Portugal se separara da Espanha e se declarara reino independente, em 1640, a Santa Sé, para não ter problemas com Espanha, não reconhecera Portugal, apesar de todas as tentativas da coroa portuguesa. Será Clemente X a reconhecê-lo, no dia 22 de dezembro de 1670, com a bula *Cum sicut,* assinada em Santa Maria Maggiore. Como embaixador plenipotenciário foi nomeado Dom Francisco de Souza, mais tarde Marquês de Minas, que em 2 de maio de 1671 prestou obediência ao novo pontífice. No dia 13 de junho, Festa de Santo Antônio, a embaixada recém-chegada e os portugueses de Roma celebram missa de ação de graças na Igreja de Santo Antônio dos Portugueses. O Padre Vieira prega a partir da frase do Evangelho da festa: "Vós sois a luz do mundo" (Mt 5,14), aplicando-a com grande elegância e felicidade a Santo Antônio, a Portugal e a Clemente X.

No exórdio justifica que Santo Antônio esteja sepultado longe de Portugal: "Se Antônio não nascera para sol, tivera a sepultura onde teve o nascimento, mas como Deus o criou para luz do mundo, nascer em uma parte, e sepultar-se na outra, é obrigação do sol". Termina o exórdio com uma declaração explícita do assunto do sermão: "Antônio foi a luz do mundo, porque foi verdadeiro português e foi verdadeiro português, porque foi a luz do mundo".

O orador entrelaça as três luzes (Antônio, Portugal e Clemente X) ao longo de todo o discurso. Numa primeira parte procura explicar sua afirmação de que Portugal é a luz do mundo, argumentando que o que foi dito a Antônio foi dito aos portugueses, filhos do único reino instaurado por Deus. Numa segunda parte mostra como Portugal iluminou o mundo nos movimentos de Santo Antônio:

a. Quando troca de Ordem religiosa, para entrar naquela que leva impressas as cinco chagas de Cristo, as mesmas chagas ("Sagradas Quinas") que formam as armas e brasões de Portugal.

b. Quando deixa Portugal, "canteirinho puro e mimoso", transformado por Deus em "seminário de luz para a transplantar pelo mundo".

c. Quando embarca, enfrentando o mar, saindo do Ocidente para o Oriente, mostrando o caminho aos portugueses, que chegaram com suas naus aonde o pensamento agudo de Santo Agostinho não conseguira chegar.

d. Quando quis pregar aos infiéis, ensinando aos portugueses como "converter as mesquitas e pagodes em templos, os ídolos em imagens sagradas, os gentios em cristãos, os bárbaros em homens, as feras em ovelhas".

e. Quando foi a Roma levar a obediência de sua Ordem ao Papa Gregório IX, prefigurando Dom Manuel, que depôs aos pés de Leão X todo o Oriente, e acompanhando agora Dom Pedro, na pessoa do embaixador, a oferecer "aos beatíssimos pés da Santidade de Clemente X o seu reino, a sua monarquia toda", não apenas "como filho, mas filho obedientíssimo".

O epílogo é encantador. Alude ao privilégio dos magos que tiveram uma estrela a guiá-los ao Rei dos reis. Portugal tentara cinco vezes chegar ao papa e não conseguira ser reconhecido. Agora, na sexta vez, "porque veio sem estrela seis vezes, o recebeu o céu com seis estrelas" (as Armas de Clemente X eram seis estrelas). Fundem-se, para iluminar o mundo, o sol Santo Antônio, as luzes lusitanas e as estrelas do pontífice.

Um sermão ao mesmo tempo panegirístico do Santo, recordativo das obrigações religioso/históricas de Portugal, reverencial para com o Sumo Pontífice. Um sermão que mostra plenamente a piedade sacerdotal de Vieira, seu amor patriótico, consciente e político, sua qualidade excepcional de orador de circunstância, e, não em último lugar, de fino estrategista, porque, nos elogios, preparava o caminho para chegar pessoalmente ao papa, de quem esperava e queria (e conseguiu) um Breve que apagasse por inteiro o processo e a condenação sofrida da parte do Santo Ofício em Portugal.

Quando Vieira pregou este sermão sobre as luzes de Portugal, e lembrou a visão de Dom Afonso Henriques, fundamental para o reino, ainda não se via no teto a obra de Pompeo Gentile do Cristo crucificado, falando ao primeiro rei de Portugal. A obra, segundo Américo do Couto Oliveira, é posterior a 1674.

Santo Antônio luz do mundo

Vós sois a luz do mundo

O sol não se põe onde nasce

A um português-italiano e a um italiano-português, celebra hoje Itália e Portugal. Portugal a Santo Antônio de Lisboa: Itália a Santo Antônio de Pádua. De Lisboa, porque lhe deu o nascimento; de Pádua, porque lhe deu a sepultura. Assim foi, mas eu cuidava que não havia de ser assim. José, o prodigioso, José, o que tanto cresceu fora de sua pátria, mandou que seu corpo fosse levado a ela, e não ficasse no Egito[575]. No Egito obrou as maravilhas, no Egito recebeu as adorações, mas não quis que descansassem os seus ossos na terra onde reinara, senão na terra onde nascera. Quis que conhecesse a sua pátria que estimava mais a natureza que as fortunas. Antes quis uma sepultura rasa, em sete pés da terra própria, que os mausoléus e as pirâmides egípcias na estranha. Assim cuidava eu que à lei de bom português devia fazer também Santo Antônio, mas quando por parte da pátria me queria queixar do seu amor atalhou-me o Evangelho com a sua obrigação: *Vós sois a luz do mundo.* Reparai, diz o evangelista, que Antônio foi luz do mundo. Foi luz do mundo? Não tem logo que se queixar Portugal. Se Antônio não nascera para sol, tivera a sepultura onde teve o nascimento, mas como Deus o criou para luz do mundo, nascer em uma parte, e sepultar-se na outra, é obrigação do sol.

Profetizando Malaquias o nascimento de Cristo, diz que nasceria como sol de justiça: *Para vós nascerá o sol da justiça* (Ml 3,20). E que fez Cristo como sol, e como justo? Como sol, mudou os horizontes; como justo, deu a cada um

575. Cf. Gn 50,25.

o seu. Como sol mudou os horizontes, porque nasceu num lugar e morreu noutro; como justo deu a cada um o seu, porque a Belém honrou com o berço, a Jerusalém com o sepulcro. Assim também Antônio. Se Lisboa foi a aurora do seu oriente, seja Pádua a sepultura do seu ocaso.

Levante Pádua glorioso mausoléu às sagradas relíquias de Antônio, e veja-se esculpida nas quatro fachadas dele a obediência dos quatro elementos sujeitos a seu império[576]. A terra com os animais prostrados[577], o mar com os peixes ouvintes[578], o ar com as tempestades suspensas[579], o fogo com os incêndios parados. Pendurem-se nas pirâmides por troféus os despojos inumeráveis de sua beneficência: as bandeiras dos vencedores, as âncoras dos naufragantes, as cadeias dos cativos, as mortalhas dos ressuscitados e dos enfermos de todas as enfermidades, os votos. Dispa-se a fama para fazer cortinas a este sacrário, bordadas – como fazia a antiguidade – de olhos, de línguas e de orelhas. Das orelhas, com que deu ouvidos a tantos surdos[580]; dos olhos, com que restituiu a vista a tantos cegos; das línguas, com que desimpediu a fala a tantos mudos[581].

---

576. Vieira vai enumerar de forma retórica os incontáveis milagres de Santo Antônio acontecidos no mar, na terra, no ar e no fogo, querendo dizer que o Santo tinha domínio sobre todos os elementos.

577. Cf. nota 123.

578. Cf. nota 162.

579. Cf. nota 437.

580. Os *Fioretti:* "Um empregado de 25 anos, que servia num mosteiro de monjas em Pádua, era surdo-mudo de nascença. Sua língua era muito curta, mal lhe saía da garganta e era retorcida como um toco de videira e parecia sempre seca e enrugada. Por duas vezes, numa visão, foi aconselhado a recorrer ao bem-aventurado Antônio. Mas o homem, sendo rude, não entendeu a visão e saiu à procura de Antônio pela casa e pelas praças. Uma terceira visão o levou à igreja do Santo, onde passou a noite com muita piedade, invocando a ajuda do Servo de Deus. Assim amanheceu e ele continuou a rezar. Lá pelo meio-dia um fulgor divino o envolveu, começou a suar muito e a tremer da cabeça aos pés. Sua língua tomou o tamanho normal, o moço passou a falar e ouvir normalmente e louvar o Santo por tão grande benefício. O milagre fez acorrer muitos homens e mulheres que, a partir daquele momento, passaram a chamá-lo de Antônio, em vez de Pedro, que era seu nome primeiro". O milagre foi confirmado diante do bispo de Pádua.

581. Contam os *Fioretti*: "Um frade, oriundo de Parma, chamado Bernardino, atingido havia dois meses de gravíssima doença, havia chegado a tal estado de prostração que nem mais uma vela acesa podia apagar com seu sopro. Os melhores médicos do norte da Itália trataram dele e por nove vezes lhe cauterizaram a garganta e uma vez a cabeça, e nada conseguiram. A doença aumentava. No iminente perigo de morrer sufocado, levaram-no ao Santuário de Santo Antônio, em Pádua. De joelhos diante da sepultura, pedia com insistente devoção ajuda ao Santo.

E por alma de todo este corpo milagroso, veja-se – como hoje se vê – e adore-se[582] em custódia de cristal a mesma língua de Antônio, depois da morte, viva, antes da ressurreição, ressuscitada, apesar da terra, incorrupta, apesar das cinzas, inteira, apesar da sepultura, imortal, e apesar dos tempos, eterna[583].

Isto é o que vê Itália em Pádua. E em Lisboa, que vê Portugal e o mundo? Não se veem ali muitos milagres: vê-se ali um só milagre; não se veem os milagres do Santo; vê-se o milagre dos santos. Vê-se Antônio sobre os altares, com as mãos carregadas de memoriais, como primeiro valido[584] de Deus, e como bom valido, despachados logo. Vê-se a casa onde nasceu, convertida e consagrada com magnificência real em suntuoso templo[585], e vê-se, com religiosa razão de estado, fundado sobre as abóbadas do mesmo templo, o Capitólio ou Senado daquela triunfante cidade, daquela cidade, digo, que, depois de pôr freio ao nunca domado oceano, descobriu, conquistou e sujeitou, e uniu à Igreja Romana aqueles vastíssimos membros do corpo do mundo, de que Roma já se chamava a cabeça, mas ainda o não era.

Neste templo e naquele sepulcro se vê dividido Antônio entre Portugal e Itália; nestes dois horizontes tão distantes se vê dividida a luz do mundo entre Pádua e Lisboa. Gloriosa Pádua, porque pode dizer: Aqui jaz. Gloriosa Lisboa, porque pode dizer: Aqui nasceu. Mas qual das duas mais gloriosa? Não quero decidir a questão: dividi-la sim. Fiquem as glórias de Santo Antônio de Pádua

---

De repente começou a cuspir e a respirar melhor, embora continuasse mudo. Muitos frades e numerosos fiéis se uniram a ele na oração. Em dado momento vomitou grande quantidade de pus, começou a falar e se curou por completo. Em louvor do Santo prorrompeu no Canto do *Salve Rainha,* acompanhado do ministro provincial e do professor de Teologia, que chegaram em tempo de ver o milagre" (Nota: a história guardou o nome do Provincial: Frei Bartolomeu Mascara; e o professor de Teologia era Frei Pedro Raymundi). O milagre foi comprovado diante do bispo de Pádua, Dom Bernardo di Platone.

582. Linguagem hoje errônea. A uma relíquia se venera, não se adora.

583. Cf. nota 196.

584. Valido: indivíduo particularmente protegido, favorito, privilegiado.

585. Na casa onde nasceu Santo Antônio se ergueu muito cedo uma capela, substituída por uma bela igreja nos tempos de Dom Manuel I o Venturoso (1469-1521). Foi esta igreja que Vieira conheceu e a ela se refere aqui. Mais tarde Dom João V (1689-1750) levantou em seu lugar um imponente santuário barroco, arrasado pelo terremoto de 1755. Pouco depois se construiu a igreja ainda hoje existente.

para a eloquência elegantíssima dos oradores de Itália. E eu, que me devo acomodar ao lugar e ao auditório, só falarei hoje de Santo Antônio de Lisboa[586].

Para louvor, pois, do santo português, e para honra e doutrina dos portugueses que o celebramos, reduzindo estes dois intentos a um só assunto e fundando tudo nas palavras do Evangelho: *Vós sois a luz do mundo,* será o argumento do meu discurso esse: que Santo Antônio foi luz do mundo porque foi verdadeiro português, e que foi verdadeiro português porque foi luz do mundo. Declaro-me: bem pudera Santo Antônio ser luz do mundo, sendo de outra nação, mas, uma vez que nasceu português, não fora verdadeiro português, se não fora luz do mundo, porque o ser luz do mundo nos outros homens é só privilégio da graça; nos portugueses é também obrigação da natureza. Isto é o que hoje hão de ouvir os portugueses de si e do seu português. *Ave Maria.*

Vós, portugueses, sois a luz do mundo

Fala Cristo nestas palavras com os apóstolos, e neles com todos seus sucessores, os varões apostólicos. E porque a obrigação do ofício apostólico é alumiar o mundo com a luz do Evangelho, por isso lhes dá Cristo por título o mesmo caráter da sua obrigação, chamando-lhes luz do mundo: *Vós sois a luz do mundo* (Mt 5,14). Esta prerrogativa tão gloriosa, que nas outras nações é graça particular das pessoas, nos portugueses não só é particular das pessoas, senão universal de toda a nação. A Pedro e a João disse Cristo que eram luz do mundo, mas, ainda que Pedro e João fossem galileus, não o disse a toda Galileia. A Basílio e Atanásio[587] disse Cristo que eram luz do mundo, mas, ainda que Basílio e Atanásio eram gregos, não o disse a toda Grécia. A Cipriano e Agostinho[588] disse Cristo que eram luz do mundo, mas, ainda que

586. É de admirar a elegância de Vieira: pregando em Roma, não quis ofender os italianos ao falar da lusitanidade do Santo.

587. Cf. notas 169 e 482.

588. Cf. nota 199. São Cipriano nasceu nos primeiros anos do III século em Cartago, na África. Ao se fazer cristão aos 40 anos distribuiu todos os bens aos pobres. Pouco depois foi feito bispo. Teve polêmica com o Papa Estêvão sobre a disciplina a observar com os hereges e cismáticos que retornavam à fé verdadeira. Morreu mártir em Cartago em 258. Seus escritos, de cunho eminentemente pastoral e muito copiados, eram respeitados quase como sagrados por Tertuliano, São Jerônimo, Santo Agostinho e outros Santos Padres. Não confundir esse grande santo,

Cipriano e Agostinho eram africanos, não o disse a toda a África. A Antônio, porém, disse Cristo que era luz do mundo, e não só o disse a Antônio, que era português, senão também a todos os portugueses. E qual é, ou qual pode ser a razão desta diferença tão notável? A razão é porque os outros homens, por instituição divina, têm só obrigação de ser católicos: o português tem obrigação de ser católico e de ser apostólico; os outros cristãos têm obrigação de crer na fé: o português tem obrigação de a crer, e mais de a propagar. E quem diz isto? São Jerônimo ou Santo Ambrósio?[589] Não: o mesmo Cristo, que disse: *Vós sois a luz do mundo.*

É glória singular do reino de Portugal que só ele, entre todos os do mundo, foi fundado e instituído por Deus. Bem sei que o reino de Israel também foi feito por Deus, mas foi feito por Deus só permissivamente, e muito contra sua vontade, porque teimaram os israelitas a ter rei, como as outras nações; porém o reino de Portugal, quando Cristo o fundou e instituiu, aparecendo a el-rei – que ainda o não era – Dom Afonso Henriques[590], a primeira palavra que lhe disse foi: *Quero.* Como o reino de Portugal havia de ser tão filho da Igreja Católica, e lhe havia de fazer no mundo tão relevantes serviços, quis Cristo que a sua instituição fosse muito semelhante à da mesma Igreja. A São Pedro disse Cristo: *Tu és Pedro e sobre esta pedra edificarei a minha Igreja* (Mt 16,18); a Dom Afonso disse Cristo: *Quero em ti e nos teus descendentes estabelecer um império para mim.* A Pedro disse: Quero fundar em ti uma Igreja, não tua, senão minha: *A minha Igreja.* A Afonso disse: Quero fundar em ti um império, não para ti, senão para mim: *Um império para mim.* A Pedro,

---

cuja festa se celebra a 16 de setembro, com um Cipriano autor de livros exotéricos, divinatórios e de magia negra.

589. Cf. notas 43 e 58.

590. Dom Afonso Henriques o Conquistador, nasceu em Guimarães em 1109 e morreu em Coimbra em 1185. Foi rei de Portugal de 1143 a 1185. Venceu os mouros em Portugal e, com a ajuda dos cruzados ingleses e flamengos a caminho de Jerusalém, reconquistou Lisboa (1147). Nunes de Leão, na *Crônica dos reis de Portugal,* conta a aparição do Cristo crucificado na madrugada antes de dar batalha aos mouros, comandados pelo Rei Ismar, em 1139. Na véspera tivera grande dificuldade em convencer os soldados a não recuar, já que para cem mouros havia um cristão. Se estavam vestidos de armas, insistia o príncipe, se revestissem também de fé e de esperança. E todos tomaram a decisão de combater. Ao sair da tenda um pouco antes do amanhecer, viu a "Nosso Senhor na Cruz, da maneira que padecera, o adorou com muitas lágrimas, prostrado em terra".

na instituição da Igreja, não disse: *Em ti e nos teus sucessores*, porque, como o império da Igreja era universal sobre todas as nações do mundo, quis que todas as nações tivessem direito à eleição da tiara[591]: o hebreu, como Pedro, o grego, como Anacleto, o romano, como Gregório, o alemão, como Vítor, o francês, como Martinho, o espanhol, como Calixto, o português, como Dâmaso[592]. Mas na instituição do reino de Portugal disse Cristo: *Em ti e nos teus sucessores*, porque, como era reino particular de uma só nação, quis que fosse hereditário e não eletivo, para que se continuasse na sucessão e descendência do mesmo sangue. E por que tudo isto, e para quê?

Não para o fim político, que é comum a todos os reinos e a todas as nações, senão para o fim apostólico, que é particular deste reino e desta nação. O mesmo Cristo o disse nas palavras com que o instituiu: *Para que*, por meio dos portugueses, *seja levado meu nome às gentes estranhas*. Ainda então não sabia o mundo que gentes estranhas fossem estas, mas daí a 400 anos, quando também o mundo se conheceu a si mesmo, então o soube. Vede se foi instituição apostólica. De São Paulo disse Cristo: *Para levar o meu nome às nações* (At 9,15); dos portugueses disse o mesmo Cristo: *Para que seja levado meu nome às gentes estranhas*. Aos apóstolos disse Cristo: *Vede os campos, já estão maduros para a ceifa* (Jo 4,35); e aos portugueses disse o mesmo Cristo: *Para*

---

591. Tiara: a mitra papal. O nome se origina do fato de ela ser feita de três coroas (porque o papa tem todo o poder executivo, legislativo e judiciário). A partir do Papa Paulo VI a tiara foi substituída pela mitra, comum a todos os bispos. Vieira, usando de figura retórica, emprega aqui "tiara" por "papa".

592. Vieira escolhe à revelia papas de várias nações. Anacleto (ou Cleto), o grego, foi papa de 76 a 88, tendo sido o terceiro papa do Cristianismo, depois de São Clemente e do Apóstolo São Pedro. Morreu mártir.
Gregório I, romano, chamado Magno, viveu de 540 a 604.
Vítor II, o alemão, foi papa de 1054 a 1057.
Martinho IV, o francês, nasceu em Montpellier em torno de 1230 e faleceu em Perusa em 1285. Foi núncio na França dos papas Gregório X, Adriano V, João XXI e Nicolau III, a quem sucedeu no trono pontifício, depois de um conclave que durou seis meses.
Calixto III, espanhol, nasceu em Valência em 1378. Foi papa de 1455 a 1458. Era tio de Rodrigo Borgia, a quem fez cardeal e que se tornaria o futuro Alexandre VI, em cujo papado se publicaria o Tratado de Tordesilhas. Dâmaso, o português, foi papa de 366 a 384. Celebrou vários concílios, o mais importante dos quais foi o de 381. Teve como secretário, um tempo, a São Jerônimo (cf. nota 43), a quem encarregou de rever e completar a tradução das Escrituras para o Latim, do que resultou a Vulgata. Poeta, compôs muitos epitáfios sábios para os grandes mortos. Está reproduzido na Igreja de Santo Antônio dos Portugueses em Roma.

que sejais meus segadores em terras longínquas. E notai que disse nomeadamente: *segadores,* porque se havia de servir também do seu braço e do seu ferro[593]. Quando Cristo apareceu a el-rei Dom Afonso, estava ele na sua tenda lendo a história de Gedeão, não só com um, mas com dois mistérios: Primeiro, para que o rei não desconfiasse da promessa, vendo que os seus portugueses eram poucos. Segundo, para que os mesmos portugueses entendessem que, como soldados de Gedeão, em uma mão haviam de levar a trombeta, e na outra mão a luz[594] (Jz 7,20). A Pedro chamou-lhe Cristo *Cephas:* pedra (Jo 1,42), em significação do que havia de ser; os portugueses primeiro se chamaram tubales, de Tubal, que quer dizer mundanos, e depois chamaram-se lusitanos; lusitanos, para que trouxessem no nome a luz; mundanos para que trouxessem no nome o mundo, porque Deus os havia de escolher para luz do mundo: *Vós sois a luz do mundo.*

Iluminar através das cinco chagas

Suposta esta verdade tão autêntica, para que vejamos distintamente quão bem se desempenhou Santo Antônio da obrigação de verdadeiro português, e do título de luz do mundo, considero eu na sua luz cinco movimentos muito particulares: 1. mudar de religião; 2. deixar a pátria; 3. embarcar-se e meter-se no mar; 4. dedicar-se a vida à conversão dos infiéis; 5. vir a Roma, onde estamos, e dar obediência ao Vigário de Cristo, como Portugal lhe deu agora solenemente, e com tanta solenidade. Parecem muitos os movimentos, mas como são de luz, serão breves.

Não há coisa que mais pareça contrária à santidade do que a mudança da vocação[595]. Santo Antônio era religioso da sagrada Ordem de Santo Agostinho[596]: ali se graduou de luz, e ali havia de ser. Pois por que muda de hábito e de profissão? Se o fez pela clausura de cônego regrante, para sair, como luz, ao mundo, passara-se aos eremitas, debaixo da mesma regra de Santo Agostinho.

593. Referência às conquistas pela guerra.

594. Referência à luz da fé cristã.

595. Diz Santo Antônio no XI sermão de Pentecostes, citando, na primeira parte da frase, a Sêneca: "A planta que está sempre a ser transferida não chega a ganhar forças. Nada há tão útil que aproveite com a mudança!"

596. Cf. notas 456 e 457.

Por que deixa logo o seu patriarca, e entre todos os patriarcas escolhe a São Francisco? Porque era português, e resoluto[597] a alumiar o mundo, havia de ser debaixo das quinas[598] de Portugal, debaixo da bandeira das cinco chagas. O mesmo Santo Agostinho[599], seu padre, chamou as chagas de Cristo bandeiras de luz: *Fulgurantes bandeiras da redenção.* E como entre todos os patriarcas, entre todos os generais da Igreja militante, só Francisco levava diante a bandeira das cinco chagas, só debaixo desta bandeira se devia alistar Antônio, como português e como luz do mundo: como português, para seguir as sagradas quinas; como luz do mundo, para alumiar com elas aos infiéis.

Infiel[600] estava Tomé, e tão incredulamente infiel que dizia e protestava: *Se não vir as chagas dos cravos, e não meter a mão na chaga do lado, não hei de crer* (Jo 20,25). Aqui reparo. Para crer e para fazer fé bastam duas testemunhas; as chagas dos cravos eram quatro; pois por que se não contenta Tomé com as chagas dos cravos, por que pede também a do lado para crer? Porque as chagas dos cravos, ainda que eram chagas, não eram quinas: eram quatro, não eram cinco. E para converter infiéis, para os render e reduzir a crer, hão de concorrer todas as cinco chagas. Tertuliano[601]: *Convencido por todas as provas da divindade de Cristo, disse: Meu Senhor e meu Deus!* Reduziu-se a infidelidade de Tomé, e rendeu-se à virtude e eficácia das chagas de Cristo? Sim. Mas notai – diz Tertuliano – que não se rendeu a parte delas, senão a *todas.* Crerás, Tomé, se vires as chagas das mãos de Cristo? *Não acreditarei.* Crerás, Tomé, se vires as chagas das mãos e as dos pés? *Não acreditarei.* E se vires as duas dos pés e as duas das mãos, e também a quinta do lado, crerás? Então sim: *Meu Senhor e meu Deus.* Assim se rendeu a infidelidade de Tomé, e assim se rendeu e se havia de render a do mundo.

Por isso disse judiciosamente São Pedro Crisólogo[602] que a instância de Tomé em pedir as cinco chagas não só foi incredulidade, senão profecia: *Mais*

---

597. Resoluto aqui significa resolvido, decidido.

598. Quina: cada um dos cinco escudos que figuram nas armas de Portugal.

599. Cf. nota 199.

600. Infiel aqui significa incrédulo.

601. Cf. nota 105.

602. Cf. nota 75.

que incredulidade foi profecia. Muitas coisas profetizou Santo Tomé na Índia[603], dos portugueses, mas esta profecia foi o cumprimento de todas: Que havia de ser conquistada a infidelidade das gentes em virtude das cinco chagas de Cristo; que havia de ser conquistada a infidelidade das gentes, não pelas armas dos portugueses, senão pelas Armas de Portugal. Deu-nos Cristo por armas e por brasão as sagradas quinas, e essas quinas foram as nossas armas. Quando os filhos de Israel saíram do Egito para a conquista da Terra de Promissão, saíram sem armas, porque lhes vedavam e proibiam os egípcios, e contudo diz o texto que saíram armados: *Armados, os israelitas saíram do Egito* (Ex 13,18). Pois se saíram sem armas, como diz a Escritura que saíram armados? Milagrosamente o original hebreu: *Armados, os israelitas saíram do Egito: saíram cinco a cinco.* Diz que saíram armados, porque saíram, misteriosamente, cinco e cinco. E como saíram cinco e cinco - *quini et quini* – estas quinas lhes servirão de armas. Estas foram as armas com que os hebreus conquistaram a Terra de Promissão, estas foram as armas com que os portugueses conquistaram o mundo novo, e estas foram as armas com que Santo Antônio conquistou, alumiou e renovou o velho. Oh! soberano Davi, menor, vestido de saial[604], e vencedor do gigante, em virtude das sagradas quinas!

Quando Davi, entre os irmãos o menor, houve de sair contra o gigante, que fez? Despe as armas de Saul, veste-se do seu saial, vai se ao rio, escolhe cinco pedras, e sai: *Escolheu cinco pedras bem lisas no rio* (1Sm 17,40). Para o tiro bastava uma só pedra, como bastou. Pois, se bastava uma só, por que leva cinco Davi? Porque, ainda que uma só bastava para o golpe, eram necessárias todas cinco para o mistério. Aquelas cinco pedras eram as cinco chagas de Cristo; a torrente de que as tirou lavadas era a torrente do seu sangue. E para um homem ou um moço tão pequeno, derrubar um gigante tão grande, só na virtude das

603. Segundo São Gregório Nazianzeno e Nicéforo, depois do Concílio de Jerusalém, o Apóstolo Tomé teria partido para a Índia. Desde os primeiros tempos do cristianismo Tomé despertou o interesse e a curiosidade. A ele se atribuem dois apócrifos: o *Apocalipse de Tomé* e os *Atos de Tomé*. Grandes pintores e escultores se esforçaram por captar aquele momento em que Jesus diz a Tomé: "Põe teu dedo na minha chaga", como, por exemplo, o quadro de L. Signorelli (1491) na Sacristia de São João na Basílica de Loreto, ou o conjunto em bronze de A. Verrocchio (1483), na fachada de Orsanmichele, em Florença.

604. Vieira, em belíssima metáfora, aproxima Davi, menor de idade, vestido de pastor, vencedor do gigante Golias, a Antônio, frade menor, vestido do burel e vencedor do mundo.

cinco chagas podia ser. Dispa logo Antônio as armas de Agostinho[605], vista-se do saial de Francisco, e, com as sagradas quinas diante, saia seguro e confiado o menor, que ele vencerá o gigante. Estava uma vez pregando Santo Antônio; eis que aparece junto a ele São Francisco com os braços em cruz, mostrando as chagas[606]. Francisco era o Moisés, Antônio era o Josué[607]; Francisco sustentava a bandeira, Antônio meneava as armas; Francisco arvorava as quinas, Antônio alcançava as vitórias. No corpo de Francisco estava cintilando a constelação das cinco estrelas fixas, e pela boca de Antônio saíam os raios e as influências da luz, que confundia e alumiava o mundo: *Vós sois a luz do mundo.*

Portugal: seminário de luz para o mundo

E se Antônio era luz do mundo, como não havia de sair da pátria? Este foi o segundo movimento. Saiu como luz do mundo, e saiu como português. Sem sair, ninguém pode ser grande: *Sai de tua terra e farei de ti pai de um grande povo* (Gn 12,1), disse Deus, ao pai da fé. Saiu para ser grande, e, porque era grande, saiu. Ao quinto dia do mundo, criou Deus no elemento da água as aves e os peixes. E que fizeram uns e outros? Os peixes, como frios e sem asas, deixaram-se ficar onde nasceram; as aves, como alentadas[608] e generosas, mudaram elemento. Assim o fez o grande espírito de Antônio, e assim era obrigado a o fazer, porque nasceu português. Uma coisa em que há muito tempo tenho reparado são os dois empregos que Cristo fez dos trinta dinheiros por que foi vendido. O primeiro emprego foi comprar um campo para enterro de peregrinos: *Com eles compraram o campo de um oleiro para cemitério dos peregrinos* (Mt 27,7). O segundo emprego foi esmaltar com os mesmos trinta dinheiros o

605. Antes de combater Golias, Davi vestiu as roupas e armadura de Saul, mas não conseguiu andar com elas. Por isso as despiu e retomou seu saial de pastor. Vieira aqui imagina Antônio despindo as roupas de Santo Agostinho, isto é, deixando o hábito religioso dos agostinianos, porque, com ele, não conquistaria o mundo, já que lhes faltavam as quinas.

606. Cf. nota 432. Observe-se que São Francisco ainda estava vivo, já com os estigmas, menos de um mês antes de morrer.

607. Referência a Ex 17,8-14: Enquanto Moisés no alto do morro rezava de braços abertos, Josué, na planície, vencia os amalecitas.

608. Alentar aqui pode significar "ter alento", "respirar" ou também "ter asas"; daí o sentido de coragem, ânimo levantado.

escudo das armas de Portugal: *Com o preço com que comprei o gênero humano e pelo qual me compraram os judeus comporás o teu brasão.* Notáveis empregos! E que proporção tem o escudo de Portugal com o enterro dos peregrinos, para que o preço de um seja esmalte do outro? Grande proporção. Quis Cristo que o preço da sepultura dos peregrinos fosse o esmalte das armas dos portugueses, para que entendêssemos que o brasão de nascer português era obrigação de morrer peregrino. Com as armas nos obrigou Cristo a peregrinar, e com a sepultura nos empenhou a morrer. Mas, se nos deu o brasão, que nos havia de levar da pátria, também nos deu a terra, que nos havia de cobrir fora dela. Nascer pequeno e morrer grande é chegar a ser homem. Por isso nos deu Deus tão pouca terra para o nascimento, e tantas terras para a sepultura. Para nascer, pouca terra, para morrer, toda a terra; para nascer, Portugal, para morrer, o mundo. Perguntai a vossos avós quantos saíram e quão poucos tornaram? Mas estes são os ossos de que mais se deve prezar vosso sangue.

Funda-se esta pensão[609] de sair da pátria na obrigação de ser luz do mundo. Como pudera Santo Antônio ser luz de França e de Itália se não saíra de Portugal? Para Abraão levar a fé à Palestina houve de sair de Caldeia[610]; para Cristo derrubar os ídolos do Egito[611] houve de sair de Nazaré: ambos desterrados da pátria, mas ambos, como luz, desterrando trevas. Não se pode plantar a fé sem se transplantarem os que a semeiam. Não debalde disse Cristo: *Meu Pai é agricultor* (Jo 15,1). Houve-se Deus, com os portugueses, como agricultor de luzes. Semeia o agricultor em pouca terra o que depois há de dispor em muita. Pouca terra era Portugal, mas ali fez Deus um seminário de luz para a transplantar pelo mundo. Criou Deus a luz no primeiro dia; passou o segundo, passou o terceiro, e ao quarto dia, dividindo aquela mesma luz que tinha criado, formou dela o sol, a lua, e as estrelas, e repartiu-as por todo o firmamen-

---

609. Pensão: preço, ônus.

610. Cf. Gn 12,1-4.

611. Referência a um "episódio" contado no apócrifo do Pseudo-Mateus, cap. XXIII: "Apenas Maria entrou com o Menino no templo (egípcio) todos os ídolos caíram por terra espatifados e destruídos. Assim mostraram claramente que eram nada. Assim se cumpriu o que vinha dito por Isaías: Eis o Senhor entrando no Egito sobre uma tênue nuvem. Todas as imagens manufatas dos egípcios serão destruídas diante dele".

to[612]. Pergunto: E esses planetas, esses astros, esses signos e essas constelações, por que as não formou Deus logo no primeiro dia, senão depois? O mistério foi, diz São Basílio[613], porque quis o supremo artífice do universo debuxar no rascunho da natureza a traça[614] que havia de seguir nas obras da graça. É o que vimos na conversão do mundo novo. Assim como a luz material primeiro a criou Deus junta em um lugar, e depois a repartiu dali por todas as regiões do céu e sobre todas as da terra, umas estrelas ao Polo Ártico, outras ao Antártico, umas ao Norte, outras ao Sul, umas ao Setentrião, outras ao meio-dia, assim, para alumiar o Novo Mundo, que tantos séculos havia de estar às escuras, sem ser conhecido dos homens nem ter conhecimento do verdadeiro Deus, que fez o autor da graça? Criou primeiro e conservou separado em Portugal aquele seminário escolhido de fé e de luz, para que dali, dividida e repartida a seu tempo, umas luzes fossem alumiar a África, outras a Ásia, outras a América, umas ao Brasil, outras a Etiópia, outras a Índia, outras ao Mogor[615], outras ao Japão, outras à China, e desta maneira, transplantada de Portugal, a fé se plantasse nas três partes do mundo[616].

É verdade que Portugal era um cantinho, ou um canteirinho da Europa, mas neste cantinho de terra pura e mimosa de Deus: *Puro de fé e amado pela piedade,* nesse cantinho quis o céu depositar a fé que dali se havia de derivar a todas estas vastíssimas terras, introduzida com tanto valor, cultivada com tanto trabalho, regada com tanto sangue, recolhida com tantos suores, e metida finalmente nos seleiros da Igreja, debaixo das chaves de Pedro, com tanta glória. Medindo-se Portugal consigo mesmo, e, reconhecendo-se tão pequeno à vista de uma empresa tão imensa, poderá dizer o que disse Jeremias, quando Deus o escolheu para profeta das gentes: *Eu te fiz profeta para os povos* (Jr 1,5). E que disse Jeremias? *Ah! Ah! Ah! Deus meu, onde me mandais, que sou muito*

612. Cf. Gn 1,1-18.

613. Cf. nota 169.

614. Traça: plano, projeto.

615. Observe-se como Vieira retoricamente começa pelos pontos mais longínquos: os polos, passa aos continentes e chega aos países. Mogor é o mesmo que Mongor ou Mongol e designa um povo e sua cultura, que ia do norte da Índia à China até a atual Coreia.

616. Três partes do mundo: América, África e Ásia. Ainda não era conhecida a Austrália, e a Europa se pressupunha toda cristianizada.

pequeno para tamanha empresa! (Jr 1,6). O mesmo pudera dizer Portugal. Mas tirando-lhe Deus da boca estes três AAA, ao primeiro A, escreveu África, ao segundo A escreveu Ásia, ao terceiro A escreveu América, sujeitando todas três a seu império, como Senhor, e à sua doutrina, como luz: *Vós sois a luz do mundo.*

As naus portuguesas levaram a luz ao mundo inteiro

Mas como Santo Antônio – já imos[617] no terceiro movimento – como Santo Antônio era a primeira luz destas luzes, ela foi também a que lhes abriu e mostrou o caminho, saindo do poente para o levante. Não é este o curso do sol; porém assim havia de ser, porque era Antônio sol que levava *a saúde nas asas* (Ml 4,20). Pediu el-rei Ezequias a Deus que lhe segurasse a saúde em um sinal do sol. E qual foi o sinal? Que o sol trocasse a carreira, e não caminhasse do Oriente para o ocaso, senão do ocaso para Oriente[618]. Assim Antônio, e assim os portugueses. Ele do poente para o levante, eles do ocaso para o Oriente, porque levavam na luz a saúde do mundo. E porque o sol, quando desce a alumiar os antípodas[619], mete o carro no mar e banha os cavalos nas ondas[620], para que assim o fizessem também os portugueses, deixa Antônio a terra, engolfa-se no oceano, e começa a navegar, levando o pensamento e a proa na África, que também foi a primeira derrota e a primeira ousadia dos nossos argonautas[621].

Mas por que a frase dos cavalos e carro do sol metidos no mar não pareça poética e fabulosa, ouçamo-la ao Profeta Habacuc, que, com novo e levantado estilo, o cantou assim no capítulo terceiro: *Vós Senhor* – diz o profeta – *fizestes o caminho pelo mar aos vossos cavalos e às vossas carroças da salvação*

617. Imos: forma antiga de vamos.

618. Referência à doença e cura de Ezequias contadas em 2Rs 20,1-11.

619. Antípodas: habitantes que, em relação a outros do globo, se encontram em lugar diametralmente oposto.

620. Belíssima figura retórica, tomada da mitologia grega e do Profeta Habacuc (3,8-15), a que logo mais Vieira se referirá. Santo Antônio no sermão do XI domingo de Pentecostes, falando do sol, escreve: "Chama-se sol, porque aparece só, obscurecendo com seus fulgores todos os astros. São quatro os cavalos do Sol: Píròis, o esplendente; Córis, o que aquece; Eton, o ardente; Flégon, o que é tépido".

621. Argonauta: tripulante lendário da nau mitológica Argo; por extensão, passou a significar navegador ousado, e é neste sentido que emprega a palavra Vieira.

(Hab 3,8). Carroças da salvação e cavalos que caminham pelo mar? Que carroças e que cavalos são estes? *Os portugueses em suas navegações e viagens,* disse Genebrardo[622]. Mas ouçamos antes o mesmo texto. Primeiramente diz o profeta que Deus é o que lhes fez este caminho pelo mar: *Fizestes o caminho pelo mar aos vossos cavalos,* porque o caminho que fizeram os portugueses era caminho que ainda não estava feito. Por mares nunca dantes navegados, Deus abriu o caminho aos portugueses, e os portugueses o abriram às outras nações. Mareavam[623] sem carta, porque eles haviam de fazer a carta de marear. As suas vitórias arrumaram as terras, os seus perigos descobriram os baixos, a sua experiência compassou as alturas, a sua resistência examinou as correntes. Navegavam sem carta nem roteiro, por novos mares, por novos climas, com ventos novos, com céus novos e com estrelas novas, mas nunca perderam o tino[624] nem a derrota, porque Deus era o que mandava a via: *Fizestes o caminho pelo mar aos vossos cavalos.* Estes eram os cavalos intrépidos e generosos. E as carroças da salvação, quais eram? Eram aquelas cidades nadantes, aqueles poderosíssimos vasos da primeira navegação do Oriente, a que os estrangeiros, com pouca diferença de carroças, chamaram carracas. E chama-lhes o profeta *carroças de salvação,* porque, da quilha ao tope, isto é o que levavam. Levavam por lastro os padrões[625] da Igreja, e talvez as mesmas igrejas em peças, para lá se fabricarem. Levavam nas bandeiras as chagas de Cristo, nas antenas a cruz, na agulha a fé, nas âncoras a esperança, no leme a caridade, no farol a luz do Evangelho, e em tudo a salvação: *Carroças de salvação.* Desta maneira entraram pelo mar dentro aqueles novos carros do sol, para levar a luz aos antípodas. Assim o disse, falando à letra dos portugueses, o Profeta Isaías. Não é a exposição minha, nem de nenhum português; é de Vatablo, de Cornélio, de Malvenda, de Tomás Bósio[626], e outros: *Ide, anjos velozes, a uma gente que*

622. Gilberto Genebrardo (1537-1597), beneditino, professor de Hebraico e Exegese na Sorbonne, tornou-se arcebispo. Escreveu várias obras de teologia e comentários bíblicos.

623. Marear: governar uma embarcação, manobrar as velas de um navio, e, por extensão, navegar.

624. Tino aqui: capacidade de andar no escuro, de encontrar sempre a estrada certa. Derrota é o mesmo que rota.

625. Padrões: leis, mandamentos.

626. Francisco Vatablo (ou Vatable) foi um exegeta francês, falecido em Paris em 1547. Lecionou hebreu a vida toda e ao mesmo tempo foi um grande helenista, tendo até traduzido

está esperando, e épisada aos pés (Is 18,2): Ide depressa, portugueses, ide depressa embaixadores do céu, levai a luz do Evangelho a essa gente, que há mil e quinhentos anos que está esperando. Ide, levai a luz do Evangelho a essa gente pisada. Gente pisada? E qual é a gente pisada? Não a busqueis, que está muito longe. São os antípodas, que vivem lá debaixo dos nossos pés; eles vivem lá embaixo, e os nossos pés andam cá pisando por cima. Tão elegantemente o disse Isaías, como profeta de corte.

Santo Agostinho[627] teve para si que não havia antípodas. E diz assim no livro 26, *De Civitate Dei: É absurdo dizer que alguns homens, atravessada a imensidade do oceano, tenham podido navegar e chegar desta parte àquela, pois também eles seriam do gênero humano, descendentes de um só primeiro homem.* Se há tais homens, argumentava Agostinho, são filhos de Adão; se são filhos de Adão, passaram destas partes àquelas navegando e atravessando a imensidade do oceano; tal passagem e tal navegação é impossível: logo, não há tais homens. Grande glória, Antônio, da vossa nação, que chegassem os portugueses a dar fundo com as âncoras onde Santo Agostinho não achou fundo com o entendimento; que chegassem os portugueses a fazer possível com o valor o que no maior entendimento era impossível.

Por isso Isaías lhes mandou mais que homens: *Ide, anjos velozes.* Um só homem passou o Cabo de Boa Esperança antes dos portugueses. E qual foi, e como? Jonas no ventre da baleia[628]. Desembocou a baleia o Mediterrâneo, porque não tinha outro caminho, tomou a costa da África à mão esquerda, dobrou o Cabo de Boa Esperança, escorreu a Etiópia, passou a Arábia, entrou

---

um livro de Aristóteles. Nada publicou em vida, mas um seu aluno publicou as notas de aula e vários autores se esconderam atrás do nome dele na procura de fazer passar interpretações das Escrituras.

Cornélio, conhecido como Cornélio a Lápide (1567-1637), jesuíta holandês, professor de Escritura em Lovaina e Roma. Escreveu comentários sobre quase todos os livros do Antigo Testamento.

Tomás Malvenda (1566-1628): exegeta e filólogo dominicano. Espanhol. Professor de Filosofia e Teologia. Aprendeu sozinho o hebraico e o grego. Deixou uma nova versão dos livros do Antigo Testamento com comentários. Sua obra mais conhecida se intitula *O anticristo.*

Tomás Bósio: historiador italiano do século XVI, representante junto ao Papa Gregório XIII da Ordem de Malta. Escreveu a *História de São João de Jerusalém.*

627. Cf. nota 199.

628. Bela fantasia de Vieira!

o sino[629] Pérsico, aportou às praias de Nínive, no Eufrates, e, fazendo da língua prancha, pôs o profeta em terra. *Jogado ao mar e devorado pela baleia, depois de três dias foi lançado nas praias ninivitas, pondo-se a pregar o que lhe fora mandado* – diz Sulpício Severo[630], no livro I da História Sagrada.

Mas por que fez o profeta esta viagem por debaixo do mar, dentro de uma baleia; por que a não fez por cima da água, no mesmo navio em que navegava? Porque este milagre do valor, e esta vitória da natureza, não era para os mareantes de Tiro[631]: tinha-o Deus guardado para os argonautas do Tejo[632]. O Tejo era o que havia de dominar o mar; o Tejo era o que havia de triunfar das ondas e dos ventos; o Tejo era o que havia de tirar o tridente[633] das mãos ao oceano, para o pôr, reverente, aos pés do Tibre[634]. Faltavam-lhe ao anel de pescador quase as três partes do círculo, e essas lhe perfez o Tejo com o ouro das suas areias. Muito me engano eu, se o não cantou Davi: *Dominará de mar a mar e do rio até aos confins da terra* (Sl 71,8). Dominará a Igreja de mar a mar, e *do rio,* até os últimos fins da terra. E qual é o rio que de fim a fim está contraposto aos fins da terra? É o rio de Lisboa, o Tejo. Do rio de Lisboa saiu Antônio, e, derrotado da tempestade[635], foi aportar à Itália para ser luz da Europa. Do rio de Lisboa saíram os portugueses, e, medindo a África, descobrindo a América,

629. Sino: golfo.

630. Sulpício Severo (c. 360-c. 425), historiador contemporâneo de São Jerônimo, São Martinho de Tours e São Paulino de Nola, de quem foi grande amigo. Enviuvou muito cedo e se fez monge. Dono de estilo elegante e colorido, escreveu a vida de São Martinho e uma longa história do Antigo Testamento e da Igreja até seus dias.

631. Tiro: famosa cidade marítima da Fenícia, situada numa ilha. Seus navegadores e navios controlavam o comércio e a navegação no Mediterrâneo. Santo Antônio a cita duas vezes, mas para tirar de seu significado uma lição. Segundo ele, Tiro significa "angústia".

632. Argonautas do Tejo: os portugueses. O Tejo é o principal rio da Península Ibérica. Nasce na Espanha, percorre 1.006km para lançar-se no Atlântico na baía de Lisboa.

633. Tridente: o cetro mitológico de Poseidon (Netuno para os romanos), o deus do mar, terminado por três dentes. Ele o recebeu dos Ciclopes e com ele comandava os mares, os maremotos e terremotos e fazia brotar os rios; morava no fundo do mar, mas passeava sobre as ondas em carro puxado por dois cavalos com crinas de ouro.

634. Em Roma, aos pés do Sumo Pontífice. Observe-se o jogo de palavras: Tejo-Tibre. Admire-se o crescendo da anáfora com a palavra Tejo para tornar maior a reverência de Portugal ao papa.

635. Antônio viajou de Lisboa a Marrocos, onde adoeceu gravemente e foi forçado a retirar-se. Na primavera de 1221 tomou navio de volta, mas uma tempestade o atirou às costas da Sicília, abrigando-se numa pequena comunidade de frades, em Messina.

chegaram com a luz do Evangelho até os fins da Ásia, para que, alumiando Antônio a melhor parte do mundo[636], e alumiando os outros portugueses as três maiores partes[637], na união de todas quatro se devesse inteiramente ao nome português o título de luz do mundo: *Vós sois a luz do mundo.*

O modo português de levar a luz

Não se dedicou Antônio - este era o quarto movimento, mas por abreviar o ajuntarei com o último –, não se dedicou Antônio à Cristandade porque são homens com luz; aos infiéis o levava o seu espírito, porque era espírito português. Glória singular é de Portugal, que nem no reino nem em toda a monarquia domine um só palmo de terra que não fosse conquistada a infiéis. Tudo quanto dominou a luz neste mundo foi conquistado às trevas, porque elas o possuíam primeiro: *As trevas cobriam a face do abismo, e disse Deus: Faça-se a luz, e a luz foi feita* (Gn 1,2-3). E, assim como o ofício do sol é ir sempre seguindo e perseguindo as trevas e lançando-as fora do mundo, assim também os portugueses aos infiéis. Estava Portugal pela desgraça universal de Espanha ocupada de maometanos[638]; e que fizeram os portugueses? Do Minho os lançaram além do Douro, do Douro à Estremadura, da Estremadura a Além do Tejo, de Além do Tejo ao Algarve, do Algarve às costas da África, e ali os foram sempre seguindo e conquistando, até que o peso das armas se passou às conquistas da gentilidade, onde fizeram o mesmo. Sempre como soldados de Cristo, pela fé e contra infiéis.

É verdade que algumas vezes tiveram guerra os portugueses contra católicos, mas guerra defensiva somente, nunca ofensiva. Tem Portugal para os católicos o escudo, para os infiéis a espada. A São Pedro, que era cabeça dos fiéis, disse-lhe Cristo, que metesse a espada na bainha; a São Paulo, que era conquistador da gentilidade, meteu-lhe na mão a espada. Para os infiéis a espada sempre nua; para os fiéis, na bainha. Com os católicos paz, com os infiéis

636. A melhor parte do mundo: a Europa.

637. As três maiores partes: América, África e Ásia.

638. A Espanha foi ocupada pelos maometanos a partir da queda de Toledo em 713. Vieira se refere aqui às conquistas de Afonso Henriques. Cf. nota 590.

perpétua guerra. Santo Antônio meneou as armas da sua milícia na Itália e na França, mas estes raios da sua luz foram reflexos. Os direitos iam à África, os reflexos foram à Europa. Mas ainda aí, notai, não se chamou Antônio martelo dos vícios, senão *Martelo das heresias*, porque os vícios acham-se também nos católicos; as heresias, só nos infiéis. Por isso Deus, para formar este martelo, foi buscar o ferro às minas de Portugal, porque a dureza natural do ferro português é para quebrantar e converter infiéis.

É o ferro português como o ferro da lança que abriu o lado de Cristo: tirou primeiro sangue, e depois água: *Saiu sangue e água* (Jo 19,34). O sangue para vencer, a água para batizar os vencidos. Mas qual foi a razão ou o mistério porque o soldado não deu a lançada no corpo de Cristo vivo, senão no corpo morto? Pela mesma que vou dizendo. O corpo místico de Cristo, materialmente considerado, é todo o gênero humano; os fiéis são o corpo vivo, porque é corpo informado com a fé; os infiéis são o corpo morto, porque é corpo informe. Quando recebem a fé, então recebem também a forma, e se fazem membros vivos do corpo místico de Cristo, que é a Igreja. Para isto se serviu Cristo daquele soldado e da sua lança: *Para edificar uma Igreja para si*, diz São Cipriano[639]. Foram sempre os soldados portugueses como os fabricadores do segundo templo de Jerusalém, que com uma mão pelejavam, e com a outra iam edificando[640]. Nenhum golpe deu a sua espada que não acrescentasse mais uma pedra à Igreja. Se pelejavam, se venciam, se triunfavam, era para tirar reinos à idolatria, e sujeitá-los a Cristo, para converter as mesquitas e pagodes em templos, os ídolos em imagens sagradas, os gentios em cristãos, os bárbaros em homens, as feras em ovelhas, e para trazer essas ovelhas de terras tão remotas e em número infinito ao rebanho de Cristo e à obediência do Sumo Pastor.

A luz que jorra da obediência

Assim o fez Santo Antônio em Roma, lançando-se a si e a tantos heresiarcas rendidos aos pés da Santidade de Gregório IX[641]. Assim o fez el-rei Dom

---

639. Cf. nota 588.

640. Cf. Ne 4,10.

641. Cf. nota 37.

Manoel, pondo todo o Oriente aos pés da Santidade de Leão X[642]. E assim o fez ultimamente o príncipe reinante de Portugal, o muito alto e muito poderoso Senhor nosso, Dom Pedro[643], que Deus guarde, oferecendo solenemente aos beatíssimos pés da Santidade de Clemente X[644], nosso Senhor, o seu Reino, a sua Monarquia toda, e na pessoa excelentíssima de seu embaixador[645], a sua real pessoa, como herdeiro e verdadeiro imitador de seus gloriosos progenitores. A el-rei Dom Sebastião[646], pouco antes de dar a vida pela dilatação da fé, ofereceu a Santidade de Pio V[647] que escolhesse título; e que responderia o religiosíssimo rei? Respondeu que não queria outro título, senão o de filho obedientíssimo da Sede Apostólica. Em cumprimento deste título, três sucessores continuados do mesmo rei, em espaço de vinte e oito anos, estiveram sempre oferecendo à Santa Sede a mesma obediência de filhos. E se a pública aceitação deste ato se dilatou, foi com atenção e providência paternal do Vigário de Cristo, para que, no entretanto, pudesse lograr a Igreja os repetidos exemplos de tão constante sujeição e obediência, perseverando e instando sempre o primeiro rei, o segundo e o terceiro, não só como filhos obedientes, mas como obedientíssimos filhos.

No filho pródigo notou agudamente São Pedro Crisólogo[648] que chamou pai ao pai, reconhecendo que se não devia chamar filho: *Pai, não sou digno de ser chamado teu filho* (Lc 15,19). Parece implicação. A denominação de filho funda-se na relação de filho; a denominação de pai funda-se na relação de pai, e, conforme a verdadeira filosofia, nas relações mútuas e recíprocas,

642. Dom Manuel o Venturoso (1469-1521). Entusiasta das grandes navegações. Em seu reinado Cabral veio ao Brasil, Vasco da Gama chegou à Índia pelo mar. O Papa Leão X foi papa de 1513 a 1521. Grande protetor das Artes, como também o foi Dom Manuel.

643. Pedro II (1648-1706) foi regente, a partir de 1656, sob o reinado do irmão Dom Afonso VI, considerado incapaz, e assumiu o reino em 1683. A ele deve Vieira a libertação do cárcere de Coimbra em 1669.

644. Ver introdução a esse sermão. Foi Clemente X que canonizou Santa Rosa de Lima, a primeira santa canonizada do Novo Mundo.

645. Era o Conde do Prado, Francisco de Souza, mais tarde Marquês de Minas.

646. Dom Sebastião (1554-1578) morreu em batalha contra os mouros e virou lenda popular.

647. São Pio V foi papa de 1566 a 1572. Publicou o *Catecismo Romano,* como síntese de toda a doutrina fixada pelo Concílio de Trento. Sua reforma litúrgica durou até o Concílio Vaticano II, nos anos de 1960.

648. Cf. nota 75.

quando falta uma, falta também a outra[649]. Se falta a relação de filho, cessa a de pai; se falta a relação de pai, cessa a de filho. Pois, se da parte do pródigo faltava a relação e denominação de filho: *Não sou digno de ser chamado teu filho* (Lc 15,19), como da parte do pai não faltou a relação e denominação de *pai?* Porque essa foi a maravilha mais que natural - diz Crisólogo[650] - que, faltando no filho a relação de filho, não faltasse no pai a relação de pai: *Eu perdi o que é do filho, tu não perdeste o que é do pai.* Voltemos à semelhança. Da parte do Pai universal[651], nunca faltaram os fundamentos próximos da relação, que eram a vontade, o afeto e paternal amor, como sempre reconheceu e experimentou Portugal. Mas que, enquanto não resultava a relação do pai, existisse sempre inteira a relação do filho? Essa foi a maravilhosa prova da verdadeira filiação. Tinha tanto de divina, que não só foi relação, mas subsistência. Assim havia de ser para qualificar Portugal, que não só era filho, mas filho obedientíssimo.

Bem sabe toda Europa com quantos discursos, e ainda direitos mal-interpretados, procurou a política menos cristã tentar a obediência portuguesa em tantos anos[652]. Mas a sua obediência obedientíssima tão longe esteve de dar ouvidos a semelhantes tentações, que nunca chegou nem ainda a ser tentada, quanto mais vencida. Quando Deus mandou a Abraão que lhe sacrificasse seu filho, diz a Escritura que *tentou Deus a Abraão* (Gn 22,1). Eu cuidava que neste caso o tentado havia de ser Isaac. Sacrificar o pai ao filho amado, tentação era; mas que o filho se houvesse de deixar atar, e lançar-se sobre a lenha, e aguardar o golpe, e perder a vida, essa era a terrível tentação. Pois por que diz a Escritura que tentou Deus a Abraão, e não a Isaac? Porque Isaac era filho obedien-

---

649. Santo Antônio no sermão do V domingo depois da Páscoa: "Só pode chamar-se pai quem tem um filho. Pai e filho, com efeito, são nomes correlativos".

650. Cf. nota 75.

651. Pai universal: o papa. Vieira alude aos longos anos em que a Santa Sé não reconheceu a embaixada de Portugal, apesar das tentativas da coroa portuguesa.

652. Dom João IV mandou à Santa Sé como embaixador o bispo do Lamego Dom Miguel, que nunca pôde ser recebido pelo papa e chegou a sofrer violência nas ruas de Roma por parte de espanhóis. Também não teve êxito o prior de Cedofeita Nicolau Monteiro. Nova tentativa foi feita ainda por Dom João IV em 1565, mandando a Roma o experimentado diplomata Francisco de Souza Coutinho, então seu embaixador em Paris. Missão frustrada. Em novembro de 1669 já não havia nenhum bispo sagrado em Portugal. Como Vieira comenta em outro lugar do sermão, a embaixada de Francisco de Souza era a sexta tentativa, desta vez com êxito.

tíssimo. O amor, no pai, podia ser tentado, mas não vencido: a obediência, no filho, nem vencida nem tentada.

Tal foi a de Portugal. Tão longe de ser vencida, nem ainda tentada no meio de todas essas tentações que, como filho obedientíssimo, sempre esteve multiplicando obediências sobre obediências, e mandando embaixadas sobre embaixadas, tantas e por tantos modos. Nas duas primeiras, mostrou-se obediente; na terceira e na quarta, mais que obediente, na quinta e na última, obedientíssimo. Uma só vez vieram os reis do Oriente a Belém protestar a sua obediência e oferecer as coroas aos pés de Cristo. Mas como vieram? Chamados primeiro por uma estrela: *Vimos sua estrela e viemos* (Mt 2,2). A obediência de Portugal não esperou por estrela para vir, antes, vindo cinco vezes sem estrela, veio também a sexta. Mas, porque veio sem estrela seis vezes, por isso o recebeu o céu com seis estrelas[653]. Assim recuperou Santo Antônio à sua pátria, em um dia, o que tinha perdido e pedido em tantos anos.

Agradecimento às estrelas do brasão de Clemente X

Vivam as clementíssimas[654] estrelas eternamente: *Brilharão como estrelas para sempre* (Dn 12,3). Vivam as clementíssimas estrelas, e permaneçam, se é concedido, sobre os anos de Pedro: *Permaneçam as estrelas na sua ordem e no seu curso* (Jz 5,20), para que, debaixo destas estrelas, como a valente Débora[655], triunfe a Igreja do bárbaro Sísara[656], que tanto se vem chegando, mas para sua ruína. E se os reis do Oriente, quando lhes apareceu a estrela escondida, *exultaram com grande alegria* (Mt 2,10), faça extremos de prazer Portugal, adorando os clementíssimos aspectos e a divina majestade destas estrelas, que se na outra estrela é opinião que estava um anjo, nestas estrelas é fé que está Deus.

---

653. Alusão às seis estrelas das armas de Clemente X.

654. Do Papa Clemente X.

655. Profetisa e juíza. A ela se atribui a vitória de Barac contra Sísara, em cuja ocasião teria ela composto um hino (Jz 5) que é considerado o mais antigo texto literário da Bíblia, provavelmente em 1135 a.C.

656. Referência a Maomé.

Alegre-se Lisboa, e alegre-se Portugal[657], e agora se tenha por verdadeiramente restituído, pois se vê restituído[658] e canonizado. Santo Antônio entrou triunfante no céu no dia de sua morte, mas os sinos de Lisboa não se repicaram milagrosamente senão no dia de sua canonização[659], porque não tem Portugal as suas glórias por glórias, senão quando as vê confirmadas e estabelecidas por Roma. Muitas graças a Roma, muitas graças às beatíssimas estrelas que a dominam. E pois eu lhes não posso oferecer outro tributo, quero fixar ao pé delas o meu tema: *Vós sois a luz do mundo.*

657. Curiosamente a Carta Apostólica do Papa Pio XII, declarando Santo Antônio doutor da Igreja, datada de 16 de janeiro de 1946, começa também com dois *alegre-se:* "Alegre-se, Portugal, alegre-se, Pádua, porque a terra e o céu vos deram um homem que, qual astro luminoso, não menos brilhante pela santidade de vida e pela insigne fama dos milagres do que pelo esplendor da doutrina, iluminou e continua a iluminar todo o universo!"

658. Restituído: restaurado, saciado, satisfeito.

659. Os *Fioretti:* "No dia da canonização todo o povo da cidade de Lisboa, onde o Santo nascera, sentiu grande alegria sem saber a causa, pois não chegara a notícia de que se estava procedendo a canonização naquele dia. E o que é mais de admirar, os sinos da cidade, sem que ninguém os tocasse, começaram a soar para expressar a glória do grande patrício. Pouco depois se soube que justamente naquele dia o beatíssimo Antônio fora elevado à glória da canonização. Vendo-se assim cercada de tanto prodígio, imediatamente dedicaram ao Santo o altar-mor da catedral. E todos os anos celebram, em meio de um jardim de milagres, sua festa solene".

NONO SERMÃO

Devia ser pregado em Roma,
no dia 13 de junho de 1672,
mas, por razões de enfermidade, não o pregou

Introdução

No exórdio Vieira faz a ligação com o sermão do ano anterior, que falava das luzes de Portugal e de Santo Antônio, o sol do mundo inteiro. Desta vez falará das sombras, "porque não há neste mundo luz sem sombra". Parte do verso do Evangelho da festa, o mesmo verso de que partiu no sermão do ano anterior: "Brilhe a vossa luz, para que vejam as vossas obras". E aí estão as duas partes do sermão. A primeira mostrará por que Santo Antônio, para cumprir a obrigação de brilhar, tinha de deixar Portugal: 1. Pela própria natureza: é a terra mais ocidental do mundo, "ali vão morrer, ali acabam, ali se sepultam e se escondem todas as luzes do firmamento". 2. Em Portugal é delito o muito saber: "em lugar de coroas de louro, se arma de espinhos e abrolhos". 3. Em Portugal não há homens diante dos quais Antônio pudesse luzir.

A segunda parte mostrará que, se ele tivesse ficado em Portugal, não teria cumprido sua missão. 1. Porque Portugal é uma terra estéril "para frutos". 2. Porque faltam aos portugueses olhos para ver, já que a inveja os mantém cegos, 3. Para os olhos maus até as coisas mais perfeitas têm defeitos. A esta altura, Vieira pede licença aos ouvintes para "revestir um pouco de humor invejoso" e, numa página muito irônica, descreve "como haviam de ser avaliadas as obras boas e tão boas de Santo Antônio", se as tivesse realizado na sua pátria.

Na peroração admite ter tomado um "tão estranho assunto" para sermão. Mas não se desculpa do que disse. Dá os parabéns a Santo Antônio: "Não teve agravos que perdoar à pátria, porque os antecipou com fugir dela".

Este sermão leva por título: "As sombras das luzes", porque acompanha exatamente a luz do sermão do ano anterior. Poderia também chamar-se: "O que não devêramos ser", porque pinta o negativo com a mesma força com que pintara o positivo. Penso que não estaríamos longe da verdade, se o intitulássemos: "Sermão do Desabafo", porque Vieira, tendo em pouco tempo conquistado Roma, o povo e a nobreza, os cardeais e o papa, não cicatrizavam as feridas sofridas na carne e na alma e na psique, feridas abertas por seus patrícios com a cumplicidade da Corte de Lisboa. Quem acompanhou sua via-sacra em Portugal, apesar de mundialmente famoso, apesar de pregador da Casa Real, apesar de grande benfeitor do reino, verá facilmente no retrato que faz de Santo Antônio o retrato de Vieira e o que diriam os portugueses de Santo Antônio, caso ele tivesse vivido em Lisboa ou lá feito as obras que fez na Itália e na França, é o que, *mutatis mutandis,* disseram dele durante o processo, a condenação e o confinamento.

Talvez Vieira não tenha pregado este sermão por razões de saúde, mas desaconselhado por razões diplomáticas. Em carta ao Marquês de Govêa, escreve Vieira: "Não julguei que o segundo sermão de Santo Antônio houvesse de ser malrecebido, caindo aquelas sombras sobre as luzes do outro. Todos os autores das mais famosas nações do mundo, escrevendo da sua, as notam de inveja, que por ser vício primogênito da altiveza e da generosidade, intenderam que não desdouravam muito com ela as mesmas nações. Assim o fizeram gregos e romanos; e nos espanhóis e portugueses se leem sem repreensão semelhantes exemplos". E em carta desabafa ainda Vieira: "Os italianos me entendem pouco e os espanhóis entendem mais do que digo e com isso Santo Antônio passa a ficar sem sermão".

As sombras das luzes

Assim brilhe a vossa luz diante dos homens
para que vejam as vossas boas obras
e glorifiquem vosso Pai que está nos céus

Por que Santo Antônio saiu de Portugal?

Assim como há dias claros e escuros, assim o será o dia de hoje em comparação do passado. Hoje faz um ano – porque assim o pedia a ocasião e as circunstâncias da solenidade – que preguei aos portugueses as luzes da sua nação; agora lhes descobrirei a eles, e a todos, as sombras dessas mesmas luzes, para que se veja no que disse, e no que direi, que não foi lisonja ou afetação o louvor, pois eu mesmo, e aos mesmos, não calo nem dissimulo o que neles se não deve louvar. Inventou a matemática aquela famosa pirâmide, a qual, ferida perpendicularmente do sol, de tal maneira recolhe em si todas as luzes, que não deixa lugar à sombra. Mas este milagre da natureza só tem semelhante no maior milagre da graça, Maria sempre imaculada[660], da qual com tão admirável propriedade como verdade se diz: *A sombra não tem lugar.* Nas outras coisas, porém, por mais ilustres e ilustradas que sejam, nenhuma luz viram jamais os olhos humanos tão pura e tão sincera, que não ande junta com sombras.

O dia mais claro e resplandecente que amanheceu ao mundo foi o da Transfiguração de Cristo, porque nele se viu o Monte Tabor[661] alumiado junta-

660. Cf. nota 508. Veja-se como Vieira defende a tese da Imaculada Conceição de Maria, então ainda bastante discutida entre os teólogos, e assunto só definido pelo dogma proclamado por Pio IX no dia 8 de dezembro de 1854.

661. Monte Tabor: ergue-se em plena Planície da Galileia, não longe de Nazaré nem longe do Lago de Tiberíades. Tem 588m de altura. Do alto se tem belíssima visão da Galileia.

mente com dois sóis, um no céu, outro na terra: no céu, com o sol natural, que todos viam; na terra, com o sol do rosto do mesmo Senhor, que só viram os que com Ele subiram ao monte: *Sua face brilhava como sol* (Mt 17,2). E neste dia tão esclarecido, e neste monte tão alumiado, poderia também haver sombras? Parece que não, porque a sombra que fizesse um sol, a desfaria o outro. Contudo é certo que aqueles mesmos olhos, que pela parte do céu, e pela da terra, não só estavam alumiados, senão cercados de sóis, no mesmo dia e na mesma hora se viram cobertos de sombras: *Eis que uma nuvem luminosa os cobriu* (Mt 17,5). Atravessou-se de repente uma nuvem, que, tomando em si a investidura dos raios de ambos os sóis, se não eclipsou de todos, assombrou uma e outra luz, porque não há neste mundo luz sem sombra. Estas sombras, pois, que sempre seguem e acompanham a luz, serão hoje a segunda parte daquelas mesmas luzes, que, não sei se com tanto aplauso, como verdade, inculquei o ano passado aos ouvidos romanos. Então ouviram o que somos, agora ouvirão o que não devêramos ser. E, posto que para persuadir o bem é necessário maior eloquência que para declamar ou declarar o mal, também para este triste assunto me é necessária a graça. *Ave Maria.*

Assim brilhe a vossa luz diante dos homens

Na primeira parte, e panegírica das duas, em que continuo e divido estes dois sermões[662], nos mostrou o Evangelho como o nosso Santo português foi luz do mundo: *Vós sois a luz do mundo* (Mt 5,14). Nesta segunda, que, como já insinuei, será mais declamatória que panegírica, nos dirá o mesmo Evangelho o modo com que luziu esta luz: *Assim brilhe vossa luz.*

Queixava-se o ano passado – se bem vos lembra – a sua e nossa pátria, de se ver deixada de um filho, e tal filho como Antônio. Justificava a sua queixa com o exemplo de José, que se mandou levar morto à terra própria; e agora repete e aperta a mesma queixa com outro exemplo mais vivo, mais doméstico,

---

Desde Orígenes, São Cirilo de Jerusalém e São Jerônimo, se faz coincidir o Tabor com o Monte da Transfiguração.

662. O outro sermão é o anterior, pronunciado no dia 13 de junho de 1671.

e mais seu. Lembra-se Lisboa do seu famoso fundador, Ulisses[663], tão amante da terra onde nascera, que, sendo natural de Ítaca[664], o mais áspero e desconhecido lugar de toda a Grécia, antepôs a dureza de seus rochedos às delícias e grandezas mais celebradas do mundo e, depois de o ter visto e rodeado todo, o deixou todo por ela: tanto assim – diz Homero – que, prometendo a deusa Calipso[665] a Ulisses de lhe conceder a imortalidade, só com a condição que se deixasse ficar e viver nas terras que lhe ofereceria, pôde tanto com ele o natural amor da sua, que não aceitou uma tal promessa, querendo antes – como pondera Cícero[666], e depois dele o ponderou também São Crisóstomo[667] – querendo antes morrer na terra própria, que ser imortal na estranha. A vista, pois, desta formosa medalha do amor da pátria, lançada para memória e exemplo dos primeiros alicerces de sua fundação, e não se podendo jamais esquecer dela, pois a traz impressa no nome, como se não queixaria Lisboa, e como se não tornará a queixar da sequidão, por não dizer crueldade, com que se vê deixada de um filho gerado, nascido e criado, não só no mais alto lugar, mas no mais interior de si mesma, como filho de seu coração?[668] Só pode dizer contra

663. Vieira se aproveita de uma lenda, segundo a qual Lisboa teria sido fundada pelo famoso navegador grego Ulisses, cujas peripécias foram cantadas por Homero na *Odisseia*. Por conta dessa lenda, Lisboa seria corruptela de Ulissipone, cidade de Ulisses. Até hoje Lisboa, em latim, é Ulissipone. É a capital mais ocidental da Europa e tem origens fenícias.

664. Ítaca é uma ilha iônica de 96km e hoje com menos de dois mil habitantes. Seria, segundo a *Odisseia* de Homero, a pátria de Ulisses. A ilha teria sido sede de um reino marítimo que compreendia as ilhas vizinhas.

665. Calipso era uma ninfa da ilha mitológica de Ogígia, que se situaria perto do Gibraltar. Segundo a *Odisseia* de Homero, ela teria abrigado Ulisses em seu naufrágio e o teria retido durante 10 anos.

666. Marco Túlio Cícero (106-46 a.C.), político e orador latino. Denunciou a conspiração de Catilina. Condenado ao exílio na Grécia pelo Triunvirato (Júlio César, Pompeu e Crasso), retornou a Roma e acabou assassinado pelos adversários. Famoso é seu tratado sobre a eloquência, baseada no *docere, delectare e movere* (provar, agradar, levar a agir), que serviu de modelo a toda retórica latina. Eclético na filosofia de vida, tentou conciliar o epicurismo e o estoicismo. Dele se conservam mais de 900 cartas. Suas obras mais conhecidas, além dos discursos políticos, são *Sobre a república, Sobre as leis, Sobre os cargos* e *Sobre a amizade*. Santo Antônio o cita no sermão do XII domingo de Pentecostes, junto com Aristóteles, para dizer que a eloquência, por excelente que seja, não livra o orador do julgamento: "A prata da eloquência e o ouro da sabedoria não livrarão Túlio e Aristóteles no dia do juízo".

667. Cf. nota 84.

668. Este filho é Santo Antônio, nascido no centro de Lisboa.

isto Antônio que deixa a pátria por ir buscar o martírio, e que se mostra menos humano com os de seu próprio sangue, porque o quer derramar todo por Cristo. Mas a esta satisfação responderei depois. O que agora só digo, sobre o que já disse, é que, assim como Santo Antônio foi obrigado a deixar Portugal para ser português, assim foi necessário que se tirasse[669] dentre os portugueses, para ser tão grande homem, e tão grande santo como foi. Um dos maiores homens que houve no mundo foi Abraão; e a este mandou Deus que saísse da sua pátria e de entre os seus[670], para ser maior. O maior santo de todos os santos foi o Filho de Deus; e nem isto bastou para que pudesse obrar na sua pátria as maravilhas com que assombrava as alheias[671], para que nem os naturais[672] se escandalizem, nem os estranhos estranhem a diferença do que hoje direi. Mas vamos ao Evangelho.

Em Portugal não se consente luzir

De tal modo há de luzir a vossa luz diante dos homens, que vejam eles as vossas boas obras, e glorifiquem a Deus (Mt 5,16). Isto é o que diz Cristo a Santo Antônio. E isto não o podia fazer um português entre os portugueses. A primeira coisa que se lhe encarrega nestas palavras é que há de *luzir a sua luz,* e luzir português entre portugueses, e, muito menos, luzir com a sua luz, é coisa muito dificultosa na nossa terra. Com a luz alheia vi eu lá luzir alguns; mas com a própria: *vossa luz,* nem Santo Antônio, quanto mais os outros. Toda a terra – porque toda é tocada deste vício – tem oposição com a luz. A lua, quem a eclipsa? A terra, porque chegam lá as suas sombras. E o sol, onde não chegam as sombras da terra, quem o escurece e encobre cada hora a nossos olhos? Também a terra. Levanta o sol com seus raios os vapores da terra, e esses mesmos vapores que ele levantou, condensando-se em nuvens, são os que o não deixam luzir. Tomam em si os resplendores do mesmo sol, e, dourando-se com eles, ou o escurecem de todo, ou no-lo tiram dos olhos. Preze-se, ou não se preze o sol de escurecer as estrelas do céu, que lá estão os vapores da terra, que o escurecerão a ele.

669. Se tirasse: saísse.

670. Cf. Gn 12,1.

671. Cf. Mc 6,1-6.

672. Naturais: os que são portugueses.

Sendo esta a condição natural de toda a terra, como grosseira, enfim, rude e opaca, e nascida debaixo das trevas – *A terra estava deserta e vazia, as trevas cobriam a face do abismo* (Gn 1,2) – nenhuma terra há, contudo, entre todas as do mundo, que mais se oponha à luz que a Lusitânia. Outra etimologia lhe dei eu no sermão passado[673]; mas, como há vocábulos que admitem muitas derivações, e alguns que significam por antífrase[674] o contrário do que soam, assim o entendo deste nome, posto que tão luzido. O mundo, dizem os gramáticos que se chama mundo, *porque é imundo*[675], e a morte Parca[676], *porque é imparcial.* E assim como o mundo se chama mundo, porque é imundo, e a morte se chama Parca, porque a ninguém perdoa, assim a nossa terra se pode chamar Lusitânia, porque a ninguém deixa luzir. Não é Santo Isidoro[677], nem Marco Varro[678] o autor desta funesta etimologia, senão a mesma natureza e o mesmo céu com o curso e ocaso de suas luzes. A terra mais ocidental de todas é a Lusitânia. E por que se chama Ocidente aquela parte do mundo? Porventura, por que vivem ali menos, ou morrem mais os homens? Não, senão porque ali vão morrer, ali acabam, ali se sepultam e se escondem todas as luzes do firmamento. Sai no Oriente o sol com o dia coroado de raios, como rei e fonte da luz; sai a lua, e as estrelas com a noite, como tochas acesas e cintilantes contra a escuridade das trevas, sobem por sua ordem ao zênite, dão volta ao globo do mundo, resplandecendo sempre, e alumiando terras e mares, mas em chegando aos horizontes da Lusitânia, ali se afogam os raios, ali se sepultam os resplendores, ali desaparece e perece toda aquela pompa de luzes.

---

673. Trata-se do sermão precedente, proferido na mesma festa, um ano antes.

674. Antífrase: emprego de palavra ou frase em sentido oposto ao verdadeiro.

675. Santo Antônio dá outra etimologia a mundo, que é a mesma de Santo Isidoro: "Chama-se mundo, por estar sempre em movimento, pois não é concedido descanso algum a seus elementos".

676. Na mitologia grega, as Parcas eram as deusas do destino.

677. Santo Isidoro foi bispo de Sevilha durante 40 anos, na segunda metade do século VI. Ao lado de suas ocupações pastorais, dedicou-se ao estudo da etimologia, deixando seu enciclopédico *Livro das etimologias*, a que se refere Vieira, e a *História dos godos*, hoje a principal fonte de informação sobre a Península Ibérica na Alta Idade Média. É doutor da Igreja. O *Livro das etimologias* é citado explícita ou implicitamente mais de 300 vezes nos sermões de Santo Antônio.

678. Marco Varro (116-27 a.C.), lugar-tenente de Pompeu nas guerras. Homem erudito, formou as primeiras bibliotecas públicas de Roma. Autor de 74 obras, quase todas perdidas. Na verdade, foi o primeiro enciclopedista latino.

E se isto sucede aos lumes celestes e imortais, que nos lastimamos, senhores, de ler os mesmos exemplos nas nossas histórias? Que foi um Afonso de Albuquerque[679] no Oriente? Que foi um Duarte Pacheco? Que foi um Dom João de Castro? Que foi um Nuno da Cunha, e tantos outros heróis famosos, senão uns astros e planetas lucidíssimos, que, assim como alumiaram com estupendo resplandor[680] aquele glorioso século, assim escureceram todos os passados? Cada um era na gravidade do aspecto um Saturno[681], no valor militar um Marte, na prudência e diligência um Mercúrio, na altiveza e magnanimidade um Júpiter, na fé e na religião, e no zelo de a propagar e estender entre aquelas vastíssimas gentilidades, um sol. Mas, depois de voarem nas asas da fama por todo o mundo, estes astros, ou indígites[682] da nossa nação, onde foram parar, quando chegaram a ela? Um vereis privado com infâmia do governo[683]; outro preso e morto em um hospital[684]; outro retirado e mudo em um deserto[685]; e o melhor livrado de todos, o que se mandou sepultar nas ondas do Oceano[686],

---

679. Afonso de Albuquerque (1453-1515): navegador e conquistador, vice-rei da Índia. A ele se deve a conquista portuguesa de Goa, Malabar, Ceilão e Málaca, então a cidade de maior comércio no Oriente. A ele se deve que os reis de Sion, Sumatra e Java passaram a pagar tributos a Portugal. Dom Manoel (o Venturoso), temendo que Albuquerque, já então chamado de "Magno", quisesse montar um império para si, o destituiu. Morreu em Goa.
Duarte Pacheco: Depois de haver conquistado Calcutá e outras cidades no Oriente, foi aprisionado por Dom Manoel (o Venturoso) e morreu na miséria. João de Castro (1500-1548): chamado nos *Lusíadas* de "o valente Castro". Depois de combater os mouros nas costas da África, explorou o Mar Vermelho. Foi nomeado vice-rei da Índia. A ele se deve a conquista de Diu. Estudou as correntes marítimas e as marés, por isso é tido como o precursor da Oceanografia. Morreu execrado em Goa, nos braços de São Francisco Xavier.
Nuno da Cunha (1487-1539): filho de Tristão da Cunha. Administrador, foi nomeado em 1528 governador das Índias. Caiu em desgraça, foi preso e morreu no mar, ao voltar desgostoso a Portugal. Deixou poesias em seu *Cancioneiro de Rezende.*

680. Resplandor: o mesmo que resplendor.

681. Saturno: deus romano da sementeira e dos vinhedos, era sempre representado com semblante grave.
Marte: deus romano da guerra.
Mercúrio: deus romano protetor dos comerciantes e viajantes.
Júpiter: o deus dos deuses, deus do céu, da luz, dos raios.

682. Indígete: homem divinizado.

683. Foi Afonso de Albuquerque.

684. Trata-se de João de Castro.

685. Referência a Duarte Pacheco.

686. Foi Nuno da Cunha.

encomendando aos ventos levassem à sua pátria as últimas vozes, com que dela se despedia: *Pátria ingrata, não possuirás meus ossos.*

Vede agora se tinha razão para dizer que é natureza ou má condição da nossa Lusitânia não poder consentir que luzam os que nascem nela. E vede também se podia Santo Antônio deixar de deixar a pátria, sendo filho de uma terra onde se não consente o luzir, e tendo-lhe mandado Cristo que luzisse: *Assim brilhe a vossa luz.*

Eu não direi que São João no seu Apocalipse levantou figura aos que nascem em Portugal; mas há muitos dias que naquelas suas visões de Patmos[687] tenho observado uma notável pintura, na qual estão retratadas ao vivo as torturas ou influências deste fatal nascimento: *Apareceu no céu um grande sinal: uma mulher revestida do sol, com a lua debaixo dos pés e na cabeça uma coroa de doze estrelas. Grávida, gritava nas dores de parto e com ânsias de dar à luz. Apareceu no céu outro sinal: um grande dragão cor de fogo; o dragão parou diante da mulher com dor de parto a fim de lhe devorar o filho quando o desse à luz* (Ap 12,3-4). Esta é em suma a história da visão, na qual diz o evangelista que viu primeiramente uma mulher vestida do sol, coroada de estrelas, e com a lua debaixo dos pés, a qual estava de parto, e dava vozes. E que logo apareceu diante desta mulher um grande dragão, o qual, com a boca aberta, estava esperando que saísse à luz o filho, para lhe tragar e comer, tanto que[688] nascesse. Infeliz menino, antes destinado às unhas e dentes do dragão, que nascido! Mas que dragão, que mulher, e que filho é este? O enigma é tão claro, que pelas figuras sem letras se pode entender. A mulher vestida de luzes, o mesmo nome diz que é a Lusitânia; as luzes são as que ouvistes o ano passado; e o ter a lua debaixo dos pés é a maior expressão da mesma figura, porque a Lusitânia foi a primeira em toda Espanha que sacudiu o jugo dos sarracenos, e tantas vezes então e depois meteu debaixo dos pés as luas maometanas[689]. O parto, que a

687. Patmos: ilha grega, ao sul de Samos. Tem 34km^2 e 2.500 habitantes. Nesta ilha foi escrito o Apocalipse por um autor que se apresenta como "João". A partir de Justino (150 d.C.) o livro se atribui ao Apóstolo João, opinião conservada e afirmada pela tradição, mas essa autoria é discutida pelos especialistas.

688. Tanto que: assim que, logo que.

689. A meia-lua é símbolo dos muçulmanos, como a cruz o é dos cristãos.

fazia bradar, são os filhos ou partos da Lusitânia, não todos, senão aqueles com que ela dá brado no mundo. E o dragão, finalmente, já preparado e armado para tragar esses filhos, é aquele mesmo dragão que Portugal tem por timbre[690] das suas armas, porque é timbre da nossa nação, tanto que sai à luz quem pode luzir, tragá-lo logo, para que não luza. De maneira que a mulher e o dragão, em tão diferentes figuras, uma humana, outra sem humanidade, ambas vêm a ser a mesma coisa, porque como mulher pare os filhos, e como dragão, os traga depois de nascidos.

Os exploradores que foram descobrir e informar-se da Terra de Promissão, de tal maneira a descreveram, que parece definiram a nossa. Três coisas disseram, todas grandes e notáveis; mas a terceira assombrosa e terrível, e para todos fugirem de tal terra. Disseram que era tão fértil, e de clima tão benigno, que os rios manavam mel e leite: *Chegamos à terra a que nos mandaste. De fato é uma terra onde corre leite e mel* (Nm 13,27). Disseram mais, que viram nela homens da geração dos gigantes: *Vimos por lá gigantes, descendentes de Enac* (Nm 13,33). E sobre estas duas prerrogativas tão singulares, a terceira, que acrescentaram, foi que era uma terra que comia e tragava os seus naturais: *A terra que percorremos é uma terra que devora os próprios habitantes* (Nm 13,32). Julgai se quadra bem toda a definição à nossa terra. É tal na benignidade dos ares, na fertilidade dos campos, na afluência dos rios, que, chamando-se antigamente Letes o que hoje se chama Lima[691], é opinião de muitos autores que o temperamento e delícias da Lusitânia foram as que deram motivo à fábula dos Campos Elísios[692]. Que na mesma terra se conserve a geração dos gigantes, isto é, de homens maiores que os outros homens, também o não pode negar quem tiver lido as antiguidades do mundo. Basta, por exemplo, serem os lusitanos os que com o seu Rei Sículo, filho de Luso, debelaram em Sicília os ciclopes, e deixaram eternizada esta vitória no mesmo nome de seus habitadores, os quais

690. Timbre: selo, sigilo, marca, insígnia.

691. Enquanto se chamava Letes, significa o Rio da Morte. O Rio Lima nasce na Espanha e percorre 62km dentro de Portugal para cair no Atlântico à altura de Viana do Castelo.

692. Campos Elísios era o nome, nas mitologias grega e latina, do lugar privilegiado que, nos infernos (Hades), ocupavam as pessoas virtuosas. A raiz de "elísios" se prende à ideia de felicidade.

desde então se chamaram sículos[693]. Mas que importam estas excelências, e outras que se puderam dizer sem lisonja, se o clima ou constelação natural da mesma terra é tão alheia de humanidade, que come seus próprios filhos? Que importa que, como mãe, seja tão felizmente fecunda nos partos, que os gere de tão eminente estatura, se, como dragão peçonhento, com raiva de os ver tão grandes, os morde, os rói, os abocanha, os atassalha[694], e não descansa até os engolir e devorar de todo: *Terra que devora os próprios habitantes?*

Em Portugal é delito o muito saber

Agora sim, que já posso responder a Santo Antônio, e confutar[695] a sua escusa. De maneira, meu Santo, que deixais Portugal, e vos embarcais para África, porque dizeis, que ides buscar o martírio? Antes, por isso mesmo vós não deveis sair da vossa pátria. Não tendes vós já encerrado no peito aquele grande tesouro de sabedoria e eloquência, com que depois haveis de esclarecer e assombrar o mundo, e agora a vossa modéstia e humildade encobre e dissimula, e, quase contra o conselho deste mesmo Evangelho, tem escondido debaixo do meio-alqueire: *Não se acende uma candeia para pô-la sob o alqueire?* (Mt 5,15). Escusado é logo ir buscar o martírio incerto por mar em terras estranhas, se o tendes mais breve e mais seguro na mesma onde nascestes. Amanheçam em Coimbra os resplandores dessa Teologia, que depois há de ter a primeira cadeira na segunda religião[696] de que tendes tomado o hábito; passai com os ecos dessa fama a Lisboa, e começai a levar após vós a corte, com a eloquência mais que humana dessa língua imortal, e eu vos prometo – não tanto que ela falar, senão depois que for falada – que não faltem naturais vossos que vos façam mártir. Não vos asseguro rodas de navalhas, nem bois de metal, porque lá não

693. São lendas. Na verdade, os primeiros habitantes da ilha, chamados sículos, são de origem asiática.

694. Atassalhar: despedaçar, dilacerar. Observe-se o crescendo dos verbos de Vieira na frase: morder, roer, abocanhar, atassalhar, engolir, devorar.

695. Confutar: responder, refutar.

696. Santo Antônio foi o primeiro professor de Teologia da Ordem Franciscana, por desejo expresso de São Francisco. Segunda religião aqui significa segunda ordem religiosa, tendo sido a primeira a dos Cônegos Regrantes de Santo Agostinho.

se martiriza com tanto engenho; mas, se vos contentais com martírio mais aparelhado, e mais vulgar, de serdes logo um São Sebastião, não o duvideis. Todos os raios que de si despedir a vossa luz se hão de converter em setas que se empreguem em vós. O vosso nome há de ser o aplauso de todas as vozes, e o vosso corpo o alvo de todas as setas[697]. Não vos há de valer serdes filho de São Francisco, uma vez que mostrardes que sois geração de gigante: *Vimos lá descendentes de Enac.*

Apareceu Saul no meio do povo de Israel, em ocasião que estava junto em cortes[698], e diz o texto sagrado que era de tão alta e agigantada estatura, que do ombro para cima excedia a todos: *De pé no meio do povo, ele sobressaía a toda a gente dos ombros para cima* (1Sm 10,23). E vós, Saul, sois tão grande na terra onde nascestes, que os maiores, quando muito, vos dão pelo ombro, e com toda a cabeça sobrepujais a todos? Ora, esperai pelos efeitos dessa vossa tão bizarra estatura, e vereis a fortuna que com ela vos aguarda. Deu-se a fatal batalha dos campos de Gelboé, e, posto que na confusão dos grandes exércitos, quando se combatem, apenas se conhece distinção de homens a homens, como Saul avultava tanto entre a multidão, sobre ele carregou todo o peso da batalha, e nele se empregaram todas as setas: *Todo o peso do combate caiu sobre Saul e foi gravemente ferido pelos flecheiros* (1Sm 31,3). Os sete montes daquela cidade[699], em um dos quais nasceu Santo Antônio, todos são montes de Gelboé. Ali está encantada a fatalidade dos que fez a natureza ou a fortuna maiores que os outros. Contra eles se armam as batalhas, contra eles se tiram as setas, e sobre eles se descarrega todo o peso da guerra, porque a inveja, como filha primogênita da soberba[700], pesa para cima, e todos seus tiros se assestam contra o mais alto. Não debalde domina sobre Portugal o sagitário, porque este é o signo em que lá nascem todos os que são apontados com o dedo, para que contra eles se apontem as setas. Escusadamente vai logo provocar as dos arcos

697. Foi exatamente o que aconteceu a Vieira que, chegado do Brasil, conquistou a Corte com sua oratória e cultura, recebeu aplausos e, depois, foi caluniado, execrado e aprisionado.

698. Em Cortes: reunido para tomar decisões para todo o povo.

699. Referência às colinas de Lisboa.

700. Também Santo Antônio, no sermão do III domingo de Pentecostes, aproxima o significado de Gelboé à soberba: "Gelboé interpreta-se descida ou montão que chove e significa a soberba, que está sempre em descida, porque a soberba cai".

turquescos[701] a África, quem as tinha tão aparelhadas na pátria, e tão certas[702] na sua própria grandeza.

Essa foi, se eu não me engano, a providência daquela inopinada enfermidade, com que, apenas tinha posto os pés Santo Antônio nas praias africanas, quando foi outra vez obrigado a se embarcar para os ares pátrios, como se lhe dissera Deus: Vens buscar o martírio a Berbéria[703], deixando Portugal e Lisboa? Torna, torna para donde vieste, que também lá há Marrocos e tituões[704]. Para a terra de seu nascimento mandou Deus tornar a Adão: *Voltarás para a terra de que foste tomado* (Gn 3,19), e não porque aquela terra da sua pátria fosse mais sadia, senão para que nela morresse com dobrada dor, em pena de ter comido da árvore da ciência[705]. Não havia outra terra para onde o desterrar, senão para aquela mesma em que nascera? A sua pátria há de ser o seu desterro? O tirá-lo dela foi o maior favor, e o tornar para ela há de ser castigo? Sim, porque, sendo aquela terra tão feliz no primeiro parto, que gerou o primeiro homem do mundo, foi tão maldita no segundo, que não produziu mais que abrolhos e espinhos, contra esse mesmo homem que dela nascera: *Ela produzirá para ti espinhos e abrolhos* (Gn 3,18). Deixe-se ficar Antônio no Campo Damasceno[706] da sua pátria, e, se já a tem deixado, torne para ela, que nela achará, se se

701. Observe-se primeiro o sufixo pejorativo; depois a parte pelo todo, fazendo de "turco" sinônimo de maometano.

702. Tão certas: tão grandes como Santo Antônio.

703. Berbéria: terra dos bérberes ou berberes, raça que engloba os povos muçulmanos da África Setentrional.

704. Tituões ou tetuões: habitantes berberes do atual Marrocos Setentrional. A cidade de Tetuan ou Tituan foi construída no século XIV.

705. É a árvore do paraíso terrestre de que fala o Livro do Gênesis 3,4, chamada "árvore da ciência do bem e do mal".

706. Campo damasceno: paraíso terrestre. Santo Antônio emprega a expressão no sermão do V domingo da Quaresma: "A natureza humana antes do pecado foi oliveira na criação e criada no campo damasceno, mas plantada, por assim dizer, no paraíso das delícias; fecunda nos dons gratuitos, formosa nos naturais, fértil no gozo da eterna felicidade, vistosa na sua pureza". O Padre Pinto Rema reproduz no rodapé de sua tradução uma observação de Cristiano Adricórnio, publicada em 1682 no livro *Theatrum Terrae Sandae et biblicarum historiarum,* que comenta assim um pedaço de terra, perto de Hebron, chamado Campo Damasceno (em tradução nossa): "Dizem que aqui Adão foi plasmado por Deus e colocado neste paraíso terrestre e do qual foi expulso pelo pecado, que o desgraçou e nos desgraçou a todos até os dias de hoje. Situa-se a um tiro de arco de Hebron. Seu campo é tão fértil e rico que, segundo alguns, se pode pensar que

souber o que sabe, quanto ia buscar tão longe. Quando Santo Antônio, depois de comer da árvore da sabedoria em tão profundos estudos, se escondeu como Adão, bem sabia que na sua pátria também é delito o muito saber, posto que não seja por desobediência, mas por mais obedecer e servir a Deus. Manifeste, pois, à sua terra o que sabe, deixe luzir – pois assim lho manda Cristo – a sua luz, e experimentará logo que esta mesma terra, que o fez o primeiro homem, em lugar de lhe tecer coroas de louro, se arma de espinhos e abrolhos, com que o martirize: *Ela produzirá para ti espinhos e abrolhos.*

Em Portugal não há homens diante de quem se possa brilhar

Mas como Deus não queria de Antônio o seu martírio, a nova providência de uma furiosa tempestade o derrotou da pátria, para onde tornava, e o levou a tomar porto em Itália. E por que, ou para quê? Porque Deus lhe tinha mandado que luzisse a sua luz diante dos homens: *Assim brilhe a vossa luz diante dos homens.* E, para a sua luz luzir diante dos homens, era necessário que o mesmo Deus o levasse à terra onde houvesse homens, diante dos quais se pudesse luzir. Oh! terra verdadeiramente bendita, pátria da verdade, asilo da razão, metrópole da justiça[707], que não debalde te escolheu Deus para colocar em ti o seu eterno sólio![708] Quase estou para dizer que aquela figura do Apocalipse, que expliquei enigmaticamente, não só é, ou foi enigma, senão história ou profecia literal deste sucesso de Santo Antônio. Dissemos que a mulher vestida de luzes era a Lusitânia; dissemos que o dragão, que estava esperando com a boca aberta, para tragar o parto que dela nascesse, era o timbre das suas armas, e a desumanidade natural com que trata seus filhos: agora vede como

---

aqui estaria o paraíso terrestre. Possui uma terra vermelha de fácil cultivo, que os sarracenos levam ao Egito, à Índia e à Etiópia e a vendem muito caro. Conta-se que se pode plantar cada ano nas mesmas covas e que elas produzem. É também sabido que esta terra tem uma virtude que faz bem às gestantes e por isso alguns a usam em receitas supersticiosas". Vieira havia acabado de elogiar Portugal como terra abençoada e vinha de mencionar o paraíso terrestre, por isso chama de Campo Damasceno a terra que Santo Antônio iria deixar para ir à África.

707. Por trás desses elogios está também o fato de Vieira ter sido muito bem recebido na Itália, primeiro por Cósimo da Toscana e depois pelo Geral dos Jesuítas, pela Corte Pontifícia e pelos grandes de Roma.

708. Eterno sólio: o trono pontifício.

o filho, que então nasceu e escapou dos dentes do dragão, foi Santo Antônio: *E pariu* – continua o texto – *um filho varão, o qual havia de reger todas as gentes com vara de ferro, e logo foi arrebatado da presença da mãe e do dragão, e levado a Deus, e ao seu trono* (Ap 12,5).

Primeiro que tudo, não faça dúvida dizer o texto que este filho havia de reger as gentes com vara de ferro, porque é propriedade dos termos, ou títulos, com que na Escritura se descrevem os que Deus elege e constitui – como elegeu e constituiu a Santo Antônio – para pregadores universais do mundo: *Eu mesmo estabeleci o rei em Sião, seu monte santo; vou proclamar o seu decreto: tu os governarás com uma vara de ferro e quebrá-los-ás como um vaso de oleiro* (Sl 2,6.8). Assim regia e encaminhava Santo Antônio, com a lei e preceitos divinos, todas as gentes a que pregava. E assim confundia e quebrantava os rebeldes, com vara e eficácia propriamente de ferro, que por isso foi chamado por excelência *Martelo das heresias.* Este filho, pois, prodigioso parto da Lusitânia, que Deus tinha destinado a tão gloriosos fins, para o livrar assim da mesma mãe, como das unhas do dragão, de que não podia escapar, depois de sair à luz do mundo, diz o texto que foi arrebatado com violência, porque o arrebatou do caminho que levava para a pátria a violência da tempestade. E diz mais: que foi levado *a Deus, e ao seu trono,* porque a mesma violência dos ventos o levou à Itália e a Roma onde Deus tem seu trono na terra.

Já agora, meu Santo, pode luzir a vossa luz diante dos homens – *Assim brilhe vossa luz diante dos homens* – porque já estais em terra de homens, diante dos quais se pode luzir. Tanto vos era necessária a ausência de uns como a presença dos outros. Já os mesmos sumos pontífices vos chamam Arca do Testamento; já as vossas vozes são ouvidas como oráculos; já as vossas razões e sentenças são recebidas e veneradas como divinas. E não porque vós hoje sejais outro do que dantes éreis, nem outros os documentos da vossa doutrina, mas porque tanto vai de lugar a lugar, e de homens a homens: *Diante dos homens.*

Esta felicidade de achar Santo Antônio homens diante dos quais luzisse a sua luz como o Senhor lhe mandava foi na minha opinião uma das maiores graças que o mesmo Senhor lhe concedeu, porque, sendo muito poucos no mundo os homens que podem luzir, aqueles diante dos quais se possa luzir ainda são muito menos. Todos os dias ouvimos no Evangelho de São João uma coisa em que eu não acabo[709] de reparar: *Houve* – diz – *naquele tempo, um homem, mandado por Deus, o qual veio para ser testemunha, e testemunhar da luz* (Jo 1,6-7). A luz não há mister testemunhas, porque ela por si mesma, e sem mais prova, demonstra o que é.

Quanto mais que a luz de que falava o evangelista – como ele mesmo acabava de dizer – era a luz verdadeira, e fonte de toda a luz, Cristo, que alumia todos os homens: *Era a luz verdadeira que ilumina todo homem que vem a este mundo* (Jo 1,9). Pois, se todos os homens viam essa mesma luz, por que foi necessário que mandasse Deus um homem como o Batista, para que testemunhasse dela? Porque tão raros são como isto no mundo os homens, que possam testemunhar da luz. Poder ver a luz, e ser alumiado dela, é de todos os homens: *Que ilumina todo homem.* Mas fazer verdadeiro conceito dessa mesma luz, e dizer e testemunhar o que ela é – *E testemunhar da luz* – para isso apenas se acha no mundo um homem, e esse mandado por Deus: *Houve um homem mandado por Deus.* Testemunhar o Batista de Cristo[710], como discretamente notou São Gregório Nazianzeno[711], era alumiar o sol com uma candeia; e, sendo isto uma coisa que não só parece supérflua, mas ridícula, teve necessidade o sol desta candeia, para que entre os homens houvesse um que testemunhasse da sua luz como merecia: *Para que testemunhasse da luz.*

E se quisermos examinar a causa deste efeito, tão contrário à natureza da mesma luz, acharemos que todo procede, não da luz, senão dos homens. O mesmo São João o disse: *A luz veio ao mundo, mas os homens amaram mais as trevas que a luz* (Jo 3,19). Veio a luz ao mundo, e os homens – quem tal havia de imaginar? – amaram mais as trevas, que a luz. Quantas vezes se vê isto no mundo, e eu o tenho visto? Ver os que luzem, é para rir; e ver os que não luzem, para chorar: *Amaram mais as trevas que a luz.* As trevas amadas, veneradas, e aplaudidas, como se foram luz; e a luz aborrecida, desestimada e perseguida, como se fora trevas. Tal é, e tal costuma ser o juízo dos homens, ou seja por ignorância, ou por malícia. Mas que remédio terá a luz para não ser aborrecida de tal gente? Se é aborrecida porque veio do mundo – *A luz veio ao*

709. Não acabo de: não me canso de, não termino de.

710. Testemunhar o Batista de Cristo = João Batista dar testemunho de Cristo.

711. Cf. nota 190.

mundo – vá-se do mundo, e não será aborrecida. Assim o cuidava eu, e assim creio que bastará para com alguns homens, mas não para com todos.

Diz Plínio[712] que os homens do Monte Atlante todos os dias amaldiçoam o sol duas vezes, uma quando nasce, e outra quando se põe: *Amaldiçoam o sol levante e o sol poente.* O Monte Atlante[713] é aquele tão bem-opinado entre os homens, que dele se diz e celebra que sustenta o céu com seus ombros, e que o mesmo céu havia de cair, se aquela forte coluna o não sustentara. Pois, se com tanto trabalho e tanto zelo se sustenta neste monte o céu para que não caia, a melhor joia e maior lustre do mesmo céu, que é o sol, como é tão aborrecido e anatematizado no mesmo monte? Dir-me-eis que tudo isto é fábula e mentira, e que a verdadeira razão deste ódio é porque os moradores do Monte Atlante são os etíopes[714], mais adustos[715], como mais vizinhos, ou menos defendidos do sol, e por isso aborrecem tanto a luz dos seus raios, porque aos outros homens alumia, e a eles queima. Mas se isto assim é, como é, aborreçam os do Monte Atlante ao sol quando nasce, e não quando se põe. Se o recebem com maldições quando vem, deem-lhe graças e louvores quando se vai. Mas quando vem e aparece diante destes homens, aborrecido na presença, e quando se vai, e os deixa, também aborrecido e perseguido na ausência: *O sol levante e poente*? Sim, porque o sol, ainda que se vai, vai para tornar: *Ele sai de um extremo do céu e vai até o outro extremo* (Sl 18,7). Vá-se pois o sol, e desapareça duma vez para sempre, e logo nem os do Atlante terão quem os queime, nem o sol quem o injurie.

A esterilidade da terra em que nasceu Santo Antônio

Isto é que fez Santo Antônio: não só se foi da sua terra, senão para sempre, e para nunca mais tornar a ela. Nem o Santo podia deixar de o fazer assim, suposto o preceito divino, e o fim e o intento dele. O fim e intento do preceito

712. Cf. nota 91. Santo Antônio o cita ao menos 50 vezes.

713. Monte Atlante ou Monte Atlas é a montanha mais importante do norte da África que faz barreira entre a costa mediterrânea e o Saara. Conhecida desde a Antiguidade, a montanha deu nome ao mitológico Atlas que foi por Zeus castigado a sustentar o globo do mundo em seus ombros. Atlantes era o povo que morava no versante sul da montanha, que pouco mais adiante Vieira chamará genericamente de etíopes.

714. Etíopes: a parte pelo todo; significam "os negros".

715. Adusto: queimado, tostado, tisnado.

de Cristo era que de tal maneira luzisse diante dos homens, que *eles vissem suas obras boas* e nada disto podia ser, se Santo Antônio ficasse na pátria, e quisesse luzir nela. E por que razão, ou sem razão? Por tantas quantas são as palavras do mesmo preceito: *Para que vejam as vossas boas obras.* Ele havia de fazer as obras: *vossas obras;* os homens haviam-nas de ver: *Para que vejam*; e essas obras, vistas, haviam de ser *boas* – e nenhuma destas coisas podia Santo Antônio conseguir entre os da sua pátria, por outras tantas razões. Primeira, porque não havia de poder fazer essas obras; segunda, porque, ainda que as fizesse, não as haviam de ver os homens; terceira, porque, ainda que as fizesse, e eles as vissem, não haviam de ser boas: *Para que vejam as vossas boas obras.* Dai-me agora atenção.

Primeiramente digo que aquelas obras que o Evangelho recomenda a Santo Antônio, ele as não havia de fazer, nem as podia fazer na sua pátria, e não por falta de virtude no Santo, senão por defeito ou esterilidade natural da terra em que nasceu. Não é coisa nova na natureza haver terras que são fecundas para as plantas, e estéreis para os frutos. São fecundas para as plantas, porque elas produzem as árvores; e são estéreis para os frutos, porque essas mesmas árvores não podem produzir os frutos enquanto estão nelas. Por esta razão e experiência inventou a agricultura o remédio de transplantar, arrancando ou desterrando as plantas da terra onde nasceram, e passando-as a outras, onde frutifiquem. Isto é o que fez ou sucedeu a Santo Antônio, do qual parece que profetizou Davi, quando no texto hebreu, em que falava, disse: *Será como a árvore que foi transplantada e dará seu fruto* (Sl 1,3). Os milagres e obras prodigiosas com que Santo Antônio admirava e convertia o mundo em Itália e França eram frutos daquela generosa planta, mas transplantada – *Como árvore transplantada.* Porque se Deus, que também é agricultor – *Meu Pai é agricultor* (Jn 15,1) – o deixara ficar na terra onde nasceu, nenhuma dessas maravilhas havia de obrar, nenhum desses frutos havia de produzir, não por defeito da planta, senão por vício da terra.

É a nossa terra – para que se não queixe de que lhe digo injúrias – como a pátria de Cristo. Obrava Cristo, Senhor nosso, por toda a parte aquela multidão de milagres, tantos, tão contínuos e tão estupendos, como sabemos; mas tanto que chegava à sua pátria – assim como o Maná cessou, tanto que chegou à Terra da Promissão – assim cessava, e se suspendia, e ficava totalmente parada aquela corrente celestial e benéfica de maravilhas, com que socorria, remediava e admirava a todos. São Marcos chegou a dizer que Cristo na sua pátria não podia fazer milagre algum: *Foi à sua terra e lá não pôde fazer nenhum milagre* (Mc 6,5). Ainda na boca de um evangelista parece duvidosa esta proposição. Cristo, enquanto Deus, não era onipotente por natureza, e, enquanto homem, não era também onipotente por comunicação e por graça? Assim o crê e confessa a nossa fé. Pois, como é possível que um homem-Deus, e por um e por outro modo onipotente[716], não pudesse fazer milagres na sua pátria? Aqui vereis que coisa é a pátria. E se tanta resistência e contradição experimentou a onipotência ordinária, que seria a delegada de Santo Antônio?

Respondeu Cristo a este escândalo com aquele provérbio universal: *Não há profeta sem honra senão na sua pátria* (Mt 13,57; Mc 6,4). De sorte que toda esta repugnância ou todo este impossível topava na honra. E como é vício natural da pátria não sofrer nem poder ver mais honrado a quem nasceu nela, porque a pátria não podia sofrer a honra de Cristo, não podia Cristo na pátria fazer os milagres. Para os milagres honrarem a Cristo na sua pátria era necessário que os da mesma pátria cressem que eram verdadeiros milagres. Mas eles, diz o evangelista, eram tão duros, e tão incrédulos, que não criam que um homem seu natural[717] pudesse fazer obras sobrenaturais, e por isso o Senhor as não podia fazer: *Lá não pôde fazer nenhum milagre e se admirava da incredulidade deles* (Mc 6,5-6). Reparemos muito nesta última cláusula, e na conexão dela com a antecedente. Diz o evangelista que não podia Cristo fazer milagres na sua pátria, e que o mesmo Senhor se admirava muito de que a incredulidade dos seus naturais fosse a causa de não poder fazer os milagres: *E se admirava da incredulidade deles.* Pois, porque eles não criam que Cristo pudesse, por isso Cristo não podia? Sim, e o mesmo Mestre divino declarou o segredo deste impossível noutra ocasião.

Pediu-lhe um pai a saúde milagrosa para um filho, dizendo: *Se é que podeis, favorecei-me a mim e a este filho* (Mc 9,21). E o Senhor respondeu: *Se tu*

716. No sermão do X domingo de Pentecostes diz Santo Antônio: "Cristo, poder de Deus e sabedoria de Deus, atinge tudo... sendo do mesmo poder de Deus Pai".

717. Natural: conterrâneo, copatriota.

podes crer, tudo é possível a quem crê. Notai que não disse: Tudo me é possível a mim, porque sou onipotente – senão: Tudo te é possível a ti, se crês que eu posso. E a razão é porque, segundo a disposição condicional da Providência Divina, para se fazer um milagre são necessárias duas possibilidades: uma ativa, da parte de Deus, que faz o milagre, que é a onipotência; e outra passiva, da parte do homem, a quem se faz, que é a credulidade. E como nos naturais de Cristo faltava esta segunda possibilidade, e pela inveja natural, que nasce com os que nascem na mesma pátria, não podiam crer – nem querer – que Cristo nascido entre eles fizesse milagres, por isso o mesmo Senhor não podia na sua terra o que podia em todas: *Lá não pôde.*

Oh! Pátria, tão naturalmente amada como naturalmente incrédula! Que filhos tão grandes e tão ilustres terias, se assim como nascem de ti, não nascera juntamente de ti, e com eles, a inveja que os afoga no mesmo nascimento, e os não deixa luzir nem crescer? Aquele trigo malogrado do Evangelho, que caiu entre espinhos, diz o texto que *os espinhos que juntamente nasceram com ele o afogaram* (Lc 8,7). Note-se muito o *que nasceram com eles.* Não há coisa que mais pique, nem de que mais se piquem os naturais, que da emulação e inveja[718]. Estes são os espinhos que afogam logo, desde seu nascimento, os que nascem na mesma terra, e estes são os que haviam de afogar na nossa a Santo Antônio, para que não obrasse fora dela o que obrou, nem obraria se não fugisse dela.

Mas que muito que houvesse de suceder a Santo Antônio com os da sua, o que sucedeu ao mesmo Deus depois que teve pátria? Impugnavam e contradiziam os de Nazaré, pátria de Cristo, a fama das maravilhas do Senhor, e houve um que se atreveu a lhe dizer em presença: *Quanto ouvimos que fizeste em Cafarnaum, faze aqui em tua pátria!* (Lc 4,23). Isto que ouvimos de vossas maravilhas ao longe não o veremos de perto? Desses milagres, tantos e tão famosos, que fazeis nas outras partes, não fareis também algum aqui na vossa pátria? Não, e por isso mesmo. Na terra onde nascem os milagrosos, não nascem nem se

718. Santo Antônio, no sermão do XIV domingo de Pentecostes, chama a inveja de lepra. No sermão do III domingo do Advento a chama de animal roedor. No sermão do IV domingo do Advento a diz dilaceradora dos corações. No sermão do III domingo de Páscoa declara: "Os invejosos são o trono de Satanás". No sermão do X domingo de Pentecostes comenta o veneno da inveja. E no sermão do IX domingo de Pentecostes compara a inveja a um abutre.

dão os milagres. O que só não pode estorvar a pátria, é que cheguem lá os ecos da fama, e que de boa ou má vontade sejam ouvidos: *Quanto ouvimos.* Assim chegavam e se ouviam de longe em Portugal as maravilhas do seu grande português: e, posto que não sei se eram tão cridas e aplaudidas então como mereciam, o que só posso afirmar sem escrúpulo, é que não seriam tão bem ouvidas na terra própria como ele era ouvido nas estranhas. Ouviam[719] que quando pregava Antônio cessavam todos os outros exercícios mecânicos, civis e políticos, porque os lavradores deixavam os arados, os mercadores as tendas, os ministros os tribunais, os cortesãos os palácios e os teatros[720]: *Quanto ouvimos!* Ouviam que se despovoavam as cidades, e que não cabendo a multidão imensa nos templos, era obrigado a pregar nos campos, e que, pregando em uma só língua, sendo de diferentes nações os ouvintes, todos o entendiam como se falara na sua: *Quanto ouvimos!* Ouviam que, vestido de burel, e descalço, ia cercado de guardas, e defendido de homens armados[721], os quais mal podiam resistir ao peso e tumulto das gentes, que concorriam a lhe beijar o hábito e roubar algum fio dele, como preciosa relíquia: *Quanto ouvimos!* Ouviam que, se o não queriam ouvir os hereges obstinados, para confundir sua dureza e rebeldia, ia pregar aos peixes, e que eles, chamados da sua voz, concorriam de todo o mar em cardumes, grandes e pequenos, e, postos por sua ordem com as cabeças fora da água,

---

719. Belíssima página retórica em que, com fina ironia, usando a repetição de uma frase de alguém que não acreditava nos milagres de Cristo, Vieira vai num crescendo impressionante passando os milagres de Santo Antônio.

720. A *Rigaldina:* "Enquanto ele ficava numa cidade, se consagrava inteiramente à pregação e a população ficava de tal modo inflamada do desejo de ouvi-lo que se era forçado organizar turnos nas diversas igrejas, tamanha era a afluência. Mas em breve todas elas se tornavam pequenas para receber a multidão, e o Santo devia pregar nos prados vizinhos, ao ar livre. A população acorria com todo o clero, vinha gente das cidades e burgos vizinhos, e cada um se procurava um lugar para ouvi-lo. Os comerciantes fechavam os negócios e nenhum deles ousava vender alguma coisa durante o sermão. Inimizades mortais terminavam; prisioneiros recuperavam depois de muito tempo a liberdade; restituíam-se bens roubados ou ganhos pela usura; dívidas e resgates eram perdoados; prostituras deixavam seu torpe métier".

721. Ainda a *Rigaldina:* "Sua fama de pregador se espalhou de tal maneira que o povo passou a lhe ter tamanha veneração a ponto de cada um querer tocá-lo. Muitas vezes ele teria sido massacrado pela multidão, se uma escolta de jovens fortes não o protegesse, quando ia de um lugar a outro. Era tanta a confiança que tinham nele que, se alguém podia cortar-lhe um pedacinho do hábito, se julgava possuidor de uma grande relíquia. Era tanto o desejo de ouvir os sermões do Servo de Deus que, com mais de 30 mil pessoas na praça, não se escutava o mínimo barulho".

como se tiveram o uso de razão, que faltava aos homens, escutavam atentos o que Santo Antônio lhes dizia, e assentiam a tudo[722]: *Quanto ouvimos!* Ouviam que, armando-se uma horrenda tempestade sobre o povo inumerável, que no campo descoberto ouvia ao Santo, ele os assegurou que ninguém se inquietasse ou movesse, e, voltado para o céu escuro e medonho, com o aceno somente de uma mão emudeceu os trovões, apagou os relâmpagos e suspendeu as nuvens, as quais não tiveram licença para chover, senão depois de recolhidos todos a suas casas[723]: *Quanto ouvimos!* Ouviram que, encomendando-se a Antônio, os cegos viam, os surdos ouviam, os mancos andavam, os mudos falavam, os enfermos de todas as enfermidades saravam[724], e até os mortos, invocado o Santo por boca dos vivos, ressuscitavam, sendo muito mais admiráveis ressurreições as de infinitos pecadores que, mortos e sepultados em todo o gênero de vícios, por força da palavra divina, pronunciada pela boca de Antônio, se convertiam à penitência, e restituíam à graça: *Quanto ouvimos!* Todas estas e outras muitas maravilhas se ouviam em Portugal e Lisboa, onde as levava a fama; mas que o mesmo Santo, que tantos e tão prodigiosos milagres obrava nas terras estranhas, os fizesse também na sua – *Faze aqui na tua pátria* – isso não, porque não podia ser: *Lá não pôde fazer nenhum milagre.*

---

722. Cf. nota 162.

723. Cf. nota 437.

724. Citamos muitos milagres do Santo em notas aos sermões de Vieira. Acrescentamos mais dois, sempre segundo os *Fioretti:*
"Uma menina chamada Padovana, de 4 anos, era paralítica dos pés e apenas conseguia se arrastar. Além disso sofria de fortes convulsões, espumando de fazer pena. Uma vez seu pai, chamado Pedro, a tinha nos braços, quando encontrou o Santo que voltava de uma pregação, e lhe pediu que abençoasse a menina. Vendo o Santo a devoção daquele homem, fez um sinal da cruz da cabeça aos pés da menina. A criança ganhou segurança nos pés, podendo caminhar sozinha e nunca mais sofreu a epilepsia".
"Um menino de 20 meses, chamado Tomasino, morava com seus pais numa casa perto da igreja do beato Antônio, em Pádua. Incautamente a mãe o deixou perto de uma tina cheia de água, e saiu para fazer qualquer coisa fora. Ao voltar, viu que os pezinhos do menino emergiam da água, correu e o encontrou afogado, com a cabeça no fundo. Gritando, pegou do menino já morto e rígido. Chorava e gritava tanto que a vizinhança acorreu inteira, inclusive alguns frades e os operários que faziam reparos na Igreja de Santo Antônio. Vendo que de fato o menino estava morto, tiveram pena da mãe e procuravam consolá-la. Esta, porém, recorreu à intercessão do Santo e prometeu distribuir aos pobres a quantidade de trigo correspondente ao peso do menino se o Santo o ressuscitasse. Pouco depois o menino reviveu e correu para o colo da mãe. Todos que viram o prodígio deram graças a Deus e a Santo Antônio".

Vejo, contudo, que todos estão reclamando contra esta doutrina, e argumentando contra a verdade dela, não menos que demonstrativamente, e com experiência. Porque sabemos que Santo Antônio foi a Lisboa para livrar a seu pai, condenado falsamente por um homicídio, e que em presença de todo o povo, e ministros da justiça, que o levavam ao suplício, ressuscitou o mesmo morto; e que este declarou a verdade, e depôs juridicamente que não era aquele homem que o matara[725]. Pois, se Santo Antônio fez este estupendo milagre em Lisboa, e dentro dos muros dela, e no adro da mesma Sé, junto às casas onde o mesmo Santo nasceu, como digo eu, nem posso provar com verdade, que Santo Antônio não havia nem podia fazer milagres na sua pátria? Agradeço-vos muito a instância[726], que é bem apertada, e também espero que me haveis de agradecer a solução. Respondo e concedo que Santo Antônio fez este milagre, e também outro semelhante em Lisboa[727]; mas o Santo Antônio que fez os milagres em Lisboa não era o nascido em Lisboa. Ora vede. Quando um santo aparece realmente em alguma terra distante, pode ser por um de dois modos: ou levado lá, como levou o anjo ao Profeta Habacuc à Babilônia[728], ou reproduzindo-o Deus, e ficando onde estava, como Cristo está no céu, e juntamente no Sacramento. Deste segundo modo é que fez Santo Antônio os milagres em Lisboa, não levado, senão reproduzido, porque no mesmo tempo ficou e estava em Itália, pregando e inclinado sobre o púlpito, como diz a história. E como o santo que fez os milagres era Santo Antônio reproduzido, não era Santo Antônio nascido em Lisboa. O Santo Antônio nascido em Lisboa, esse ficou cá em Itália; o que obrou lá o milagre era o mesmo Santo Antônio, sim, mas reproduzido e nascido de novo nas mãos da onipotência. De sorte

725. Cf. nota 73.

726. Instância: aqui significa objeção, pedido de explicação.

727. Vieira se refere ao milagre da ressurreição do sobrinho do Santo, assim contado, numa das versões mais curtas, pelos *Fioretti:* "Em Lisboa, o filho da irmã de Santo Antônio, com cerca de 5 anos, foi brincar no mar com outros meninos. O barco virou e, enquanto os colegas se salvaram a nado, o pequeno se afogou. Três horas depois chegou a mãe no lugar e recebeu o corpo encontrado pelos pescadores. O pai o queria sepultar, mas a mãe gritava: *Deixe-o comigo ou me enterre junto!* E voltando-se para Santo Antônio lhe disse chorando: *Meu irmão, tu és tão compassivo e milagroso com os outros, serás cruel com tua irmã? Ajuda-me, dá-me o filho de volta vivo! Prometo oferecê-lo à tua Ordem, para que sirva a Deus pela vida inteira.* De repente, o menino ressuscitou incólume. A mãe cumpriu o voto e o miraculado viveu santamente na Ordem".

728. Cf. Dn 14,33-40.

que, para Santo Antônio fazer milagres em Lisboa, foi necessário que Deus lhe desse outro segundo e novo nascimento, e assim segunda vez nascido fizesse o milagre na terra onde não nascera.

Quando chegou aos ouvidos de el-rei Herodes a fama dos grandes milagres que Cristo obrava, entrou o rei em um pensamento notável. Presumiu e disse que aquele homem não era Cristo, senão o Batista ressuscitado, e que por isso fazia tantos milagres: *João Batista ressuscitou dos mortos e é sua força milagrosa que opera nele* (Mt 14,2). Consta do Evangelho que o Batista não fez milagre algum em sua vida: *João não fez nenhum milagre* (Jo 10,41). Pois, se o Batista não fez milagres enquanto vivo, donde se colhe que os faria depois ressuscitado? Porque a ressurreição é um segundo nascimento do mesmo homem, que por isso se chama regeneração; e a graça que não teve o maior dos nascidos no primeiro nascimento era verossímil que a tivesse no segundo. Isto, pois, que em São João reproduzido era verossímil, em Santo Antônio foi certo. Não porque o segundo nascimento lhe desse a virtude de fazer milagres, que já a tinha, mas porque lhe tirou o impedimento de ser a terra em que nascera; e como Lisboa não era pátria de Antônio assim reproduzido, por isso pôde fazer milagres em Lisboa, o que de outro modo não podia: *Não pôde lá fazer nenhum milagre.*

A inveja cega os olhos

Mas, dado que Santo Antônio fizesse milagres na sua pátria, a segunda coisa que prometi, e digo, é que os homens da mesma terra não os haviam de ver. O que Cristo encomenda a Santo Antônio no nosso texto é que a sua luz resplandeça de tal modo diante dos homens, que eles vejam as suas obras ilustres e gloriosas: *Assim brilhe a vossa luz diante dos homens para que vejam vossas boas obras* (Mt 5,16). E estas obras ilustres e gloriosas, se o Santo as fizesse na sua pátria, como supomos, parece que não podiam os homens deixar de as ver. O não as verem só podia ser, ou por falta das obras, ou por falta da luz.

Assim o notou Santo Agostinho[729], dando a razão por que não vemos a Deus, estando Ele presente em toda a parte: *Há o que ver, mas falta o com que ver.* Para ver é necessário objeto e luz: o objeto, que é Deus, sempre o temos

729. Cf. nota 199.

presente; a luz, com que Ele se pode ver, essa é a que nos falta, e por isso o não vemos. Mas no nosso caso nem faltavam o objeto, que são obras – *Vossas boas obras* – nem faltava luz, que era a mesma de quem as obrava – *Assim brilhe a vossa luz*. Logo, como pode ser que os homens as não vissem? Digo que sim pode ser, e que assim havia de ser, não por falta das obras nem por falta de luz, senão por falta de olhos.

Nasceu no primeiro dia do mundo a luz, a qual não era outra coisa que um globo daquele luminoso acidente criado na segunda ou terceira região do ar, dentro da qual fazia seu curso, dividindo o dia da noite, e dando desde logo à duração composta de ambos o período natural que hoje observam. É porém coisa muito digna de admirar que, enquanto aquela primeira luz se conservou no lugar onde foi criada, não houve olhos criados que a vissem, porque nem a terra e a água, criados no primeiro dia nem o firmamento no segundo nem as plantas e ervas no terceiro, tinham olhos. Luzia a luz, e não havia olhos que a vissem luzir; alumiava ela só o universo, e não havia em todo o universo olhos que se alumiassem com ela nem a vissem alumiar; distinguia as noites e os dias, mas não havia olhos que notassem a igualdade e concerto desta distinção, nem se alegrassem com a presença da mesma luz, ou sentissem sua ausência. Não sei se chame a isto desgraça da luz, se natureza do lugar ou região em que nasceu ao mundo. Desenganai-vos, luz, ainda que sejais a primogênita do Criador, e a primeira de todo o criado, que enquanto não sairdes do lugar onde nascestes, não há nem hão de haver olhos que se ponham em vós. Saí, saí desse berço natural, em que nascestes, passai a outros lugares estranhos e remontados, e logo tereis olhos que vos vejam, que vos admirem, que vos amem, que vos celebrem, que vivam de vós, morram por vós. Assim foi. Ao quarto dia da criação tirou Deus a luz da região do ar, onde a criara, repartiu-a pelas esferas celestes com forma e nome de sol, de luz e de estrelas; e logo no quinto dia e no sexto se desfez o mundo todo em olhos, que se alumiassem com a luz e a festejassem: olhos no mar, olhos no ar, olhos na terra; olhos nas aves, olhos nos peixes, olhos nos animais terrestres; e, sobretudo, olhos no homem, que não só lograsse os resplendores da luz, mas desse os devidos louvores ao Criador dela[730]. De maneira que esta

730. É bonita a repetição insistente de "olhos": no ar, no mar, na terra; e repete no ar (aves), no mar (peixes), na terra (animais) para coroar com o homem, senhor dos três elementos.

mesma luz que hoje vemos, e com que vemos todas as coisas, enquanto esteve, e não saiu do lugar e região em que nascera nem ela se via nem se viam com ela as outras obras admiráveis da Onipotência, e não por falta das obras nem por falta da luz, senão por falta de olhos. E isto é o mesmo que eu digo e suponho que havia de suceder a Santo Antônio.

Um dos mais famosos milagres que fez Cristo, Senhor nosso, foi o vulgarmente chamado do diabo mudo[731], porque foram quatro milagres em um milagre. O miserável homem era mudo, e falou; era surdo, e ouviu; era cego, e cobrou vista; era endemoninhado, e ficou livre do demônio. Pode haver maior fecundidade de milagres? As árvores muito fecundas, como diz a nossa língua, dão os frutos em pinha[732]. Mas vede qual era a terra onde nasciam. Começavam a se admirar as turbas à vista de tanto milagre junto: eis que no mesmo ponto chegam-se os escribas e fariseus ao mesmo obrador daqueles milagres, e dizem-lhe assim: *Mestre, quiséramos ver um milagre vosso* (Mt 12,38). Há tal pedir, e em tal ocasião, e naquele mesmo lugar? Não acabavam estes homens de ver um milagre, e quatro milagres? Não. Cristo era o que tinha acabado de os fazer; mas eles não tinham acabado nem ainda começado a os ver. E por quê? Não por falta dos milagres, senão por falta de olhos. *Queremos ver,* disseram, e disseram bem, porque o que lhes faltava não eram milagres que ver, eram olhos com que vissem os milagres. Assim lhe havia de suceder a Santo Antônio: a ele não lhe haviam de faltar os milagres, mas aos milagres haviam de lhe faltar os olhos. Logo, em tal terra, e entre tais homens, não podia o Santo fazer o que Cristo lhe mandava, que era luzir de maneira que os homens o vissem: *Assim brilhe a vossa luz diante dos homens para que vejam.*

E se me perguntardes a razão por que naquela terra há tanta falta de olhos, ou de olhos que vejam a luz, nas mesmas palavras a temos. A luz há de luzir – *Assim brilhe* –, os homens hão de a ver – *Para que vejam* –, e olhos que vejam luzir a luz não os pode haver em uma terra onde a mesma luz os faz cegar. Ouçamos ao mesmo Santo Antônio, que, como prático do país, conhecia bem as causas deste terrível efeito: São tão incapazes os olhos do invejoso de ver luzir – diz

731. O milagre vem contado em Mt 12,22.

732. Em pinha: em penca, em cacho.

Santo Antônio[733] – que, *se um invejoso fosse ao céu, logo havia de ficar totalmente cego, porque a luz da glória e bem-aventurança do próximo o havia de cegar.* Do próximo disse, e não do bem-aventurado, com grande elegância e energia, porque a inveja, sendo dor de olhos, é de olhos que olham ao perto – *do próximo* – e não ao longe. E se isto em sentença de Santo Antônio havia de suceder ao céu, por que lhe não sucederia a ele o mesmo na terra, e mais na sua?

Saiu Davi contra o gigante, aplaudiu-se a vitória como merecia, e diz o texto que *desde aquele dia nunca mais Saul pôde ver a Davi* (1Sm 18,9). Vede os contrários efeitos daquela animosa e venturosa pedrada. O tiro foi um, e as feridas duas: ao gigante feriu na testa, e a Saul quebrou-lhe os olhos. Tudo lhe sobejou a Davi para os aplausos, só lhe faltaram os olhos de quem mais o devia estimar e aplaudir. Mas se Saul era tão invejoso, por que invejou uma vitória de Davi, e não quarenta vitórias do gigante? *Desde aquele dia,* diz o texto que começou a inveja de Saul, e eu cuidava que havia de começar quarenta dias antes. Quarenta dias contínuos saiu o gigante a desafiar, ele só, os exércitos de Saul; e em todos estes quarenta dias se recolheu para a sua tenda com outros tantos triunfos, não só vencedor das mãos e das armas, senão dos corações, e do próprio conhecimento dos israelitas, não se atrevendo nenhum a sair a campo com ele, e confessando com o temor a vantagem, que é a maior vitória de todas. Pois, se Saul é invejoso, por que não inveja a Golias, senão a Davi? Porque Golias era filisteu, e Davi israelita. Golias era de outra terra, e doutra nação; Davi era de sua pátria, e do seu próprio sangue. Por isso não teve coração para o estimar nem boca para o aplaudir nem olhos para o ver, ou poder ver. Para que se veja se acharia Santo Antônio olhos na sua pátria, que com a luz de suas maravilhas – como ele mesmo diz – se não cegassem de inveja e totalmente as não vissem – *havia de ficar totalmente cego.*

Também contra este discurso vejo que pode haver quem argumente, e também com a mais qualificada prova, que é a da experiência. Todos sabemos quanto Lisboa se honra de ter um filho como Santo Antônio; os teatros e jogos

---

733. Não encontramos em nenhum sermão autêntico do Santo esta citação, embora fale muitas vezes da inveja. Fomos encontrá-la nos *Sermões Quaresmais* que, em tempos do Padre Vieira, eram atribuídos a Santo Antônio. A frase é do sermão da quarta-feira antes do Domingo de Ramos, naquele tempo chamada de quarta-feira da paixão, e comenta Jo 10.

públicos, com que o festeja; os aplausos, os panegíricos, os poemas, com que celebra estas mesmas maravilhas que obrou nas terras estranhas. Logo, não é de tão má condição a sua pátria, que não houvesse de estimar as mesmas obras gloriosas, se fossem feitas nela, nem são tão maus ou tão cegos os seus olhos, que as não houvessem de ver. Aceito outra vez, e estimo a instância, porque tão longe está de impugnar o meu discurso, que antes o confirma mais. Ainda não tendes advertido que a inveja faz grande diferença dos mortos aos vivos, e dos presentes aos passados? Os olhos da inveja são como os do sacerdote Eli, dos quais diz o texto sagrado que *não podiam ver a luz do Templo, senão depois que se apagava* (1Sm 3,2)[734]. Enquanto as luzes são vivas, cada reflexo delas é um raio que cega os olhos da inveja; porém, depois que elas se apagaram, e muito mais se se metem largos anos em meio, então abre a inveja, como ave noturna, os olhos; então vê o que não podia ver; então venera e celebra essas mesmas luzes, e levanta sobre as estrelas seus resplendores. Por isso disse com grande juízo São Zeno Veronense[735], que *todo o invejoso é inimigo dos presentes, e amigo dos passados.* Os mesmos que agora amam e veneram tanto a Santo Antônio, se viveram em seu tempo, o haviam de aborrecer e perseguir; e as mesmas maravilhas, que tanto celebram e encarecem, se foram obradas em sua pátria, as haviam de escurecer e aniquilar. Não tenho menos fiador desta, que só parece conjectura, que a verdade do mesmo Cristo. É um lugar da História Evangélica, antes de bem-entendido, escuro; mas, depois de entendido, singularmente admirável.

---

734. Tanto na nova versão da Vulgata quanto em todas as traduções do hebreu, a frase toma outro sentido, porque se mudam as pontuações. Nas traduções modernas soa assim: "Um dia Eli estava dormindo na sua câmara; seus olhos começavam a enfraquecer e ele já não conseguia enxergar direito. A lâmpada de Deus ainda não se tinha apagado e Samuel estava deitado no templo do Senhor, lá onde se encontrava a Arca de Deus" (1Sm 3,2-3). No sermão do II domingo da Páscoa, Santo Antônio lê a frase exatamente como a leu Vieira, e comenta: "Eli interpreta-se estranho, e significa o prelado conduzido pela recompensa, estranho ao Reino de Deus. Está deitado no seu aposento, ou seja, dissoluto no atoleiro da carne; os seus olhos, isto é, a luz da razão e da inteligência, estão entenebrecidos pela caligem, ou seja, pelo amor dos bens terrenos; e desta forma não pode ver a lâmpada, a graça de Deus, antes de ser extinta, isto é, não pensa ou não se conhece privado da luz da graça, a não ser quando nele a luz da mesma graça estiver extinta".

735. São Zeno, africano de origem, foi bispo de Verona no século IV. Dele temos uma coleção de Sermões que revelam um excelente teólogo e atento pastor. Verona lhe dedicou uma basílica.

Os escribas e fariseus do tempo de Cristo, que eram os mais devotos e religiosos, em nenhuma coisa se esmeravam tanto, como em edificar mausoléus aos profetas, e ornar e renovar os sepulcros dos santos antigos. À vista, pois, destas fábricas, e do que sobre elas diziam, repreendeu-os o Senhor asperamente, e exclamou contra eles desta maneira: *Ai de vós, escribas e fariseus hipócritas, que edificais sepulcros aos profetas, e ornais os monumentos dos justos, e dizeis que, se vós vivêreis no tempo de vossos pais, que os perseguiram e mataram, não havíeis de ser cúmplices nas suas mortes, nem ter parte no seu sangue!* (Mt 23,29-30). Até aqui parece que não havia matéria de repreensão, senão de louvor, porque tudo era honrar e venerar os santos, e detestar o sacrilégio e tirania dos que os tinham perseguido e morto. Mas o que mais acrescenta a dificuldade e admiração, é o motivo da mesma repreensão, que o Senhor prossegue, e a conclusão, que infere daquelas mesmas obras: *E daqui se prova bem* – diz o Senhor – *e vós mesmos testemunhais contra vós, que sois filhos e imitadores daqueles que mataram os profetas, e que, em edificar e ornar os seus sepulcros, acabais de encher as medidas do que vossos pais começaram* (Mt 31-32). Não pode haver mais notável consequência nem mais dificultoso modo de inferir! Se o Senhor dissera: Vós matais os profetas, e perseguis os justos, como vossos pais os mataram e perseguiram – bem se inferia que, como filhos de seus pais, eram também seus imitadores. Mas, se os pais mataram os profetas, e os filhos lhes edificavam magníficos sepulcros; se os pais derramaram o sangue dos justos, e os filhos os veneravam e honravam; se os mesmos filhos condenavam o que seus pais tinham feito, e protestavam que, se viveram no seu tempo, haviam de fazer o contrário: como afirma a verdade de Cristo que tudo isto era hipocrisia e falsidade, e que as mesmas obras presentes, posto que tão diversas, eram testemunho e prova de que haviam de fazer o mesmo que seus pais fizeram? Se nas sentenças divinas pode haver superlativo, esta verdadeiramente foi diviníssima. Todos aqueles profetas e santos antigos, cujos sepulcros agora veneravam tanto, tinham sido perseguidos e mortos por inveja de seus próprios naturais, como homens enfim maiores, e mais eminentes que os outros na sua pátria; e daqui se seguia, como inferiu a suma Verdade, que todo o culto e veneração, com que os descendentes daqueles mesmos pais agora os celebravam, não era prova de que eles não houvessem de fazer o mesmo, se vivessem no seu tempo: antes provava e testemunhava contra eles, que também os haviam de perseguir e matar, porque é consequência própria e natural da inveja perseguir os presentes e estimar os passados, matar os vivos e celebrar os mortos. Assim que, todas essas festas públicas, todos esses panegíricos e aplausos, com que hoje celebra Lisboa e Portugal o seu português, tão longe estão de provar que no tempo em que vivia Santo Antônio houvessem de fazer o mesmo, que antes são testemunhos públicos e autênticos do contrário, e que essas mesmas maravilhas, que hoje tanto celebra e festeja a sua pátria, se ele as obrara na mesma pátria, hoje faz quatrocentos anos, quando vivo, nem então haviam de ser maravilhas nem haviam de luzir como tais nem haviam de ser vistas, quanto mais celebradas, porque os olhos da inveja são como os de Eli que, *enquanto se não apagam as a lâmpadas, não veem as luzes.*

Em havendo olhos maus, não há obras boas

Temos visto que as obras ilustres e gloriosas que Santo Antônio obrou nas terras estranhas não as havia de fazer na sua, e que, ainda que as fizesse nela, não haviam de ser vistas: agora digo, e concluo, que ainda que fossem feitas e vistas, por isso mesmo não haviam de ser boas: *Para que vejam as vossas boas obras.* A razão desta lastimosa verdade, em suma, é porque em havendo olhos maus não há obras boas. Boa obra era, e canonizada por boa, derramar a Madalena os unguentos preciosos sobre os pés do Salvador: *No que fez, me fez uma boa obra* (Mt 26,10). Mas como eram maus os olhos de Judas, logo essa mesma obra foi murmurada e reputada por não boa: *Para que este desperdício?* (Mt 26,8). Boa obra era, e também canonizada por boa, a graça que o pai de famílias[736] fez aos últimos que vieram trabalhar à sua vinha; mas também a murmuraram e se escandalizaram dela os companheiros: *Murmuravam contra o pai de famílias* (Mt 20,11). E por quê? Porque, ainda que a obra fosse boa, os olhos eram maus: *Acaso teu olho é mau, porque eu sou bom?* (Mt 20,15). Basta que, por que eu sou bom, hão de ser os vossos olhos maus? Sim, e não

736. Expressão latina, traduzida literalmente, hoje em desuso, para significar um pai, sua família constituída de filhos e empregados caseiros tratados como membros da família, com todos os bens e a responsabilidade de chefe.

é necessário outro porquê. Antes, deste mesmo porquê, e desta mesma causa, resulta outro efeito ainda pior. Porque eu sou bom, os vossos olhos são maus; e porque os vossos olhos são maus eu hei de deixar de ser bom. Assim sucedeu ao pai de famílias: porque ele era bom, e a graça que fez era boa, os olhos que a viram foram maus; e porque os olhos que a viram foram maus, a graça, e quem a fez, deixaram de ser bons, e por isso foram murmurados. Notai este terrível e diabólico círculo que a inveja faz com causalidade recíproca entre a potência de ver e o objeto visto. A vista, ou se faz por espécie, que o objeto manda à potência, ou por raios, que a potência manda ao objeto; e estas duas opiniões contrárias dos filósofos conciliou e ajuntou a inveja para fazer guerra ao bem que não pode ver. Pelas espécies que saem do objeto, faz que, sendo o objeto bom, os olhos sejam maus; e pelos raios que saem dos olhos, faz que, sendo os olhos maus, o objeto não seja bom. De maneira que a bondade do objeto faz a maldade da potência, e a maldade da potência desfaz a bondade do objeto. Porque eu sou bom, os teus olhos são maus, e porque os teus olhos são maus eu não hei de ser bom. Vede se, metidas entre tal casta de olhos, podiam ser as obras de Santo Antônio boas: *Para que vejam as vossas boas obras.*

E se algum curioso, admirado de tais efeitos, me perguntar qual é o segredo desta maldita filosofia, respondo que o segredo é porque os olhos da inveja nunca veem sem dar olhado. Oh! que belo menino! – diz o que dá olhado. E no mesmo ponto se murchou aquela beleza, e o menino definhou, até que morreu de todo. Se o olhado chegara ao céu, tanto que estes maus olhos se fitassem no sol, logo àquela imensa e formosa luz, que doura e alumia o universo, se havia de eclipsar e escurecer. E isto mesmo que o olhado não pode fazer no sol do céu, sem dúvida o havia de fazer no sol da terra, se a luz e obras gloriosas de Santo Antônio fossem vistas na sua. Mandou-lhe Cristo que a sua luz resplandecesse de tal modo diante dos homens, que eles vissem as suas obras boas – *Assim brilhe a vossa luz diante dos homens para que vejam vossas boas obras* – e, se a luz de suas obras, ou as suas obras de tanta luz, com que esclarecia o mundo, fossem feitas e vistas na sua pátria, logo a luz havia de ficar eclipsada, e a bondade das obras escurecida, porque os mesmos olhos que as vissem lhes haviam de dar olhado, e as mesmas obras boas, e tão boas, assim vistas, ou olhadas, haviam de deixar de ser boas. Não é consideração ou malícia minha, senão oráculo expresso do Espírito Santo: *O olhado dos olhos maus escurece todas as obras boas* (Sb 4,12). E chama-se este olhado o *olhado da zombaria;* porque os invejosos zombam do que haviam de admirar, e fazem farsa[737] do que deviam aplaudir. E é traça[738] de desfazer e desmentir o mesmo bem, que reconhecem, rirem-se por fora do que os faz chorar por dentro. Obrigação tinha logo Santo Antônio de buscar outros olhos, mais benignos e menos venenosos, porque, se o efeito do olhado é escurecer – *O mau-olhado escurece* – como podia a luz de Santo Antônio luzir – *Assim brilhe a vossa luz?* E se o que escurece o olhado são as boas obras – *Escurece as obras boas* – como podiam as obras de Santo Antônio, vistas por tais olhos, parecer boas – *Para que vejam as vossas boas obras*?

Para que vejamos nas mesmas obras boas e tão gloriosas de Santo Antônio como isto havia e podia ser é necessário que advirtamos primeiro uma notável habilidade e astúcia que usa a inveja para desluzir e escurecer as boas obras, e para lhes envenenar e destruir a mesma bondade. E qual vos parece que será esta habilidade e astúcia? É que nunca olha para toda a obra boa de claro em claro, assim como é em si mesma, senão que sempre procura tomar por um lado, e por aquela parte ou ponta donde menos claramente se descobre a sua bondade, para ter em que morder e que arguir. Balac, rei dos moabitas, tendo à vista os arraiais do povo de Deus, de que era capital inimigo, subornou com grandes promessas ao Profeta Balaão, para que os amaldiçoasse. Subiu-se o profeta a um monte, donde se descobriam todos os arraiais, e viu neles tal ordem, tal concerto, tal grandeza e majestade, que, em lugar de os amaldiçoar, os abençoou, e disse e profetizou deles grandes maravilhas. Que faria o rei ouvindo isto? Queixou-se muito a Balaão de que fizesse tanto pelo contrário o que entre ambos estava concertado; e como ele se escusasse que não pudera falar contra o que vira nem dizer mal do que lhe parecera mais que bem, o meio que de novo lhe ofereceu e aconselhou o rei foi este: *Vinde comigo a outro lugar donde vejais só parte de Israel, e não o possais ver todo, e daí o amaldiçoareis* (Nm 23,13). De sorte que entendeu sagazmente o rei que aquilo mesmo que, vendo-se todo, e como é, não

737. Farsa: zombaria, ato de ridicularizar.

738. Traça: ardil, mania.

se pode amaldiçoar, visto só por algum lado, pode ser capaz de maldição. E este é o ditame e a astúcia da inveja. Olha para as coisas grandes de modo que se não vejam todas, senão alguma parte, e essa a menos luzida; e desta sorte não há obra tão boa que por mal vista não possa ser maldita.

Ninguém fez neste mundo tão boas obras nem tão manifestas nem tantas, como o Filho de Deus: *Tenho-vos mostrado muitas obras boas que fiz da parte de meu Pai* (Jo 10,32). Mas vede por que lado as via, e como olhava para elas a inveja, que por elas o pôs na cruz. Se tirava a Mateus do telônio[739], e Zaqueu das usuras[740], não dizia que convertia os pecadores, senão que tratava com publicanos. Se dava vista ao cego de seu nascimento, fazendo um pequeno[741] de lodo, e pondo-lhe nos olhos[742], e se ao paralítico de trinta e oito anos mandava levantar do leito[743], e tomá-lo às costas, não dizia que fazia milagres, senão que quebrantava o sábado. Se nas bodas de Caná persuadia o celibato a João[744], e, convidado pelo fariseu, defendia a penitência de Madalena[745], e no banquete do outro príncipe repreendia a soberba dos primeiros lugares, e louvava a modéstia e humildade dos últimos[746], não dizia que das mesas fazia escola de virtudes, senão que andava em convites[747]. Se via o concurso das gentes, umas sobre outras, a tocar as vestiduras sagradas, e receber saúde, não dizia que sarava os enfermos, senão que perturbava e inquietava a república[748]. E se deste

739. Cf. Mt 9,9-14.

740. Cf. Mt 19,1-10.

741. Pequeno: um pouco.

742. Cf. Jo 9.

743. Cf. Jo 5,3-11.

744. Santo Antônio monta todo o sermão do I Domingo depois da oitava da Epifania sobre o milagre de Caná. Já quase pelo fim, tem este trecho, comentando o arquitriclino que serve o vinho do milagre: "*Arqui* significa o príncipe, o chefe, o primeiro; *tri*, três; *clino*, leito. O arquitriclino é o chefe das três ordens de leitos em que antigamente costumavam deitar-se para comer. As três ordens de leitos significam três ordens na Igreja: a ordem dos casados, a dos continentes e a dos virgens. O seu chefe é o Santíssimo Jesus, que os *fará sentar à mesa e, passando por meio deles, os servirá*" (Lc 12,37).

745. Cf. Lc 7,36-50.

746. Cf. Lc 14,1-32.

747. Andar a convites: andar a festas.

748. República aqui significa ordem pública.

modo eram vistas as boas obras de Cristo pelos olhos dos seus naturais, como veriam as de Santo Antônio ser boas: *Para que vejam as vossas boas obras?*

Dai-me licença que eu me revista um pouco de humor invejoso, e vede como haviam de ser avaliadas na sua pátria as obras boas, e tão boas, de Santo Antônio. Quando vissem que deixava a sobrepeliz e murça de Santa Cruz, e se passava ao hábito de São Francisco, e que trocava o nome de Dom Fernando pelo de Frei Antônio, não haviam de dizer que buscava maior aspereza e humildade, senão que era um moço vário e inconstante, e que não podia ser bom espírito o que deixava a primeira vocação[749]. Quando ouvissem que, tendo deixado Portugal para ir buscar o martírio na África, se embarcava outra vez da África a Portugal, para buscar e recuperar a saúde nos ares pátrios, bem se vê o que diriam: que os martírios vistos de perto são muito mais feios que de longe; que aqueles fervores de ser mártir, com as águas do Mediterrâneo se tinham apagado, e que mal teria coração para dar a vida quem tão amigo era da saúde. A passagem ou arribada a Sicília e Itália claro é que se havia de atribuir à tempestade e acaso, e não a mistério da providência, que o levava onde tanto se queria servir dele. E quando se visse que com tão poucos anos, de hábito e de idade, se punha em campo contra Frei Elias[750], que relaxava a pobreza e primitiva regra seráfica, não haviam de dizer que aquilo era zelo da religião,

749. No sermão do domingo da Septuagésima, Santo Antônio, comentando a perseverança, a chama de "túnica de variegadas cores, sem a qual as outras virtudes (nomeadamente o arrependimento do coração, a confissão dos pecados, a oração, o jejum, a esmola, o amor de Deus e do próximo e o exercício da vida ativa e contemplativa) inutilmente se possuem, e com a qual utilmente se possuem. É na perseverança que se imprimem a imagem e semelhança de Deus eternamente na face da alma".

750. Frei Elias, provavelmente nascido em Assis, foi Vigário-geral da Ordem, escolhido por São Francisco, e morreu em Cortona em 1253. Doutorado em direito, professor, pertenceu aos primeiros companheiros do Poverello, em cujo grupo terá entrado em torno de 1211. Foi o primeiro provincial da recém-criada Província da Terra Santa. Foi Ministro Geral da Ordem de 1232 a 1239. Bom pregador, embora não fosse sacerdote, procurado conselheiro, promoveu muito os estudos na Ordem. Foi ele que comunicou a toda a Ordem a morte do fundador e, sob pedido e bênção do Papa Gregório IX, construiu a imensa basílica, até hoje existente em Assis, para abrigar os ossos de São Francisco. Muitos frades viram na construção e no modo como se recolheu dinheiro para as obras um atentado à pobreza, sobretudo ao *Testamento* de São Francisco, tanto que Elias não foi eleito Geral no primeiro capítulo depois da morte de Francisco. No Capítulo Geral de maio de 1230, celebrado em Assis, foi escolhida uma delegação para ir ao papa a fim de aclarar algumas dificuldades ou interpretações em torno da pobreza. Nesta delegação, chefiada pelo Geral Frei João Parente, estava também Santo Antônio, provavelmente

senão que era desobediente e rebelde ao seu geral; que era sedicioso e perturbador da ordem; enfim, que obrava como filho de seu pai, e não como filho de São Francisco; e, para maior energia e propriedade da sátira, aqui lhe haviam de encaixar o sobrenome de Bulhão[751], que tinha deixado no mundo. Quando, ouvindo a confissão do outro moço, que tinha pisado a sua mãe, lhe afeiou a enormidade daquele desacato com tal eficácia, que o moço assombrado se foi cortar o mesmo pé, não haviam de reparar em que o Santo lho restituíra outra vez milagrosamente[752], mas que era tão indiscreto nas repreensões dos pecadores, que não merecia ter assento no tribunal da benignidade e misericórdia de Cristo, e que devia a religião privá-lo do confessionário. Se se dissesse que homens e mulheres se levantavam de noite para ir tomar lugar no campo, onde havia de pregar Santo Antônio, e que a outra mãe, pela mesma causa, deixara só o filhinho, que inocentemente se deitou em uma caldeira de água fervendo[753], que motivos tão aparentes teria a inveja para dizer que aquelas pregações e aqueles concursos mais eram para destruição das almas e das vidas que para edificação? Que direi do partido em que o Santo veio com os hereges, de que a mula esfaimada de três dias, com o pasto natural diante, e o pão do céu à vista, decidisse a controvérsia?[754] Qual temeridade – diriam – pode ser maior, e mais precipitada, que no mistério mais sagrado da nossa fé fiar a demonstração da sua verdade da contingência de um sucesso tão dificultoso, o do apetite irracional, e da fome irritada de um bruto? Outra vez, tendo fugido um noviço do convento, mandou o Santo ao demônio que, com uma espada nua, o esperasse ao passar de uma ponte, e o fizesse tornar para donde viera[755]: e não haviam de dizer que até o inferno obedecia a Antônio, senão que era homem de tais artes, que tinha trato secreto e familiar com os demônios, e, ao menos, que

---

por seu equilíbrio fraterno e clarividência mostradas durante o Capítulo. O fato é que Parente renuncia ao generalato e em 1232 Elias é eleito Geral da Ordem.

751. Bolhões ou Bulhões era o sobrenome de Antônio, herdado do pai. Vieira sugere maliciar o Bulhões no sentido de aumentativo de bolha, com o significado de arruaceiro, barulhento, desordeiro; ou mesmo de abobado.

752. Cf. nota 402.

753. Cf. nota 394.

754. Cf nota 123.

755. Cf. nota 399.

usava de meios tão suspeitosos, que deviam ser delatados ao Santo Ofício[756]. Já, se lhe sucedesse então o que depois experimentou Roma na Igreja antiga de São Pedro[757], quando o Pontífice mandou que, em lugar de uma imagem de Santo Antônio se pusesse a de São Gregório[758] que diria a piedade e devoção portuguesa? Foi o caso que, subindo o pedreiro para picar a parede, levantou - diz a história - o picão, e, dando o primeiro golpe *in capitio,* no capelo do Santo, ele despregou a mão pintada, e, deitando a rodar o pedreiro e o andaime, com um fracasso que fez tremer toda a basílica, meteu outra vez a mão na manga, e, defendendo desta sorte o seu posto, ninguém se atreveu mais a o tirar dele. E fradezinho menor, que não cede o seu lugar nem a um santo, como São Gregório, papa, nem por mandado de outro papa, e que, tanto que lhe tocam e o picam, dá com tudo a rodar, e que à primeira picada não espera pela segunda, porque não sabe levar duas em capelo, pintado português será ele, mas santo, isso não.

E se as boas obras de Santo Antônio assim haviam de ser, ou assim podiam ser interpretadas na sua pátria - como ela costuma interpretar e acusar outras verdadeiramente boas, e tanto mais quanto mais têm de maravilhosas - fez muito bem e andou muito prudente o Santo em as vir obrar em terra onde fossem estimadas, como mereciam, e vistas como Deus lhe mandava - *Para que vejam as vossas boas obras.* Naquele seu cântico triunfal introduz o Profeta Habacuc a Deus saindo a obrar maravilhas em Babilônia, não por si mesmo, senão por seus ministros e instrumentos, e diz estas notáveis palavras: *Deus virá do meio-dia e o santo do Monte Farã. O seu resplandor será como a luz e de suas mãos sairão raios de glória* (Hab 3,3-4)[759]. Diz, como coisa nova e rara, que será o seu resplandor à medida da sua luz, porque ordinariamente vemos

756. Santo Ofício: Congregação romana que administrava a Inquisição. O nome permaneceu até 1965. Tribunal do Santo Ofício se chamava também o instituído por Sisto IV (1478) para todo o domínio espanhol, que se tornou um poder político e que se prolongou por séculos. Vieira conheceu na própria carne e alma o que significava ser denunciado ao Santo Ofício.

757. A igreja antiga de São Pedro é o Latrão, onde durante séculos moraram os papas.

758. Cf. nota 565.

759. Santo Antônio alude várias vezes a esse verso, vendo aqui a figura do pregador, que transmite não a própria ciência, mas a sabedoria de Cristo (a quem ele compara com a luz do meio-dia).

grandes resplandores onde não há luz, e grandes luzes sem nenhum resplandor. O provérbio da nossa terra diz: Nem tudo o que luz é ouro. Melhor diria, se dissesse: Nem tudo o que é ouro luz. E como Santo Antônio na sua pátria era ouro, quando menos arriscado a não luzir, e luz arriscada a não resplandecer, como se havia de expor a estas contingências, se Cristo lhe mandava que luzisse a sua luz: *Assim brilhe a vossa luz?* Diz mais o profeta que esta luz resplandecente levava nas mãos o que os touros trazem na cabeça: *Cornua in mamibus eius.* E se vos admira a frase, e quereis ouvir a interpretação própria desta que parece impropriedade, sabei que a palavra *cornua,* referindo-se, como aqui se refere, à luz, quer dizer resplandores. Por isso dos resplandores que lançava de si o rosto de Moisés, se diz no texto sagrado: *Cornuta erat facies sua* (Ex 34,29). E estes resplandores nasciam e estavam nas mãos, porque nas mãos e nas obras se hão de ver, como se viam as de Santo Antônio: *Para que vejam as vossas boas obras.* Finalmente, diz que esta mesma luz, ou este mesmo santo, saiu do Monte Farã. Com grande mistério, porque o Monte Farã, como declaram e trasladam os Setenta, é o mesmo que o monte das sombras – e para a luz luzir, e as boas obras resplandecerem, é necessário que saiam e se apartem da terra das sombras, onde elas as podem eclipsar e escurecer. Por isso Santo Antônio saiu da sua, com divina prudência e providência; e porque esteve fora da terra das sombras, por isso a luz das suas obras luziu e resplandeceu, de maneira que os olhos dos homens puderam ver obras de tanta luz: *Assim brilhe a vossa luz diante dos homens para que vejam as vossas boas obras* (Mt 5,16).

Conclusão

Tal foi, senhores, hoje faz um ano, a luz, e tais são hoje as sombras que nos deram matéria à primeira e segunda partes deste sermão, ou destes dois sermões. O primeiro todo de luz, e o segundo todo de sombras. E, tendo eu dado fim, como tenho, a um e outro discurso, que colherei de tão estranho assunto, para dizer ao nosso Santo português, e a todos os portugueses? A vós, meu Santo, só digo que vos dou os parabéns e os devidos louvores, não por outro motivo, senão pelo mesmo com que se queixava de vós a pátria, invejosa de Itália, e não por outro exemplo, senão pelo mesmo que ela alegava de José, ao qual mais generosamente antes quisestes emendar que seguir. Ele mandou trasladar seu corpo do Egito para a sua pátria[760]: E quem o poderá livrar de ingrato nesta eleição, e de injusto nesta preferência? Na pátria foi perseguido, foi preso, foi vendido, e, para dizer tudo em uma palavra, foi invejado de seus próprios irmãos. No Egito foi amado, foi estimado, foi adorado, e preferido pela mesma majestade a todos os naturais, sendo estrangeiro. E se a pátria, em suma, de livre e senhor o fez escravo, e o Egito de escravo príncipe, devendo José eternizar a memória de tamanhas obrigações, quando menos nos mármores do seu sepulcro, que as esqueça, as desconheça, e quase as despreze, pelo amor tão mal merecido da terra indigna em que nascera! Não há dúvida que se pode pôr em questão se foi mais ingrato José com o Egito, ou a sua pátria com ele. Não assim o generoso e fiel ânimo de Antônio, e por isso antes de Pádua que de Lisboa. Não teve agravos que perdoar à pátria, porque os antecipou com fugir dela; foi porém tão reconhecido, e tão agradecido às honras que recebeu da devoção, da piedade, e da nobreza de Itália, posto que terra estranha, que, não tendo outra coisa que lhe deixar – como aquele que tinha deixado tudo – por prenda de seu amor, por memorial de sua gratidão, e por fiador perpétuo de seu patrocínio, deixou nela o depósito de seus sagrados despojos, para que também entendam todos os que amam, veneram e servem a Santo Antônio, de qualquer nação ou condição que sejam, que servem a tão bom pagador, que não sabe dever o que deve, e que só é natural das suas obrigações, porque não reconhece outra pátria.

760. Cf. Gn 50,25.

Adendo

Carta Apostólica de proclamação de Santo Antônio como doutor da Igreja

Exulta, ó feliz Lusitânia; regozija-te, ó feliz Pádua, porque a terra e o céu vos deram um homem que, qual astro luminoso, não menos brilhante pela santidade da vida e pela insigne fama dos milagres do que pelo esplendor da doutrina, iluminou e continua a iluminar todo o universo!

Antônio nasceu em Lisboa, a primeira cidade de Portugal, de pais cristãos, ilustres por virtude e sangue. Pode deduzir-se de muitos e certos indícios que, desde os primeiros alvores da vida, foi abundantemente enriquecido pela mão do Onipotente com os tesouros da inocência e da sabedoria. Ainda muito jovem, tendo vestido o hábito monástico entre os Cônegos Regrantes de Santo Agostinho, durante onze anos dedicou-se com o maior empenho a enriquecer a sua alma com as virtudes religiosas e o seu espírito com a sã doutrina. Elevado depois à dignidade sacerdotal por graça do céu, enquanto vai aspirando a vida mais perfeita, os cinco Protomártires Franciscanos na Missão de Marrocos consagram com o seu sangue os princípios da Religião Seráfica. E Antônio, cheio de entusiasmo por triunfo tão glorioso da fé cristã, sentindo-se inflamado de vivíssimo desejo do martírio, vestido o hábito franciscano, dirigiu-se gozoso numa nau a Marrocos e chegou felizmente às praias africanas.

Vítima, no entanto, pouco depois, de grave enfermidade, viu-se obrigado a retomar a nau para voltar à pátria. Desencadeando-se então formidável tempestade, e sendo levado para uma e outra parte nas asas do vento e das ondas, finalmente, por disposição divina, é arrojado ao mais remoto extremo da costa italiana. Dali, desconhecendo o lugar e as pessoas, pensou em dirigir-se à cidade de Assis, onde então se celebrava o Capítulo Geral da Ordem dos Menores. Chegado ali, teve a dita de ver e conhecer o Seráfico Pai, São Francisco, cujo dulcíssimo aspecto o encheu de consolação e o incendiou de novo ardor seráfico. Tendo-se divulgado mais tarde a fama da celestial doutrina de Antônio, o mesmo Seráfico Patriarca, ao tomar dela conhecimento, confiou-lhe o ofício de ensinar Teologia aos seus frades, mandando-lhe este suavíssimo diploma: "*A Frei Antônio, meu bispo, Frei Francisco deseja saúde. Apraz-me que leias aos frades a sagrada Teologia, contanto que neste estudo não extingas o espírito da santa oração e devoção, como na Regra se prescreve*".

Antônio cumpriu fielmente o ofício do magistério, e deve considerar-se o primeiro lente da Ordem Franciscana. Ensinou primeiro em Bolonha, então sede primária dos estudos; depois em Tolosa e, finalmente, em Montpellier, onde igualmente floresciam os estudos. Ensinou Antônio os seus irmãos, recolhendo frutos abundantíssimos, e, como lhe ordenara o Seráfico Patriarca, não deixou esmorecer o espírito da oração, antes o Santo de Pádua procurou instruir os seus discípulos não só com o magistério da palavra, mas ainda muito mais com o exemplo duma vida santíssima, conservando e defendendo especialmente o branco lírio da pureza virginal.

E quanto foi estimado pelo Cordeiro Jesus Cristo este amor que tinha à pureza, não deixou Deus de lho manifestar várias vezes. Efetivamente, enquanto Antônio, só na sua eremítica cela, estava a orar, todo absorto com o espírito em Deus e com os olhos voltados para o céu, eis que, de repente, num raio de luz, lhe aparece o Divino Menino Jesus que, sorrindo, cingindo-se ao colo do jovem franciscano, com os seus bracinhos cumula de carícias o nosso Santo, que, anjo em carne humana, arrebatado em suavíssimo êxtase, *vai pascendo entre os lírios* (Ct 2,16) junto com os anjos e com o Cordeiro divino.

Os autores coevos dão testemunho da muita luz que brilhou na doutrina de Antônio, aliada da pregação da palavra divina, e com eles os autores mais recentes, que unanimemente celebram com altos louvores a sua sabedoria e exaltam até ao céu a sua robusta eloquência.

Quem atentamente percorrer os "Sermões" do paduan, descobrirá em Antônio o exegeta peritíssimo na interpretação das Sagradas Escrituras e o teólogo exímio na definição das verdades dogmáticas, bem como o insigne doutor e mestre em tratar as questões de ascética e de mística – o que tudo, como tesouro da arte divina da palavra, pode prestar não pouco auxílio, especialmente aos pregadores do evangelho, pois constitui rica mina de onde os oradores sagrados podem extrair as provas, os argumentos oportunos para defender a verdade, impugnar os erros, combater as heresias e reconduzir os transviados ao reto caminho.

Demais, como Antônio costumava confirmar as suas palavras com passos e sentenças do Evangelho, com bom direito merece o título de "Doutor Evangélico". Efetivamente, dos seus escritos, como de fonte perene de água límpida, não poucos doutores teólogos e oradores sagrados têm extraído, e podem continuar a extrair, a sã doutrina, precisamente porque veem em Antônio o mestre e o doutor da Santa Mãe Igreja. Sisto IV na sua carta apostólica *Immensa,* de 12 de março de 1472, escreve o seguinte: "O bem-aventurado Antônio de Pádua, como astro luminoso que surge do alto, com as excelentes prerrogativas dos seus méritos, com a profunda sabedoria e doutrina das coisas santas e com a sua fervorosíssima pregação, ilustrou, adornou e consolidou a nossa fé ortodoxa e a Igreja Católica", igualmente Sisto V, na sua bula apostólica de 14 de janeiro de 1486, deixou escrito: "O bem-aventurado Antônio de Lisboa foi homem de exímia santidade... e cheio também de sabedoria divina".

Além disso, o nosso imediato predecessor Pio XI, de feliz memória, na sua carta apostólica *Antoniana Solemnia,* publicada em 1º de março de 1931, por ocasião do sétimo centenário da morte do Santo e dirigida ao Exmo. Sr. Dom Elias da Costa, então bispo de Pádua e agora cardeal da Santa Igreja Romana e arcebispo de Florença, celebrou a divina sabedoria com que este apóstolo franciscano se dedicou a restaurar a santidade e a integridade do Evangelho. Apraz-nos também recordar da mencionada carta do nosso predecessor as seguintes palavras: "O taumaturgo de Pádua levou à sociedade do seu proceloso tempo, contaminada por maus costumes, os esplendores da sua sabedoria cristã e o suave perfume das suas virtudes... O vigor do seu poderoso apostolado manifestou-se de modo especial em Itália. Foi este o campo das suas extraordinárias fadigas. Porém, com isto não se quer excluir outras muitas regiões da França, porque Antônio, sem distinção de raças ou de nações, a todos abençoava no âmbito da sua atividade apostólica: portugueses, africanos, italianos e franceses, a todos, enfim, a quem conhecesse necessitados do ensinamento católico. Combateu depois com tal ardor e com tão feliz êxito contra os hereges, isto é, contra os albigenses, cátaros e patarenos, na altura enfurecidos quase por toda a parte, a tentarem extinguir no ânimo dos fiéis a luz da verdadeira fé, que foi chamado com razão "martelo dos hereges".

Nem se pode calar aqui, pelo peso e importância que representa, o sumo elogio que Gregório IX tributou ao paduano, depois de ouvir a pregação de Antônio e de comprovar o seu admirável viver, chamando-o "Arca do Testamento" e "arsenal das Sagradas Escrituras".

É igualmente mui digno de memória que, a 30 de maio de 1232, onze meses apenas depois da sua preciosa morte, o taumaturgo de Pádua seja inscrito no Catálogo dos Santos, e que, terminado o solene rito da canonização, o mesmo Gregório IX, segundo contam, tivesse entoado em voz alta, em honra do novo Santo, a antífona própria dos Doutores da Igreja: *O grande Doutor, luz da Santa Igreja, Bem-aventurado Antônio, amante da lei divina, rogai por nós ao Filho de Deus!*

Foi este precisamente o motivo por que desde o primeiro momento se começou a tributar na sagrada liturgia a Santo Antônio o culto próprio dos Doutores da Igreja, e no missal, "segundo o costume da Cúria Romana", se pôs em sua honra a missa dos Doutores. Esta missa, mesmo depois da correção do calendário, introduzida pelo Pontífice São Pio V em 1570, nunca deixou de se usar até nossos dias em todas as famílias franciscanas e em ambos os cleros das dioceses de Pádua, de Portugal e do Brasil.

Pela mesma razão de tudo quanto até agora temos dito, logo depois da canonização de Antônio, se impôs o costume de apresentar à veneração do povo cristão, na pintura e na escultura, a imagem do grande apóstolo franciscano, levando em uma das mãos ou perto um livro aberto, índice da sua sabedoria e da sua doutrina, e tendo na outra uma chama, símbolo do ardor da sua fé. Por isso, a ninguém deve admirar que não somente toda a Ordem franciscana, em especial por ocasião dos seus capítulos gerais, mas também muitos ilustres personagens de todas as classes e condições tenham exprimido muitas vezes o vivo desejo de ver confirmado e estendido a toda a Igreja o culto de Doutor, desde há séculos tributado ao Taumaturgo de Pádua. Estes desejos intensificados principalmente por ocasião do sétimo centenário da morte de Santo Antônio em vista também das honras extraordinárias a ele tributadas, a

Ordem dos Frades Menores, primeiro ao nosso imediato predecessor Pio XI e recentemente também a nós, apresentou súplicas ardentes para que nos dignássemos contar a Antônio entre os Santos Doutores da Igreja. E como para exprimir o mesmo desejo concorre também o sufrágio tanto de muitos eminentíssimos cardeais da Santa Igreja Romana, de arcebispos e bispos, de prelados, ordens e congregações religiosas, como de outras doutíssimas personagens eclesiásticas e seculares e, finalmente, de membros de universidades, institutos e associações, julgamos oportuno confiar ao exame da Sagrada Congregação dos Ritos assunto de tanta importância. Esta Sagrada Congregação, mostrando-se, como costuma, disposta a seguir as nossas ordens, elegeu uma comissão especial e oficial, para que fizesse exame cuidadoso da proposta. Pedido, pois, e obtido em separado e depois dado à estampa o voto de cada um dos comissionados, não faltava mais que interrogar os membros da Sagrada Congregação sobre se, dadas as três condições que o nosso predecessor Bento XIV requer no Doutor da Igreja universal, isto é, santidade insigne, eminente doutrina celeste e declaração pontifícia, julgava que se podia declarar Santo Antônio Doutor da Igreja universal.

Na sessão ordinária celebrada no Vaticano a 12 de junho de 1945, os eminentíssimos cardeais encarregados dos assuntos da Sagrada Congregação dos Ritos, depois que o nosso amado filho Rafael Carlos Rossi, cardeal-presbítero, secretário da Sagrada Congregação Consistorial e relator desta causa, fez sobre ela o devido relatório, e depois de ter ouvido o parecer do nosso amado filho Salvador Natucci, Promotor Geral da Fé, deram o seu próprio assentimento.

Estando assim as coisas, nós, por nossa espontânea e boa vontade, secundando o desejo de todos os franciscanos e de todos os demais acima citados, pelo teor da presente carta, de ciência certa e com madura deliberação, e com a plenitude do poder apostólico, constituímos e declaramos a Santo Antônio de Pádua, Confessor, Doutor da Igreja universal, sem que possam obstar as constituições e ordenações apostólicas e qualquer outra coisa em contrário. E isto o estabelecemos, decretando que a presente carta deva ser e permanecer sempre firme, válida e eficaz, e surta e obtenha o seu pleno e inteiro efeito, que assim e não de outra maneira se deva julgar e definir; como desde este momento declaramos inválido e nulo tudo quanto porventura intente contra as preditas disposições qualquer pessoa ou autoridade por conhecimento ou por ignorância.

Dada em Roma, junto de São Pedro, sob o anel do Pescador, no dia 16 de janeiro, Festa dos Protomártires franciscanos, no ano de 1946, sétimo do nosso pontificado.

Pio XII, papa

Carta do santo padre por ocasião do 50º aniversário da proclamação de Santo Antônio como doutor da Igreja

1. A celebração cinquentenária da atribuição a Santo Antônio do título de Doutor da Igreja oferece-me a grata ocasião para recordar a significativa figura de mestre de teologia e de espiritualidade. Ele, "ao qual – como escreveu um seu contemporâneo – Deus deu a 'inteligência das Escrituras' e o dom de anunciar Cristo ao mundo inteiro, com palavras mais doces que o mel" (1Cel. XVIII, 48: FF 407), resplandece no vasto panorama de santidade da Igreja, pela genuidade do aspecto evangélico dos seus ensinamentos. Por essa razão, o meu Predecessor Pio XII, a 16 de janeiro de 1946, inscreveu-o no álbum dos Doutores da Igreja universal, apontando-o como mestre seguro da verdade revelada.

Naquela circunstância o papa, com a Carta Apostólica *Exulta, Lusitânia felix; o felix Padua, gaude* (cf. AAS 38[1946], 200-204), convidou à alegria e à exultação os fiéis de Portugal, terra que deu o nascimento ao Santo, e os habitantes da cidade de Pádua, que conserva os seus restos mortais.

Na carta que enviei às famílias franciscanas, para comemorar o oitavo centenário do nascimento do Santo, eu recordava que "da sede de Deus, do anseio por Cristo nasce a teologia, que para Santo Antônio era irradiação do amor a Cristo [...]; ele viveu este método de estudo com uma paixão, que o acompanhou durante toda a sua vida franciscana" (n. 4: AAS 86[1994], 970). As celebrações, há pouco concluídas, propuseram de novo a figura de Antônio como homem evangélico, revestido de sabedoria e de caridade.

2. A intensa formação cultural, teológica e bíblica ajudou o primeiro lente de Teologia da Ordem Seráfica a percorrer a via duma assídua busca de Deus,

alimentada por intensa piedade e por insaciada nostalgia da contemplação. Nesse itinerário, a Sagrada Escritura, constantemente meditada segundo o ritmo marcado pela liturgia da Igreja, tornou-se a fonte primeira de conhecimento para a sua teologia, de modo que esta foi para ele "o canto novo, que ressoa suavemente aos ouvidos de Deus e renova o espírito" (*Sermões,* 1,255).

Aproximando-se das Escrituras através dos livros de oração e das celebrações da Igreja, ele contemplou e pregou os mistérios de Cristo, "modelo da humildade e da paciência", "Salvador e rei", "Servo pobre e obediente" a ser seguido até à cruz, em companhia da sua Mãe Santíssima, "a Virgem pobrezinha".

Perante um contexto social que estava a elaborar perspectivas éticas e culturais inovadoras, juntamente com modelos de espiritualidade e de culto inspirados num evangelismo sem Igreja, o doutor evangélico repropôs com clareza e força uma nova evangelização, que não fosse apenas uma exortação moral, mas um caminho na Igreja e com a Igreja.

A *sequela Christi,* tão cara ao movimento dos Frades Menores, impeliu-o a insistir com particular intensidade na *aurea paupertas,* que não é só o desprendimento das coisas do mundo, mas antes de tudo reafirmação da primazia de Deus na vida do homem e fascinante desejo das "coisas celestes" (*Sermões,* III, 86).

3. Somente a Igreja, embora na fragilidade dos seus filhos, sustentada pela ação do Espírito e habitada pelo esplendor da Verdade, permanece a "terra boa e fecunda" onde o anúncio evangélico produz fruto, porque "a verdade da fé própria nasce da mãe Igreja. A Verdade, porém, precedeu, a fim de que a Igreja a seguisse" (*Sermões,* III, 196). E a Igreja segue Cristo que afirma "Eu sou a Verdade" (Jo 14,6). Ela – escreve o Santo – é o *totum Christi corpus* (*Sermões,* 1,55), que se deixa guiar por Ele, para poder ser preservada dos perigos (cf. *Sermões,* I, 493).

Santo Antônio anunciou esta Verdade, difundindo-a nos sermões entre os seus contemporâneos "como orvalho que desce do céu e traz alívio à terra ressequida", para usar a imagem do meu predecessor, o Papa Sisto V (cf. bula *Immensa divinae sapientiae,* 24 de janeiro de 1586: *Bull. Rom.* IV 181-182). Assim, escutando a Palavra de Deus proclamada e celebrada na Igreja, o homem não só encontra o sentido pleno do seu agir, mas reencontra-se também a si·mesmo e encontra de novo a luz que lhe traz o dom da paz interior (cf. *Sermões,* I, 76-78).

4. A urgência da pregação percorre todos os sermões que Santo Antônio nos deixou. Aquele que evangeliza – ele nota – é um contemplador jubiloso de Deus, uma testemunha da "vida angélica", que alcançou a "ciência madura" (*Sermões,* I, 483). Discípulo fiel de São Francisco de Assis, Antônio deixou o exemplo de um empenho assíduo na evangelização, mediante uma incansável pregação, acompanhada da sentida exortação a aproximar-se dos sacramentos da Igreja, especialmente dos da Reconciliação e da Eucaristia.

É preciso, contudo, ressaltar que a ação apostólica de Santo Antônio se nutriu constantemente da contemplação das coisas celestes. Na oração ele elevava-se para contemplar, com os olhos da fé, o esplendor do verdadeiro sol, Deus Trindade, e de cuja fonte recebia luz e calor que, depois, efundia nas almas (cf. *Sermões,* I, 332). Deste modo, transmitiam aos outros, em plena comunhão com a Igreja, as riquezas interiores da sua alma.

5. Faço votos por que a hodierna circunstância que comemora os cinquenta anos da proclamação de Santo Antônio como Doutor da Igreja seja motivo para a inteira família franciscana de um renovado interesse pelo estudo do pensamento teológico e da ação evangelizadora do Santo.

A reflexão acadêmica, acompanhada pelas programadas manifestações culturais, saberá indagar a sua rica doutrina e os elementos da sua atualidade, de maneira que os discípulos do Pobrezinho de Assis, Coirmãos do Doutor evangélico, possam continuar com intensificado vigor a obra da nova evangelização no mundo contemporâneo, em sintonia com a Igreja.

Com estes sentimentos, invocando a ajuda do Divino Mestre por intercessão de Santo Antônio, de coração concedo uma especial Bênção Apostólica à inteira Ordem Franciscana, fazendo-a de bom grado extensiva a todos os devotos do Santo.

Vaticano, 16 de janeiro do ano de 1996, décimo oitavo de Pontificado.

João Paulo II, papa

EDITORA VOZES LTDA.
Rua Frei Luís, 100 – Centro – Cep 25689-900 – Petrópolis, RJ
Tel.: (24) 2233-9000 – E-mail: vendas@vozes.com.br